JOSEPH WITTIG

LEBEN JESU IN PALÄSTINA, SCHLESIEN UND ANDERSWO

JOSEPH WITTIG

LEBEN JESU

IN PALÄSTINA, SCHLESIEN UND ANDERSWO

Durchgesehen und eingeleitet
von J. Chr. Hampe †

Brendow Buch Kunst Verlag

Die Deutsche Bibliothek – CIP-Einheitsaufnahme

Wittig, Joseph:
Leben Jesu in Palästina, Schlesien und anderswo / Joseph
Wittig. – Moers : Brendow, 1991
(Apostroph)
ISBN 3-87067-437-7

ISBN 3-87067-437-7
Bestell-Nr. 78024
Lizenzausgabe 1991 im Brendow Verlag, D-4130 Moers 1

Einbandgestaltung:
Kommunikations-Design Wolfram Heidenreich, Mainz,
unter Verwendung eines Gemäldes von Carl Schuch (Kunsthalle Bremen).
Printed in Germany

INHALT

Vorwort 7
Wo der Heiland zur Welt kommt 13
Das starke Weib 22
Der Herrgott vom Herden Heinrich 31
Ein Kind 38
Der bethlehemitische Kindermord 45
Daß ich in dem sein muß, was meines Vaters ist 52
Wovon das Evangelium schweigt 58
Beim Bußprediger 61
Der hilfreiche Pfarrer May 65
Versuchungen und Berufungen 68
Der neue Wein 74
Ein kräftiger Anfang 80
Die mitgebrachte Sünde 84
Nikodemus am Kachelofen 89
Die Neu-Gersdorfer Wetterfahne 93
Die Samariterin 96
Komm und folge mir nach 103
»Auch einige Frauen« 113
Junge Teufel 120

Sprich nur ein Wort 127
Mit Jesus durch Dach und Wand 135
Die Sünderin 141
Der kranke Weichensteller 157
Der Herr des Sabbats 162
Die Wunder Jesu im Schuppen 169
Schlaf und Glaube 178
Der wilde Mann 182
Das eine Notwendige 189
Auferweckung des Lazarus 204
Apostelwahl 211
Die Bergpredigt 234
Die Pharisäer und Sadduzäer 263
Weltende und Gericht 272
Der König reitet in sein Reich 280
Das Reich um den Tisch 293
Die Todesangst am Ölberge 303
Das Göttliche eingefangen 319
Das »geheime Leiden« 327
Das Wort des Kaiphas 333
Vor falschen und rechten Ämtern 339
O Mensch! 347
Das Kreuz 364
Entkleidet und gestorben 370
Der Gottessohn begraben 376
Ostern 380
»Der Himmel ist offen« 388

VORWORT (1958)

Wir legen ein Buch vor, das eine lange Geschichte hinter sich hat. Sein eigenwilliger Titel ist zahllosen Menschen gut bekannt, aber seit zwanzig Jahren fragt man im Buchhandel vergeblich nach ihm. Darüber ist sein Verfasser, siebzigjährig, als ein Flüchtling in der fremden Lüneburger Heide gestorben. Er hat es nicht verdient, vergessen zu werden, weder bei den Schlesiern, die in seinem Wort Geist von ihrem Geiste finden, noch bei allen jenen, die in der Geschichte der Christenheit nach den Goldfäden des Evangeliums suchen. Dieses Buch kehrt gleichsam aus der Ferne zu uns zurück. Nachdem es seinen Weg durch beide Konfessionen genommen hat und eine große Auseinandersetzung entfachte, will es nun in einer neuen geschichtlichen Stunde neu zu uns sprechen. Zwar lastet auf ihm noch immer ein formales Verbot der katholischen Kirche, die den Verfasser einst exkommunizierte, und Wittig selber hätte nichts lieber gesehen als die Beseitigung dieses Hemmnisses. Aber wir sehen nicht, woher dieses Verbot noch seine Kraft bezöge, seit die Besorgnis um die Jugendbewegung, auf die sich die Kirche bei ihrer Indizierung berief, Gründe nicht mehr hergibt.

Joseph Wittig hat die Geschichte, die hier erzählt wird, in den Jahren 1879 bis 1905 erlebt und unmittelbar nach dem Ersten Weltkrieg niedergeschrieben. Es ist die Geschichte eines schlesischen Dorfjungen, der frühzeitig zum Priester bestimmt wird und durch Alumnat und Predigerseminar hindurchgeht. Es ist die Geschichte evangelischen Glaubens in dieser Zeit, eines Glaubens, der in uralten ländlichen Formen der Volksfrömmigkeit lebt, aber unverwechselbar die rechte Sache meint. Es ist die Geschichte dieses Jungen die von ihm erlebte und in ihm erfahrene

Geschichte Jesu von Nazareth. Als dieses Buch verfaßt wurde, vertrat man auf den Lehrstühlen noch die Überzeugung, es müßte der Theologie eines Tages gelingen, mit den Mitteln der Geschichtsforschung das Leben Jesu beweiskräftig zu rekonstruieren. Wittig hat diesem vergeblichen Bemühen die Kraft jenes neuen Lebens entgegengesetzt, das dieser Jesus mit seiner Gegenwart in den Gläubigen aller Tage führt. Die Geschichte Jesu ist tot, wenn sie nicht bei uns zu neuem Leben erwacht. In dieser Gewißheit macht Wittig den in uns wiedergeborenen Heiland zum eigentlichen Helden seiner Dorfjungengeschichte. Es ist das kein literarischer Trick, sondern die gutgewachsene Frucht jener einfältigen Kühnheit, die der wichtigste Wesenszug Josephs Wittigs war. Schlesien, das Glatzer Land von Albendorf bis Neurode und Habelschwerdt, ist Palästina den Frommen, wie Bethlehem für den anderen Angelus aus Schlesien, Johannes Scheffler, im Herzen der Christen liegt.

Dem Leser wird noch wichtig sein zu erfahren, wie die Geschichte des Schlegeler Dorfjungen mit Jesus weitergegangen ist. Wittig hat in vielen anderen Büchern diesen Weg beschrieben: Er wurde als junger Priester für zwei Jahre zu Studien nach Rom geschickt und dann nach kurzer Seelsorger-Arbeit in Oberschlesien und Breslau hier Privatdozent und 1915 ordentlicher Professor für alte Kirchengeschichte und christliche Archäologie an der Universität. 1922 erregte sein Aufsatz »Die Erlösten«, den sein Freund Carl Muth im »Hochland« veröffentlichte, einen Sturm der Begeisterung, nicht nur in der Jugendbewegung, sondern in der ganzen Kirche, und trug ihm einen ernsten Konflikt mit dem kirchlichen Lehramt ein. Joseph Wittig war fern davon gewesen, eine neue Lehre zu verkünden, ihm hatte daran gelegen, den Christen die seelsorgerliche Frage vorzulegen, warum in ihrem Leben von der Heilstat Gottes so wenig sichtbar würde. Er hat immer – vor und nach seinem Zusammenstoß mit der Kurie – ein treuer Katholik sein wollen, und er konnte auch gar nichts anderes sein. Denn zum Revolutionär war er nicht geschaffen. Von allen Vorwürfen gegen ihn war der des Modernismus der absurdeste, denn Wittig hatte niemals in seinem Leben zur Problemstellung dieser Bewegung ein Verhältnis. Er hat über die Unfreiheit des sündigen Menschen und die Rechtfertigung allein durch den Glauben in den ihm gemäßen Formen Sätze gewagt, die ihn als reformatorisch gesinnt erscheinen ließen. Aber nicht im Traume wäre ihm eingefallen, sich deswegen den Protestanten zuzugesellen. Wenn da Übereinstimmungen mit Luther wären, so hätte er nur immer gemeint, damit das Katholische in Luther wiederzuentdecken. Nicht einmal die Indizierung von sechs seiner Bücher im Jahre 1925 und die Exkommunikation im Jahre darauf haben ihn je in dem Willen irregemacht, weiterhin seiner Kirche anzugehören.

Damals schrieb er die Sätze: »Man hat gesagt, daß in mir die Gegenreformation ihr Ende gefunden habe und daß der tiefste Sinn meines Schrifttums die Heimholung des lutherischen Wahrheitsgehaltes sei. Richtig daran ist, daß ich in die religiösen Schätze der alten, tiefgläubigen Zeit eingebrochen bin, um deren Kostbarkeiten auch Luther rang, und daß ich manches Stück hervorgezogen habe, das wir nicht mehr ansehen mochten, weil Luther es berührt und in seiner Glaubensglut geschmiedet hat. Es kommt mir auch das Wort Dankbarkeit in die Feder, wenn ich an die evangelische Frömmigkeit denke, die hier und da an meinem Lebensweg aufblühte, und an die protestantische Gotteswissenschaft, die ich um meines akademischen Berufs willen studieren mußte. Lieber ist mir aber, was mir ein junger Wiener schrieb, nämlich daß ich weder lutherische noch tridentinische Theologie lehre, sondern daß ich aus der Zeit komme, in der noch alle Christen gemeinsam beteten und glaubten und hofften, und daß ich alle Wunder und Gnaden jener Zeit verkündigen dürfe. Ich muß die geschichtliche Trennung der Christenheit anerkennen, weigere mich aber, sie in meinem Herzen zu vollziehen.«

Im Heimatland seiner Familie, in Neusorge, hat Joseph Wittig sich, nach der Beurlaubung von seinem Lehrstuhl, ein Haus gebaut und als freier Schriftsteller gelebt, dessen herzgewinnende Volksbücher in allen Lagern, nicht zuletzt von evangelischen Christen, viel gelesen wurden. Ihn wiederanzunehmen, machte er der Kirche dadurch schwer, daß er heiratete. Auch späterhin wurden von Freunden immer wieder Schritte zu seiner Wiederaufnahme unternommen, wovon er in seinem »Roman mit Gott« berichtet, aber sie sind an den Bedingungen der Kurie gescheitert. Nach dem Kriege, drei Jahre vor seinem Tode, kam ein Telegramm aus Rom: »Joseph Wittig von der Exkommunikation befreit.«

Wer will über diesen späten Friedensschluß rechten? Wollen die Katholiken frohlocken, dürfen die Protestanten ihn beklagen? Nein, man beansprucht einen Mann wie Wittig nicht. Niemand von uns, der in dieser Weise kontrovers denkt, befindet sich auf der Höhe der Zeit. An Joseph Wittig zumal müßte uns deutlich werden, daß ein solches Denken im konfessionell Zweckhaften die ganze Sache nicht trifft. Es klingt, nachdem christliche Theologen soviel Anstrengung für die apostolische Erkenntnis des Verhältnisses von Glauben und Werken aufgewendet haben, wiederum sehr naiv, wenn einer sagt: »Die wahre Kirche ist doch bloß, soweit sich Christen wegen Christus lieb haben.« Könnte es aber nicht sein, daß wir gerade nach einer solchen einfachen und in ihrer Einfachheit sachgerechten Sprache heute hungern? Sie ist übrigens auch die Sprache der jungen Kirchen Asiens und Afrikas.

Joseph Wittig war ein Mann ohne Eile. Er wußte auf den Höhen und in den Tälern seines Lebens, daß seiner Sache darum die Zukunft gehört, weil sie in aller Einfalt seines großen Herzens die Sache Christi selber war. Nicht des Jesus Christus der Theologen, wie er wohl ingrimmig sagen konnte, obwohl er selbst dieses Fach durchaus studiert und fast ein Vierteljahrhundert lang als Hochschullehrer vertreten hatte; nicht die Sache eines Christus, meinte er damit, den die ewigen Scholastiker zu einem Begriff ihres rechnenden Verstandes gemacht haben, sondern die Sache des Jesus von Nazareth, den die Armen und Verlassenen erfahren, den Jesus, mit dem er, der Glatzer Zimmermannssohn, Umgang gehalten hatte alle die siebzig Jahre seines Lebens. Von der Identität dieser beider Leben, des Lebens des Christen und des Lebens des Christus der Erlösten, hat er überaus naiv und, wie die Theologen sagen, ganz ungeschützt gesprochen.

Die Christenheit hat auf ihrem Wege durch die Jahrhunderte viele kluge Gedanken darüber gehört, was wohl der Apostel gemeint habe mit seiner Behauptung, daß der Heiland nun sein Leben sei und daß dieses sein Leben mit Christus in Gott ver-

borgen gehalten werde; keiner dieser Umwege des auslegenden Geistes führt jedoch so ins Zentrum wie der direkte Weg, den die Einfältigen und Sanftmütigen gegangen sind. Gewiß klingt Wittigs Aufforderung, »sich einfach in die Arme Gottes schließen zu lassen«, wie völlig unvertraut mit den entscheidenden menschlichen Schwierigkeiten. Aber er hat diesen Ruf durch sein Leben belegt, und anders wollen Leute wie er nicht argumentieren.

Er hat bis zum Jahre 1921 eine Reihe nicht unwichtiger Arbeiten aus seinem Fachgebiet, der Patristik, veröffentlicht, dann aber keine einzige Zeile, die nicht lediglich von ihm selbst erzählte, oder besser gesagt, von seinem anderen Leben, in das ihm sein Leben verwandelt war. Der klügelnde Sinn der Welt hat nach ihm gegriffen wie nach jedem von uns; ein Professor in der größten Stadt des deutschen Ostens mußte in dieser Hinsicht alles erfahren, was die Gegenwart zu bieten hatte. Aber er hat die Einheit seines Lebens nicht verloren. Er konnte sie nicht verlieren, weil sie nicht auf seinen Entschlüssen, sondern in der Macht dessen stand, dem er sich anvertraut hatte.

Diese Sache vertretend, war er ein Mann ohne Eile. Auch sein Buch konnte darum warten. Wenn es jetzt in neuer Gestalt, von einem Schlesier behutsam von allzu gemütreicher schlesischer Weitschweifigkeit befreit, zu den deutschen Lesern kommt, so ist die Stunde noch nicht zu spät dafür. Wittig plante vor elf Jahren selbst eine neue Ausgabe. Er ist darüber gestorben. Heute, wo wir besser wissen, daß auf den Wegen seines Glatzer Berglandes für lange die Sprache nicht mehr gesprochen werden wird, in der er aufwuchs, heute würde ihm die Erinnerung an seine Jugendtage auf diesen Wegen noch notwendiger erschienen sein. Heut würde es auch dem Seelsorger Wittig am Ende noch wichtiger als je zuvor gewesen sein, mit seinem Bekenntnis vor die Menschen zu treten; denn diese Zeit der Heimatlosigkeit hätte ihn traurig gestimmt.

Man kann dieses Buch als theologische Herausforderung lesen, wie es die Hüter des Lehramts getan haben. Dann wird sein Zauber unter den Händen zergehen wie Staub von Schmetterlingsflügeln. Man kann der hier geschilderten Volksfrömmigkeit kritisch auf den Leib rücken. Damit ist gar nichts gewonnen. (Und Wittig hat diese Kritik auch schon deutlich genug vor-

weggenommen.) Wir wünschen ihm vielmehr Leser, die sich den Sinn für das Echte in jeglicher Gestalt bewahrt haben und lesen können, wie man las, als die Großen noch Bücher schrieben, die nicht zu fern und nicht zu denkstolz, nicht zu krank und nicht zu haltlos waren, um auch von dem, was man damals das Volk nannte, und von verständigen Kindern verstanden und bestanden zu werden. Joseph Wittig hat sein Erinnerungsbuch gedacht für »Menschen, die man Weltmenschen nennt, obwohl sie doch auch Himmelsmenschen sind«, und alles gesagt, was hier zu sagen ist, als er in den Entwurf eines Vorworts seinem Buch den Wunsch mitgab, »es bleibe der liebe Heilige Geist darin und das Lächeln meiner schlesischen Heimat auf seinem Antlitz«.

WO DER HEILAND ZUR WELT KOMMT

Von der Straße nach Neurode ging ein Weglein in die Felder hinein. Dort hatte ich mich mit meinem Freunde Bernhard Herden niedergelassen und ein Feuerchen angezündet, obwohl die Sommersonne schien. Es machte uns Spaß, daß die Luft über der Brandstätte zitterte und die Schmielen und Kümmelstauden ringsumher aufhüpften, als wollten sie eine Polka tanzen, kämen aber einstweilen nicht von der Stelle. Das Schönste war, daß gerade jetzt ein Leierkastenmann auf der Straße einherzog und bei unserem Anblick stehen blieb, die Leier vom Buckel nahm, den Leierstuhl aufspreizte und mitten in der freien Landschaft sein Konzert gab. Die Leier besaß nicht mehr alle ihre Flöten und der Walzenstift leistete nur noch schlechte Arbeit, aber das Lied sprang mit kecken Sprüngen über alle Noten hinweg, die ihm fehlten.

Da begannen die Glocken vom Schlegler Kirchturm zu läuten. Es muß wohl Sonnabend vor einem hohen Feste gewesen sein. Sonst wüßte ich nicht, was die Glocken zu läuten gehabt hätten in dieser späten Mittagszeit. Beim ersten Glockenschlag hörte der Leiermann mit seinem Spiele auf und war wie einer, der ganz in die Ferne horcht. Dann fing er an zu nicken und zu taktieren, wie unser Hauptlehrer und Kantor Pietsch beim Hochamt.

»Du, das ist ein Verrückter«, flüsterte mir Herden Bernhard zu. »Sieh ock, dem kommt das Hemde hinten zu den Hosen raus!«

Ich schielte mit den Augen zu dem verzückten Leiermann. Da vernahm ich ein ganz leises, altes Singen aus dem verschlossenen Munde: »E-ang-e-i-um E-ang-e-i-um.«

Das konnte nicht mehr so weitergehen. Zu viel Mysteriöses vertrug mein Jungenherz nicht. Darum getraute ich mich zu fragen: »Warum leiern Sie denn nicht weiter?«

Keine Antwort. »E-ang-e-i-um, Meßglöcklein, Hochamtglocke, Sterbeklingel, Brummbaß – Bethlehem, Jerusalem, Kalvaria und Heiliges Grab.«

Da hörten die Glocken auf zu läuten. Der Leiermann zeigte mit dem einen Finger zum Kirchturm hin, kniff das rechte Auge zu, schob das linke ein wenig vor – auf mich zu – und fragte: »Hast du nicht den schönen Gesang gehört?«

Ich wollte nicht lügen, obwohl wir Schlegler Jungen sonst immer gern dazu bereit waren, und antwortete: »Sie können beinahe so schön singen wie meine Großmutter. Meine Mutter sagt aber, die könne nicht mehr singen, weil sie keine Zähne mehr hat.«

»Nein, von den Glocken, meine ich«, sagte er, meine List wohl erkennend, »E-ang-e-i-um – Evangelium – Bethlehem – Nazareth – Jerusalem – Totenklingel – Bums ins Grab, das ganze Evangelium. Scher dich heim, wenn du nicht hören kannst!«

Sprach's, nahm die Leier über die Schulter, den Klappstuhl unter den Arm und ging. Drehte sich aber noch einmal um und war wieder ganz freundlich. »Gelt, du hast's gehört: E-van-geli-um.«

Da nickte ich, was sich aber nicht auf die Vergangenheit, vielmehr auf die Zukunft bezog: Ich wollte es in Zukunft immer hören.

Weiß Gott, es ist wahr geworden. Das Wort Evangelium ist ein Glockenakkord. Ihr glücklichen Glöckner, die ihr an den Glockensträngen ziehen dürft, bis sie euch nicht mehr loslassen, sondern bis zum Gewölbe hinaufziehen, läutet mit aller Lust, läutet mit allen Seilen! Es fliegt wie ein Engel von Haus zu Haus, es brüllt wie ein Löwe über Berg und Tal, es pflügt wie ein Stier die unfruchtbarsten Äcker, es schwingt sich wie ein Adler bis zu den Himmelshöhen das freudige Lied: Evangelium. Ihr Musiker, greift in die Saiten, drückt in die Tasten, versucht den Akkord. Ihr könnet nicht mehr los von eurem Instrument, wenn ihr dieses Thema gefunden habt. Ihr Dichter, von allen euern Liedern muß das schönste heißen: Evangelium.

Ich armer Geschichtenschreiber habe mir schon oft gedacht: Am liebsten schriebe ich einmal eine Geschichte von Jesus Christus, dem Sohne Gottes, der vom Himmel auf die Erde gekommen ist, um lehrend, leidend, sterbend das Gottesreich auf Erden zu begründen. Aber ich glaube, die vier heiligen Evangelisten Matthäus, Markus, Lukas und Johannes haben es schon so wunderbar getan, daß ich mir gern sagen lasse, Gott selber habe es ihnen eingegeben. Eher könnte ich die Peterskirche in Rom oder den Moses von Michelangelo nachmachen als solch ein Evangelium.

Und doch drängt es mich immer wieder: »Du mußt ein Evangelium schreiben!« Das Wort des Apostels ließ mir keine Ruhe: »Was wir gesehen, das bezeugen wir.« Müßte die Welt nicht schon von Lob und Dank gegen Christus überflutet sein, wenn alles Glück und aller Trost, alles süße Erleiden und Empfangen, alles Sterben und Auferstehen in seinem Namen auch verkündigt worden wäre?

Das Leben Jesu kann man auf dreifache Weise mitleben: erstens, indem man die Lebensgeschichte Jesu Zeile für Zeile liest, seine Worte und Schicksale der betrachtenden Seele vorstellt und Anteil an seinen Leiden und Freuden nimmt; zweitens, indem man ihm nachfolgt als einem großen Lehrer und Meister des Lebens; drittens, indem man mit ihm zusammenwächst und aus ihm hervorwächst wie die Rebe aus dem Weinstock, indem man also mit ihm eins wird, sein heiliges Fleisch und Blut genießt und seinen Geist empfängt, indem man durch den Glauben an ihn zu einem anderen Christus neugeschaffen wird, so daß man wie Paulus sagen kann: »Nicht ich lebe, sondern Christus lebt in mir.«

Nur die dritte Weise ist eigentliches Leben. Wer sie erwählt, wird auch nach der zweiten Weise leben, aber doch ganz anders, als wer nur nach der zweiten Weise leben wollte. Er wird auch, wenn es ihm möglich ist, die erste Weise pflegen, aber nur so, wie ein gereifter Mann die Erinnerung aus längst vergangener Zeit ehrt und pflegt und treulich aufbewahrt. Jeder Tag, den er neu erlebt, ist ein neuer Tag im Leben Christi. Immer Neues wird er sagen können von seinem Zusammensein und Einssein mit Christus, wie Christus in ihm lebt und in ihm wirkt.

Was er sagen kann, wird immer zusammenklingen mit den alten Evangelien. Wenn er es aber, dankbaren Herzens, sagt, wird es sein wie ein neues Evangelium: »Was wir selbst gesehen und erfahren, das bezeugen wir.«

Vielleicht würde ich nun als ein bescheidener Mann gepriesen werden, wenn ich hierher schriebe: »Ich habe das Leben Christi nur in der ersten Weise mitgelebt und kann darum nur eine Abschrift oder eine Zusammenstellung oder eine Erklärung der alten Evangelien liefern.« Vielleicht würde ich sogar als heiliger Mann gepriesen werden, wenn ich sagte, daß ich mich ehrlich und mit gutem Willen um die zweite Weise bemüht habe und nur eine Nachfolge Christi im Sinne einer Lebensregel schreiben wolle. Aber ich kann nicht so bescheiden sein!

Als ich noch gar nichts denken und wollen und sagen konnte, haben mich meine Eltern an den Taufbrunnen getragen und dort einfach auf Christus aufpfropfen lassen. Dadurch bin ich ein Reis Christi geworden und, da ich nie für das Abschneiden war, auch bis heute geblieben, nicht gerade immer schön und blühend – manches Jahr verdarben mir alle Äpfel –, aber doch immer wieder neues Leben aus Christus ziehend.

Es lacht in mir, wie ein blühender Kirschbaumzweig lacht, auch wenn andere Kirschbaumzweige viel mehr Blüten haben. Ich will dieses Lachen nicht verhängen, etwa weil andere, wenn sie von Religion reden oder hören, gleich ein ernstes Gesicht machen, als hätten sie eine Tasse Wermut getrunken oder eine Vorladung zum Termin bekommen. Die menschliche Wahrheit sieht aus wie das Antlitz einer Meduse oder einer Sphinx, die göttliche Wahrheit wie das Antlitz der Sonne am Sonntagmorgen. Die göttliche Wahrheit bleibt auf der Straße stehen und spielt den Jungen am Straßenrand ihr Lied.

Dasselbe Heilige, das in der Jungfrau Maria Fleisch und Gestalt annahm, nimmt bei der Taufe des Grafschafter Jungen nicht bloß Fleisch an, sondern nimmt den ganzen Jungen und will wirklich, daß dieser Junge genau so werde, wie Jesus selber war, ein rechtmäßiges Kind Gottes, ein heiliger Mann, ein Erbe des Reiches Davids in Ewigkeit, das heißt: des Himmelreiches.

Es steckt in dieser Rechnung noch ein Fehler, den ich in einem der nächsten Kapitel ausgleichen will. Darum soll niemand schreien: »Da ist doch noch ein großer Unterschied!« Es ist ein Unglück, daß wir immer erst den Unterschied ansehen und darüber die Gleichheit vergessen.

Da hat es ein Grafschafter Bettler besser gemacht, der ungefähr alle Vierteljahre einmal in unser Häuslein kam, aber vor der Stubentür stehen blieb und, ohne anzuklopfen, zu beten begann: »Vater unser, der du bist in den Himmeln ...« Wenn dann die Mutter mit einem Schüsselchen Mehlsuppe oder einer Schnitte Brot hinausging, sagte er: »Der himmlische Vater gibt's euch wieder.« Wenn ihn aber jemand fragte: »Wer sind Sie denn?«, antwortete er: »Ich bin der Sohn Gottes.« Das wußten aber schon alle, und sagte dann einer: »Ich denke, Sie sind der Beiernaz aus den Falkenbergen«, so erklärte er demütig: »Das bin ich einmal gewesen. Aber als ich getauft wurde, siehe, da kam eine Stimme vom Himmel und sprach: Das ist mein geliebter Sohn, an dem ich mein Wohlgefallen habe.«

Wir wollen uns vorderhand dahin einigen, daß »das Heilige«, welches in der Taufe und im Glauben von uns Besitz ergreift und in uns zu wirken beginnt, genau dasselbe ist wie das Heilige, das aus der Jungfrau geboren wurde, und daß in unserem Glaubensleben wahrhaftig das wahre Leben Jesu Christi seine Fortsetzung findet. Der Unterschied besteht nur darin, daß er von uns nicht nur Leib und Seele, wie aus der Jungfrau Maria, sondern die ganze Persönlichkeit mit Strunk und Stiel an sich genommen hat. So groß und wunderbar das Geheimnis der Menschwerdung aus Maria ist – hier ist ein noch viel unbegreiflicheres Geheimnis. Und selbst unserer Theologie steht der Atem still, wenn sie uns die Verbindung des »Heiligen« mit dem Grafschafter Jungen etwas deutlicher erklären soll. Sie wird noch viel lernen und forschen müssen, ehe sie dies kann. Es gehört zu den Geheimnissen, von denen der Apostel gesagt hat: »Kein Auge hat es gesehen, und kein Ohr hat es gehört, und in keines Menschen Herzen ist es gedrungen, was Gott denen bereitet hat, die ihn lieben.«

Was durch Taufe und Glauben in den Grafschafter Jungen kommt, ist Leben. Es ist aber auch Person, nämlich Jesus, der mit seinem Vater und seinem Geiste kommt und in dem geheiligten Geschöpflein Wohnung nimmt. Das sind sehr stille

Gäste. Man merkt zuerst wenig von der Einquartierung. Selbst der Wachtposten, den sich die dreifaltige Majestät vor ihr Quartier stellt, der Engel, ist kaum zu bemerken. Nur wenn das junge Gefüge von Fleisch und Blut einmal in Gefahr kommt, in einen Wurstkessel mit heißer Brühe oder in ein anderes Unglück zu stürzen, da merkt man den Engel. Im übrigen sind es aber sehr anspruchsvolle Gäste. Da sie ganz geistig sind, beanspruchen sie von ihrem kleinen Wirt alle seine irdischen Gerätschaften, seine ganze Natur mit Augen, Ohren, Armen und Beinen. Sie haben ein Recht dazu, weil ja alles durch ihre Allmacht geschaffen ist.

Das Heilige in einem solchen Jungen ist also wirklich ein Lebendiges. Es kann sehen, hören, laufen, arbeiten. Es lebt in dem Jungen und lebt mit dem Jungen. Des Jungen Heimat ist seine Heimat. Und man kann fast sagen: Es vergißt, daß einst Palästina seine erste irdische Heimat war.

Das Heilige macht gern weite Wege durch das Land, das seine Heimat ist. Es müssen nur immer Wege der Liebe sein. Was ist Jesus auf und ab gegangen durch Palästina! Wie muß er die Berge und die Täler geliebt haben! Besonders die Berge spielen in den heiligen Evangelien eine große Rolle. Dort oben redete er oft nächtelang mit seinem himmlischen Vater: dort oben verbarg er sich vor dem Volke. Auf dem Berge der Verklärung konnte er den Schimmer seiner Göttlichkeit nicht mehr bedekken und zurückhalten. Die Strahlen brachen durch, und er ward verklärt. Auf dem Ölberge kam die ganze menschliche Angst über ihn, aber auch ein Engel kam, der ihn tröstete. Auf Golgatha starb er am Kreuze.

Schon vor seiner Geburt, gleich nach der Verkündigung des Engels, wollte er ins Gebirge. Er konnte damals noch nicht mit eigenen Füßen wandern, war also schier in derselben Lage wie in der Seele des Grafschafter Jungen. Er wollte zu seinem Freunde Johannes, der auch noch nicht geboren war, sich aber schon bewegen konnte. Und Maria wollte zu ihrer bejahrten Anverwandten Elisabeth, von der ihr der Engel ein Geheimnis anvertraut hatte, wollte ihr helfen in ihren schweren Tagen. Maria machte sich auf und reiste eilig ins Gebirge. Sie trat in das Haus des Zacharias und begrüßte Elisabeth. Als Elisabeth den

Gruß Marias hörte, hüpfte das Kind in ihrem Schoße, heißt es. Elisabeth wurde voll des Heiligen Geistes und rief mit lauter Stimme: »Woher kommt mir die hohe Ehre, daß die Mutter meines Herren zu mir kommt? Sieh, als der Klang deines Grußes an mein Ohr schlug, da hüpfte das Kind vor Freude in meinem Schoße. O selig, die da geglaubt hat, daß in Erfüllung gehen wird, was ihr vom Herrn gesagt worden ist!« Da sprach Maria: »Hoch preiset meine Seele den Herrn, und mein Geist frohlockt in Gott, meinem Heilande.«

Nach dem alten Kalender des Kirchenjahrs blieb Maria bei Elisabeth bis zum neunten Tage nach der Geburt des Johannes, also bis zum 2. Juli. Dann nahm sie, die Mutter des »Heiligen«, Abschied von der Mutter des Propheten, denn nun waren die schweren Tage für Elisabeth vorüber.

Meine Großmutter saß vor der Haustür. Ich setzte mich zu ihr auf eine Steinschwelle und legte meinen Kopf an ihre Knie. Sie sagte: »Hörst du, wie Maria singt beim Heimgang? Und jetzt denkt sie an Jesus, den sie wie eine Rosenknospe am Herzen hatte:

So dir geschenkt ein Knösplein was,
so tu es in ein Wasserglas,
doch wisse:
Blüht morgen dir ein Röslein auf,
es welkt schon in der Nacht darauf,
das wisse, das wisse!«

Als ich am anderen Vormittag aus der Schule kam, gab sie mir neun Marienbilder in die Hand und sagte: »Stelle doch immer ein Bildlein an einen Baum im Garten, denn ich will Mariä Heimsuchung machen und kann doch nicht mehr über die Hügel und Höhen zu meinen Marienbildern.«

Ich gehorchte gern, und das Heilige in mir sagte: »Ich will auch Mariä Heimsuchung machen.« Und etwas anderes in mir, nämlich ich selbst, dachte nebenbei: »Wenn die Großmutter bloß nicht zu lange beten täte!« Ich langte also nach der Hand der Großmutter und führte sie zum ersten Marienbild, neugierig, was die Großmutter nun tun würde.

Großmutter machte ihr altes Gebetbuch auf und betete mit

singender Stimme, aber so fröhlich, daß ich fast lachen mußte: »Hochpreiset meine Seele den Herrn, und mein Geist frohlocket in Gott, meinem Heilande«, und sang und sang, bis sie zu den Kindern Abrahams kam. Beim letzten Marienbilde sagte sie mir: »Jetzt kannst du etwas wünschen, was dir in diesem Jahre in Erfüllung gehen soll.«

Ich wollte eigentlich eine Flinte haben, aber bei dem geringen Lohne, den mein Vater verdiente, traute ich dem Herrgott nicht zu, daß er in diesem Falle das Versprechen erfüllen würde. Und da die Großmutter gerade nach dem Annaberge hinschaute, sagte ich: »Auf dem Annaberge soll es beim Annafeste eine Schießbude geben, da möchte ich einmal dort sein.«

Da eine moderne Geschichte des Lebens Jesu auch einen geographischen oder landschaftlichen Abschnitt enthalten muß, kommt es mir sehr zustatten, daß die Großmutter nicht nur versprach, wenn ihre Füße standhaftiger würden, hätte sie Lust, mich zum Annafeste auf den Berg mitzunehmen, sondern daß sie anfing, mir den Kranz der Berge zu erklären.

Der Annaberg, sagte sie, sei der älteste Berg. Er sei wie das Alte Testament. Denn an der Spitze sei die heilige Mutter Anna, die Großmutter Jesu. Dann komme weiter rechts der Habichthübel, die Grenzhöhe und der Siehdichfür, lauter niedrige Höhen. Das müßten die heidnischen Länder sein. Nun aber steige die Roterlehne empor, dort über Schneiderbauers Busch. Da sei eine Tafel mit den Acht Seligkeiten, und es leuchte dort oben immer schön und weit und frei, daß es wohl der Berg Tabor sein könne. Dann komme hinter einem tiefen Einschnitt, durch den die Straße von Schlegel nach Ebersdorf führt, der Hutberg, der so stolz auf die Acht Seligkeiten herabschaue, daß da wohl die Pharisäer gewohnt haben müßten. Dann der Oberberg mit der Pestsäule und der Jesuitenallee. Dann der Leppelt mit der Kohlengrube und der Glasfabrik. Das sei die neue Zeit, und es wäre nur gut, daß mein Vater meine Mutter von dort weg nach Neusorge geholt hätte, denn die neue Zeit sei nichts besonders Gutes. Von dorther dringe aller Unglaube nach Schlegel. Dann aber komme die Wolfskoppe, von der noch lange die Wölfe zur Winterszeit ins Dorf geschlichen seien und einmal ein junges Mädchen aufgefressen hätten. Kein Heiligtum sei auf dem Leppelt und auf dem Wolfsberge, und man könne beim Wolfsberge schier an die Hölle denken. Ja, man müsse sogar. Denn gegenüber dem schwarzen Wolfsberge liege der Allerheiligenberg mit einem Einsiedler, der so aussehe wie Gottvater in langem, weißem Barte, und einer Kapelle, in der alle Heiligen versammelt seien um die liebe Gottesmutter Maria. Der Allerheiligenberg oder Kirchelberg sei also wie der Himmel. Zwischen Wolfsberg und Kirchelberg steige das Dorf Schlegel aus dem Steinetal herauf, und das sei wieder richtig, denn jedes Dorf liege zwischen Hölle und Himmel. Sie, die Großmutter, sei aus dem Steinetal gekommen als junge Braut meines Großvaters, zwischen Hölle und Himmel hindurch, nach Neusorge.

»Wo liegt denn nun aber Nazareth?« fragte ich.

»Drin in der Stube, um die Hobelbank des Zimmermanns.«

»Und wo Bethlehem?«

»Wo der Heiland zur Welt kommt!«

So waren wir wieder aus der Geographie in die Mystik hineingekommen. Maria kehrte aus den Bergen heim. Großmutters Füße wurden von Tag zu Tag kräftiger, und am nächsten Sonntag konnte sie schon wieder ins Dorf zum Hochamt gehen. Wenn das Heilige wandern will, kuriert es auch die Füße, die es tragen oder begleiten sollen.

DAS STARKE WEIB

Viele Wochen vor dem Annafeste wurden schon die Anna-Dienstage gehalten. Da kamen von Neurode herauf, aber auch aus ferner liegenden Dörfern und insbesondere vom Böhmischen herüber jene, die es nicht mehr bis zum Feste aushalten konnten oder die sich einstweilen auf das Fest vorbereiten wollten; junge Mädchen, die schon durch ihre Kleidung zeigten, daß sie der Welt aufrichtig abgeneigt waren, meistens aber alte Weiblein und Männlein, die in sonderbarster Körperbedeckung den Berg hinaufkletterten, manchmal sogar schon kleine Prozessionen mit Vorbeter und Fähnchen.

Ihr Ziel war die kleine Sankt-Anna-Kirche auf der Höhe des Berges. Kein Geistlicher leitete die Andacht, sie wuchs und blühte hervor aus den alten Baumrinden und aus den grünen Zweigen des Volkes, das sich hier sammelte. Eines ging, das andere kam, und die betende Gemeinde blieb fast unvermindert bis zum späten Abend. Kommet, ihr tiefgelehrten Religionspsychologen, setzt eure Brille auf und saget mir, was da eigentlich vor sich geht. Aber wehe euch, wenn ihr den jungen und alten Kindlein auf dem Steinpflaster der Annakapelle auch nur mit einem Worte wehe tut!

Schon am Dienstag nach Mariä Heimsuchung waren die Füße meiner Großmutter wieder ganz standhaftig geworden. Als ich aus der Schule kam, saß sie vor der Haustür und sagte: »Ich will heute auf den Annaberg. Komm mit! Es ist aber noch keine Schießbude da.«

»Ich plomp of de Schießbude! Wenn ich ock darf!« war meine jubelnde Antwort.

Das Mittagessen war bald vorüber. Sorgfältig wurden meine weißblonden Haare gekämmt. Eine richtige Krinne, von der Gegend des rechten Hornes aus bis schier zum Wirbel, gehört zum Stolz des Grafschafter Mannes. Großmutter pflückte eine Kornblume und eine Kornrade und steckte sie in mein Hutband, worauf ich einige Mohnblumen abriß und an Großmutters Jacke befestigte.

»Du bist wie der Großvater, Gott hab' ihn selig«, sprach Großmutter, und sie mußte wohl an ihre Brautzeit denken, denn wir kamen gleich aufs Heiraten zu sprechen.

»Großmutter«, sagte ich, »ich will mir die Niesel Berta heiraten.«

Großmutter sah zu ihrem achtjährigen Enkel herunter, aber gar nicht verächtlich, und sprach: »Da hast du ja deine erste Braut ziemlich zeitig gefunden. Das soll eine große Gnade von unserem Herrgott sein, wenn ein Mann gleich die rechte Braut findet.«

»Es ist nicht die erste; die erste war die Wenke Martha aus der Klasse von Herrn Lehrer Knebel.«

»Wie bist du denn zu der gekommen?«

»Ich konnte eigentlich nicht dafür«, antwortete ich. »Der Herr

Lehrer fragte die Jungen einen nach dem anderen, welches Mädel sie am liebsten hätten.«

»Da hast du gleich auf die Wenke Martha gezeigt?«

»Nein«, verteidigte ich mich, »aber der Dinter Paul hatte auf die Wenke Martha gezeigt. Der ist aber so häßlich und die Wenke Martha so hübsch, da fragte der Lehrer: ›Na, Wenke Martha, hast du denn den Dinter Paul auch am liebsten?‹ Da sagte die Wenke Martha: ›Nee, ich habe den Wittig Joseph am liebsten.‹ Da konnte ich doch nicht anders und mußte die Wenke Martha zur Braut nehmen.«

»Wie hast du denn das gemacht?«

»Nu, halt bloß so!«

»Und die Niesel Berta ist also deine zweite Braut?«

»Nein, die dritte, denn die zweite war die Herzig Maria auf dem Hinterberge. Die war in der Klasse vom Herrn Lehrer Rupprecht. Wenn der einmal fortgehen mußte, sagte er der Herzig Maria: ›Komm, stell dich heraus und laß die Mädchen lesen‹, und mir: ›Komm, stell dich vor die Jungen, und wenn ein Mädchen gelesen hat, laß du immer einen Jungen lesen.‹ Und wenn er wiederkam und es war hübsch still in der Klasse, dann sagte er uns beiden Aufpassern: ›Ihr müßt euch später einmal heiraten.‹«

»Und warum willst du denn jetzt die Niesel Berta heiraten?« fragte die Großmutter sehr gütig.

Da wurde ich verlegen und meinte: »Ich weiß es nicht, aber wenn ich allein aus der Schule gehe, dann bete ich immer ein Vaterunser, daß ich die Niesel Berta kriege.«

»Hast du denn mit den Mädchen schon darüber gesprochen?«

Da schaute ich die Großmutter verwundert an und sagte: »Ich werde doch nicht mit den Mädeln reden!«

Auf einmal kam über mich eine tiefe Scham, daß ich überhaupt soviel von den Mädeln und vom Heiraten gesprochen hatte, ja daß ich schon so gut wie dreimal verheiratet war.

Großmutter sagte: »Du brauchst dich nicht zu schämen, denn heiraten ist keine Sünde.«

»Warum schämt man sich da so sehr?«

»Das kommt von der Erbsünde, da haben sich Adam und Eva das erstemal geschämt.«

»Ich denke, die Erbsünde ist in der Taufe von mir abgewaschen worden?«

Großmutter überlegte. Wir waren schon über die Straße hinüber und merkten, daß es stark bergan ging. Da blieben wir stehen und blickten auf Neusorge zurück.

Unser Haus war doch das schönste, wenn es auch schier das kleinste war.

»Siehst du«, sagte die Großmutter, »auf eurem Hause ruht eine Hypothek oder ein Schuldbrief. Den habe ich im Schränkchen daheim, und deine Eltern müssen mir alle Vierteljahre Zinsen bezahlen. Und jetzt paß auf: Eine solche Hypothek ruht auch auf der Menschennatur. Jeder, der geboren wird, hat gleich eine Schuld und muß Zinsen zahlen, weil die ersten Menschen den schönsten Apfel im Paradiese und die Kunst, das Gute und das Böse zu erkennen, für sich haben wollten. Jetzt müssen sie die Schuld tragen und die Zinsen bezahlen: die rote Scham, die bittere Krankheit, den schmerzlichen Tod. Und dazu verlangte der Teufel noch Prozente: sie mußten ihm dienen und sündigen.

Unser Heiland hat mit seinem kostbaren Blute die Hypothek abgezahlt, aber damit die Menschen nicht vergessen, was das für eine ernste und teure Sache war, werden sie zwar bei der Taufe von der Schuld befreit, aber die Zinsen müssen sie noch weiter zahlen. Darum kommt Scham und Leid und Tod über uns, auch wenn wir getauft und erlöst sind. Das Heiraten ist keine Sünde, aber es bringt viel Kummer und Ärger mit. Das sind solche Zinsen für die Erbsünde. Wer aber nicht heiratet und nur Gott allein gefallen und dienen will, der opfert von vornherein viel irdisches Glück als Zins an Gott – bekommt freilich alles hundertmal wieder und dazu noch das ewige Leben.«

Jetzt bog der Weg aus der Häuserkolonie in frische Felder und Wiesen, zuerst ein wenig bergan, dann aber eben oder sogar sanft abfallend. So kamen wir bis zu jener alten, bildergeschmückten Kiefer, bei welcher der Weg mit aller Willensentschiedenheit den Berg hinaufzusteigen beginnt. Um auch den Wallfahrern diese Willensentschiedenheit einzuflößen, hatte ein alter frommer Menschenkenner das Kruzifix an den Baum genagelt und darunter ein Bild der Mutter Anna, die mit ihrem Töchterlein Maria in einem großen Buche liest.

»Liebe Großmutter«, begann ich, um einen eben aufsteigenden Gedanken zum Ausdruck zu bringen, »zerreiß doch auch unseren Schuldbrief, wie der himmlische Vater den Schuldbrief der Erbsünde zerrissen hat; denn die Mutter kann die Zinsen immer sehr schwer zusammensparen!«

Da legte mir die Großmutter die Hand auf die Schulter und sprach: »Du bist ein guter Junge! Der Schuldbrief liegt noch im Schränkchen, aber er ist so gut wie zerrissen. Und die Zinsen brauche ich halt notwendig, um mir manchmal noch etwas kaufen zu können.«

»Braucht denn auch der Herrgott noch unsere Zinsen?«

»Sei ock zufrieden, daß du nicht mehr unter der Knechtschaft des Teufels bist, sondern ein Kind Gottes. Leiden und Versuchung, Arbeit und Sterben braucht zwar der Herrgott nicht, aber wir Menschen brauchen dies alles. Er freut sich, wenn wir die Zinsen gern bringen, wie ich mich jedesmal freue, wenn du mir die Zinsen bringst. Und er gibt uns dann immer das Doppelte zurück. Ich kann dir halt bloß eine Schale Kaffee und ein Butterschnittel geben.«

Dann gingen wir schweigend den Bergkegel hinan, mitten durch dunklen Nadelwald, durch den sich zuweilen ein Blick nach der Talmulde hinab öffnete, so daß man die ganze Stadt Neurode in der Sonne liegen sah. Als gar noch ein Eisenbahnzug über den großen Viadukt am Galgenberge fuhr, stolperte ich über einen der vielen Steine, die in dem ausgefahrenen Hohlwege lagen, und schlug mit ausgebreiteten Armen auf die hartgetrocknete Erde. Da bluteten mir auf einmal beide Fußspitzen und beide Handgelenke, und ich hätte wohl geheult, wenn Großmutter nicht gleich mit ihrem Taschentuch und ihrer Theologie Hilfe gebracht hätte.

Ich wollte gerade sagen: »Die verflischte Erbsünde«, aber das paßte schlecht zu den frommen Worten der Großmutter. Das Heilige in mir sammelte still die Blutströpflein in seinen Kelch und brachte sie dem Vater dar.

Droben auf dem Berge steht die Kapelle im dämmerig dunklen Schatten hoher Laubbäume. Davor eine Flut von Sonnenschein. Mein Auge, wie es aus dem schwarzen Nadelwald hervorblickte, wurde geblendet und vermochte nicht bis zu dem Mysterium der Kapelle vorzudringen. Im Sonnenschein aber standen einige Verkaufsbuden und Schirmzelte, umringt von Kindern und großen Leuten. Die ganze Herrlichkeit und der ganze Lärm der Welt lagen wie eine große Versuchung zwischen mir und dem Heiligtum.

Gott sei tausendmal gedankt für die Einrichtung der Großmütter auf Erden! Wenn mich die Großmutter nicht an der Hand genommen und mit der letzten Kraft ihres erschöpften Atems an allen diesen Wundern der Natur vorbeigeführt hätte, so wäre ich an diesem Tage wohl gar nicht über die Schwelle der Übernatur gekommen, ich meine: in die schöne, traute Annakapelle. Das Beten der Leute troff wie ein schwerer Landregen. Am Hauptaltar brannten viele, viele Kerzen, und es knisterte und duftete bis zum Seitenaltar her. Und die Kleider der Beter, die sonst den Armeleutegeruch trugen, atmeten im Dämmer der Kapelle allen Sonnenschein und allen Kiefernduft aus, den sie unterwegs eingeatmet hatten. Im Hochaltarbild saß Mutter Anna, neben ihr stand in rosafarbenem Kleid ihr Töchterlein Maria, und beide lasen in einem großen Buche. Die Leute erwarteten kein Wunder. Mutter Anna tut im allgemeinen kein Wunder; es ist nur so sehr schön bei ihr, und alle, die zum Bilde hinschauten, dachten: »Mutter Anna la'nnt Maria la'nna (Mutter Anna lehrt Maria lernen).«

Und doch war eine Inbrunst, ein sehnsuchtsvolles Warten und ein Wohlsein sondergleichen in der Kapelle. Ich dachte, Großmutter werde überhaupt nicht mehr nach Hause gehen. Um dies zu klären, wollte ich schon fragen: »Großmutter, gehen wir nicht gleich?« Da sagte die Großmutter: »Es wird jetzt bald etwas sein, denn sonst wären nicht so viele Leute hier.«

Da trat ein Mann in Einsiedlerkleidung auf die Kanzel. Er redete mit lauter Stimme, mit so lauter Stimme, daß die Grafschafter nicht etwa sagen: »Er tut schien predigen«, sondern: »Der tut ober a su schien schempfa.« Auch ich fand die Predigt außerordentlich schön. Zuerst hörte ich nur die Worte wie ein Orgelspiel mit Manuale und Pedal. Dieses Wuchten und Wogen war wie die ganze Religion, die über mich kam. Ich glaubte, das Allerschönste und Allerheiligste von der wunderbaren Dreifaltigkeit, von der Menschwerdung, vom Gericht, vom Himmel, alles Unaussprechliche werde hier ausgesprochen. Und es waren auch alle so erschüttert und so beglückt und so zerdonnert und so verklärt, als hätte Gott soeben auf dem Sinai sein Gesetz verkündet.

Aber auch das Menschlein in mir, der Zinsenzahler, horchte: »Ein starkes Weib, wer wird es finden – ja ein starkes Weib, wer wird es finden?« Die starken, vollen Schultern meiner Mutter, wie sie mähte oder wie sie unsere wilde Kuh zum Stiere führte, ihre Knöchel, wenn sie schwere Bündel heimtrug, kamen mir ein. Ich war froh, daß mein Vater ein starkes Weib gefunden hatte. Was war die Großmutter dagegen! Nein, auch die Wenke Martha wäre nichts gewesen. Sie war semmelblond und zart wie Mondschein. Besser stand es schon um die Herzig Maria. Aber richtige Schultern hatte die Niesel Berta. Und sie saß auch in der Schulbank so ernst und still, als sei sie von einer ungeheuren Kraft gebunden. Doch nein, es schien mir, daß alle Mädchen zusammen nicht ankämen gegen die erschütternde Gewalt des Wortes: »Ein starkes Weib, wer wird es finden?« Vielleicht ist es überhaupt mit den Schlegler Mädchen nichts Rechtes.

»Wer ist denn stark? Sagt mir, wer ist stark, wer ist stark?« rief der Prediger. »Ist ein Weib auf dieser Erde stark? Ist wenigstens ein Mann auf dieser Erde stark? Sie sind alle so schwach, daß sie nicht einmal den letzten Gang auf dieser Erde mit den eigenen Beinen laufen können. Selbst der Annaberger Briefträger muß sich dann tragen lassen wie ein Kind im Wikkelbett, obwohl er jetzt so groß tut mit seinen starken Beinen. Und der Neuroder Schmied, der einmal eine eisenbeschlagene Tür mit seiner Schulter aufgesprengt hat, kann dann die armseligen vier Schräublein seines Sarges nicht mehr sprengen. Kennt ihr etwa den heiligen Christoph, dessen Beine so aussehen wie davongelaufene hundertjährige Buchen und dessen Buckel schier so groß ist wie der Buckel des Annaberges – seht ihr, wie er zusammengedrückt wird, da er das Kindlein Jesus über das Wasser tragen soll? Ja, wer Jesus, den Herrn der Welt, den allmächtigen Schöpfer Himmels und der Erde, erträgt, der ist stark, dreimal, zehnmal, hundertmal stark. Jetzt habt ihr's, wer das starke Weib ist: Maria, die das Kindlein Jesus nicht bloß über einen Bach, sondern über das ganze Gebirge Juda getragen hat, Maria ist das starke Weib! Und wer hat dieses starke Weib gefunden, wer hat es zur Welt gebracht? Unsere Großmutter Anna. Und ich habe drüben in Böhmen einmal ein Bild gesehen: Mutter Anna selbdritt. Sie trägt Maria auf dem Schoße, und Maria hält dabei ihr starkes Kindlein auf dem Arm. Und die Knie der Großmutter zittern nicht und brechen nicht entzwei. Lernt also: Nicht wer drei Zentner auf dem Buckel tragen kann wie der Müller von Walditz, nicht der ist stark, sondern wer Jesum Christum und seine liebe Mutter im Herzen trägt, der ist stark!«

Da erhob sich die Großmutter, nahm mich bei der Hand und drängte mich durch die dichtgefüllten Gänge hinaus ans Licht. Wie ein Zauberland lag ausgebreitet das ganze Neuroder Tal. Wie eine fremde Welt war der Festplatz vor der Kapelle mit den Buden und Schirmzelten. Auf einmal standen wir vor dem Kessel mit der heißen Wurst. Großmutter kaufte ein Paar Wiener Würstchen und eine weiße Semmel. »Da nimm! Die Semmel und eines von den beiden Würstchen kannst du essen. Das andere kannst du deinen Schwestern mit heim nehmen.«

Ihr Städter wißt nicht, was ein Wiener Würstchen für einen ungereizten Jungengaumen ist. Was ich bisher gegessen und getrunken hatte, war alles so zart und fein gewesen wie Muttermilch und Wiesenwasser. Und jetzt, dieser Geschmack! Wie ein Raubtier hätte ich in diese fleischliche Beute hineinbeißen können, schreiend vor wilder Gier. Aber in Anbetracht der kurzen Länge eines solchen Würstchens – oder weil das Heilige in mir das Gesetz des Maßes bestimmte – begnügte ich mich lange Zeit mit dem Riechen und dann mit unendlich kleinen Bissen.

Wir waren schon weit hinuntergegangen durch den dunklen Wald, und es öffnete sich der Blick über die Kieferhäuser, Siehdichfür, Roterlehne, Hutberg und Oberberg bis an den Rand der Grafschaft Glatz, an das Eulengebirge, die alte ziegelofenartige Festung Silberberg, den Königshainer Spitzberg, an den Glatzer Schneeberg, der in unendlich selig blauer Ferne lag.

Die untergehende Sonne hatte unser Neusorge schon mit warmem Abendschatten zugedeckt, blitzte aber noch den Hutberg an, ließ allerfernste Gehöfte auffunkeln wie glimmende Kienspäne und erzählte noch dem Schneeberg das blaue Märchen von der Ewigkeit: Es müssen alle Berge einmal sterben, aber sie werden auferstehen und zusammensein wie ein heiliger Wunderberg, so zart wie Luft, so blau wie der Himmel; und er wird sein der heilige Berg Sion; und Engel bauen auf seinen Gipfeln die ewige Stadt Jerusalem in Morgenglanz und Abendfrieden; und Gott wird König sein in dieser Stadt und wird ein Silberglöcklein läuten, daß die Sterne leuchten Tag und Nacht und daß Engel und Menschen, daß Tiere und Bäume, Blätter und Blumen alle zu ihm kommen ...

Da sah ich plötzlich, daß ich das letzte Stücklein meiner Wurst verzehrt hatte, ohne es zu merken und zu schmecken. Ich hätte wenigstens noch einmal schmecken sollen, denn ich hatte noch so sehr viel Geschmack danach. Still ging ich neben der müden Großmutter, die mir leise, fast singend das blaue Märchen vom Berge Sion erzählt hatte. Meine Hand fuhr wie von allein in die rechte Rocktasche – zum anderen Würstchen. Es war noch ganz warm, und es war so weich, daß es eine Freude war, es zu drücken. Ich mußte es mir wenigstens einmal ansehen. Großmutter tat, als ob sie nichts merkte, und ließ mich auch ein Stück hinter sich gehen. So konnte ich es herausziehen und so weit enthüllen, als ich es sehen wollte. Betäubend stieg sein Duft in mein Gesicht und kroch mir die Nase herauf. Ich führte es auch an den Mund und fand, daß ich nur etwas zu ziehen brauchte, um diesen köstlichen Saft zu genießen, ohne daß das Würstchen kleiner wurde.

Bei der Kiefer mit dem Bilde der Mutter Anna blieb Großmutter stehen, um den Abschied zu beten. Da holte uns aber eine alte Nachbarin ein und fing mit der Großmutter zu reden an. Jetzt kannte die Versuchung keine Grenzen mehr. Wer hatte das Würstchen mit dem Millimetermaß gemessen? Wer konnte sagen, wie lang es war? Wenn es nur auf beiden Seiten noch zugemacht werden konnte, war es doch immer ein ganzes Würstchen. Ich drückte und zog also, bis ich ein ganz klein wenig von der Füllung im Munde hatte.

Ich kam nun aus den Netzen und Irrschlüssen dieser praktischen Philosophie nicht mehr heraus. Bald lief ich wie unschuldig vor dem alten, müden Freundespaar, meiner Großmutter und der Nachbarin, einher, bald machte ich mich hinter ihrem Rücken von neuem schuldig. Etwas in mir, wohl das Heilige in mir, war aufrichtig froh, daß die Nachbarin unten auf der Straße bei Wolf Franzen von meiner Großmutter Abschied nahm und weiterging, während wir »bei Wolf Franzen runter« mußten. Großmutter griff nach meiner Hand, vielleicht weil sie mich lieb hatte, vielleicht weil sie auf dem holperigen Wege einen Halt brauchte.

»Du riechst immer noch nach dem Würstchen«, sagte sie nach einer Weile.

»Ja, Großmutter, ich habe doch auch – das für die Schwestern. Und das riecht und es ist sogar noch ein bissel warm.«

Ich fühlte wieder daran. Es war immer noch ziemlich lang. Aber es sollte ja auch unter vier Mädchen geteilt werden. Da kam der enge Steig, der zwischen hohen Kornfeldern von unserer Wiese bis zum Hause führt. Großmutter ging voran, denn wenn man müde ist, zertritt man leicht die tiefgeneigten Halme. Ich zog das Papierpäcklein noch einmal aus der Tasche und hätte bald das ganze übrige Stück in den Mund gesteckt. Aber war es das Heilige und Lebendige in mir? Mein Mund schloß sich ganz fest. Ich drehte noch ein wenig an der Haut, um einen kleinen Knoten fertigzubringen, wie ihn der Fleischer macht, und steckte dann das Päckchen wieder ein.

Schon wurden die braunen und blonden Köpfe meiner Schwestern sichtbar, die uns durch das Korn entgegenkamen. »Ich bringe euch eine große Wurst mit. Großmutter hat sie gekauft!« schrie ich ihnen entgegen. »Jede kann sich einen Bissen nehmen.«

Meine Schwestern haben mich von jeher durch ihre Selbstlosigkeit beschämt. Die jüngste, die dreijährige Anna, die sich später, kurz nach ihrer Erstkommunion, durch eine Tat selbstloser Fürsorge den Todeskeim holte, sperrte damals zwar ihr Mäulchen weit auf. Als sie aber den scharfen Geschmack der Wurst verspürte, zog sie sich sofort zurück. Martha, die Zweitjüngste, nahm einen kleinen Bissen. Agnes sagte bloß: »Pfui, ich mag nicht.« Hedwig, die mir an Alter, Charakter und Gesicht am nächsten stand, hätte ganz gern gegessen, besann sich aber: Ich solle doch der Mutter das übrige Stück geben. Und die Mutter sagte: »Iß ock selber«, worin mich Hedwig noch einmal sehr lebhaft bestärkte, so daß ich es auch tat.

Großmutter hatte der Wanderung des Stückchens Wurst aufmerksam zugesehen. Dann sagte sie: »Weißt du noch, Joseph: der Schuldbrief ist zerrissen, aber wir müssen immer noch Zinsen und Prozente zahlen!« Ohne eine Antwort abzuwarten, ging sie in ihr Ausgedingehaus.

Ich schlich ihr nach und traf sie, wie sie gerade Feuer machen wollte, um sich den Abendkaffee aufzuwärmen. Ich wollte ihr alles eingestehen, da sie es doch wußte, und schwänzelte um sie herum und tat behilflich und betulich, um den Anfang eines Geständnisses wenigstens bei einem Zipfel zu erwischen. Es kam mir wieder ein: »Ein starkes Weib, wer wird es finden? Ja, wer wird es finden?« Ich dachte an den heiligen Christoph mit den Buchenbeinen und dem Annabergbuckel und wie er zusammenknickte, als er das Jesuskind trug. Da richtete ich mich auf und sagte: »Großmutter ...« Alsbald zog sich aber mein Mund schief, und es gab mir ein paar Stöße von der Brust herauf.

Da lächelte die Großmutter, fuhr mir mit den Knöchlein ihrer Finger in die Haare und sagte: »'s is schon gut. Du bist müde, gieh ock schloffa!«

DER HERRGOTT VOM HERDEN HEINRICH

Mein Großvater malte den Schäflein, die von den Hirten dem neugeborenen Messias dargebracht wurden, immer ein rotes Kreuz auf das schneeweiße Fell und sagte: »Die Hirten werden wohl geahnt haben, daß Jesus als Lamm Gottes sein rotes Blut am Kreuze vergießen werde, denn sie lasen ja das Prophetenwort: Wie ein Lamm, das zur Schlachtbank geführt wird.« Auch einer der Heiligen Drei Könige muß es geahnt haben, denn er brachte als Geschenk eine Arznei mit, die liebe, bittere Myrrhe.

Und der greise Simeon sagte gleich zu Maria: »Siehe, dieser ist gesetzt zum Falle und zur Auferstehung vieler in Israel und als ein Zeichen, dem man widersprechen wird – und ein Schwert wird deine eigene Seele durchdringen, damit die Gedanken vieler offenbar werden.«

So ist die Gestalt, die das Göttliche in der Seele des Grafschafter Jungen zuerst annimmt, nicht die Gestalt des Kindleins von Bethlehem, sondern die des Gekreuzigten, und das Leben Jesu in der Grafschaft fängt immer mit seinem Tode an. Das »Herrgottlein« ist Christus am Kreuz. Nur in den Häusern, die zur heiligen Weihnacht noch die »Geburt Christi« aufstellen, gewinnt des Göttliche ein anderes Antlitz und Bild. Aber nicht, als ob es ein zweites Antlitz wäre. Denn das »Herrgottlein« am Kreuz ist dem Grafschafter auch wie ein Kind, und er spricht so zärtlich zu ihm wie zu einem Kinde.

Es ist überhaupt eine falsche Ansicht, daß für die Kinder die Kindheit Jesu, für die Jünglinge sein Jünglingsalter, für die Männer seine Mannesjahre seien. In der Kindheit liebte ich den Heiland, wie er den Heldenkampf mit dem Teufel stritt, wie er Lahme und Gichtbrüchige heilte, wie er die große Volksschar ernährte, wie er dann seine Hände binden, seinen Leib blutig geißeln ließ, wie er das Kreuz trug und am Kreuze starb. Jetzt, da ich Mann geworden bin, ist mir das Kind in der Krippe Freund, Meister und Erlöser geworden. In der Kindheit sah ich sogar in dem freundlichen Kindlein auf Mariens Schoß den Gekreuzigten, jetzt sehe ich in dem Gekreuzigten das Kind, das mich zum Vater führen soll. In der Kindheit war mir das Göttlichsein soviel wie Heldsein in Lehre, Leid und Tod; jetzt ist mir das Göttlichsein echtes Kindsein. Am Kreuze offenbarte Christus sein Kindsein: Zum ersten Male spricht er im Text der heiligen Evangelien am Kreuz den Namen »Mutter« aus, und eines seiner allerletzten Worte am Kreuze ist das Wort »Vater«.

Ich war wohl erst vier oder fünf Jahre. Da bekam mein Bruder, der Tischlerlehrling, von seinem Meister den ehrenvollen Auftrag, bei unserem Nachbarn, dem Herden Heinrich, die Stubenfenster anzustreichen, und ich durfte dabei sein. Das war nicht beim »schwarzen Herden«, sondern beim Herden Heinrich. Unter den vierzehn »Besitzern« in Neusorge hießen drei Herden. Sie hatten die drei ältesten Wirtschaften, und da die letzten immer sehen müssen, was übrigbleibt, hatten die drei Herden auch die größten Wirtschaften. Ihre Häuser waren massiv gebaut und hatten so dicke Wände, daß die Sonne kaum hinein konnte. Und drinnen war es dunkel und feucht. Das war für mich sehr interessant. Es roch ordentlich gut, weil es anders roch als in unserem luftdurchlässigen kleinen Holzhaus. Ein Tröpflein nach dem anderen sickerte von den Wänden und grub in Kalk und Putz und Moder die schönsten Linien in die Fläche. Da sah man Landkarten von nie entdeckten Ländern, vielleicht Mondlandschaften, sah Fresken mit den merkwürdigsten Gestalten. Ein Mann mit langer Nase steckte seine große Zehe in den Mund, was ich daheim gleich nachzumachen beschloß, denn das galt ohnedem als eine der größten Heldentaten unter uns Jungen. Dort war ein Kopf mit dicken Wangen, hier einer mit ganz mageren. Dort stachen zwei schielende Augen aus dem Kalk heraus, da glotzte etwas, von dem man nicht recht wußte, ob es ein Kalb oder ein Mensch war. Und mitten unter all diesem Gewühl von Gestalten hing der Heiland am Kreuz.

Die Fensterrahmen sahen aus wie schimmlig gewordener Samt. Mein Bruder strich und strich. Ein Tag nach dem anderen und ein Farbentopf nach dem anderen ging darauf. Aber endlich gelang es. Da sah der Herden Heinrich in den Farbentopf und erkannte, daß noch ein Rest von Farbe darin war. Das machte ihn zuerst ratlos. Es war, als ob sein ganzes Vermögen samt den Hypothekenbriefen da drinnen im Farbentopf sei und nun am Ende gar von dem Wittigjungen weggeschleppt werden könnte. Endlich fand er die Lösung dieses Bauernseelenkonfliktes. Er zog langsam seinen Blick aus der Farbe heraus, ließ ihn recht abtröpfeln und sah meinen Bruder beim Ohre vorbei an, klappte langsam seinen Mund auf, dann wieder zu und dann wieder auf und sagte mit seiner langgedehnten, aber sehr schön klingenden Sprache: »Gelt, bezohla muuuß ich's ju asu wie a suu. Kännda Se ne dovoone mei liebes Herrgootla a Brenkala weiß macha?«

Das »Herrgottlein« vom Herden Heinrich war ein echter Christus, der sich in nichts, außer der Sünde, von den Menschen unterscheiden wollte, unter denen er Knechtsgestalt annahm.

Er war sogar kaum zu unterscheiden von der Wand, an der er hing und die ich deshalb genauer beschrieben habe. Er sah aus wie ein richtiger grober Bauernknecht, der aus lauter Faulheit da oben am Kreuze eingeschlafen war. Mein Gott, verzeihe mir, wenn es Sünde ist, aber ich muß doch sagen, wie es war; denn ich habe mir vorgenommen, in diesem ganzen Buche keine Lüge niederzuschreiben. Es kommt auch noch schlimmer.

Mein Bruder, der niemals richtige Geizhalsigkeit leiden konnte, vor allem nicht den Geiz mit Farben – daheim fehlte es uns zwar oft an Geld und Brot, aber niemals an Farbe –, schüttelte mit merkwürdigem Geräusch noch einmal die Farbentüte über dem Topfe aus, versuchte auch, mit allerhand Druck der Firnisflasche noch einige Tropfen zu entlocken, und sagte dann: »Ja, für Ihren Herrgott könnt's noch reichen.«

Unterdes hatte der Herden Heinrich das Kreuz heruntergelangt. Man hörte richtig das Knistern der zerreißenden Spinnweben. Ich stand unten an dem Schemel, auf den der Herden Heinrich geklettert war, und wollte das Kreuz in Empfang nehmen. Das ging alles so langsam wie damals, als Nikodemus den Heiland vom Kreuz nahm. Und siehe da, der Gekreuzigte senkte sich zu mir herab mit seinen ausgebreiteten Armen, als wollte er mich umfangen. O welch ein Jammer und welch ein Elend! Der Herrgott sah von nahem aus wie ein geschlachtetes Tier. Der Kopf hing zur Seite, und die eine Wange war ganz zerschlagen. Ich hatte einmal einen Knecht gesehen, den ein anderer Knecht so geohrfeigt hatte, daß seine Wange ähnlich aussah.

Nein, ich habe nicht gezittert, als ich das Kruzifix zu meinem Bruder hintrug. Er sagte bloß: »Joseph, du siehst ja so schlecht aus! Es ist hier zu wenig Luft, scher' dich heim zur Mutter!«

Ich habe meinem Bruder, der elf Jahre älter war, immer gefolgt wie einem Vater und ging aus dem Hause. Die Abendsonne leuchtete so schön über den Annaberg herüber, das Gras war warm um meine Füße, das Getreide duftete, und ich sehnte mich so sehr nach meiner Mutter. Die brachte gerade eine Bürde Heu von der Wiese und schüttete sie in die Scheune. Da lief es mir plötzlich heiß aus den Augen, und am Halse drückte und stieß es ganz unbändig.

Die Mutter sah sich um und sagte: »Joseph, warum heulst du denn?«

»Beim Herden Heinrich haben sie einen so häßlichen Herrgott. Den haben sie sicher gehauen!«

Die Mutter kannte diesen Herrgott. »Du, der ist nicht häßlich, der sieht bloß aus, wie er wirklich ausgesehen hat.«

Unterdes war meine Großmutter aus der Haustür getreten und sagte: »Ja, Joseph, die Menschen haben den Herrgott so gehauen, daß er selber gesagt hat: Ich bin nicht wie ein Mensch, sondern wie ein zertretener Wurm.«

Solche wissenschaftliche Erklärungen haben mich immer beruhigt, und mit dem letzten Rucken meines Zäpfchens sagte ich fragend: »Warum denn?«

Großmutter beantwortete mein Warum: »Siehe, es steht geschrieben: Er aber ist verwundet um unserer Sünden willen und zerschlagen um unserer Missetaten willen.«

»Missetaten« war damals noch ein Fremdwort für mich. Aber es klang schon so scharf wie ein Beil und so spitz wie ein Bohrer, und plötzlich fiel mir ein: Ich habe schon eine Missetat getan!

Das war bei Großvaters Begräbnis gewesen. Es war ein schöner Tag, wohl der allerschönste Tag in meinem dritten Lebensjahre, und noch jetzt weiß ich von der Heiligkeit und Lustigkeit dieses Tages. Ich schlief in einer kleinen Holzkiste, die mit Stroh und einigen Lumpen gefüllt war. Als ich erwachte, waren viel schöne Leute in unserer Stube und tranken aus goldgeränderten Tassen Kaffee. Einige standen schon auf, und es war gar zu schön, wie so viele Menschen miteinander sprachen: Tanten, Onkel, Paten, Nachbarn und Nachbarinnen. Und es duftete in der ganzen Stube nach Rosmarin. Dann war die Stube auf einmal leer. Nur die Tante Schmitten blieb als Heimhüterin zu Hause. Das war ein Funkeln und Leuchten auf den großen, weißgedeckten Tischen: Kaffeeschalen, Kuchenteller, Krüge, und mitten drunter eine Zuckerschale, gehäuft voll von Zuckerstücken. Tante Schmitten, die ich immer sehr lieb gehabt, da sie ein rundes, freundliches Gesicht mit außerordentlich guten Augen hatte, verließ einige Augenblicke die Stube. Rasch sprang ich aus meiner Kiste, kletterte auf einen Stuhl, und von diesem reichte ich bis zur Zuckerschale. Rasch war ein solch großes, schönes Zuckerstück in meinem Munde. Da erfaßte mich's von innen. Wenn das Haus in Flammen aufgegangen oder die ganze Zuckerschale umgestürzt wäre, hätte es mich nicht mehr durchfahren können. Weiß Gott, ob es nicht das Heilige war, das seit der Taufe in mir wohnte. Es verjagte mich, wie es die Stammeltern aus dem Paradies verjagt hatte. Ich lief zur Stubentür, ich wollte fliehen, ich war auch gleich draußen und wollte mich im Holzschuppen oder irgendwo auf der Welt verstecken und achtete nicht darauf, daß ich noch im Hemdchen war. Nach einiger Zeit besann ich mich und wollte mir meine Hosen holen. Da war die Haustür zugeschlossen. In Angst und Verzweiflung schlug ich an die Tür, und gleich kam die gute Tante Schmitten gelaufen, öffnete und brach in die freudige Frage aus: »Nee, Junge, wo bist du denn?«

»Ich wollte nur ein bißlein spazieren gehen«, log ich ihr vor. Sie hatte meine Missetat nicht gemerkt und überhäufte mich mit Güte den ganzen Vormittag. Immer wieder steckte sie mir ein Stück Zucker in den Mund, aber ich glaube, es hat mir nicht gut geschmeckt.

Das war die Missetat, die wie ein Blitz in meine Seele fuhr, als Großmutter die Jesaiasstelle zitierte.

Wenn in jenen Jahren daheim etwas in Unordnung oder verloren war, so hieß es immer: »Der Joseph wird's wohl gewesen sein«, und da es meist stimmte, glaubte ich es schließlich selber. Und jetzt war ich felsenfest überzeugt: Ich allein bin schuld, daß der Herrgott vom Herden Heinrich so verbogen und zerschlagen aussah.

Aber ich glaubte, mir noch einmal heraushelfen zu können. Ich hatte mir vom letzten Patenbesuch ein Bonbon aufgehoben. Es war zwar schon ziemlich klein geworden, da ich immer wieder daran geleckt hatte, aber die Hauptsache, was ein Bonbon zu einem Bonbon macht, war doch noch da, und ich beschloß, es dem Herrgott vom Herden Heinrich zu bringen, es in den geöffneten Mund seines zerschlagenen Antlitzes zu stecken oder, wenn das nicht ginge, vielleicht in seine Dornenkrone zu bergen, um meine Missetat wieder gutzumachen.

Gleichzeitig fiel mir ein, daß die Fensterfarbe eigentlich mit Rot gemischt werden mußte, damit die richtige Fleischfarbe herauskäme. Ich holte also aus unserer Farbenkiste einen kleinen Napf mit roter Farbe und sprang hinüber zum Herden Heinrich.

Mein Bruder war immer noch erzürnt über den Geiz des Nachbarn und wies mich mit meiner roten Farbe zurück.

Da sah ich wieder die tiefe Kerbe auf der rechten Seite, wo der Lanzenstich hindurchgegangen war, und die Striemen über der Schulter und die tiefen Löcher an den Händen und Füßen. Da muß doch überall viel rotes Blut herausgeflossen sein! Mein Plan war gefaßt. In meinem Farbennäpflein war ein kleiner Pinsel, da würde alles gehen.

Als mein Bruder den allerletzten Rest seiner Fensterfarbe an dem Herrgott verstrichen hatte, ging er hinaus, um sich an der Pumpe die Hände zu waschen. Nicht von der Farbe, denn Ölfarbe geht nicht vom kalten Wasser los, sondern wie Pilatus. Ich bin unschuldig an ... der Fensterfarbe des Herrgotts. Er wusch, Gott sei Dank, sehr lange.

Daß mein Bonbon nicht in den Mund des Herrgotts hineingehen würde, das hatte ich schon berechnet. Aber auch aus der Krone fiel es immer wieder in den Schmutz des Lehmbodens. Kurz entschlossen steckte ich es deshalb in meinen eigenen Mund. Nun aber nahm ich mein Pinselchen und malte die Kerbe an der Seite des Herrgotts blutig rot. Ach, wie das wunderschön wirkte auf dem weißen Körper! Ich war überrascht und verzückt. Ein Rubin auf dem weißen Kleide einer Braut kann nicht schöner wirken.

Farben haben mich immer um den Verstand bringen können. Ich malte nun auch große rote Flecken um die Nägel, die durch Füße und Hände gingen, setzte an die Dornenkrone lauter rote Punkte und tupfte dann mit dem Pinsel überallhin, wo ich dachte, daß der Heiland geblutet hätte. Und wenn der Pinsel gut gefüllt war, lief die rote Farbe wie wirkliches Blut an den weißen Gliedmaßen entlang. »Armes Herrgottlein!« dachte ich klagend und zärtlich, »wie hast du geblutet, überall, überall!« Und da das Bonbon unterdessen entweder zerbissen oder zergangen war, trieb mir das Mitleid das Wasser in die Augen. Aber ich konnte kaum aufhören zu malen.

Da kam mein Bruder wieder herein und sah die Bescherung.

»Verflischter Junge!« schrie er, der sonst so gütig und mild sein konnte, und gab mir ein paar Ohrfeigen, daß mein Kopf schier so zur Seite hing wie der Kopf des um meiner Missetat willen zerschlagenen Herrgotts.

So begann sich mir das Leben Jesu zu offenbaren. Begann nicht mit der Geburt des holdseligen Gottesknaben, vielmehr mit den Leiden und dem Kreuz des Gottesknechtes. Und es war keine rein geistige oder bloß eingebildete Offenbarung, sondern es ging von Körper zu Körper, und die Ohrfeigen, die ich dabei bekommen habe, waren ziemlich von derselben Qualität wie die Backenstreiche, die Jesus einst empfangen hatte.

EIN KIND

Wollte ich mein Leben beschreiben und mit dem Leben Jesu in Zusammenklang bringen, so müßte ich das Evangelium von hinten abzuschreiben beginnen. Denn mein Leben, mein wahres Leben, begann mit einer Auferstehung. Ich bringe hier nicht eigene Phantasie vor, sondern schließe mich der Sprache des Apostels Paulus an: Ich war begraben mit Christus im Wasser der Taufe und stieg mit neuem Leben aus diesem Grab empor. Dann lernte ich den Gekreuzigten als meinen Herrgott kennen, trug wohl auch manches bittere Leid mit ihm und, ich kann wohl sagen, alle seine Armut. Wohl hatte ich stets einen Ort, wo ich mein Haupt hinlegen konnte, das war aber, wie schon gesagt, eine kleine Holzkiste und, als diese bei dem beständigen Wachstum meiner Beine zu kurz wurde, die Hobelbank meines Vaters, eine Zeitlang auch eine Strohpritsche, in der gewöhnlich auch ein paar Familien Mäuslein herbergten. Dann feierte ich, immer weiter im Evangelium zurückgehend, das Abendmahl mit Christus, durchlebte seine Wanderjahre, studierte seine Lehren, focht seinen Kampf mit dem Teufel, liebte mit ihm die Zimmermannsarbeit und gehe nun mit großem Verlangen seinem Kindsein entgegen. Das Evangelium rollt sich also tatsächlich umgekehrt, von hinten nach vorn ab.

Aber zuweilen ist es mir, als ob das Evangelium sich in

meinem Leben öfter als einmal abrolle, nur jedesmal deutlicher und lesbarer, manchmal von Jahr zu Jahr, manchmal in längeren Abschnitten meines Lebens. Das bringt natürlich jede, auch noch so eigensinnige Chronologie in Unordnung. Aber was kümmert sich das Göttliche um Chronolgie! Und das Göttliche ist doch in mir – nicht nach eigenem Zeugnis, sondern nach dem wahrhaften Zeugnis des christlichen Glaubens; ich sage es mit Beschämung und zitternder Ehrfurcht, da ich es nun einmal nicht verschweigen darf. Darum klingt das Evangelium durch mein Leben.

Ich war schon oft, was ich einst zu werden hoffe, Kind Gottes. Ich will es immer mehr werden. Nichts anderes will ich mehr werden. Aber jedesmal geht es über Golgatha nach Bethlehem. Großwerden und Kleinwerden, das sind die beiden stets wechselnden Schritte, die das Heilige in uns geht. Es ist dies ein schöner Weg, wenn man auch dabei äußerlich oft eine lächerliche Figur macht.

Eine solch lächerliche Figur machte auch der lange Handelsmann, der häufig mit seinem Kasten in unser einsames Haus kam. Er war ein langer, vierschrötiger Kerl mit herabhängendem Schnauzer und kräftigen Kinnbacken, vor denen man schon ohne die übrigen schreckenerregenden Zutaten Angst bekommen konnte, wenn die Mutter nicht da war. Er war für Gigantenkämpfe geschaffen oder wenigstens für einen Steinbruch, handelte aber, von Haus zu Haus stampfend, mit den allerleichtesten Dingen von der Welt, mit Näh- und Stecknadeln, Zwirnsfäden auf Röllchen, auf Sternchen, in Zaspeln und Strähnen, mit Hemdknöpfen und Hosenknöpfen, Messerchen, Spiegelchen, Bröschlein und Spänglein. Das faßte er alles mit seinen Riesenfäusten an, aber so zart, wie wenn des großen Herrgotts Hand ein Kindchen in der Mutter Schoß legt. Tief mußte er sich bücken, wenn er zur Tür hereinschritt. Noch war der Absatz seines linken Stiefels an der Türschwelle, da wartete schon die Spitze seines rechten Stiefels einen Viertelmillimeter vor dem Tischbein, und sein Kopf probierte vorsichtig, ob er sich mit den Balken der Stubendecke vertragen könne. Er fragte nicht, ob es recht oder unrecht wäre; er breitet seine Waren auf dem Wirtschaftstische aus, hie und da ein Stäublein Mehl wegblasend oder eine Krume Brot aufpickend und zum Munde führend. Legte die Röllchen und Sternchen, die Zaspeln und die Strähnchen schwarzen und weißen Zwirnes hin, öffnete die Schächtelchen und Papiertäschlein mit den feinen Nadeln, garnierte den ganzen Tisch mit weißen und bunten Knöpfen, so daß er aussah wie das Himmelszelt mit lauter Sternen.

Damals, zur Weihnachtszeit – die Mutter war ins Dorf gegangen, und wir Kinder waren daheim allein –, hielt er mitten im Auspacken inne und horchte auf. Durch das ernste, schwerfällige Ticktack unserer alten Wanduhr ging es wie der geschwinde Herzschlag eines kleinen Kindes: Ticke-ticke-ticke-ticke-ticke. Das war das Uhrwerk hinter dem Stall von Bethlehem, das ein halb Dutzend Engelchen antrieb, zappelnd um das Jesuskind zu fliegen, Tag und Nacht, während das große Räderwerk, das die Straßen von Bethlehem, die Windmühlen, die Wachsoldaten, den Kuckuck bewegte, stillstand und auf das Aufziehen wartete.

»Donnerwetter!« gurgelte es aus dem bärtigen Gesichte, »was habt ihr d'n doo?«

»Dos is doch de Gebort!« gab ich zum Bescheid.

»Dos wäß ich alläne, du Rootznose!« erwiderte der Handelsmann meine Höflichkeit, ließ seinen Zwirn Zwirn sein und stellte sich vor die »Geburt«, als wartete er darauf, daß ihm das halbe Dutzend Englein in den Mund flöge, – blieb stehen und stehen. Es war, als ob er ohnmächtig geworden wäre, und wir kuschelten uns aneinander und drückten uns schier bis zur Stubentür.

Das tickende Knacken des kleinen Uhrwerks hinter dem Stalle von Bethlehem, das wir sonst fast gar nicht mehr hörten, wurde immer lauter. Es sprang aus seinem Versteck hervor und sprang durch die ganze Stube und tanzte über Tisch und Dielen. So still war alles andere in der Stube geworden.

Den Mann erschüttert es im Innersten. Was er je von der Menschheit erfahren hat, vom Geborenwerden und vom Sterben; was er je ertragen und geduldet hat, alles Lachen und alles Weinen, alle Liebe und aller Haß; was unerkannt und unbewußt in den Gründen seiner Seele liegt, das regt sich und sucht sich zu formen, wenn er an der Wiege eines Kindleins steht.

Zwei Begriffe stellen sich in seiner Seele nebeneinander: Wiege und Welt. Eine Philosophie ganz sonderbarer Art spinnt sich in seinem Kopfe zusammen. Ich weiß noch aus meinen allerersten Lebensjahren, wie mein Großvater, so oft er unsere Wiege sah, den Vers sprach:

Wiejabocha, Wiejabocha (Wiegenbogen),
du host de ganze Welt belocha (belogen).

Der Vers sagte ganz das Gegenteil von dem, was der Großvater meinte. Aber er schloß in sich zusammen die beiden Grundelemente jener sonderbaren Philosophie: Wiege und Welt.

Es ist zu dumm, daß ich es nicht genauer sagen kann, was ein gewöhnlicher Grafschafter Mann an der Wiege eines Kindes denkt und empfindet. Es ist aber auch noch nie gesagt worden. Es hat nur immer aus den Augen herausgeschimmert, es lag nur immer auf den gebeugten Schultern, diese Weltwichtigkeit der Wiege.

Der Handelsmann hob langsam seinen rechten Arm, griff mit Daumen und Zeigefinger in den Stall von Bethlehem – und ergriff die kleine, wiegenförmige Krippe, in der auf Stroh und feinen Linnenspitzen das Jesuskindlein lag. Ich rannte hinzu und wollte mit böser Stimme schreien: »Dos tärrn Se ne!« Aber da machte er ein so weiches Gesicht, als wollte er den heiligen Joseph oder die Muttergottes nachmachen, und hielt Krippe und Kind wie ein Vogelnest in den großen Händen – und tat, als ob er das Kind schaukeln wollte, und tat, als ob er es küssen wollte.

Dann setzte er sich auf den nächsten Schemel, als verdrösse es ihn, ein so großer Mann zu sein, und begann zu singen:

»So ruht wohl in der Mutter Schoß
so manches Kindlein klein.
Doch wird das arme Kindlein groß,
dann fühlt es Angst und Pein.
O Jesulein, in deiner Huld,
vergib mir meine Sündenschuld!«

Er machte sich mit seinen Fingern zwischen Auge und Nase zu schaffen und tat, als ob er Schnupfen hätte, und damit wir es glaubten, nieste er auch ein paarmal künstlich. Meine wohlerzogene Schwester sagte pflichtschuldigst: »Goot half!« Und er antwortete fromm: »Goot bezohl's!« Dann begann er auf hochdeutsch (denn wenn ein Grafschafter eine schwierige Sache erklären will, spricht er hochdeutsch):

»Das ist nämlich das allereinzige Kind auf der ganzen Welt. Wer wieder ein Kind sein will, muß in diesem Kinde sein. Adam war schon ein großer Junge, als er erschaffen wurde, und Eva ein großes Mädchen, die bald heiraten wollte. Sie sollte auch den Adam bald heiraten und gerade ein so hübsches, unschuldiges Kind auf die Welt bringen. Denn der Herrgott wollte partout einmal ein solches Kindlein sehen. Da hat sich aber der Teufel dazwischen mengeliert: Die Freude wollte er dem Herrgott schon verderben! Er vergiftete alle Äpfel an dem schönsten Baum vom Paradiese und redete dann den dummen Menschen vor: sie würden ganz klug werden, wenn sie in diese Äpfel hineinbeißen täten. Der Herrgrott verbot es wohl, aber die Eva konnte es nicht aushalten und meinte, der Adam solle einmal probieren. Da wurde Adam zwar klug, aber er hatte das Gift der Sünde. Eva blieb dumm, denn sie merkte, daß es dem Adam ganz schlecht wurde vor lauter Klugheit. Aber als sie nun das erste Kind kriegten, da war es schon von Adams Klugheit und Sünde angesteckt. Es konnte kein eigentliches Kindlein sein, denn es hatte schon zu viel Klugheit geerbt und war ein böser Junge vom ersten Tage an. Da war der Herrgott traurig, denn er wollte doch partout einmal ein richtiges Kindlein sehen. Er jagte Adam und Eva aus dem Garten und hatte nur noch richtige Freude, wenn ein dummes Vöglein aus dem Ei herauskroch oder wenn ein Zicklein oder ein Kälbchen geboren wurde. Auf die Kinder der Menschen aber schaute er nicht einmal hin, denn so was Kluges und Hochmütiges mochte er nicht ansehen. Doch er hatte immer noch Sehnsucht nach einem solchen Kindlein.

Da war in Gott die ewige Weisheit oder das Wort, genau so groß und schön wie Gottvater, und es war der Sohn Gottes. Der machte sich ganz klein, noch kleiner als ein Kind, noch kleiner als ein Mohnkörnlein, und versteckte sich im Schoß der Jungfrau Maria. Dort begann er zu wachsen wie ein Kind, bis er zu Weihnachten auf die Welt kam. Das war die höchste Zeit, denn damals kamen die Kinder schon mit großen Bärten zur Welt, und es war zum Grauen mit den Menschen. Jetzt, da der Gottessohn, die ewige Weisheit, Kind geworden war, jetzt wurde alles gut. Und wer zu dem Kindlein kam und an das Kindlein glaubte, der wurde wieder gesund von der Vergiftung, und wenn's auch schon ein alter Mann war, so konnte er doch im Herzen wieder ganz ein Kindlein werden, und der Herrgott hatte eine große Freude daran. Seht doch, wie die alten Männer dort, die Hirten auf dem Berge, jauchzen und springen! Sie sind verrückt vor Freude und tun wieder wie Kinder. Brängt amol oire Bibel her!«

Das war nun endlich eine wirklich schöne Geschichte, die mich besonders tröstete. Einige hochmütige Verwandte, die nicht nur sieben Morgen Acker wie wir, sondern zehn Morgen besaßen, hatten einmal unter sich gesagt: »Da Wittig Josla is wol a beßla tomp (dumm).« Das hatte ich nie verwinden können. Jetzt aber sah ich ein, daß die ganze Klugheit doch bloß vom Teufel stamme und daß dem Herrgott nichts so gut gefiele wie ein wirklich dummer Junge.

Der Handelsmann holte bedächtig seine Brille heraus, zog sie aus ihrem Futteral, wischte sie sorgfältig mit seinem blaugepunkteten Schnupftuch ab, schob ihre Bügel über seine Ohren, nahm das Buch und las, die Krippe mit dem Jesuskind behutsam auf seinen Knien haltend: »Und es waren Hirten in derselben Gegend auf dem Felde, die hüteten des Nachts ihre Schafe. Und siehe, ein Engel des Herrn trat zu ihnen, und die Herrlichkeit Gottes umleuchtete sie, und sie fürchteten sich sehr ...«

Gern hätte ich das lange Lesestück unterbrochen und ungeduldig gesagt: »Sie, dos weß' mer schon olls.« Aber der Mann tat zu andächtig und zittrig beim Lesen, und meine Schwestern machten Gesichter, als hörten sie dies alles zum ersten Male.

»Bscht!« unterbrach sich der Handelsmann plötzlich, »'s kemmt jemand, 's komma a poore! 's komma Pfade gerieta, on Kamele, on a grußer Elefant! 's komma Ferschta on Keenige ogerieta. Satt ock, satt ock, satt ock (seht doch)!«

Da reckte er sich königlich auf und hielt seinen Oberkörper, als säße er auf hohem Pferde. Mit den Beinen und Füßen machte er den stolzen Gang des Pferdes nach. Mit dem Munde spielte er König und Pferd zugleich. Erst wieherte er, dann wies er, seine Flöte als Zepter gebrauchend, zu dem Stern in der »Geburt« und rief plötzlich: »Satt er da Stern? Satt er dos Gefunkel?«

Dann drehte sich der Handelsmann wieder auf unsere Stadt Bethlehem zu und deklamierte weiter, aber so, als ob er alles erlebte: »Die Weisen machten sich sogleich auf den Weg nach Bethlehem. Und siehe, der Stern, den sie im Morgenlande gesehen hatten, zog vor ihnen her, bis er stillstand über dem Orte, wo das Kind war. Als sie den Stern sahen, hatten sie eine übergroße Freude. Sie gingen hinein, fanden das Kind mit Maria, seiner Mutter, fielen nieder und beteten es an.«

Da kniete auch der lange Handelsmann vor der Krippe und war wieder ganz ohnmächtig. Nach einer Weile erhob er sich, ging zum Tische und nahm einige Zaspeln Zwirn, ein paar Karten mit Knöpfen und Papiertäschlein mit Nadeln, trug alles zum Stall von Bethlehem und legte es vorsichtig vor dem Jesuskind nieder.

Das war nun das Allerinteressanteste. Die Mädchen guckten und guckten und stießen sich. Der Mann aber sagte sehr leise: »Sie taten auch ihre Schätze auf und opferten ihm Gold, Weihrauch und Myrrhen. In der Nacht befahl ihnen Gott im Traume, daß sie nicht mehr zu Herodes gehen sollten. Sie kehrten deshalb auf einem anderen Wege in ihr Land zurück.« Dabei packte er seine Waren wieder in den schwarzen Kasten, gab mir ein kleines Taschenmesser, den Schwestern aber einige glänzende Bröschlein und wollte gehen. Es war, als ob er sich schämte.

Ich trat zu ihm hin und sagte: »Blein Se ne noch a beßla? Es is doch nooch der bethlehemitische Kindermord.«

»Dos konste allene macha. Ich ho' der ju schon's Massala (Messerlein) derzune gegan (gegeben)!«

Glücklicherweise kam mitten in diese gespannte Stimmung meine Mutter vom Dorfe zurück, begrüßte den Handelsmann als alten Bekannten und sagte, sie möchte wohl ein paar Rollen Zwirn kaufen. Der Handelsmann, der sonst für sein Leben gern verkaufte, schien aber keine Lust mehr zu einem Geschäft zu haben und sprach zur Mutter: »Ich ho' bloß da Kendan wos firgemacht.«

»Und a hot dem Jesukendla Zwern on Knepplan gegan«, riefen wir einstimmig.

Da nötigte ihn die Mutter, noch ein wenig zu bleiben, und brachte ihm Kaffee und Kuchen. Und als er ganz andächtig saß, bettelten wir ihn: »Macha S' ock noch wos! Sie hon ju die Darstellung Jesu im Tempel vergessa.«

»Du konst se ju firlasa, ich mach's dann anoch.«

Und ich las, wie Jesus, als er vierzig Tage alt war, von Maria und Joseph in den Tempel gebracht wurde, wie Joseph ein Paar Turteltauben opferte und der greise Simeon ganz außer sich war vor Freude, daß er endlich den Heiland sah.

Da stand der Handelsmann auf, schnallte sich seine Tasche über den Rücken, trat zur »Geburt« und sprach das Gebet des Simeon nach: »Herr, nun lässest du deinen Diener in Frieden fahren, wie du gesagt hast; denn meine Augen haben deinen Heiland gesehen, den du bereitet hast vor allen Völkern, ein Licht, zu erleuchten die Heiden zum Preise deines Volkes Israel.«

DER BETHLEHEMITISCHE KINDERMORD

Der lange Handelsmann hatte uns mit seiner Theaterei angesteckt. Die heilige Geschichte war Leben für uns geworden. Freilich habe ich erst in meinen eigenen Mannesjahren richtig verstanden, was in des Handelsmannes Seele vor sich gegangen ist. Das Heilige in ihm war aufgewacht oder im Weihnachtsglauben wiedergeboren werden. Das Kind in ihm erlebte von neuem seine Geschichte, wenn auch in ganz anderen Formen als vor zwei Jahrtausenden in Palästina.

Jedenfalls wollten wir nun den »bethlehemitischen Kindermord« im Ernste nachholen. Ich sollte im ersten und dritten Teile den Nährvater Joseph, im zweiten Teile aber, und zwar mit meinem neuen Messer, den Herodes und seine Henker spielen, und meine Schwestern mit ihren Puppen wollten die Frauen- und Kinderrollen übernehmen.

Ich legte mich also lang hin auf die Ofenbank wie ein richtiger müder Zimmermann und begann zu schnarchen. Nehmt mir's nicht übel, aber ich habe später gesehen, daß Joseph in den Krippenspielen trotz der großen Verehrung, die er beim Grafschafter Volk genießt, immer ein wenig komisch dargestellt wird. Das kommt davon, daß die Zimmerleute gern mit sich spaßen ließen und dies auch von ihrem Zunftpatron ohne weiteres annehmen zu dürfen glaubten.

Da erschien der Engel des Herrn dem Joseph im Traume. Es war meine Schwester Hedwig, die sich dazu ein Bettuch umgelegt und mit ihrer Brosche am Halse zugesteckt hatte, so daß sie, als ich sie ein wenig anblinzelte, wirklich ganz übernatürlich aussah. Und der Engel des Herrn sprach zu Joseph im Traume: »Steh auf, nimm das Kind und seine Mutter und fliehe nach Ägypten und bleibe da, bis ich es dir sage; denn Herodes wird das Kind suchen, um es zu töten.«

Da stand ich sogleich auf, wischte mir den Schlaf aus den Augen und – das Herz klopfte mir ordentlich – lief schnell zur »Geburt«, stieg auf einen Stuhl, griff rasch nach dem Jesuskind und nach der Mutter Maria und rannte, da ich eigentlich nicht recht wußte, wo Ägypten lag, rasch auf den Backofen, wo ich die heiligen Figuren hinter dem Räderwerk versteckte. Mein Gott, dachte ich mir, wenn jetzt eine Maus über das liebe Wachskindlein kommt und daran knabbert! – und rief in die Stube hinunter: »Ich bleibe Joseph; spielt ihr den Herodes allein!«

»Nein, nein«, schrien die Schwestern, »Herodes war ein Mann. So was kann nur ein Mann machen!«

Das sah ich ein und kam herunter. Da ging eine häßliche Verwandlung in mir vor, die mir noch jetzt ein Geheimnis ist: All die heilige Josephssorge um das Wachskind war verschwunden; ich fühlte mich zum Mörder bestimmt. Ich wollte töten, was mir in den Weg kam, und machte sogleich mein Schnappmesser auf.

»Nein, nein«, fiel mir die Schwester Hedwig ins Handwerk, »du mußt erst richtig warten. Herodes hatte nämlich einige Zeit auf die Rückkehr der Weisen gewartet, und du mußt erst richtig zornig werden, denn: Als er aber sah, daß er hintergangen worden war, wurde er sehr zornig!«

Ich merkte aber, daß sie dies nur sagte, um erst rasch ihre schöne Puppe zu verstecken. Und da das Heilige in mir vor Schrecken über meine herodische Blutgier ganz zurückgewichen war, dachte ich mit wahrhaft herodianischer List: »Wart ock, du tück'sches Luder!« und sagte ingrimmig: »Gut, ich werde warten und zornig sein und setze mich dazu auf den Ofenschemel. Denn der Kachelofen ist schon vorhin beim langen Handelsmann Jerusalem gewesen. Aber ihr Weiber von Bethlehem und Umgegend«, dekretierte ich von meinem Ofenschemel, indem ich die Ofenkrücke in die Hand nahm, »gehet sofort hinaus, obennaus und untennaus, und sehet nach, ob die drei Könige nicht bald zurückkommen oder ob sie mich hintergangen haben!«

Ich wollte nämlich bald über die Puppen herfallen. Hedwig schien dies zu ahnen. Da sie aber dem Gesetz des Spiels folgen und deshalb hinausgehen mußte, empfahl sie, beinahe weinend, der Mutter ihren Liebling: »Mutter, paßt auf meine Puppe auf, dem Joseph ist nicht zu trauen!«

Das machte Eindruck auf mich, und ich begnügte mich damit, einstweilen das Schnappmesser aufzuklappen und im übrigen zornig zu warten. Die Mädchen kamen auch gleich zurück und riefen: »Herr Herodes, die Könige sind alle hinter gegangen. Sie sind schon hinten bei Stillern nauf!«

Da sprang ich auf, schrie aus Leibeskräften: »Ich bin zornig, ich bin sehr zornig, ich bin richtig sehr zornig!« und rannte mit gezücktem Messer zur Puppenwiege meiner Schwester. Das war kein Spiel mehr. Die Schwestern gellten vor Angst, rissen ihre Puppen und Püpplein aus Puppenwiege, Puppenwagen und Puppenstube heraus und preßten sie an ihr Herz. Ich war wütend und riß meiner kleinsten Schwester ihr Püppchen aus den Händen, stach danach und warf es auf den Fußboden. Heulend stoben die anderen auseinander und schrien: »Wir sagen's der Mutter!«

Die Mutter war aber in die Scheune gegangen. Ich stellte mich schnell an die Stubentür und machte von da aus mehrere Vorstöße gegen die zeternden Mädchen. Es gelang mir auch, noch mehrere Puppen zu erbeuten und abzustechen; denn die Mädchen hatten zu viele in ihrem Arm zu tragen. Aber Hedwig hatte noch immer ihre schöne Puppe unter ihrer Schürze. Ich rannte ihr jetzt nach und stellte sie im Backofenwinkel, mit Messer und Ofenkrücke dräuend. Da rief sie unter Schluchzen: »Das gilt nicht! Meine Puppe ist schon über zwei Jahre und außerdem ein Mädchen. Du hast es überhaupt nicht richtig gemacht, denn du hast ja lauter Mädchen erstochen. Du hättest bloß deinen kleinen Hampelmann erstechen dürfen!«

Das brachte mich einigermaßen zur Besinnung, und ich sagte: »Der Herodes wird doch nicht seine eigenen Hampelmännerkinder erstechen!« Ich ließ aber ab von meiner Wüterei.

Die Schwestern hoben ihre zerzausten und erstochenen Puppen von der Diele auf und heulten über die Maßen. »Es entstand großes Wehklagen, und die Mütter wollten sich nicht trösten lassen.«

Ich ärgerte mich über mein Spiel, legte die Ofenkrücke wieder an ihren Ort, klappte das Schnappmesserchen zu und sagte: »Ich spiele lieber wieder den Joseph!« – kroch auf den Backofen zu dem Jesuskind und seiner heiligen Mutter.

Da kam die Mutter wieder aus der Scheune zurück, sah die Fetzen in der Stube herumliegen und bemerkte die rotgeweinten Augen der Schwestern. Sie war ernstlich böse und fragte gleich: »Wo ist der Joseph?«

Meine Schwester Agnes klatschte: »Er ist auf dem Backofen.«

»Komm mal runter, Joseph!«

Da wurde mir ziemlich warm. Schwester Hedwig aber sagte: »Der spielt jetzt wieder den heiligen Joseph, und er soll erst runterkommen, wenn ihn der Engel ruft.«

Da war Mutter, die nie gern zuschlug, entwaffnet und ließ uns gewähren. Hedwig hatte sich schon wieder das weiße Tuch umgebunden.

Nicht lange nachher starb auch Herodes. Siehe, da erschien der Engel des Herrn dem Joseph im Schlafe in Ägypten und sprach zu ihm: »Steh auf, nimm das Kind und seine Mutter und ziehe in das Land Israel; denn die dem Kinde nach dem Leben strebten, sind gestorben.«

Ich wollte jedoch erst warten, bis Mutter wieder hinaus war. Darum sagte der Engel nun nachdrücklicher: »Komm ock jetzt runter, Joseph; die Mutter tut dir nichts.«

Ich nahm also andächtig das Wachskind und die Marienfigur, kletterte vom Backofen herunter und stellte wieder alles in den Stall von Bethlehem. Um aber vor meiner Mutter ganz sicher zu sein, rezitierte ich im Gebetston: »Joseph stand auf, nahm das

Kind und seine Mutter und kam in das Land Israel. Nachdem er im Schlafe eine Weisung erhalten hatte, zog er nach Galiläa und wohnte in Nazareth.«

Wenn ich jetzt an diese Groteske zurückdenke, so erscheint es mir fast, als sei es damals dem Herodes, den ich selber spielte, gelungen, das Heilige in mir zu töten, wenn es nicht etwa in meiner Natur ein geheimes Ägypten gefunden hat, wo es sich bergen konnte, solange dieser Herodes lebte. Der richtige Herodes spielte übrigens in merkwürdiger Weise die Rolle des Teufels, der das Heilige zu töten versucht – des schlauen Teufels, der die allein richtige Methode befolgt: Das Heilige kann man am besten töten, wenn man das Kindliche tötet. Er spielte aber auch die Rolle des dummen Teufels, der nicht bedenkt, daß sich das Heilige nach irgendeinem Ägypten retten kann.

Wie Jesu Leben sich erneuert in allen Generationen, die ihre Wiedergeburt in der Taufe finden, so erneuert sich auch der bethlehemitische Kindermord in allen Generationen, besonders aber in unserer Zeit. Es ist, als ob ein geheimer Befehl von einem Herodeshofe ausgegangen wäre, das Kindliche möglichst ganz auszurotten. Und die Helfershelfer denken nicht mehr daran, daß damit eigentlich das Heilige ausgerottet werden soll. Und dieser bethlehemitische Kindermord beschränkt sich nicht etwa auf die Knaben, sondern erstreckt sich auch auf die Mädchen, in denen ja das Heilige ebenso lebendig ist wie in den Knaben. Man kann gar nicht zeitig genug aus den Kindern große Leute machen, also das Kindliche töten.

In der Volksschule geht es noch, obwohl so ein kleiner Kerl von einem Grafschafter Jungen schon Dinge lernt, die ein Alter sehr notwendig für sein Geschäft braucht. Was habe ich manche schöne Kinderstunde mit Zinsrechnungen verbracht! Sie machten mir Spaß und sahen nach keinem Kindermord aus. Ich fand sie sogar sehr wichtig, »für das spätere Leben«, und alle Lehrer und Lehrerinnen werden mich für einfältig halten, wenn ich darin eine Gefährdung des Heiligen sehe. Aber desto schlimmer! Die Welt ist sich ihres Kindermordes gar nicht mehr bewußt!

Ich traf im Botanischen Garten ein junges Mädchen, eine frühere Mitschülerin aus meiner Volksschulzeit; ich hatte sie damals wegen ihrer Lieblichkeit sehr gern gehabt. Nun las sie Scheffels »Ekkehard«, ein Buch, das ich an der Schwelle meines Mannesalters zum erstenmal gelesen hatte – und es war auch da noch zu früh. Das Mädchen las mit glühender Hingabe. Sie erschrak, als sie mich sah, und blickte mich aus überreifen Augen an. Sie hatte alles Weh martervoller Liebe in den Augen, und alle Scham sündiger Liebe färbte ihr die Wangen.

»Wer hat dir dieses Buch gegeben?«

»Wir müssen es von der Schule aus lesen; wir müssen ja so viele Werke klassischer Schriftsteller gelesen haben.«

Die Dichter sind viel zu anständige Menschen, um Kinder töten zu wollen. Die Dichter schreiben solche Werke für gereifte Männer, die einen Hieb mit dem Schwerte vertragen können. Seit wann gehört es zur Jugendbildung, daß man die Kindheit und Jungfräulichkeit mit Männlichkeit erwürgt? Was alte Mathematiker, Chemiker, Physiker in der Vollreife ihrer Wissenschaft gefunden haben und endlich beweisen konnten, verlangt man heute von halbwüchsigen Jungen und Mädchen, und es ist der höchste Triumph der Schulpädagogik, daß sie es sogar mit eigenem Denken auffinden und beweisen sollen! Der alte Pythagoras, der seinen Lehrsatz wohl als das Glück seiner Mannesjahre pries, ist in seiner Männlichkeit überflügelt von einem Geschlecht, das er auf den Spielplatz gejagt hätte. Philosophische Probleme, für die erst nach dem dreißigsten, vierzigsten Lebensjahre das Organ im Hirn wächst, werden aus achtzehnjährigen Mädchen herausexaminiert, daß es nur so eine Lust ist.

Der lange Handelsmann würde, wenn die Grafschafter Berge aus Glas wären und wenn er hätte durch sie hindurchschauen können, sicher gesagt haben: Es gibt eine Stadt, und die heißt Breslau, dort wächst schon den Jungen und sogar den Mädchen der lange Philosophenbart, und es wird nicht mehr lange dauern, da kommen wieder wie in der Zeit vor Christi Geburt die Kinder mit Bärten zur Welt! Glücklicherweise nimmt das Körperliche der jungen Menschen nicht gleich teil an dem frühen Altern der Seele, so daß wir uns noch an mancher roten Wange und an manchem morgensonnigen Auge erfreuen können. Aber im Geistesleben wird das Kindhafte früh umgebracht, und es ist nicht einmal ein Wehklagen unter den Müttern; ja, sie freuen sich über das Damenhafte ihrer Mädchen und über das Männlichgetue der Jungen.

Ich sah auch einen bethlehemitischen Kindermord im wahren Bethlehem, in der Kirche. Nun fahre aber langsam, meine liebe Feder, über das Papier und frage bei jedem Buchstaben erst einmal in der Zentralleitung alles Denkens an, ob das auch richtig ist, was hier geschrieben werden soll.

Der ganze Religionsunterricht, den Jesus den Kindern seines Volkes gab, bestand darin, daß er sie auf seine Knie nahm, sie segnete und dabei die Worte sprach: »Ihrer ist das Himmelreich.« Das war etwas für Kinder! Der heutige Religionsunterricht versucht aber aus den Kindern schon perfekte Theologen zu machen. Der Katechismus ist ein Auszug aus der Summa theologica für Männer. Gründe und Gegengründe werden erörtert. Es geht zu wie auf einer theologischen Disputation. Und wenn erst gar die Kontroversfragen behandelt werden, dann wird der ganze Reichstag von Worms in die Seele der Kinder verpflanzt. Beichten müssen die Kinder lernen, viel besser, als es die Großen jemals vermögen, hauptsächlich, damit sie es »später« richtig können. Und ehe sie der Heiland an sein Herz ziehen darf in der heiligen Kommunion, werden sie ernstlich geprüft, ob sie auch genug »wissen«, und sie müssen Akte des Glaubens, der Reue, der Sehnsucht, der Liebe erwecken können, wie sie ein König David, ein Weltapostel Paulus, eine heilige Theresia auf der Höhe ihres religiösen Lebens geformt haben. Sie müssen an den langen, feierlichen Gottesdiensten der Großen teilnehmen, müssen Predigten anhören, deren Länge, Breite und Tiefe selbst ein Großer nicht immer ertragen kann. Da wird das Kindhafte mit solchem Erfolge getötet, daß das Heilige für lange Zeit entflieht und oft gar nicht mehr in das Land Israel zurückkehren zu wollen scheint. Für viele Menschen war der letzte »Kindergottesdienst« überhaupt der letzte Gottesdienst, für viele die erste heilige Kommunion auch die letzte.

Das Kind Jesus floh vor Herodes nach Ägypten, in das Land der Heiden, um nicht in Israel getötet zu werden. Außerhalb Israels bewahrte sich das Heilige. Etwas Ähnliches beobachtete ich in dem Leben Jesu, das sich in jedem christlichen Menschen erneuert: Wie oft entzogen wir uns der Erziehung! Wir wollten in Kinderweise Kinder sein, wollten weder Philosophenbärte noch Eremitenbärte an unserer Seele wachsen lassen und retteten unser Kindsein und damit auch das Heilige – mitten in Ungehorsam und hart getadelter Unart – mitten im Lande Ägypten.

Aber ich bitte euch bei Gott: Verstehet das bloß richtig! Ich will hier den Kindern nicht eine Anweisung zu Unart und Ungehorsam geben, ich will die tausend Mühen und die rechte Erziehung nicht tadeln. Aber tötet mir durch eure Erziehung nicht das Kindhafte! Ihr könntet gar zu leicht auch das Heilige töten. Gewiß ist es gefahrloser und wird immer lieber gehört, wenn man zu »strenger Kindererziehung« auffordert. Aber dürfte das andere nicht auch einmal gesagt werden? Wenn ihr indes nicht hören wollet, so schadet es nicht. Das Heilige, das eure Kinder vor der Erwürgung ihrer Kindhaftigkeit schützen will, wird auch gegen euren Willen und gegen eure Klugheit immer den Weg aus dem Israel eurer Gebote und Maßregeln in das Land Ägypten finden, und ihr werdet, ohne es zu wissen, dastehen wie der dumme Herodes, dem Jesus doch durchgegangen ist.

DASS ICH IN DEM SEIN MUSS, WAS MEINES VATERS IST

Viele Menschen stellen sich unter dem, was die Bibel einen Heiligen nennt, ein Wesen von außerordentlicher Tugend, engelgleicher Artigkeit, Zartheit und Sanftmut vor. So etwas muß auch immer gut gewaschen und gekämmt sein. Man macht besonderer Umstände halber höchstens einige Ausnahmen, so bei der heiligen Büßerin Magdalena, bei einigen Eremiten. In der Regel sehen die Heiligen, und sogar unser lieber Jesus mit dem Gottesherzen, in der Vorstellung des christlichen Volkes und in der heutigen kirchlichen Kunst so aus, als ob sie frisch vom Theaterfriseur kämen. Ach, und die Augen! Immer so fromm wie bei ganz frommen Klosterschwestern. Und die Hände! Immer so fein und zart wie richtige Künstlerhände oder wie man sie beim Klavierspielen oder bei Häkelarbeiten bekommt. Und die Füße! Immer künstlerisch gestellt, oft wie im Tanzschritt vorwärtsschreitend.

Ich sage aufrichtig: Das tut mir leid. Das ärgert mich. Das Heilige und Göttliche ist nun einmal nicht so. Und auch die ewige Verklärung wird nicht wie Friseurarbeit und bengalische Beleuchtung wirken. Um den Jesusknaben hat es sicher nie geheimnisvoll geleuchtet. Er war ganz gewiß ein richtiger Junge; denn er hat uns ja »in allem, außer der Sünde« gleich sein wollen.

Weil aber die Menschen meinen, das Heilige und Göttliche müsse immer gleich leuchten und unendlich fromm und brav sein, so vermögen sie es auf der Erde gar nicht zu erkennen. Sie gehen daran vorüber und haben nichts davon. Insbesondere merken sie an einem Grafschafter Jungen nichts Heiliges und Göttliches, wenn es sich nicht zufällig um ein Musterkind handelt. Daß bei der Taufe die ganze heilige Dreifaltigkeit von dem Jungen Besitz genommen hat und nun wirklich in ihm wohnt, niemand denkt daran, weil die Strahlen fehlen, weil das Gesicht öfters ungewaschen ist, weil die Füße nicht in heiligmäßiger Gravität einherschreiten – und weil die Beine in Hosen stecken. Überhaupt: ein Heiliger in Hosen! Heilige zeigen ihre Beine nicht. Sie haben lange, griechische Tuniken. In Hosen darf sich höchstens der heilige Florian, der heilige Moritz oder sonst ein heiliger Krieger zeigen. Schade, daß ihr so sehr dumme Vorstellungen habt. Ihr würdet sonst das Heilige und Göttliche öfters sehen, sogar in Hosen und Hemdsärmeln.

Was nun in Jerusalem vorkam, das muß auch im Leben eines jeden Getauften vorkommen, nämlich daß der Mensch mit seinem neuen göttlichen Leben einmal plötzlich Vaterhaus und irdischer Eltern treue Liebe vergißt und nur in dem sein will, was seines Vaters ist. Denn das ist die Offenbarung des Göttlichen im Menschen, daß der Mensch den Herrgott als Vater erkennt und bei ihm sein will. Nicht Wunder, nicht Erscheinung – sondern nur dies!

Darum hat auch das Evangelium sonst gar nichts aus den ersten dreißig Jahren Jesu erzählt als nur dies. Nicht, was er in Ägypten gesehen und erlernt, nicht, wie er Zimmerlehrling, Zimmergesell und vielleicht Zimmermeister geworden ist, nicht, was er alles gezimmert hat, Stühlchen für seine liebe Mutter, Sessel und Tische, Holzschuppen und Dachgerüste – sondern nur dies! Das war aber auch wieder so einfach, daß es jedem hellen, aufgeschlossenen Jungen ähnlich passieren konnte.

Das Kind wuchs heran und ward kräftig. Es nahm zu an Weisheit. Und Gottes Wohlgefallen ruhte auf ihm. Alljährlich zogen seine Eltern zum Osterfest nach Jerusalem hinauf. Als nun Jesus zwölf Jahre alt war und sie wieder nach ihrer festlichen Gewohnheit hinaufgingen, da blieb der Jesusknabe in Jerusalem zurück, während die Eltern, ohne es zu merken, nach den Festtagen die Heimreise antraten. In der Meinung, er sei bei der Reisegesellschaft, legten sie eine Tagesreise zurück und suchten ihn bei Verwandten und Bekannten. Als sie ihn aber nicht fanden, kehrten sie, um ihn zu suchen, nach Jerusalem zurück. Erst nach drei Tagen fanden sie ihn im Tempel. Er saß mitten unter den Lehrern, hörte ihnen zu und fragte sie. Alle, die ihn hörten, staunten über sein Verständnis und über seine Antworten. Jene aber waren tief ergriffen, als sie ihn sahen, und seine Mutter fragte ihn: »Kind, warum hast du uns das getan? Siehe, dein Vater und ich haben dich mit Schmerzen gesucht.« Da sprach er zu ihnen: »Wie konntet ihr mich suchen? Wußtet ihr nicht, daß ich in dem sein muß, was meines Vaters ist?« Aber sie verstanden nicht, was er ihnen sagen wollte. Dann zog er mit ihnen nach Nazareth hinab und war ihnen untertan. Doch seine Mutter behielt alle die Vorgänge treu im Gedächtnis. Dann nahm Jesus zu an Weisheit und Körpergröße und ward Gott und den Menschen immer wohlgefälliger.

Es kommt einmal über jedes christliche Kind die geheimnisvolle Gewalt, die es emporhebt über seine natürliche Zugehörigkeit zu Vater und Mutter auf Erden. Es kommt einmal die Stunde, in der Gott im Himmel seine Vaterrechte geltend macht. Da schaut die Mutter in des Kindes Auge, und siehe, etwas Fremdes und Heiliges blickt ihr entgegen. Es ist die Stunde, in der das Kind Mutterherz und Vaterhaus vergißt und nur in dem sein will, was seines Vaters ist. Das Heilige in mir wollte einmal durchaus im Pfarrhause von Schlegel bleiben und nicht mehr nach Neusorge zurückkehren. Aber damals wurde es von meiner Tante überlistet.

Überhaupt hat das Heilige in mir bei Gottesdiensten und Kirchenbesuchen stets mit einer Stunde und darunter genug gehabt. Es ging gern mit, aber es kehrte auch immer gern wieder in unser Neusorger Häuslein zurück. So blieb es bis zum heutigen Tag. Und es war selbst in der Peterskirche in Rom nicht anders. Das hat mir schon oft Bedenken gemacht.

Dagegen wollte es durchaus einmal in der Einsiedelei auf dem Schlegeler Kirchelberge bleiben. Ich war nach der Schule zu meiner Tante ins Pfarrhaus gegangen, weil es in den letzten Vormittagsstunden so stark zu regnen begonnen hatte, daß ich noch ein wenig mit dem Heimweg warten wollte – doch ich mag nicht lügen, ich war ins Pfarrhaus gegangen, weil ich dann bei dem starken Regen eine Ausrede dafür hatte, daß ich nicht sofort aus der Schule heimkam. Die Tante sagte: »Ich schreibe einen Zettel für deine Mutter, daß sie dir nicht böse ist.«

Da blieb ich im Pfarrhaus, das ich immer zu den »heiligen Stätten« gerechnet habe. Das Schlegler Pfarrhaus war auch eine heilige Stätte. Der stille, sanfte Pfarrer, der unsagbar Geprüfte, der ein fressendes Krebsgeschwür am rechten Auge so still trug wie eine Braut die Rose, die ihr der Liebste ins Lockenhaar gesteckt, ging wie ein Segen durch Flur und Räume und blieb so gern bei mir stehen, und da er gerade vor einigen Tagen sein rechtes Auge verloren hatte und nun sah, wie es mich erbarmte, sprach er zu mir, mit der Hand zum Kreuze weisend: »Der Herr hat's gegeben, der Herr hat's genommen, der Name des Herrn sei gebenedeit!«

Die Tante sah mir's wohl an, daß ich das Heimgehen wieder vergessen würde. Als der Himmel draußen ein wenig heller wurde, sagte sie mir: »Du, der Einsiedler hat heute früh seinen Schirm hier stehen lassen. Morgen früh regnet es sicher wieder; da wird er ganz naß, wenn er zur Messe kommt. Trage ihm doch den Schirm auf den Berg! Ich schreib's mit auf den Zettel.«

Wenn der Heiland damals in den Ostertagen hätte auf den Schlegler Kirchelberg zum Einsiedler gehen dürfen, wäre er sicher nicht drei Tage bei den alten Schriftgelehrten sitzen geblieben, er wäre wohl sofort auf den Berg gegangen, besonders mit einem Entschuldigungszettel von meiner Tante.

Wie so ein Schirm von einem Einsiedler aussieht, läßt sich ja denken. Aus Seide war er nicht. Seide ist überhaupt für die Grafschaft Glatz bei ihren ehrlichen Regengüssen völlig ungeeignet. Aber wie vornehm kam mir dieser Schirm vor! Meine Großmutter hatte noch Schirme aus blauem Stoff mit Rohrbeigen. Meines Vaters Schirme hatten wenigstens Drahtgestell, er kaufte sie immer bei dem Juden auf dem Kohlendorfer Königsschießen um 1 Mark 20 das Stück, wofür sie schon auf dem Heimwege ihre schöne schwarze Farbe merklich in Grau verwandelten, wenn es ein wenig regnete. Aber der Einsiedler hatte seinen Schirm von dem vorvorigen Pfarrer geerbt, und man erkannte seine vornehme Herkunft noch deutlich am Griff. Ich kam mir schon wie ein halber Geistlicher vor, als ich ihn in drei Viertelstunden auf den Berg trug. Der Himmel hatte sich ein wenig geklärt, und mitunter brach die Sonne aus dem Gewölk. Die Felder standen in ihrem Junigrün frisch gewaschen und duftend vor lauter Reinheit. Bäume und Büsche am Berg lachten wie badende Jungen am sonnigsten Ufer und spritzten mir die nun überflüssige Feuchtigkeit ins Gesicht. Es war wunderschön und wunderlustig. Aber was war das gegen den vornehmen Schirm, den ich tragen durfte!

Der Einsiedler wohnt in einer kleinen, gewölbten Zelle, die an die Allerheiligenkapelle angebaut ist wie ein Schwalbennest. Er gehört dem Dritten Orden des heiligen Franz an und trägt, wenn er zur Kirche geht, Habit und Rosenkranz; daheim aber nur Handwerkerkleidung und eine lange Tischlerschürze. Nein, darauf kommt es nicht an – man merkt gar nicht den Unterschied zwischen seiner offiziellen und seiner privaten Kleidung. Denn er trägt darüber oder darunter, weiß Gott, ein anderes, kaum durchsichtiges oder, im anderen Falle, ganz deutlich durchscheinendes Gewand wie aus Sonnenstrahlen und Himmelsluft gewebt, ein Etwas, woran ich immer denken muß, wenn ich vom »Gewand der heiligmachenden Gnade« lese oder höre oder wenn ich das Wort betrachte: »Ziehet an den Herrn Jesus Christus!« Was er darunter oder darüber trägt, kommt einem nicht zum Bewußtsein.

Ich traf ihn daheim an, denn wegen der Feuchtigkeit konnte er weder in seinem kleinen Garten arbeiten noch im Busche Reisig oder sonst etwas sammeln. »Ah, du bringst mir meinen Schirm«, rief er freudig. »Bist du ein guter Junge!«

Hier ist deutlich zu sehen, daß man, um gut zu sein, nur

einen vergessenen Schirm heimzutragen braucht. Wie leicht ist das Gutsein! Der Heiland hat bloß verlangt, daß man dem Dürstenden ein Glas Wasser reicht. Das ist noch viel leichter. Was seufzt ihr da so, wenn von euch verlangt wird, daß ihr gut sein sollt!

Es war ein wirkliches Gutsein: Der Einsiedler war mir gut, ich war ihm gut; die Zelle, das Kreuz an der Wand, der blechbeschlagene Tisch, der knisternde Kachelofen, der dampfende »Körnelkaffee« auf der Ofenbank – alles sah so wirklich und so absolut aus. Und der Säger an der Wand schwang sein Perpendikel und sagte immerfort: »'s ist gut, 's gut, 's gut.«

Hätte nun der Einsiedler gesagt: »Du mußt wohl jetzt nach Hause gehen, die Mutter wird auf dich warten«, so hätte ich es als eine Beleidigung aufgefaßt. Denn heimschicken, das erträgt kein Grafschafter Junge. Da können jahrelange Feindschaften daraus werden. Aber er sagte bloß: »Jetzt werde ich dich wohl nicht mehr sehr lange hierbehalten dürfen; die Mutter bekommt am Ende Angst um dich!«

Die Mutter? Wer war denn die Mutter? Nun, es fiel mir ja im selben Augenblicke ein, wie es einem Gefangenen frühmorgens beim Erwachen wieder einfällt, wo er eigentlich ist. Ich fühlte nach dem Entschuldigungszettel meiner Tante, sah aber ein, daß er eigentlich seit drei Stunden verfallen sei.

Es war ein schwerer Abstieg vom Berge nach Neusorge hinunter. Den steilsten Abhang sprang ich hinunter, hart vorüber an den gähnenden Abgründen alter Steinbrüche. Die Mutter spielte auch diesmal nicht die Rolle Marias. Ich sah es ihr nicht an, daß sie mich mit Schmerzen gesucht. Sie lachte mir sogar entgegen. »Na, wärst du nur ganz beim Einsiedler geblieben!«

Wie konnte sie wissen, wo ich gewesen war? Denke niemand von meiner ganz naturhaften Mutter, daß sie etwa ein Geheimwissen besaß. Wohl war auch in ihr das Heilige. Aber sie war damals noch so jung und frisch, daß bei ihr alles natürlich zuging. Meine Tante hatte einen von den »alten Männern« aus dem Krankenhause herausgeschickt, der ihr angesichts einer Schale Kaffee gern die Nachricht brachte: Tante Agnes lasse ihr sagen, der Joseph wäre zum Einsiedler geschickt worden und würde wohl vor dem Dunkelwerden nicht heimkommen.

Das erste Wort, das uns aus dem Munde Jesu Christi erhalten geblieben ist, war das Wort des Zwölfjährigen: »Wußtet ihr nicht, daß ich in dem sein muß, was meines Vaters ist?« Es war eine demütige Gegenfrage des Göttlichen auf das menschlich-mütterliche »Warum?« Mariens. »Warum?« Das ist die uralte Frage der Menschheit an die Gottheit. »Warum hast du uns das getan? Warum so viel Leid und Schmerz und Tod? Warum dieses Schicksal und jenes Schicksal? Dieses Erlebnis und jenes Erlebnis?« In Jesu Gegenfrage stehen zwei Worte, an denen ich mein ganzes Leben lang nicht vorbeikommen kann; ich muß davor stehenbleiben und muß sie anschauen wie zwei unendlich tiefe Augen, die in mein Leben blicken. Es sind die beiden Worte: »Muß« und »Vater«. Der heilige Evangelist schrieb diese Worte nieder – und begann zu schweigen. Achtzehn Jahre des Lebens Jesu gehen an ihm vorüber – und er schweigt. Er ist wie von einem Banne getroffen, so schweigt er.

Jesus dürfte Zimmermann gewesen sein. Dank einer gütigen Führung Gottes weiß ich, was Zimmermannsarbeit für eine schöne Arbeit ist. Tausend Freuden erlebt der Zimmermann an einem einzigen Tag. Wenn er früh in die Werkstatt tritt, duften ihm all die Hölzer entgegen, und die schönen Werkzeuge grüßen ihn. Da biegt sich und schmiegt sich alles in seiner Hand. Und es ist eine so reinliche Arbeit. Seht doch nur die weißen Hobelspäne an! Winkelmaß, Schmiege, Lot und Zirkel wissen, daß Zimmermannsarbeit nicht eine grobe, körperliche Arbeit ist, sondern eine ganz feine, geistige Arbeit. Wag's kein Dummer, Zimmermann zu werden! Ehe die Mathematiker alle die herrlichen Gesetze ihrer Wissenschaft entdeckt hatten, wußte sie schon der Zimmermann. Die alten Mathematiker hatten eine so große Seligkeit in ihrer Wissenschaft, daß einer von ihnen sagte: Die Götter im Olymp treiben Mathematik. Das war wie eine Prophetie: Wenn Gott einmal Mensch wird, muß er Zimmermann werden.

Hatte Jesus nicht im Tempel gesagt, er müsse in dem sein, was seines Vaters ist? Und jetzt war er Zimmermann und blieb und blieb es. Was ist das für ein »Müssen«, wenn es auch anders sein kann! Ist er seinem »Müssen« untreu geworden? Hat er es aus Gehorsam aufgegeben? Das kann nicht sein, denn einem solchen »Müssen« gegenüber wäre jeder Gehorsam Sünde. Wohl zog Jesus, da er nun seit seinem zwölften Jahre zu den Männern zählte, wenigstens alle drei Jahre, wahrscheinlich aber jedes Jahr, nach Jerusalem zum Osterfeste. Aber er blieb nie länger dort als andere Männer. Jedenfalls hören wir gar nichts davon. Er kam immer wieder zurück zu der schönen Zimmermannsarbeit. Wohl fabeln manche, er habe dabei sehr oft an seine zukünftige Lehrtätigkeit gedacht und manchmal sogar wie in träumerischer Vision ein Kreuz gezimmert. Aber wer so fabelt, versteht Jesus nicht. Er war eben, was er war: er war Zimmermann. Das war sein »Müssen«, das war »das, was seines Vaters ist«.

Wenn ich ihn recht verstehe, so hat er wohl mit seinem menschlichen Denken immer gedacht, dem Zimmermannsberufe treu zu bleiben, solange es der Wille des himmlischen Vaters wäre. Denn durch nichts anderes kann man die Welt erlösen als allein dadurch, daß man Gott als Vater erkennt und gar nichts anderes will als seinen Willen vollbringen.

Maria wußte wohl, daß einmal »seine Stunde« kommen werde. Sie hatte nicht vergessen, was ihr vom Engel Gabriel und dann von den Hirten und dann von den morgenländischen Weisen gesagt worden war. Manche meinen, Jesus müsse wohl schon in jenen achtzehn Jahren manches Wunder gewirkt und manche Not wunderbar behoben haben. Sonst hätte Maria bei der Hochzeit zu Kana nicht so vertrauensvoll zu ihm sagen können: »Sie haben keinen Wein mehr.« Ich weiß es nicht, aber ich kann es mir nicht so denken. Wenn die Eltern oder andere Leute in Nazareth einmal in Not waren, hat ihnen Jesus sicher geholfen, aber eben so, wie es ein guter Sohn und Nachbar tut, wie es ein richtiger Zimmermann tun kann, wenn die göttliche Vorsehung dazu ihr Ja und ihren Segen gibt. Für Maria war es genug, daß sie wußte: Er kann alles, wenn nur erst seine Stunde gekommen ist.

Probiert es einmal! Fügt euch nach der Kinder Gottes Art in dieses geheimnisvolle Müssen, jeden Tag, jede Stunde – tut immer das, was gerade zu tun ist –, bleibt im Tempel, solange es der Vater von euch will, bleibt an der Hobelbank, solange ihr dazu berufen seid, immer mit dem Gedanken: »Muß ich nicht in dem sein, was meines Vaters ist?« Dann werdet ihr schon auf Erden wahrhaftig erlöst sein und glücklich sein, und im Himmel werdet ihr sagen: »Mußte ich nicht alles dies erleiden und so in meine Herrlichkeit eingehen?« So und nur so wird die alte Sünde der Menschheit zuschanden gemacht und der Teufel auf den Kopf getreten.

Etwa hundert Schritte von dem Stüblein, in dem ich schreibe, geht quer über unsere kleine Wirtschaft, hart am hohen Rande unserer Wiese, ein Steig, der vom Steinetal in das Ebersdorfer Tal führt. Da gehen die verschiedensten Leute, Steinmetzen, die von den roten Brüchen des Kirchelberges kommen, Bergmänner, die zu dem Tonschacht im Langen Grunde wollen, Viehhändler, die von einem Tal ins andere ziehen, fromme Pilger, die zum Allerheiligenkirchlein oder zur Annakapelle wallfahren, Schulbuben, Bettler und anderes Vagabundenvolk. An diesem Wege wuchs gleichzeitig mit mir ein junges Erlenbäumchen auf, dünn und schlank wie ich selber. Es machte jedem Spaß, der vorüberkam. Die einen ließen es ruhig stehen, die anderen brachen ihm seine Äste ab, und mehrere Male knickte man seinen ganzen Wipfel um. Jedesmal tat es mir sehr weh. Die Mutter wollte den kecken und verluderten Wildling abschneiden, aber ich sagte ihr, es sei mein Baum. Da ließ sie ihn stehen. Und immer wieder wuchsen ihm neue Äste und neue Wipfel, bis endlich sein Stamm so stark und sein Wipfel so hoch war, daß ihn die Vorübergehenden in Frieden ließen. Und heute steht er stolzragend da, und mein Schwager, der neue Besitzer, der jetzt neben mir in meiner Stube sitzt, erklärt mir, daß es der schönste Erlenbaum auf der ganzen Wiese ist.

Ich stieg einmal zur Heuscheuer hinauf, mitten durch Fels und Wald, wo der Wasserfall zu Tale stürzt. Da ich nie an einem frischen, klaren Wasser vorübergehen kann, ohne davon zu trinken, nahm ich meinen kleinen zinnernen Becher und hielt ihn in das stürzende Wasser. Es hätte mir bald den Becher aus der Hand geschlagen, so toste und tobte es um den Becher, schüttete ihn voll, leerte ihn wieder, umgoß ihn, überflutete ihn, und als ich dann den Becher herauszog, waren nur einige Tropfen darin. Aber meine ganze Hand und mein Rock waren davon feucht geworden, und mein Antlitz war übersprüht von den Wasserstäubchen. So geht es mir jetzt, da ich die Flut des lebendigen Wassers, das uns Christus gegeben, in diesem Buch sammeln will.

So ging es auch den Evangelisten. Wenn Jesus ein Wort sagte, war es wie ein flutendes Wasser, das vom Himmel kam. Die Apostel und Evangelisten hielten ihre Seelen wie Trinkbecher in die Flut. Aber die ganze Wahrheit konnte kein von Menschen verstehbares Wort wiedergeben. Der eine trug in seinem Becher mehr, der andere weniger davon. Und als sie ihre Evangelien schrieben, zeigte es sich, daß sie alle wohl Worte des ewigen Lebens schrieben, keiner aber genau so wie der andere.

Immer in dem sein, was meines Vaters ist, immer dieses geheimnisvolle Müssen, das war alles, was ich in den ersten stillen achtzehn Jahren meines Lebens erfahren zu haben glaubte. Wo immer mich auch das Schicksal später hinführte, ich kehrte doch wieder zurück in die Zimmerwerkstatt von Nazareth, vergaß meinen Priester- und Gelehrten- und Schriftstellerberuf und nahm Säge und Hobel zur Hand und arbeitete und baute, bis dann die Stunde kam, in der Gott etwas anderes wollte.

BEIM BUSSPREDIGER

Die alte Schlegler Pfarrkirche war ein kleiner barocker Saalbau mit Schindeldach und einem Türmlein mitten auf seinem First. Da der Weg von meinem Vaterhause zur Kirche dreitausend Meter und meine damaligen Beine, als nämlich die alte Kirche noch stand, zusammen nicht viel länger als einen einzigen Meter waren, bin ich nur, soviel ich weiß, ein einziges Mal in dieses ehrwürdige Gotteshaus gekommen. Einen besonderen Eindruck hat auf mich nur der Rollenzug gemacht, der mechanisch die geöffnete Tür wieder verschloß. Den sehe ich jetzt noch vor Augen, wie er holprig polternd das Rädlein drehte und das Steingewicht in die Höhe zog und wieder herabließ. Das will ich zu Hause nachmachen, dachte ich mir – und wußte gar nicht, auf welch tiefer Stufe bei mir noch die Nachahmung des Heiligen stand.

Als ich das erste Jahr in die Schule ging, war die alte Kirche schon niedergerissen, und der Neubau der jetzigen weithalligen gotischen Kirche hatte begonnen. Auch in Jesu Jugendzeit ist der Tempel von Jerusalem neu gebaut worden, und es besteht kein Zweifel, daß wir beide, Jesus und ich, den Bau mit lebhafter Begier verfolgten und daheim mit Genauigkeit nachzubilden versuchten. Ich wenigstens habe es so gemacht. Der Bau war zwar abgesperrt, und niemand durfte den Platz betreten. Aber ich *mußte* in dem sein, was meines Vaters ist, erkletterte eines Mittags, als die Maurer zum Essen ins benachbarte Wirtshaus gegangen waren, die hohe Planke und betrat die neue Halle. Ach, selbst St. Peter in Rom, seitdem er fertig steht, ist nicht so herrlich wie eine Dorfkirche mitten im Bau. Da standen die Säulen in stolzer Reihe und ließen aus ihren lebendigen Stämmen das hohe Gewölb bis zum Himmel wachsen. Und dort das Presbyterium! Mir klopfte das Herz vor freudiger Überraschung: Feine Säulenbündel wuchsen empor und gliederten sich in die schwingenden Rippen des Gewölbes und ließen zwischen sich unendlich schöne Triforien und die hohen, hohen spitzen Fenster mit Maßwerk, das mir heute sehr einfach erscheint, damals aber eine Offenbarung höchster Gotteskunst war. Und – das Gewölbe war schon blau gemalt, mit lauter funkelnden Goldsternen, wie der Himmel so schön. Und aus den Säulenbündeln wuchsen grünblättrige Kapitelle, und feine Blätterzweige begleiteten die Rippen ein ganzes Stück weit. Ich bin wohl niedergekniet und habe Gott wortlos angebetet inmitten dieser werdenden Herrlichkeit, nicht ohne eigene Besorgnis, wie ich wieder über die Planke kommen würde, denn mein Fuß war vom Herabspringen verstaucht.

Eine neue Kirche im Dorf bedeutet immer neues kirchliches Leben im Dorf. Da wird selbst der älteste und gebrechlichste Pfarrer wieder jung. Da bauen die Leute auch in sich den Tempel des Heiligen Geistes wieder auf. Die Steine reden und predigen gewaltig: »Wenn wir uralten, seit Ewigkeit verschlafenen Steine aufwachen und uns emporschwingen zur Höhe des Gewölbes und noch höher bis zur Zinne des himmelragenden Turmes, dann dürft ihr Menschen nicht zu faulen, toten Steinen werden! Sursum corda, sursum corda!«

Es ging durchs ganze Dorf und durch alle Kolonien ringsum bis zum letzten Häuslein an der Grenze eine Art Messiashoffnung. Die Menschen fanden keinen rechten Ausdruck dafür und sagten bloß: »Ja, wir bekommen eine neue Kirche!«

In jener Zeit erging das Wort des Herrn an Johannes, den Sohn des Zacharias, in der Wüste. Er hatte ein Kleid von Kamelhaaren und einen Ledergürtel um seine Lenden. Seine Speisen waren Heuschrecken und wilder Honig. Und er wanderte durch die ganze Gegend am Jordan und predigte die Taufe zur Buße und Vergebung der Sünden. Da gingen sie hinaus zu ihm aus Jerusalem und aus ganz Judäa und all den Landen am Jordan. Und sie ließen sich von ihm taufen im Jordan und beichteten ihre Sünden.

Meine Großmutter und meine Mutter waren an diesen Tagen, als ob das Ende der Welt gekommen wäre. Großmutter suchte sich ihr schönstes Häublein und Mutter stieg immer wieder aus dem Webstuhl. Vier Johannes waren auf einmal gekommen und predigten Buße vor allem Volk aus dem Dorfe und aus den Kolonien ringsum. Und die neuen Glocken läuteten den ganzen Tag vom Turm, und die Mönche predigten früh und vormittags und nachmittags und abends. Und wer am ersten Tag noch trotzig daheim blieb und meinte, er sei längst gut genug und wisse schon alles, dem kribbelte es am zweiten Tag schon in den Sohlen, und am dritten Tag quetschte ihn Stuhl und Schemel und Bank, wohin immer er sich setzen wollte, bis er sich endlich die Sonntaghosen von »obendroben« holte, um sich's doch einmal anzusehen. Und überall erzählte man sich, was man gehört, und es war immer dies eine: »Was nützt es dem Menschen, wenn er die ganze Welt gewänne, aber Schaden litte an seiner Seele!« Und alle sprachen's nach; und wenn auch kein Schlegler daran gedacht hatte, die ganze Welt zu gewinnen, so fühlte sich doch ein jeder schuldig, als ob er plötzlich in den Spiegel seines Lebens gesehen hätte und als ob er, gerade er es sei, der seine Seele verkauft hätte um den Preis der Welt.

Ich solle hübsch daheim bleiben, sagte die Mutter, das sei nur für die großen Leute. Aber in solchen geistlichen Dingen hebt

Gott den Gehorsam auf. Das war mir sonnenklar. Am zweiten Abend stahl ich mich von daheim fort und rannte ins Dorf, in die Kirche. Es waren lauter Männer darin, und ich stellte mich mitten unter sie.

»Jagt doch den Jungen hinaus!« Einige Männer stießen sich an, denn es sollte gerade die Standespredigt für Männer sein. Bald spürte ich auch einen kräftigen Griff am Kragen, und ein Mann sagte mir so leise, daß es wohl in der ganzen Kirche gehört wurde: »Jengla, du gehärscht ne dohar!«

Draußen in der frischen Luft bekam ich wieder Mut, ging durch eine andere Tür wieder in die Kirche und trug meinen Kopf so hoch und frech wie ein Ministrant, drängte ein paar Männer zur Seite, und als sich ihre Beine nicht recht rücken wollten, sagte ich: »Ich muß zur Kanzel, ich muß zum Herrn Missionar, ich muß zum Altar, ich muß zum Pfarrer!« Und siehe da, es wich auf beiden Seiten wie die Fluten des Roten Meeres, und ich kam bis zur Kanzel, wo noch keine Männer standen. Unter der Kanzelstiege war es dunkel genug, dort blieb ich stehen.

Und schon schellte es an der Sakristeitür klirr und scharf. Ein großer, freundlicher Mann in rauhem Habit und weißem Strick trat hervor, oben lauter Heiterkeit, mitten lauter Würde, unten – ein so stolzer, heiliger Schritt, daß ich ganz gebannt war von dem Wunder der Männlichkeit, das ich da sah. Ich bekam einen sehr angenehmen Eindruck von Buße, die ich mir bisher mit einem langen, schiefen Gesicht, einem krummen Rücken und zwei unsäglich wankelmütigen Beinen vorgestellt hatte. Ich gewann Vertrauen zur Buße.

Die stolzen Beine, auf denen mein Blick haften blieb, kamen immer näher; ich sah sie schon vor mir. Da bog sich die lange Gestalt, und wieder hatte ich eine Hand am Kragen, diesmal vorn. Und eine schöne Stimme klang über mir: »Du lieber Junge, was willst du denn hier?«

»Ich will Buße tun.«

»Da hör' die Predigt. Das wird Buße genug sein für dich.«

Und ich hörte. Die Kanzelstiege, an die ich mich lehnte, summte von den sonoren Klängen dieser Predigt. Es ging mir durch Fleisch und Bein, daß es eine gewaltige Wahrheit gibt. Ich konnte wohl keinen Satz recht erfassen, hörte nur Klänge, aber erschütternde und überzeugende. Es warf mich schier auf die Erde, es hob mich hoch empor. Ich kann mir jetzt denken, daß der Pater von den sieben Haupt- oder Todsünden der Männer sprach. Damals war es mir, als schüfe er mich von innen heraus neu, als knetete er in dem Lehm und formte mich. O Gotteswort, du bist eine Macht, die nicht in Konsonanten und Vokalen wirkt. In Wundern wirkst du, in Meereswogen und im Bergetürmen, in wuchernder Fruchtbarkeit, in schaffendem Wucher. Ehe ich dich verstand, war ich in deiner Gewalt.

Hätten die Missionare taufen dürfen wie Johannes am Jordan, ganz Schlegel wäre ins Jahrwasser gegangen, das durch seine Häuser fließt. Nach solchen flutenden Worten in der Wasserflut unterzutauchen und rein und neu in ein besseres Leben einzugehen, das muß etwas Notwendiges in sich haben. Wie ein Labsal war es, als der Pater nach der Predigt das Aspergill in das Weihwasser tauchte und seine Zuhörer besprengte. Mir selbst fiel ein Tropfen auf die Nase, und ich leckte mit der Zunge danach – denn meine Seele brannte.

DER HILFREICHE PFARRER MAY

Einige Monate lang war mein stolzester Besitz ein Dutzend bunter Tonkugeln, die ich den anderen Jungen teils »abgekaupelt«, teils im ehrlichen Spiel abgewonnen hatte. Da ich diesen Besitz nicht weiter dem launischen Wechsel des Glücks im Spiel mit anderen aussetzen wollte, spielte ich allein mit ihnen, indem ich sie bald nach ihren Farben, bald nach ihrer Größe, bald nach Zeit und Art ihres Erwerbs, bald nach irgendeinem anderen Prinzip ordnete. Ich sah sie alle auf einmal, wie der Herrgott Vergangenes, Gegenwärtiges und Zukünftiges, Seiendes und Nichtseiendes, Mögliches und Unmögliches alles auf einmal sieht. Und doch lagen sie immer nebeneinander, hintereinander, nacheinander. Meine Hand konnte sie alle gleichzeitig erfassen, aber mein Zeigefinger konnte nur eine nach der anderen berühren.

So verhält es sich mit den Tatsachen der vier heiligen Evangelien und auch meines eigenen Evangeliums. Sie sind alle in einer Einheit beschlossen, und doch kann der Zeigefinger immer nur eine berühren.

Vor sechs Jahren starb in Schlegel die achtzigjährige Franziskanerin Scholastika, die mich schon im Wickelbett getragen hat. Wenn ich als Junge zu ihr kam, sagte sie mir oft: »Joseph, dein Namenspatron, der Zimmermann Joseph, war ein gerechter Mann. Sieh zu, daß du auch einer wirst!« Das war nun mein Ideal: Ich wollte ein gerechter Mann werden. Darum machte ich, wenn es nicht gerade anders kam, alles mit, was man in der katholischen Kirche als richtig empfindet. Und meinte, das sei eben die Religion. Alle Mittel und Mittelchen, welche die frommen Schwestern zum Heile ihrer Seele anwandten, gebrauchte ich mit derselben Selbstverständlichkeit, wie sich Jesus, der als Gottessohn keiner Taufe bedurft hätte, von Johannes taufen ließ, »damit alle Gerechtigkeit erfüllt werde«.

Aber die Werke der Gerechtigkeit, so schön sie sind, zum Beispiel der Kirchenbesuch, das Fasten, das Almosen, das Messebestellen und vielleicht auch das Messelesen, sie sind doch nur äußerlich etwas, innerlich aber gar nichts, wenn sie nicht im Heiligen Geiste geschehen – wenn sich nicht der Himmel auftut und der Geist Gottes darüber herabkommt und bleibt.

In meinem Leben offenbarte sich der Heilige Geist nicht in Gestalt einer Taube, sondern in der Gestalt eines jungen Kaplans, den wir »Pater May« nannten. Das war ein geziemender Name, denn auch der Heilige Geist wird »Pater pauperum« genannt, was hinwiederum der junge Kaplan auch war: ein herzlich guter Vater der Armen, der Kranken und der Kinder. Ich will nicht sagen, daß er selbst der Heilige Geist war, obwohl er viele Ähnlichkeiten mit ihm hatte. Denn er war wie der Wind, bald da, bald dort. Er schien nur aus Geist zu bestehen, denn sein Körper war schwächlich, er gab nichts auf seinen Körper, und meine Tante sagte, er esse wie ein Sperling. Dabei meinte sie irrtümlich, daß die Sperlinge sehr enthaltsam seien. Und die nächste Pfarrwirtin, die ihn in die Hände bekam, erleichterte ihm diese Enthaltsamkeit von Speise und Trank, indem sie ihm auch das Wenige nicht gern gab. Er hatte mich sehr lieb, mit einer so zarten, beglückenden Liebe, wie ich sie nur dem Heiligen Geiste zutrauen möchte. Er war für mich armen Jungen, der nie an Geschenke gewöhnt worden war, ein wirklicher Dator munerum, ein Geber von Geschenken. Immer gab er mir etwas, bald ein Bildlein, bald ein Stück Torte, das er sich bei einem Festessen eingesteckt hatte, bald einen Böhmen, der für mich eine ungeheuer kostbare Münze war – und zuletzt, als er von uns gehen mußte, eine Kaffeetasse mit der Inschrift: »Meinem lieben Kinde.« Das war für mich ungefähr dasselbe, was für Jesus die Stimme vom Himmel war: »Dies ist mein geliebter Sohn, an dem ich mein Wohlgefallen habe.« Ich fühlte die Schönheit und Kraft eines anderen Lebens. Als er uns verlassen mußte, bat ich ihn, er möchte doch bleiben, und konnte gar nicht verstehen, daß er fortgehen wollte. »Möchten Sie nicht gern dableiben?« fragte ich. Da sagte er: »Wir Geistlichen bleiben nicht, wo wir gern bleiben möchten, sondern gehen, wohin wir gerufen werden.« Das war für mich etwas unerhört Neues: Ein großer Mann folgt wie ein Kind und ist noch fröhlich dabei!

Als er mich zum ersten Male bei der Hand nahm und ein Stück die Schulgasse entlang führte, fragte ich ihn, ähnlich wie Johannes und Andreas den Heiland fragten: »Wo wohnen Sie denn, Herr Pater?«

»Komm und sieh!« antwortete er freundlich.

Als mich meine Tante im Pfarrhof an der Hand des Kaplans sah, machte sie ein so unergründlich freudiges Gesicht, als ob ich wirklich zum Apostel berufen worden wäre.

Damit aber alles erfüllt werde, was geschrieben steht, ließ mich Pater May einige Wochen später so zu sich kommen, daß es wirklich wie bei Johannes und Andreas um »die zehnte Tagesstunde« war, das heißt nachmittags um vier Uhr. Und ich durfte bei ihm bleiben »diesen Tag«.

Laßt mich schweigen über diese Stunden! Auch Johannes sagt in seinem Evangelium kein Sterbenswort von dem, was er mit Andreas bei Jesus erlebt hatte jenen Tag. Ich will nur erzählen, wie mir dieser junge Kaplan zum ersten Male die Augen geöffnet hat über die allergrößte Sünde dieser Welt, über die alltägliche Lüge, aus welcher alles Unglück der Welt entsteht. Und wie er begonnen hat, die in der menschlichen Natur eingefressene

Unwahrheit in mir auszurotten, nicht mit augenblicklichem Erfolg, denn noch lange hielt ich es für den größten Triumph des männlichen Geistes, richtig lügen zu können, aber doch so nach und nach.

Wir sahen uns ein Buch mit vielen Bildern an. Der Pater erklärte mir alle, aber »im Heiligen Geiste«, denn auch das weltlichste Bild kann so erklärt werden. Da trafen wir auf das Bild einer Nachtigall.

»Hast du schon eine Nachtigall singen hören?« fragte er.

»O ja«, antwortete ich nach einigem Überlegen. Denn für einen Schlegler Jungen wäre es eine Schande gewesen, so einen Vogel nicht singen gehört zu haben. Und, dachte ich, von den vielen Vögeln, die ich singen gehört habe, wird wohl einer eine Nachtigall gewesen sein.

Der Pater tat, als ob ich ihm die allerselbstverständlichste Antwort gegeben hätte, und fragte bloß wie zur Orientierung: »Wo hast du denn eine singen hören?«

»In Schneiderbauers Busche«, antwortete ich, doch ein wenig berührt von diesem dummen Fragerecht der Wahrheit.

»Das wird wohl keine Nachtigall gewesen sein, denn in der ganzen Grafschaft Glatz gibt es keine Nachtigall.«

VERSUCHUNGEN UND BERUFUNGEN

»Was willst du denn, Junge?«

Ich hatte meiner Großmutter das Holz aus dem Schuppen geholt, die Decken auf der Stubendiele gerade gelegt, die Brille geputzt, ein Federchen vom Rock entfernt und tausend andere kleine Dienste getan, an denen sie immer erkannte, daß ich ein theologisches Anliegen an sie hatte.

»Ich möchte gern wissen, was das ist: Führe uns nicht in Versuchung. Ist das, wenn mich der Vater einmal sonntags zu einem Besuch bei Pate Lene auf den Leppelt mitnimmt? Da möchte ich nämlich nicht mehr so beten, denn eine solche Versuchung ist doch sehr hübsch.«

Da nahm Großmutter ein Buch aus dem Schrank, setzte sich

die Brille richtig mitten auf die kleine Nase, die so zierlich war, daß die Mitte gar nicht weit vom Ende abstand, und las:

»Jesus wird versucht vom Teufel. – Jesus aber voll des Heiligen Geistes ging vom Jordan zurück und ward vom Geist in die Wüste geführt, vierzig Tage lang. Und er ward vom Teufel versucht. Und er aß nichts in diesen Tagen. Und als sie vollendet waren, hungerte ihn. Es sprach aber der Teufel zu ihm: Bist du Gottes Sohn, so sprich, daß diese Steine Brot werden.«

»Ach je!« rief ich staunend dazwischen, denn das dachte ich mir großartig: aus Steinen Brote zu machen. Großmutter schüttelte wehrend das Häublein.

»Und Jesus antwortete ihm: Es steht geschrieben: Der Mensch lebt nicht vom Brote allein, sondern von allem, was aus dem Munde Gottes kommt. Und der Teufel führte ihn auf einen hohen Berg und zeigte ihm alle Reiche der Welt – die Königreiche, die Fürstentümer, die Herzogtümer und vielleicht auch unsere Grafschaft – in einem einzigen Augenblicke, wie man bei einem Blitz in der Nacht die ganze Gegend sieht – und sprach zu ihm: Diese ganze Macht und Herrlichkeit will ich dir geben, denn mir ist sie übertragen, und wem ich will, gebe ich sie. Wofern du mich anbetest, soll das alles dein sein.«

»Großmutter, ich möchte ja bloß die Walditzer Fabrik mit den Maschinen – oder auch noch dazu vom Schneiderbauer die Pferde und die Felder und den ganzen Busch – oder aber noch lieber den Pfarrhof und den Garten.«

»Jesus antwortete und sprach zu ihm: Es steht geschrieben: Du sollst den Herrn deinen Gott anbeten und ihm allein dienen.«

Da blieb also höchstens der Pfarrhof übrig. Aber es soll in der Grafschaft einen Pfarrer geben, der oft auf den Kirchturm klettert und dort sein Abendessen ißt. Das wäre auch schön.

»Und der Teufel führte Jesus nach Jerusalem und brachte ihn auf die Zinne des Tempels und sprach zu ihm: Bist du Gottes Sohn, so stürze dich von hier hinab.«

»Och verflischt!« entfuhr mir's plötzlich.

»Denn es steht geschrieben: Er hat seinen Engeln deinetwegen befohlen, daß sie dich behüten, und sie werden dich auf den Händen tragen, damit du deinen Fuß nicht etwa an einen Stein stoßest.«

Das wußte ich schon, daß man seinem Schutzengel nicht zuviel zutrauen dürfe. Ich hatte auch einen, aber wie oft hatte ich mir meine große Zehe blutig gestoßen!

»Jesus antwortete und sprach zu ihm: Es ist gesagt: Du sollst den Herrn, deinen Gott, nicht versuchen.«

Für solche Versuchungen ist die Berufswahl eine besonders günstige Fangzeit. Da muß der Mensch, wenigstens wie er denkt, über den einen Tag hinweg in die ganze Zukunft schauen. Da macht er sich Pläne und Sorgen, prüft seine Kräfte und Talente, fragt sich: Wie werde ich glücklich, wie gelange ich zu Ehre und Wohlhabenheit?, kauft sich sogar Bücher darüber.

Du kannst und sollst überhaupt keinen Beruf wählen, sonst wäre es kein Beruf. Es muß dich rufen. Das ist der Beruf. Es muß dich rufen Gott in den Notwendigkeiten des täglichen Lebens, in den gottgewollten Bedürfnissen der menschlichen Gesellschaft, in der Liebe zu leiblich und geistig Armen, in dem Priestermangel der Kirche, im Drange deines gläubigen Herzens, in der Kraft deines starken Armes, in der Geschicklichkeit deiner Hand, in der feinen Stimme deiner Seele. Gott ruft dich in dem, was du angefangen hast und was er mit dir vollenden will. Deshalb sollst du dich nicht auf Pläne und Wagnisse einlassen, sondern jeden Tag tun, was Gott dir schickt und gibt; dann bist du auf einmal in deinem Berufe, dann bist du in dem, was deines Vaters ist.

Das aber kann der Teufel gar nicht leiden. Er benützt die Zeit, in der es einem ein wenig schlecht geht oder in der man ein wenig hungern muß, um seine Versuchungen anzubringen. Dem Heiland stellte er vor, er könne doch eigentlich bei seinen wunderbaren Kräften, bei seiner königlichen Erscheinung, bei seiner todessicheren Sorglosigkeit entweder Magier oder König oder Zirkuskünstler werden. Diese dummen Versuchungen erreichten jedoch nur das Ohr und das Auge Jesu. Sein Herz blieb unberührt davon.

Aber wer weiß, wie es geworden wäre, wenn dir oder mir so etwas Ähnliches passiert wäre. Auf den Zirkusspieler wäre ich ja bei meiner schlechten Note im Turnen nicht hereingefallen. Auch auf den König nicht, denn das Großtun liegt mir nicht. Eher auf den Magier, denn ich hatte mir schon bei Hitschfeld in

Neurode für zehn Pfennige ein Buch über die Zauberkunst gekauft und auch monatelang probiert, ob ich nicht aus einem Stück Blei einen Groschen machen könnte.

Sogar der geistliche Stand ist oft eine schwere Versuchung. Man sieht den Pfarrer und den Kaplan in schönen schwarzen Röcken oder in der ganzen Pracht der Kirchenkleidung. Man sieht sie friedsam im Pfarrgarten oder wie sie an der weiten Widmut hinaus die straßenabgelegenen Feldwege und Raine wandeln, das Brevier oder den Hut in der Hand, von spielenden Hündlein begleitet. Man sieht die Köchin mit duftendem Kaffee und seidenpapierdünnen Butterschnitten die Treppe hinaufgehen »zu den Herren«. Man möchte es auch so haben, man fühlt sich berufen zum Priestertum.

Diese Versuchung trat rein äußerlich an mich heran. Mein Herz wollte davon nichts wissen. Das war mir alles zu wenig natürlich. Die Geistlichen dürfen nicht lügen und nicht fluchen und überhaupt nicht so richtige Männer sein. Es wehrte sich in mir alles gegen einen solchen Beruf. Auch als eine fromme Krankenschwester, die Franziskanerin Natalie, die meinen kranken Vater pflegte, mit aller Beharrlichkeit prophezeite: »Der Junge muß Geistlicher werden, er *wird* Geistlicher werden«, änderte sich in meiner Gesinnung nichts. Ich wollte damals noch Tischler werden. Aber ich konnte es auch nicht verhindern, daß etwas anderes als meine Gesinnung in mir für die Klosterschwester Partei nahm.

Meine Mutter antwortete der Schwester: »Woher sollten wir denn das viele Geld zum Studieren hernehmen? Es wird uns schon kaum auf die zwanzig Taler Lehrgeld für den Tischler langen.«

»Ach, Geld gibt's genug in der Welt!« erwiderte Schwester Natalie mit echt franziskanischem Leichtsinn.

Nun kam jeden Sommer wie eine treue Schwalbe Pater May ins Dorf geflogen. Er hatte viele von den Schlegler Jungen sehr gern und fing sie bei solcher Gelegenheit ein, so geschickt wie eine Schwalbe die Mücken – oder wie Jesus die Apostel.

Er hatte, wie ich wußte, mit Johannes und Andreas angefangen. Andreas führte seinen Bruder Simon, der sonst immer mit dem Herzen und mit dem Munde voran war, zu Jesus. Dem

Philippus brauchte Jesus nur zu winken wie der Pater May uns Jungen. Philippus wieder lockte den Nathanael. Der lachte und sprach: »Kann denn aus dem lausigen Nazareth etwas Gutes kommen?« Daran erkannte Jesus gleich, daß es ein guter und tüchtiger Mensch war. Er hatte es ja längst gewußt. Und als er ihn so fröhlich daherkommen sah, seine heilige Bosheit noch auf den lachend-fragenden Lippen, sprach Jesus: »Siehe, ein wahrer Israelit, in welchem kein Falsch ist!«

»Woher kennst du mich?«

»Ehe denn Philippus dich rief, da du warst unter dem Feigenbaum, da sah ich dich!«

»Rabbi«, rief Nathanael, und aller lustige Spott wich von seinen Lippen, »du bist Gottes Sohn! Du bist der König Israels!«

Da war Jesus froh und sprach zu ihm: »Du glaubst, weil ich dir gesagt habe: Ich sah dich unter dem Feigenbaum. Du wirst Größeres sehen als dies. Wahrlich, wahrlich, ich sage euch: Ihr werdet den Himmel offen sehen und die Engel Gottes auf und ab steigen über dem Menschensohn!«

Man stellt sich wohl meist vor, daß diese jungen Männer fortan bei Jesus geblieben wären. Aber es war vielmehr so, wie wir Schlegler Jungen beim Pater May blieben. Die Berufung zur dauernden Nachfolge kam erst später.

Der Pater May wurde Pfarrer in Neu-Gersdorf, in einem der äußersten Winkel der Grafschaft Glatz, hoch oben in den Bergen. »Kommt einmal zu mir!« sagte er zu mir und meinem Vetter, der jetzt Missionspriester in Amerika ist und von jeher mehr ins Weite und Große drängte als ich. Als wir dann wieder mit schwerem Herzen heimgekehrt waren, schrieb ich dem Pfarrer einen Dankesbrief, auf den die Antwort kam: »Du solltest studieren. Ich will dir helfen. Besprich es mit dem Schlegler Pfarrer und frage deine ehrwürdige Tante im Hedwigskloster in Breslau, ob du nicht dort wohnen könntest.«

Die sonst immer so bedenklichen Eltern taten den schweren Gang zum Pfarrer, der mit seinem Ja das Versprechen verband, nach zwei Jahren fünfzig Mark jährlich für mich zu bezahlen. Ich sollte mich aber von Pater Hermann, der als Pensionär in Schlegel lebte, den Herbst und Winter über auf die zweite Gymnasialklasse vorbereiten lassen, damit wir ein Jahr ersparten.

Das ging alles so, wie die Uhr läuft, wenn sie aufgezogen ist. Und dies ist immer das beste Zeichen dafür, daß es nach dem Willen Gottes geht. Ich lernte mensa, agricola und nauta deklinieren, und der lateinische »Tisch« und der »Landmann« und der »Schiffer« bogen sich nur so vor Lachen, bald richtig, wie es Pater Hermann wollte, öfter aber falsch, wie es Pater Hermann nicht wollte. So kamen wir von dem Tisch und dem Landmann und dem Schiffer nicht los, und je mehr sie sich bogen, desto mehr versteifte sich Pater Hermann auf sie – bis er zusammenbrach und es nicht mehr aushielt. Ich sollte doch vielleicht Missionar werden und an eine Missionsanstalt schreiben, wo es billiger wäre und wo auch nicht soviel verlangt würde. Und wenn ich richtigen Beruf hätte, würde ich ebenso lieb Missionspriester wie Weltgeistlicher werden.

Aber nein, sagte ich, Missionspriester werde ich nicht. Glücklicherweise schrieb Pfarrer May, ich solle zu ihm kommen; er habe von Anfang an diesen Wunsch gehabt und sei nur aus Rücksicht auf meinen Ortspfarrer davon zurückgestanden. Und was einmal später würde, ob ich Priester werde oder nicht, das solle ich ruhig Gott überlassen.

Ich nahm Abschied von Pater Hermann. Er weinte, ich konnte mich nicht lassen vor Fröhlichkeit. Er breitete seine Hände über meinen Kopf und segnete mich: »Du heißt Joseph, das heißt Vermehrer. Vermehre die Gaben, die in dir sind!«

Ich dachte an meine falsch gebogenen »Tische«, »Landmänner« und »Schiffer«.

Und als ich schon bei der Tür war, ergriff Pater Hermann noch einmal meine Hand und sprach: »Wenn du in die große Stadt aufs Gymnasium kommst, werden viele Gefahren und Versuchungen zur Untreue auf dich warten. Versprich, daß du treu bleibst deinem heiligen Berufe. Versprichst du mir's?«

Ach, ich konnte mir gar keine Möglichkeit denken, wie man einem so schönen Berufe untreu werden könnte. Denn das männliche Lügen und Fluchen lockte mich nicht mehr so sehr wie in der Zeit, da mir Schwester Natalie das Priestertum prophezeite. Und daß es ein so liebliches, rotwangiges und braunhaariges Mädchen auf der Welt gäbe wie die vierzehnjährige Pensionärin Hildegard bei den Hedwigsschwestern, das wußte ich damals noch nicht. Die Niesel Berta, Herzig Maria und Wagner Agnes hatte ich in der Flut des Geistlichen, die damals über mich kam, schon längst vergessen. Ich hatte auch seit jener Annaberger Predigt nicht mehr viel von den Schlegler Mädchen wissen wollen.

Darum versprach ich's.

Vier Monate später saß ich schon in der vierten Klasse des Gymnasiums, hatte also nicht ein, sondern drei Jahre erspart.

DER NEUE WEIN

Ich hätte Neu-Gersdorf gar nicht mehr verlassen müssen, um das Evangelium bis zum Ende zu erleben. Denn ich blieb dort vom Advent des Jahres 1892 bis zur Karwoche des nächsten Jahres und durfte an allem teilnehmen, was der Pfarrer tat, dachte, erlebte und erlitt. Jesus lebte in ihm. Jesus lebte auch in den armen, mühseligen und beladenen Leuten im Dorfe, die meistens Waldarbeiter waren oder kleine Sägemühlen betrieben oder Schindeln schnitten. Ich lernte fast alle ihre Schicksale kennen. Denn in seinem unsäglichen Erbarmen mit dem Elend, in seiner hellen Liebe zur Unschuld der Jungen und zur Treue der Alten, in seinem brennenden Zorn über die unheimliche Macht des Bösen suchte der Pfarrer Ruhe, Kraft und Erquickung bei mir, dem Kinde. Das war wohl die beste Vorbereitung auf mein späteres priesterliches Amt, die ich je genossen. Ja die einzig wichtige. Denn was ist alles Latein, Griechisch, Französisch, alle Dogmatik, Moral und kirchliche Jurisprudenz dort, wo nur die Liebe und der Zorn heilen kann!

Auch an der Lehrtätigkeit des Pfarrers durfte ich in einer Weise teilnehmen, wie es wohl selten einem Kinde vergönnt ist. Denn auf unseren weiten Wegen abends in der Dämmerung, wenn die Rosel, seine Schwester, noch mit dem Lichte sparen wollte, sprach er mit mir von allem, was er in der Schule und auf der Kanzel sagen wollte. Und ich durfte fragen, zweifeln, bewundern, bestreiten, Vorschläge machen – er überlegte alles und verachtete kein Wort. Und da er sich nicht mit der gewöhnlichen Auswahl der Bibeltexte begnügte, führte er mich oft in die geheimsten Winkel der Heiligen Schrift, und da forschten wir nach unbekannten Schätzen.

Gesellschaftlichen Verkehr mit den Leuten aus dem Dorfe pflegte der Pfarrer nicht, und ich wunderte mich im stillen, warum er nicht manchmal in die Gast- und Speisewirtschaft ging, wo die Männer häufig zusammenkamen. Ich wäre gern mitgegangen, denn ich hörte den Männern ums Leben gern zu, wenn sie erzählten und logen und schier Unübertreffliches zu wissen und leisten zu können oder geleistet zu haben behaupteten. Aber sehr oft traten wir auf unseren Abendgängen, oder wenn wir von der kleinen Filialkirche in Bielendorf kamen, in eines der weitzerstreuten Häuslein, und die Leute freuten sich, wenn wir kamen.

Es war auch einmal eine Hochzeit in Bielendorf, das eigentlich das Kapernaum des Pfarrers, das heißt sein »Trostdorf«, war. »Auch die Mutter Jesu war dabei.« In goldenem Kleide, mit Blumen reich umschmückt, saß sie an der Altarwand des Kirchleins, in dem die Trauung war. Jesus selbst thronte in seinem Zelt auf dem Altare. Daneben standen die Jünger.

Der Pfarrer las den Hochzeitsleuten einige kräftige und beherzigenswerte Stellen aus der Heiligen Schrift vor und deutete sie aus. Er begann: »Am dritten Tag, als Jesus seine ersten Jünger gefunden hatte, war eine Hochzeit zu Kana in Galiläa ...«

Ich hatte mich hinter die Brautmutter gesetzt und bemerkte, wie sie den Brautvater anstieß und ihm zuflüsterte: »Du, Aaler, här amol, wir missa dan Pfarr' on dan fremda Jonga zom Kaffee eiloda!« Der Alte nickte.

Der Pfarrer ging nicht weiter auf die Hochzeit von Kana ein. Er sah wohl, daß der Evangelist diese Geschichte gar nicht der Hochzeit wegen geschrieben hatte, sondern um zu zeigen, wie die Mutter Jesu auf »die Stunde« wartete, wie sie wußte, daß »die Stunde« doch gekommen sei, während Jesus selbst jetzt noch nichts anderes wollte als das Alltägliche, »in *dem* sein müssen, was des Vaters ist«, während er fast böse auf die Mutter war, daß sie auch nur eine Sekunde zu zeitig das Außerordentliche wollte; wie dann die Stunde doch sogleich gekommen war und wie ihr geliebter Rabbi haufenweise Wasser in Wein verwandelte – was sollten die paar Menschen mit sechshundert Liter Wein anfangen? – und wie Jesus so wunderherrlich dastand vor allen Hochzeitsgästen.

Deshalb ließ der Pfarrer das Evangelium fahren und predigte über einige Worte des heiligen Paulus. »Ihr Weiber, gehorchet euren Männern«, habe der Apostel geschrieben. Aber wenn das Weib gut christlich sei, in diesem Falle möchte er lieber sagen: »Ihr Männer, tut immer, was eure Frauen gut finden!« Das seien die glücklichsten Ehen, in denen ein christliches Weib das Regiment führt. Und es würde in ganz Bielendorf, besonders in ganz Neu-Gersdorf, alles besser stehen, wenn die Männer mehr auf ihre Frauen horchten.

Der Brautvater nickte wieder mit dem Kopfe.

Nach der Trauung kam die Brautmutter in die Sakristei und sagte zum Pfarrer: Er habe eine so schöne Predigt über die Hochzeit zu Kana gehalten. Er solle doch zum Brautkaffee kommen. »Dos Jengla kenna Se ju mitbrenga«, sagte sie mit einem guten Blick auf mich.

Was in Palästina der Wein, das ist in der Grafschaft bei ganz armen Hochzeitsleuten der Kaffee. Er geht nie aus. Darum hätte auf dieser Hochzeit selbst Jesus keine Gelegenheit zu einem Wunder gehabt. Der Pfarrer teilte dafür in seiner gütigen und einfachen Weise sein freundliches Wesen nach allen Seiten aus. Und ich glaubte noch viel stärker als je zuvor, daß er ein echter Nachfolger Jesu sei.

Auf dem Heimwege fragte ich ihn: »Warum haben Sie nicht geheiratet?«

Das war zwar eine recht unpassende Frage, aber sie interessiert nun einmal jeden Grafschafter, sobald er in die Jahre der Unterscheidung gekommen ist.

Der Pfarrer antwortete: »Ich mußte wohl das tun, wozu mich der himmlische Vater bestimmt hat. Aber ich wollte dem Heiland das Wasser in Wein verwandeln helfen.«

»Soll ich auch Priester werden? Es ist doch so großer Priestermangel!«

»Du sollst gar nichts! Aber du wirst wohl. Du kannst Wasser in Wein verwandeln.«

Wenn jemand sagt, ich könne etwas, dann bin ich immer ganz

stolz. Dann habe ich den Herrgott vieltausendmal lieber als sonst. Aber es darf nicht so allegorisch sein wie das vom Wasser und Wein.

Der Pfarrer blieb indes hartnäckig bei seiner Allegorie und sagte ungefähr so: »Wir haben Priestermangel. Aber die Welt hat uns Priester schon satt. Die Gäste haben genug getrunken von dem alten Wein. Sie trinken noch davon, solange er ihnen vorgesetzt wird, aber ihre Sehnsucht nach ihm ist gar nicht mehr groß. Manche trinken schon lieber Wasser statt jenes Weines. Wenn Jesus nicht kommt und das Wasser in Wein verwandelt, dann wird es schon bald keine rechte Hochzeitsfreude mehr geben.«

Ich habe aber im Laufe der Zeit herausbekommen, daß Pfarrer May am Priesterstande zwischen dem Standesmäßigen, Amtsmäßigen und dem eigentlich Priesterlichen und Geistlichen unterschied. »Dem Römischen Reiche«, so sagte er wohl, »schickte Gott die ›Befehlenden‹ (Imperatoren) und ›Erhabenen‹ (Augusti) als ›höchste Priester‹. Sie sollten mit Schwert und Gewalt die menschliche Ordnung aufrechterhalten und so den Willen Gottes erfüllen. Sie waren wirkliche Priester Gottes, wie sie die damalige Zeit brauchte. Auch ihre Unterpriester im ganzen Reiche hatten diese Aufgabe. Und sie dachten alle, das sei das Höchste, bis die Römer nichts Höheres kannten als den Staat und den Kaiser. Staat und Kaiser waren ihnen Gott. Dem jüdischen Volke sandte Gott die ›Hohenpriester‹ und die Schriftgelehrten. Sie sollten das von Moses und seinen Nachfolgern niedergeschriebene Gebot Gottes, das Gesetz, auf Erden durchführen. Aber auch sie verwechselten die Aufgabe Gottes mit Gott selbst und dienten dem Gesetze, als ob das Gesetz schon das Höchste wäre. Um des Gesetzes willen quälten sie die Menschen und töteten sie – zuletzt selbst den Heiland –, anstatt sie zu retten und zu trösten und zu erlösen. Das war der Wein, den Gott, der Brautherr, der Menschheit zuerst vorsetzte. Da kam die Zeit, da die Gäste genug getrunken hatten. Sie waren übersatt der menschlichen Herrschaft und der priesterlichen Gesetzespredigt. Die alte Zeit hatte sich erfüllt; es war nichts mehr mit ihr zu machen. ›Die Fülle der Zeit war gekommen.‹ Da kam Gott selber auf die Erde in Jesus Christus. Verwandelte er nun den geringeren Wein in guten, so daß wieder echte Gottesfreude am Hochzeitsfeste Gottes mit den Menschen wäre? Verwandelte er die Priester des römischen Staates und die des Judenvolkes in christliche Priester? Nein, er wählte das arme, verachtete, natürliche Wasser und machte daraus den neuen Wein; er war überhaupt gern beim Wasser und wählte sich die Fischer am Wasser zu Aposteln und künftigen Priestern seines neuen geistlichen Reiches.«

»Warum sagen Sie denn, daß sich jetzt die Menschen so satt getrunken haben, daß sie auch die christlichen Priester satt haben? Die Menschen trinken doch schon seit bald neunzehnhundert Jahren von dem neuen Weine Christi.«

»Du mußt die Geschichte nicht quer durchschneiden, sondern längs! Die äußere Geschichte der Menschheit läßt sich quer durchschneiden und so abteilen. Die innere aber nicht. In der inneren dauert auch heute noch das römische Kaisertum und das jüdische Priestertum fort, auch in mir und in dir. Wo wir etwas mit amtlicher Gewalt durchsetzen wollen, stehen wir innerlich noch in der Zeit der römischen Gewalthaber; wo wir nur darauf achten, daß Recht und Gesetz erfüllt werde, da sind wir in der jüdischen Gesetzesreligion, die ja auch von Gott kam. Wo wir aber sind wie Kinder Gottes, die den Vater erkennen und lieben und seine Barmherzigkeit hoch über alle Gewalt und alles Recht stellen, da sind wir in der Zeit Christi; da gibt uns Christus den neuen Wein. Er hat seinen Aposteln ›alle Gewalt‹ gegeben, auch die Gewalt der römischen Kaiser. Aus dieser Gewalt heraus begründeten die römischen Bischöfe im Mittelalter das große Weltreich der Kirche. Auch wir anderen Priester haben aus dieser Gewalt unseren irdischen Besitz, unseren Pfarrhof und all unseren großen weltlichen Einfluß. Aber das macht uns noch nicht zu neuem, gutem Wein. Innerhalb jener ›aller Gewalt‹ hat Christus seinen Aposteln auch die Gewalt der ›Hohenpriester‹ Israels gegeben. Aus dieser Gewalt stammt das neue Recht und Gesetz der Kirche, die ganze Zahl der uns anvertrauten Gebote Gottes und der Kirche, auch unser Dienst im Gotteshause, Gebet, Weihrauch, Opfer – wenn es auch anderes Gebet und anderes Opfer ist. Aber an dritter Stelle und alles andere überströmend ist in jener ›aller Gewalt‹ die Gewalt des

Sohnes Gottes, des ewigen Hohepriesters, der sein eigenes Blut hingab zur Vergebung der Sünden; die Gewalt, die Menschen zu Kindern Gottes zu machen, zu schuldlosen, fröhlichen Kindern des Vaters; die Gewalt, das schwankende Schilfrohr nicht mit Macht und Recht zu brechen, sondern mit Kraft und Liebe aufzurichten, alle Schätze des Glaubens, der Hoffnung und der Liebe zu öffnen und überreichlich auszuteilen, so daß die Menschen stark und reich und froh werden. Jene Gewalten hat Gott auch den Priestern des Römerreiches und des Judenvolkes gegeben; diese aber nur den wahren Priestern Christi. Das war der neue, gute Wein, jenes aber der geringere, an dem sich die Menschen schon genug getrunken haben.«

»Sie verurteilen ja die katholischen Priester, als ob sie nur die Gewalt der alten römischen und jüdischen Priester ausübten!« sagte ich.

»Nein, die katholischen Priester tun, was Gott ihnen zu tun heißt. Sie müssen ihren irdischen Besitz verwalten und verteidigen; sie müssen streng darauf sehen, daß das Gesetz erfüllt wird; sie müssen den Dienst in der Kirche versehen, wie es ihnen vorgeschrieben ist. Sie tun alles nach dem Maße der Erkenntnis, die Gott ihnen verleiht. Und doch wird eine Zeit kommen, und sie war schon immer da, in der die Menschen zu Gott, dem Brautherrn, sagen werden: ›Du aber hast den guten Wein bis zuletzt aufbewahrt.‹ Wenn du Priester wirst, sollst du ein Priester der neuen Zeit werden. Siehe, sie kommt. Gott nimmt den Priestern schon mehr und mehr die Gewalt des irdischen Besitzes und des äußeren Einflusses. Er läßt die Kirchen immer leerer werden, so daß die Priester wieder von Haus zu Haus gehen müssen, um die Menschen aufzusuchen wie verlorene Schafe, um sie zu stärken wie schwankendes Schilfrohr. Er nimmt den Priestern alle äußeren Mittel, damit die dritte Gewalt immer offenbarer werde. Wir klagen darüber, wir suchen jene anderen Gewalten aufrechtzuerhalten. Aber der Wille Gottes geht weiter.«

Ich war traurig geworden. Ein schönes Pfarrgut wäre mir recht gewesen an Stelle der Walditzer Fabrik mit ihren Maschinen, an Stelle auch des Schneiderbauerhofes und des Busches, auf die ich unter dem Einfluß des vielen Geistlichen, das auf mich strömte, ziemlich ebenso freiwillig Verzicht geleistet hatte wie auf meine drei Schlegler Bräute. Vergessen hatte ich sie. Und nun noch dies!

»Sie hätten sich den Richter Alfons zum Studieren hernehmen sollen«, sagte ich im Gefühl der Unwürdigkeit und des Unberufenseins, »... oder den Bäcker Fritz aus Ihrem Dorfe. Der Alfons und der Fritz haben jetzt schon einen Altar und einen kleinen Kelch und eine Monstranz, ein Weihrauchfaß, der Alfons sogar Meßgewänder. Und sie können schier die ganze heilige Messe richtig lesen, und der Alfons ist dabei viel andächtiger als der Pfarrer. Aber ich kann das nicht ausstehen. Oder den Buhl Franz, der soll schon so ergreifend predigen können. Ich werde nie so predigen können. Und etwas anderes studieren als auf Geistlicher, dazu habe ich keine Lust. Da möchte ich lieber Maler oder Bildhauer werden.«

»Hm«, der Pfarrer zog seine Unterlippe vor, »die kleinen Heidenjungen und die Judenjungen, die mit einem der vorchristlichen Priester bekannt waren, haben sicher auch so gespielt. Das ist lauter Lust an Äußerlichkeiten. Diese Jungen sind Priesteräfflein. Du bist wie hier das lustige Bielenwasser. Man kann es trinken, man kann sich die Füße darin waschen oder die Hände kühlen, man kann Sägemühlen damit treiben oder die Rüben gießen, man kann es auch allein weiterlaufen lassen. Aber wenn der Heiland will, kann er sechs Krüge daraus schöpfen lassen. Und die davon kosten, werden sagen: Es ist ein guter Wein.«

EIN KRÄFTIGER ANFANG

Als ich dies gestern abend niederschrieb, leuchtete der Ostervollmond mild und selig durch das Fenster meiner Stube, die ich nie gern mit Vorhängen von der Nacht da draußen absperre. Die Landschaft war über und über mit weißem Schnee bedeckt, der auch die alten, verkrusteten, schmutzigen Schneewehen vom Winter mit einem Schimmer der Gottseligkeit umhüllte. Da erhob sich von Westen her ein Wind, kam wie ein Inspektor des Herrgotts geritten, um nachzusehen, ob es nicht bald ein wenig österlicher werde in unserem Tale. Da er aber bemerkte, daß hier noch eine reine Adventswirtschaft war, wurde er wild und stürmte und fegte und goß laues Regenwasser auf den Schnee, entlarvte die ganze Häßlichkeit der Winterkrusten, machte sie laufen, wie sie bei ihrer Hartnäckigkeit nur laufen können, jagte das Schmutzwasser durch die Furchen, peitschte es durch die Gräben, trocknete Wege und Straßen hinter ihm, so daß ich heute früh schon, wie sonst zu Ostern, auf meinen geliebten Feldrainen zur Kirche gehen konnte.

Wie ein solches Wetter, das nicht die geringste Rücksicht auf die Menschen nimmt, kam der Gottessohn Jesus nach Jerusalem. O Johannes, hättest du am Jordan gedacht, daß das Lamm Gottes, auf das du mit deinem Zeigefinger gewiesen, so wild werden könnte? Die Menschen denken sich den Herrgott entweder so leise und beinahe furchtsam wie einen alten Mann oder steif und starr wie einen Richter hinterm langen Aktentische. Aber in Wahrheit ist alle Wildheit des Sturms, alles Brausen und Toben des Meeres doch nur eine Bewegung seines kleinen Fingers. Wenn er erst selber aufsteht und losfährt! Mein Gott, wenn du eimnal Ernst machen solltest, dann würden die Erden und die Sterne, die Sonnen und die Monde durcheinanderfliegen wie Stäubchen im Wirbelwind!

Da hatten sich's die Händler bequem gemacht im Vorhof des Tempels, hatten Ochsen und Schafe in den schönen Hof hineingeführt, um sie den Pilgern zum Kauf anzubieten, feiste Opfertiere. Und es war ein Schachern und Feilschen angegangen wie beim Königsschießen in Kohlendorf, wo mein Vater immer seine Schirme kaufte. Ich höre heute noch die »Pläkjuden« locken, rufen, schreien, preisen, bedauern, seufzen. Da hatten sich die Geldwechsler bequem hingesetzt an ihre breiten Zähltische, ganze Säcklein von Scheidemünzen vor sich und einen zunächst schlaffen, dann immer dicker werdenden Geldgurt um sich. Sie standen auch im Dienste Gottes. Denn die Gottespilger brauchten doch Kleingeld. Die Taubenverkäufer kamen, große Käfige auf den Rücken, und in das Brüllen der Ochsen und das Blöken der Schafe mischte sich das Gurren von abertausend Tauben und Täubern, und in die fetten Stimmen der Viehhändler und in das Krähen der Wechsler das Sperlingsgeschrei dieser kleineren Leute, die erst allmählich avancieren wollten.

Da griff Jesus nach ein paar Ochsenstricken, flocht sie ineinander zu einem richtigen Seile, schwang sie durch die Luft, und klatsch! ging es auf die ersten Rücken, gleichviel ob es ein Menschenbuckel oder ein Ochsensteiß war. Und bald war kein Viehhändler und kein Vieh mehr im heiligen Vorhof Gottes.

Aber die Geldjuden blieben sitzen, als ob sie Pech an den Hosen hätten, und wenn alle Säulen des Vorhofs zusammengestürzt wären. Da kam der in heiligem Zorn glühende Jesus vom Tor zurück, stieß die Geldsäcke um, warf die Tische zu Boden. Und wupps! lagen die Kerle alle auf dem Boden und schoben und scharrten das ganze schöne Geld zusammen. Sie sollten den Vorhof selber fegen von all dem Dreck, sonst hätte Jesus wohl auch hier seinen Strick gebraucht. Zu denen aber, die Tauben feilboten, sprach er: »Schaffet das hinweg und machet mein Haus nicht zu einem Kaufhause!«

Mein Jesus, das war ein kräftiger Anfang! Selbst ich, dein Schreiber, muß erst wieder Atem holen. Das war etwas anderes, als wenn jetzt ein Pfarrer in seine neue Gemeinde einzieht! Da werden Kränze geflochten, da geht es nur von Liebe und Vertrauen, von Hirt und Herde, beide gleich vorzüglich, von Glaube, Liebe und Hoffnung, oder wie sonst die Ansprachen eingeteilt werden. Und doch sind auch da genug solcher Schubiacke, die längst den Glauben abgeleugnet hätten, wenn sie zufällig ohne ihn mehr Geld verdienen und mehr Ehre einstreichen könnten. Und da wird geschont und Rücksicht genommen von Monat zu Monat, von Jahr zu Jahr, per omnia saecula saeculorum, damit die Leute nur ja weiter in die Kirche kommen – als ob dies das Höchste wäre, um was ein Pfarrer kämpfen muß.

»Verflischt noch amal«, sagte mir ein alter Neu-Gersdorfer, »da ist unser Pfarr doch ganz anders!« Der war einmal, so hörte ich sagen, bei einer Fronleichnamsprozession mit Monstranz und Ministranten mitten hineingezogen in eine Schnapsstube, wo seine Jungviehherde versammelt war in Schnaps und Zigarettenrauch und teuflischem Gespött. Und die treuesten der Männer zogen nach. Ich will die Hiebe nicht auf meiner Seele haben, die aus der Monstranz auf die jungverdorbenen Gewissen flammten. Da brauchte es nicht Ochsenstrick und Geißel. Durch alle Türen und Fenster zogen die rüden Jungen, von denen manche schon ziemlich alt waren. Und manche haben sich's gemerkt ihr Leben lang, sagte der Neu-Gersdorfer.

Ich habe nie nach der Wahrheit dieser Geschichte fragen mögen. Es könnte ja in solcher Frage ein gar zu ernster hieratischer Vorwurf liegen. Aber einmal habe ich das Herrgottswetter selber kommen sehen. »Ich halte heute keine feierliche Predigt«, sagte mir der Pfarrer. Er las Epistel und Evangelium, Aufgebot und Vermeldung und ging dann aus der Kirche hinaus. Ich wußte schon, wohin: in den Vorhof des Tempels, das heißt an die Kirchhofsmauern. Da standen in Scharen die jungen Männer, aber auch ältere, die nur vor der »wandelnden Glocke« ihrer Hausfrau nicht »den Weg ins Feld genommen« hatten. Weiß Gott, wie es der körperlich schwächliche Pfarrer fertig gebracht, aber einer nach dem anderen kam in die Kirche geschlichen. Der Pfarrer kam immer noch nicht. Er ging hinunter in die beiden Wirtshäuser. »Machet das Wirtshaus nicht zu eurem Gotteshause!« Und wieder erschienen einige Gruppen in der Kirche. Zuletzt auch der Pfarrer.

Ich dachte aber wie die Jünger Jesu, daß geschrieben stehet: »Der Eifer für mein Haus verzehret mich.«

Die Neu-Gersdorfer Burschen sollen am Nachmittage desselben Sonntags wieder ins Wirtshaus gekommen sein, um sich zu beraten, wie sie den Pfarrer wegbringen könnten. Sie wollten ihn anzeigen wegen der Fronleichnamsprozession und daß er nicht gepredigt, sondern die Ruhe des Dorfes gestört habe. Ich war nicht dabei und weiß nicht, ob das alles stimmt. Aber einer soll gesagt haben: »Laßt das! Denn bringen wir diesen Pfarrer weg, so kommt ein anderer. Und kommt kein anderer, so werden wir bald darum bitten müssen, daß einer kommt.«

Das Martyrium ist der göttliche Ausweis des rechten Priestertums, von welcher Seite es auch immer kommen mag. Wenn ein Pfarrer diesen Ausweis bringt, dann kann er alles wagen, was Gott will. Nicht Wunderwerk, nicht Kulturerfolg, nicht Kirchenpracht und Besitz, nicht staatliche Anerkennung und Förderung gibt der Kirche die Freiheit und Kühnheit des Tuns, sondern das Märtyrerzeugnis. Es darf aber nicht zu alt sein.

Jesus wirkte in den Ostertagen wohl noch andere Zeichen, und viele glaubten deshalb an ihn. Aber der Evangelist Johannes nennt kein einziges dieser Zeichen, weil der durch sie bewirkte Glaube nicht viel Wert war. Er sagt vielmehr: »Jesus vertraute sich ihnen nicht, denn er kannte alle. Und er bedurfte nicht, daß jemand Menschenzeugnis gebe, denn er wußte, was im Menschen war.«

DIE MITGEBRACHTE SÜNDE

Es war Sonntag, und ich hatte ein gutes Mittagessen gehabt. Des Pfarrers Schwester, die Rosel, kochte vorzüglich und hatte mich auch lieb genug, um mir das Essen zu gönnen. Überdies setzte sich der Pfarrer manchmal zu mir und kostete von meinem Teller. Ein zweiter erschwerender Umstand war, daß ich gerade aus der Nachmittagskirche kam. Aber da begegneten mir sogleich die mildernden Umstände. Der Pfarrer und die Rosel hatten noch eine Viertelstunde in der Kirche zu tun, ich war allein ins Pfarrhaus geschickt worden. Meine Nase ging mir voraus. Ohne zu wollen, roch sie plötzlich jenen wunderbaren Duft, den eine gute Wurst Tag und Nacht ausatmet. Das war alles nach Gottes Willen. Denn die Wurst duftete eben von Natur so, und meine Nase war durchaus nicht einseitig auf so fleischliche Genüsse eingerichtet, sie war ebenso für geistliche Dinge, und in Neu-Gersdorf war es ihr allergrößtes Vergnügen, den berauschenden, wenn auch noch so feinen Duft der Hostien und des Weines in sich aufzunehmen, so daß ich nirgends lieber war als in der Sakristei. Meine Nase gab sich also keine sündhafte Mühe, die Wurst zu riechen. Der Geruch überfiel sie. Ich floh nicht, denn wenn man alle Gefahren fliehen wollte, müßte man aus der Welt gehen. Ich ging tapfer und unerschrocken durch den Hausflur. Da stand die Gewölbetür angelweit auf. Und mitten vom Gewölbe herunter hing ein noch beachtenswerter Rest von Wurst. Da überkam mich eine unnennbare Sehnsucht nach einem Stück Wurst. Ein Messer lag auf dem Deckel eines Buttermilchtopfes – und da war es geschehen. Ich habe schwer daran getragen, bis ich diese Sünde beichten mochte und von dem guten Pfarrer die Absolution erhielt; – er lächelte dabei.

Für die Reise nach Neu-Gersdorf hatte mir die Mutter aus den teuren Überresten der Hosen meines Großvaters ein Paar Jungenhosen machen lassen. Das Tuch war aber schon etwas mürbe, und eines Sonntags mitten im Hochamt, als ich gerade meinen Rock etwas heben wollte, um ihn beim Niedersitzen nicht zu zerknittern, entdeckte ich, daß die neuen Hosen schon zerrissen waren. Es war ein peinliches Hochamt und ein peinlicher Sonntagnachmittag. Da Rosel schon genug für mich zu tun hatte, mochte ich sie nicht bitten, auch noch die Hosen zu flicken, und ich beschloß, es selbst zu tun, sobald ich sie wieder mit den Wochentagshosen vertauschen könnte. Ich versuchte es mit einem Stück Blumendraht, das ich auf dem Heimweg gefunden hatte. Aber das Loch war zu groß, es ließ sich nicht mehr zusammenziehen. Ich mußte mir auf andere Weise helfen. Rosel nähte damals gerade aus lauter schwarzen und bunten Stoffresten einen Teppich. Ich stahl mir kurzerhand das passende Stück Tuch und Nadel und Zwirn dazu. An dieser Missetat habe ich nicht einmal schwer getragen, ja, ich habe sogar vergessen, sie zu beichten. Vielleicht, weil ihr der richtige Erfolg fehlte. Denn als ich am nächsten Sonntag auf den Altarstufen wieder meinen Rock zu heben hatte und eine kleine Revision in jener fragewürdigen Gegend vornahm, mußte ich zu meinem jähen Schmerz feststellen, daß die Naht nicht gehalten hatte. Der Schaden konnte erst in den Weihnachtsferien behoben werden, als meine Mutter einen Flicken hineinpaßte, wie er sich für Jungenhosen geziemt.

So sahen die Sünden aus, mit denen ich mich damals herumplagte, und ich meinte, die Neu-Gersdorfer Welt sei, von diesen Missetaten abgesehen, eigentlich eine Welt ohne Sünde. Es meldete sich allerdings noch jene alte Sünde, die ich schon in das Pfarrhaus mitgebracht hatte, gewissermaßen eine Erbsünde aus der vergangenen Welt. Das war nun freilich eine ernstere Angelegenheit. Infolge dieser mitgebrachten Sünde teilte sich meine Gersdorfer Zeit in eine alttestamentliche Zeit, in der ich etwa den Zustand eines gerechten Israeliten erlebte, und eine neutestamentliche Zeit, in der ich durch die Gnade Gottes wirklich von der Sünde erlöst war und das neue Leben Christi in seiner ganzen Fülle und Friedseligkeit verkostete.

Wir hatten in den letzten Volksschulklassen schon manchmal von dem Baume, der in der Mitte des Leben steht, gekostet – nicht indem wir davon aßen, sondern indem wir wissen wollten, wie das alles wäre und wie das alles käme. Die Erwachsenen halten dies für ihr Privatgut und zäunen es ringsum ein. Aber sie bedenken nicht, daß ein Teil davon auch auf dem Eigentum des Jungen liegt. Sie können alles umzäunen und einschließen, nur dies nicht. Sie können alles an die Kette legen, nur nicht das fragende und spürende Jungenherz. Sie sagten, das sei sündhafte Neugier. Schon der Gedanke daran sei Todsünde. Da *war* es eben Todsünde. Aber wenn das Leben und Atmen als Todsünde erklärt würde, so müßte man eben diese Todsünde tun. Nicht einmal fragen dürfe man, so war es unter uns verbreitet. Deshalb getrauten wir uns zwar, uns untereinander zu fragen oder die Menschen, denen es auf eine Todsünde nicht ankam, nicht aber die Eltern. Es kam freilich einmal der schöne Sonntagvormittag, als mein Vater so gut zu mir sprach, daß ich geradezu fragen *mußte*. Er sagte wenig, aber nicht zu wenig. Und er sagte das Wenige so heilig im Gedanken an Gott und so zart im Gedanken an seine einzige Lebensliebe, an meine Mutter, daß auch das viele, was ich schon wußte, mir an jenem Vormittag heilig war. Ich weiß noch, an welchem Feldweg entlang dies alles gesprochen wurde. Aber dann kamen wieder Schatten. Die Jungen von der Glashütte, die jetzt wie Sodoma und Gomorrha vom Erdboden verschwunden ist, brachten immer Unheiligeres mit. Sie wußten Verse und Geschichten, die mir manchmal besser gefielen als alle frommen Verse und Geschichten, wie ich heute noch viel lieber mit einem zerlumpten Vagabunden die Straße hinausgehe als mit einem vornehm gekleideten Spaziergänger. Aber ich war mir auch meiner Sündhaftigkeit bewußt, trug schwer daran und war dann immer froh, wenn ich es wieder einmal redlich gebeichtet hatte.

Da ich in der Schule allgemein bekannt war als Lieferant von kunstgewerblichen Dingen aller Art – Zappelmännern, Reckturnern, Schießscheiben, Streifenbildern mit einem Manne, der immer länger und komischer wurde –, kamen einmal die Glashüttenjungen zu mir und baten mich mit dem ganzen Nachdruck einer Jungenmajorität: ich solle ihnen einige Figuren zeichnen, einen Mann, eine Kanone und so weiter. Da ich sehr gern zeichnete, begann ich sogleich damit, obwohl ich gestehen muß, daß ich von vornherein Lunte roch. Als sie mir die letzte Figur nannten, erkannte ich, daß es ein Rebus mit unanständigem Inhalt war, aber ich fühlte mich vertragsmäßig verpflichtet, die letzte Figur doch noch zu zeichnen. Das waren expressionistische Zeichnungen, also in wenigen Augenblicken vollendet, so daß das Heilige in mir kaum Zeit hatte, gegen solchen Teufelsdienst zu protestieren – zumal mir die Jungen das Blatt aus den Händen rissen, ehe ich noch die erforderliche Umrahmung ausführen konnte. Es lief noch ein ganzes Jahr unter den Glashüttenleuten um, bis ich es einfangen und zerreißen konnte.

Als ich nun aber zum Pfarrer May kommen und bei ihm bleiben sollte, fielen mir meine Sünden ein, noch nicht in Schlegel, aber in Landeck, seinem Nazareth, wo ich wegen der Schneeverwehungen im Gebirge fünf Tage bleiben mußte. Ich wollte in meiner Seele Ordnung machen. Aber wie? Wie sollte man ein so modernes Ding wie einen Rebus richtig beichten? Kein Beichtspiegel kannte und nannte solch eine Sünde. Sollte ich sagen: »Ich habe unkeusche Dinge gezeichnet?« Nein, das hätte ich nie getan. Der Mann und die Kanone und die anderen Figuren waren durchaus anständig gewesen. Unkeusch war der Text. Sollte ich also sagen: »Ich habe etwas Unkeusches geschrieben?« Nein, auch das hatte ich nicht getan.

Da ging gerade ein Geistlicher in die Sakristei. Rasch lief ich ihm nach. Ich beichtete, daß ich durch unkeusche Worte gesündigt hätte.

»Die hast du doch sicherlich bloß anderen nachgesprochen«, meinte der gütige Herr.

»Ja, ich habe es vorher nicht recht gewußt, aber es war etwas sehr Gemeines.«

»Na, 's ist schon gut. Ich muß sofort zur heiligen Messe. Laß dich von deinem Schutzengel weiter führen: Dominus noster Jesus Christus te absolvat et ego te absolvo . . .«

Ich ging zur Kommunion. Mein Gott, das waren ja nicht bloß Worte. Das war doch eine Zeichnung. Das war eher eine unkeusche Tat oder Handlung. Da kam schon der Priester, hob die schöne weiße Hostie aus dem Kelch, sagte: »Corpus Domini nostri Jesu Christi custodiat animam tuam in vitam aeternam!« – und reichte mir den Leib des Herrn.

Das war ein Sakrileg! Wie ein bitterer Tropfen fiel dieser Gedanke auf die süße Speise vom Himmel.

Nachmittags kam Pfarrer May nach Landeck herein, um mich sicher durch den drei Stunden langen verschneiten Weg nach dem hohen Neu-Gersdorf zu führen.

Was nutzte das engelgleiche Leben, das ich nun mit dem Pfarrer lebte, da ich doch nicht in der Gnade Gottes war! Ich hätte sofort bei Pfarrer May beichten können. Aber ich wußte immer noch nicht, wie ich es sagen sollte. »Eine unkeusche Handlung?« Da hätte er mich wohl am Ende bald davongejagt. Denn er war wie ein Engel. »Eine unkeusche Zeichnung?« Das schien mir noch schlimmer und raffinierter als »eine unkeusche Handlung«. Letzteres war sicher richtig, denn eine unkeusche Zeichnung ist nicht nur eine einzige Todsünde, sondern wird vielen Hunderten zur Todsünde.

Da war ich nun in genau so schlimmer Lage wie die Israeliten zur Zeit Christi. Sie konnten die Gnade Gottes nicht finden, sie sehnten sich krank nach dem Heil, aber sie wußten nicht, wie sie sich mit Gott versöhnen sollten. Beten, Fasten, Almosengeben, Tempeldienst und Tempelopfer, nichts war das Richtige; es war nicht Erlösung, es war nicht neues Leben.

Gleich in den ersten Tagen bekam ich Halsschmerzen. Das ist die Folge der unwürdigen Kommunion, mußte ich nun ohne Unterlaß denken. Gott ist ein gerechter Richter, ein Rächer der verborgensten Sünde! Wie ein verlorenes Paradies lag meine Kindheit weit hinter mir mit all ihrem Spiel, all ihren Unarten, auch allen den Bräuten. Das war ja alles Unschuld gewesen gegen meine jetzige Schuld.

Der Pfarrer sah mir wohl mein Leiden an, aber wie Moses die Leiden seines Volkes – körperlich. Und wie das Gesetz des Moses viele richtige hygienische Bestimmungen enthält, die das Volk körperlich gesund machten und gesund erhielten, vor allem reichliche Anwendung von Wasser, so sagte mir der Pfarrer: »Mach dir heute nacht einen kalten Umschlag um den Hals, dann werden die Schmerzen nachlassen.«

Aber: »Das Gesetz gebiert die Sünde.« Weicht man einer

Sünde aus, so fällt man in die andere, die ich eben, wie ich jetzt merke, zu erwähnen vergessen habe. Als ich nachts zu Bette ging und den kalten Umschlag machen wollte, nahm ich, da kein anderes Tuch zur Hand war, das Küchenhandtuch. Und bald lag ich in tiefem Schlafe, in dem ich noch viel schönere Dinge sah als Jakobs Himmelsleiter.

Aber da – war die Hölle losgeworden und störte meine seligen Erlösungsträume? Ein Zanken, Fragen, Behaupten, Türzuschlagen! »Marie«, so hieß das Dienstmädchen, »wo haben Sie denn das Handtuch hingetan? Was ist denn das für eine Unordnung? – Heinrich«, so hieß der Pfarrer, »hast du das Handtuch weggenommen? Du nimmst aber auch alles, wie es dir paßt!«

Das klingt ja im Wachen alles menschlich, denn es waren Worte unserer guten Rosel – aber in so süßem Halbschlaf kann es klingen wie Scherbengericht, Galgen, ewige Verdammnis.

Nach der heiligen Messe wachte ich auf. Der Pfarrer hatte der Rosel geboten, mich nicht in dem notwendigen Schlafe zu stören.

»Da hat ja der Junge das Handtuch!« rief Rosel, und vor lauter Freude, daß das Handtuch wieder da und das Rätsel gelöst war, lachte sie und war gut, wie auch im Alten Testamente trotz aller Sündennot und allem Unheil immer wieder eine Freude war. Die Rosel lachte, der Pfarrer lachte, die Marie lachte, ich lachte; die Halsschmerzen waren weg. Beati quorum remissa sunt peccata!

Und doch war es nur ein Nachlaß der Sündenstrafen und noch nicht das Heil, noch nicht der Friede mit Gott.

NIKODEMUS AM KACHELOFEN

Die Wintertage in Neu-Gersdorf waren gut eingeteilt. Wir wollten ja drei volle Jahre meines Lebens ersparen. Vom Frühstück bis zum Abendbrot, solange uns der Herrgott das natürliche Licht und Rosel das künstliche gönnte, trieben wir Sprachstudien; nach dem Abendessen lasen wir noch bis um zehn Uhr lateinische Texte oder trieben ein wenig Geschichte oder Mathematik. Dabei zeigte es sich, daß in den Sprachen ich, in der

Mathematik mein Pfarrer der Esel war. Um zehn Uhr – o ihr Pädagogen und Kinderhygieniker, haltet euch die Augen zu und schaut nicht her! – begannen wir, eine Partie Schach zu spielen, wobei zuerst ich, später der Pfarrer meist verspielte.

Und gegen elf Uhr kam – Nikodemus zu Jesus, ein Mann unter den Pharisäern, ein Oberster unter den Juden. Dieser kam zu Jesus bei Nacht, damit die anderen Pharisäer, diese Brüder, es nicht merkten.

Er hatte sicher keinen unanständigen Rebus gezeichnet und vielleicht auch nicht Halsschmerzen gehabt. Aber auch ihn drückte es innerlich, und er wußte nicht recht, wie er anfangen sollte zu fragen. Da sagte er: »Meister, wir wissen, daß du bist ein Lehrer, von Gott gekommen. Denn niemand kann die Zeichen tun, welche du tust, es sei denn Gott mit ihm.«

Wir machten es nicht ganz so feierlich. Der Pfarrer stellte sich noch ein wenig an den Kachelofen, um sich zu wärmen, und ich stand vor ihm und stellte ihm eine theologische Frage nach der anderen, wie einst in Neusorge meinem Vater oder meiner Großmutter. Nicht bloß an einem Tage, sondern schier den ganzen Winter über. Zum Beispiel: Woher denn eigentlich das Böse komme und ob man auch eine Todsünde begehen könne, wenn man eigentlich keine Todsünde, ja nicht einmal eine läßliche, begehen wolle.

Den Nikodemus verstand Jesus sofort. Damit er nicht erst nach allen möglichen Einzelheiten frage und lange Dispute anfange, sagte er ihm alsbald, daß er nicht ein Lehrer von tausend verschiedenen Wahrheiten sei, sondern daß er nur eines bringe und lehre: Neues Leben in Gott. Er antwortete und sprach: »Wahrlich, wahrlich, ich sage dir: Wenn einer nicht von oben geboren wird, so kann er das Reich Gottes nicht sehen.«

Nikodemus verstand aber das »von oben geboren« nicht richtig, sondern hörte nur, daß er wiedergeboren werden müßte. Das war ihm doch über allen Verstand, da er schon ein ziemlich alter Mann war und es zu komisch fand, daß er noch einmal wie ein Kindlein werden sollte. Er sprach deshalb: »Wie kann ein Mensch geboren werden, wenn er schon alt ist! Kann er wiederum in seiner Mutter Leib kehren und geboren werden?«

Da sagte Jesus es ihm deutlicher: »Wahrlich, wahrlich, ich sage dir: Wenn einer nicht von oben geboren wird – aus dem Wasser und dem Heiligen Geiste –, so kann er in das Reich Gottes nicht eingehen. Was vom Fleisch geboren ist, das ist Fleisch, und was vom Geist geboren ist, das ist Geist!«

Auch der Pfarrer erkannte den tiefsten Grund meiner theologischen Neugierde und sagte: »Auch wenn man auf alle Fragen antworten könnte, so hätte man doch immer noch nicht die Religion. Du kannst alles wissen und danach alles richtig tun – und du hättest doch nicht die Religion, du wärest nicht in Gott. Du mußt ein zweites Mal oder vielmehr immerfort aus Gott geboren sein, aus Gott geboren werden – in der Taufe, in den Sakramenten, im Glauben, in der Hoffnung, in der Liebe ... immerfort, immerfort. Wenn das einmal nicht ist, da ist Nichtgeborensein, Totsein oder, wie die Menschen sagen: Todsünde. Du kannst also gar keine Todsünde begehen, wenn du nicht tot bist. Und du kannst nicht tot sein, wenn du noch geistiges Leben hast, lebendigen Glauben, lebendige Hoffnung, lebendige Liebe!«

»Das ist doch komisch: aus Gott geboren werden!«

»Das ist so wie aus dem Wasser auftauchen oder wie aus der frischen Luft herauskommen. Darum mag wohl auch das Symbol der Taufe als Zeichen für das aus Gott Geborenwerden gewählt worden sein, oder auch das Symbol der wehenden Luft für den Heiligen Geist.«

»Ist die Beichte auch eine Wiedergeburt aus Gott?«

»Ja freilich. Aus dem Geiste Gottes. Denn die Sakramente sind Ströme des Heiligen Geistes!«

»Kann man das alles erzwingen? Wenn ich jetzt tot bin, kann ich's dann erzwingen, daß Gott mich wiedergebiert?«

»Erzwingen kann man's nicht, aber erwarten.«

»Kann ich nicht zur Beichte gehen, wann ich will?«

»Nein. Nur wenn Gott es will.«

Jesus sprach zu Nikodemus: »Laß dich's nicht verwundern, daß ich dir gesagt habe: Ihr müsset von oben geboren werden. Der Wind bläst, wo er will, und du hörst sein Sausen; aber du weißt nicht, von wannen er kommt und wohin er treibt. Also ist ein jeglicher, der aus dem Geist geboren ist.«

Der Evangelist Johannes fügt diesem Worte eine lange Betrachtung bei und sagt, daß Jesus erst wie die Schlange der Wüste am Kreuze erhöht werden mußte, ehe Nikodemus an Jesus glaubte. Vielleicht hat es auch Jesus selbst gesagt.

Ich glaubte sogleich, was Pfarrer May zu mir sprach. Ein wunderbares Licht leuchtete in meiner Seele auf. Ich erkannte, daß Gott mich umgab wie ein heiliges Gezelt, wie einst der Schoß der Mutter. Wohl hatte ich jene Zeichnung verfertigt, aber das Böse daran war doch nicht mein Werk. Mein war die Scham und Entrüstung, mein war der armselige Versuch in Landeck, Buße dafür zu tun. Das war aber nicht Tod, sondern Leben.

Als ich dann nach dieser Nikodemusstunde am Kachelofen mein Nachtlager aufsuchte, habe ich noch lange probiert, ob ich richtig glauben, hoffen und lieben könne! Und ich glaube, daß es gelang. Auch die Furcht, Gott verloren zu haben, ist Liebe. Ist größere Liebe als der Gedanke, Gott zu besitzen. Ist nur eine schmerzliche Geburt aus Gott.

Diese Nacht ruhte ich in Gott wie ein Kind in der Mutter Schoß. Am frühen Morgen wurde ich mit all meinem übernatürlichem Leben wieder in das natürliche Leben hineingeboren. Ich ging in die Kirche und sah, wie vor Beginn des Gottesdienstes einige Leute in die Sakristei schlüpften und beim Pfarrer beichteten. Da war vorüber alle Sicherheit und Seligkeit der Nacht. Ich glaubte nun doch erst beichten zu müssen, ehe ich des ewigen seligen Lebens gewiß sei. Ich suchte wieder feste, erlernte Formeln und war unglücklich, daß meine Sündengeschichte nicht in diese Formeln hineinpaßte.

»Warum hat denn Gott das Wasser notwendig, wenn er einen natürlichen Menschen wiedergebären will zu einem übernatürlichen?« fragte ich abends am Kachelofen nach dem Schachspiel. »Das Wasser ist doch gar nicht Geist!«

Der Pfarrer antwortete mit der Gegenfrage: »Warum hast du die Treppe notwendig, wenn du aus der Küche heraufkommen willst, um nach etwas rein Geistigem zu fragen? Komm doch einmal bloß mit dem Geiste!«

Das verstand ich ja: Die Sakramente sind Stufen zum ewigen Leben, und sie sind Geländer, an die man sich beim Aufstieg nach oben festhalten kann. Man sieht und fühlt an ihnen genau, daß man höher kommt. Sie tragen und ziehen einen höher.

»Siehe«, so fuhr der Pfarrer fort, »Nikodemus war ein gelehrter und angesehener Mann. Und doch konnte er sich keine Wiedergeburt aus Gott denken. Er brauchte das Gleichnis des Wassers und des Windes, um das Geheimnis zu verstehen.«

»Aber heute sind wir doch gescheiter. Ich kann mir eine Wiedergeburt aus Gott denken auch ohne das Wasser der Taufe und ohne den Klang der gesprochenen sakramentalen Formel.«

»Warum sind wir gescheiter? Weil uns die Kirche schon die Treppe heraufgeführt hat!«

»Ja, aber wenn wir jetzt oben sind, brauchten wir doch keine Sakramente!«

»Ganz recht! Wenn du auf den Mond verschlagen würdest, könntest du ganz gut ohne Sakramente sein. Aber solange du hier unten in der sichtbaren Kirche bist, mußt du die äußeren Zeichen der inneren Vorkommnisse setzen und setzen lassen. Denn auch die Kirche muß wissen und sehen, wie du mit Gott stehst, und sie kann sich nicht bloß auf dein Wort verlassen. Du könntest dir ja alles nur eingebildet haben. Darum hat der Heilige Geist, der nur Geistiges will, doch sichtbare Zeichen eingesetzt und wirkt in ihnen das Geistige. Ohne Sakramente wärst du ganz unsicher; ohne Sakramente wäre auch die Kirche ganz unsicher. Siehe, ich habe dich gern gehabt schon von meinem ersten Besuche in der Schlegler Schule an. Aber hättest du es gemerkt, wenn ich dich nicht an der Hand genommen und dir immer wieder Zeichen meiner Liebe gegeben hätte?«

DIE NEU-GERSDORFER WETTERFAHNE

Das war des Neu-Gersdorfer Pfarrers innerster Kummer, daß er bei aller Liebe und allem Zorn seine Gemeinde nicht so recht aus dem Alten Testamente ins Neue herüberzuführen vermochte. Heidentum, Judentum und Christentum sind eben nicht nur drei Nacheinander, auch nicht nur drei Nebeneinander, sondern drei Ineinander. Etwa so wie Natur, Gesetz und Gnade. Manchmal kam der Pfarrer aus dem Dorfe, als wäre er durch heidnisches Land voller Greuel des Götzendienstes und der Unsittlichkeit gegangen. Die Kruzifixe vor den Bauernhöfen, die Madonnen an den Giebeln und in den Wegkapellen mochte er kaum grüßen. Wie Götzen waren sie hingepflanzt und abergläubisch verehrt, daß nur Blitz und Hagelschlag fern bliebe, daß nur die Kühe richtig kälberten, daß nur der Beutel voll würde! Tierischer Blutrausch, dämonischer Haß schien von Haus zu Haus, von Mensch zu Mensch zu gehen. Dann wurde sein Antlitz verdüstert zum Erschrecken, und seine Gesichtszüge und Bewegungen gingen wie Blitze so schnell, so flackernd. Manchmal kam er aus der Kirche, als ob er aus dem Judentempel von Jerusalem käme. Alles äußere Teilnahme am Opfer, alles äußere Zeremonien, daß nur das Kirchengebot erfüllt werde! Die Sünden wurden bekannt und mit Miserere bereut, damit sie wieder einmal wegkämen. Keine Spur von einer inneren Zähre, keine Spur von einer inneren Glut. Nur Zeichen, nur Zeichen, daß etwas da sein sollte, was nicht da war. Dann wurde sein Antlitz hart und wie verschlossen. Er wollte tun, was er tun könne, aber es sei vergebliche Arbeit. Die Sakramente scheinen kein Leben zu bringen. – Manchmal traf er einen Fuhrknecht oder Holzhacker oder Schindelmacher, manchmal kam er vom Sterbebett, manchmal stand er bei einem Büblein aus seiner Schule. Da sah er doch, daß Gott schon Hochzeit feiere mit den Menschenseelen, die heilige Hochzeit des Christentums. Und dann wurde sein Antlitz wieder, wie ich es in Schlegel gesehen, so, daß ich ihn liebgewinnen mußte für mein Leben lang.

Die Windfahne auf der Spitze des Kirchturms drehte sich knarrend: Es war das Bild Johannes des Täufers.

Johannes der Täufer war der Schutzpatron der Pfarrkirche von Neu-Gersdorf. Da kam einmal ein fremder Prediger ins Dorf und predigte über das Thema, daß man etwas recht und dabei doch das meiste falsch machen könne. So ungefähr muß er gesagt haben:

»Liebe Neu-Gersdorfer, ihr habt gehört, daß einstens Boten des Johannes, als er im Kerker saß, zu Jesus gekommen sind und daß Johannes fragen ließ: ›Bist du es, der da kommen soll, oder sollen wir auf einen anderen warten?‹ Denn Johannes hatte schon monatelang im Kerker gesessen und wartete und wartete, ob Jesus nicht bald das messianische Reich errichten und allen Gefangenen die Erlösung bringen werde. Das war richtig, daß er auf Jesus hoffte; aber es war falsch, daß er Befreiung aus dem irdischen Kerker erhoffte. Jesus antwortete: ›Gehet hin und verkündiget dem Johannes, was ihr gesehen und gehört habt: Blinde sehen, Lahme gehen, Aussätzige werden gereinigt, Taube hören, Tote stehen auf, den Armen wird das Evangelium gepredigt – und selig, wer sich an mir nicht ärgert!‹ Sehet, sehet, sehet, wie die Hoffnung des Johannes richtig, seine Ungeduld aber falsch war!

Und ihr habt gehört, daß nach dem Weggange der Boten Jesus nicht etwa böse war auf Johannes, sondern ihn lobte und pries. ›Dieser ist's‹, so sprach er, ›von dem geschrieben steht: Siehe, ich sende meinen Engel vor dir her, der deinen Weg vor dir bereiten soll. Denn ich sage euch: Unter denen, die vom Weibe geboren sind, ist keiner ein größerer Prophet als Johannes der Täufer.‹ Darum habt ihr recht daran getan, ihr Neu-Gersdorfer, daß ihr den Johannes auf die Spitze des Kirchturms gesetzt habt, da ihn Jesus so hoch gepriesen.

Aber ihr habt auch gehört, daß Jesus die Juden fragte: ›Was seid ihr hinausgegangen zu sehen? Ein Rohr, das vom Winde hin und her getrieben wird?‹ Darum habt ihr nicht recht daran getan, daß ihr diesen festen Mann, der sich von keinem Könige hin und her treiben ließ, als Windfahne auf die Spitze des Turms befestigt habt! Johannes hat sich nur einmal gedreht, nämlich als Jesus kam, da drehte er sich nach ihm und sagte: ›Sehet das Lamm Gottes, das da hinwegnimmt die Sünden der Welt!‹

Jetzt fällt mir ein, warum sich Johannes oft so verrückt dreht auf eurem Turm! Weil er unter euch den Heiland sucht und er findet nicht ihn, sondern lauter Juden – lauter Juden, die nur aus Angst vor Gott tun, was Gesetz und Gebot verlangt, lauter Juden, die sich für gerecht halten, wenn sie nur regelmäßig ihren Pfennig in den Klingelbeutel tun, lauter Juden, die den Heiland geißeln und kreuzigen in Lieblosigkeit, Haß und jeglicher Sünde.

O Neu-Gersdorfer, zeigt dem Johannes, daß ihr Jesum in euren Herzen tragt, zeigt ihm, daß ihr Jesum angezogen habt, nicht nur als Jacke über euer Hemd, sondern als Licht über euer ganzes Sein und Wesen, als neues Leben über alles Tun und Lassen. Seid demütig, sanftmütig, freundlich, wie Jesus war, seid rein und unschuldig wie kleine Kinder. Dann werdet ihr alles recht machen und nichts mehr falsch machen. Johannes wird auch in diesem Dorfe Jesum sehen!«

Der alte Bauer, der mir dies erzählte, sagte noch: »Eine Zeitlang nach dieser Predigt soll die Wetterfahne eingerostet sein, und Johannes zeigte auf alle, die im Dorfe wohnen und auf den Feldern und in den Wäldern arbeiteten. Aber in einer finsteren, stürmischen Nacht soll er wieder angefangen haben, sich ganz verrückt zu drehen. Und wenn ich einmal zum Kirchturm schaue und der Johannes zeigt nicht auf mich, dann denke ich an den Wind, aber auch an mein Gewissen.«

Und mir fiel ein, was Jesus von solch demütigen Menschen gesagt hat: »Wer der Geringste ist im Himmelreiche, der ist größer als Johannes der Täufer« – größer als der »größte Prophet«.

DIE SAMARITERIN

Hinter dem Pfarrhof von Neu-Gersdorf, mitten in der Wiese an dem Weg, der hinauf zur nahen österreichischen Grenze führt, steht ein Wassertrog, uralt, hergestellt aus dem Stamm einer wohl vielhundertjährigen Eiche, überwachsen von allerhand Moos und Pilzzeug, zerklüftet in tausend Rinnchen und Röllchen, umwuchert von dunkelfettem Gras im Sommer, umstarrt von Schnee und phantastischem Eis im Winter. Aber sommers wie winters, unter Gras wie unter Eis und Schnee läuft vom Berge her in Gräben und Holzrinnen ein ziemlich starkes Wässerlein klar und kühl (was im Winter eine Notwendigkeit, im Sommer eine Tugend ist) auf den alten Trog zu, stürzt sich gurrend, gluckernd, lachend, plaudernd, spritzend hinein, füllt den alten Kerl bis an den Rand, wo eine Lücke eingekerbt ist, damit das Wasser weiß, wo es wieder hinaus soll, fließt zögernd hinaus, plätschert sich in einen Graben und jagt dann den Pfarrhofberg hinunter zur Biele, die gerade tosend und brüllend über das Wehr unterhalb des Pfarrhofes gestürzt kommt. So überreich denke ich mir das ewige Leben.

Was waren die Wasser von Neusorge dagegen! Ganz still und

sacht kamen sie durch die Wiesen des gemächlich niedersteigenden Talgrundes, überschwemmten wohl im Frühjahr oder bei Hochsommergewittern zuweilen die Wiesen, füllten aber sonst nur träge die Brunnen, welche die Leute an den Erlen und Weiden des Grundes gruben, blieben in dürren Sommern häufig sogar wochenlang aus. Und doch war meine Mutter glücklich, daß sie vom Leppelt nach Neusorge gekommen war. Denn auf dem Leppelt rann in Kellerbrunnen nur ein spärliches Wasser zusammen, so daß die Leppeltleute oft bis ins Dorf, manchmal bis in entferntere Nachbardörfer nach Wasser gehen oder fahren mußten.

Einmal waren sie, meine Mutter und eine ihrer vielen Schwestern, mit einem Zuber bis zum Eichhörnchen nach Wasser gegangen, also schier bis Ebersdorf, und hatten mit ihren starken Armen die schwere, kostbare Füllung dem Leppelt zugetragen, alle zwanzig Schritt zum Ausruhen gezwungen, zuletzt bis zum Tode erschöpft. Noch einmal, das letztemal vor dem Hause, griffen sie zu. Da glitt der Schwester die eine Zuberstange aus der Hand, der Zuber stürzte um, und das ganze Wasser floß aus.

»Es war, als ob wir das ewige Leben verloren hätten«, sagte meine Mutter, und ihr Auge wurde feucht, obwohl es schon so viele Jahre her war.

Übergroß wurde das Glück meiner Mutter, als sie unweit des Wassergrabens, mitten auf der Wiese, beim Heumachen eine Quelle entdeckte. Mutter nahm Spaten und Hacke und grub einen Brunnen. Und nun kam es, viel klarer und kühler als das fließende Wasser im Graben, das ganze Jahr! Und wenn wir dann im Sommer oder auch im harten Winterfrost die Leute vom Siehdichfür mit Kannen und Eimern herniedersteigen sahen zu unserer Wiese, da waren wir wie die Seligen im Himmel, voller Mitleid mit den Leuten, die so weit nach Wasser gehen mußten, und achteten kaum mehr darauf, daß es schwer genug für uns war, das viele Wasser für die Wirtschaft aus der Wiese, den Rand herauf, das Steiglein entlang bis zu unserem Hause zu schleppen.

In Neu-Gersdorf war ich nirgends lieber als an jenem Wassertrog. Wenn die Mutter das sähe, dieses viele, frische, kühle Wasser, so nahe am Hause! Zum Brunnentrog ging ich, wenn der Pfarrer ein wenig ruhen wollte oder wenn er zu mir sagte: »Geh und vergnüge dich ein wenig allein!« Am Brunnentrog saß ich und lernte Latein und Griechisch (das war sonst eine Qual, aber das Wasser machte mir alles leicht) oder auch Mathematik (das war eine Freude, aber die Wassertropfen sagten, daß sie längst über diese einfachen Elemente hinaus seien und im allgemeinen nur nach den Gesetzen der höheren Mathematik lebten). Zum Brunnentrog kam auch gelegentlich der Pfarrer und setzte dort den Unterricht fort oder ließ sich ins Plaudern ein. Zum Bunnentrog ging ich, wenn mir's manchmal zu schwer wurde, wenn ich ein wenig heulen wollte – nur so einige Tröpflein!

Als Jesus eine Zeitlang mit seinen Jüngern in Judäa geweilt hatte und als vielerorten das ewige Leben zu rinnen begann – die Leute eilten an die Bäche und ließen sich taufen, in der Meinung, so am besten des Lebens teilhaftig zu werden –, da wurden die Pharisäer, die schon den Johannes nicht gut hatten verdauen können, ganz aufgeregt. Sie meinten, sie allein hätten das ewige Leben, und hatten doch nur Sand, den sie den Leuten in die Augen streuten! Jesus wollte sein Bächlein nicht gleich verschütten lassen und entschloß sich, zunächst in seine Heimatprovinz zurückzukehren. Man muß solchen Leuten eben Zeit lassen, sich ein wenig zu beruhigen.

Der geradeste Weg von Judäa nach Galiläa führt durch Samaria, das in den Augen der Juden ein richtiges Ketzerland war, so daß es den Juden immer in den Sohlen prickelte, wenn sie seinen gottlosen Boden betraten. Jesus wählte trotzdem den geraden Weg. Er *mußte,* sagt der Evangelist und deutet damit wieder jene geheimnisvolle Macht an, das Muß im Leben Jesu.

Um die Mittagszeit war die kleine heilige Reisegesellschaft in der Nähe der Stadt Sichar angelangt. Bei einem Brunnen, von dem man sagte, der Patriarch Jakob habe ihn gegraben und samt dem umliegenden Felde an seinen Sohn Joseph vererbt, machten sie halt. Die Jünger gingen in die Stadt, um etwas zum Essen zu kaufen. Jesus aber war so müde, daß er am Brunnen wartete.

Da kam ein samaritanisches Weib, Wasser zu schöpfen. Jesus sprach zu ihr: »Gib mir zu trinken!«

Das Weib sah es Jesu wohl an der Kleidung an, daß er nicht Samaritaner, also eben Jude war. Sie konnte sich aber gar nicht denken, daß ein Jude von einem samaritanischen Weibe Wasser mag. Ob sie sich nicht gleich gedacht hat, der Wanderer am Brunnen könne am Ende doch ein anderer sein! Klug, wie die Frauen nun einmal sind, sagte sie: »Da du doch ein Jude bist, wie kannst du da um einen Trunk Wasser von mir bitten, die ich ein samaritanisches Weib bin?«

Jesus antwortete: »Wenn du die Gnade Gottes erkänntest und wer der ist, der zu dir sagt: Gib mir zu trinken, da würdest du *ihn* gebeten haben, und er hätte dir lebendiges Wasser gegeben.«

Das Weib sah an der Gestalt des Wanderers auf und ab: Kein Wasserbeutel, kein Trinkgefäß. Aber während sie ihn zum ersten Male wohl nicht ganz ohne Feindseligkeit bloß mit Du angeredet hatte, sagte sie doch jetzt für alle Fälle »Herr« zu ihm und tat so, als ob sie gleich gemerkt hätte, daß Jesus nicht ein bloßer Jude war. »Herr«, so sagte sie, »du hast ja kein Schöpfgefäß, und der Brunnen ist tief – da konnte ich dich doch nicht bitten – oder woher hast du denn lebendiges Wasser? Bist du größer als unser Patriarch Jakob, der uns diesen Brunnen gegeben und selbst daraus getrunken hat – und seine Kinder – und seine Herden?«

Man sieht ordentlich, wie sie stolz tat auf ihre fromme Abstammung. Die Samaritaner sind auch nicht bloß hergelaufenes Volk! Und die Juden mit ihrem Zisternenwasser können gar nicht an gegen das »lebendige Wasser«, gegen das Quellwasser in diesem ehrwürdigen Brunnen!

Jesus hatte ehrlichen Lokalstolz gern. Wir wissen ja, wie er gegen Nathanael war! Wenigstens verdarb er nicht durch fromme Ermahnungen die frohe Stimmung der Frau. Er sagte: »Wer von *diesem* Wasser da trinkt, den wird wieder dürsten. Wer aber von dem Wasser trinkt, das ich ihm geben werde, den wird in Ewigkeit nicht dürsten, sondern das Wasser, das ich ihm geben werde, wird in ihm eine Quelle des Wassers werden, das da fließt bis zum ewigen Leben.«

Das Weib ging, für alle Fälle, darauf ein und bat ihn nun: »Herr, gib mir solches Wasser, damit ich nicht mehr dürste und nicht mehr so weit hierher zum Wasserholen laufen muß!«

»Geh, rufe deinen Mann!«

»Ich habe keinen Mann!«

»Ganz recht! Du hast keinen Mann. Denn fünf Männer hast du gehabt, und den du jetzt hast, der ist nicht dein Mann. Das hast du richtig gesagt.«

Nun, der fremde Wanderer konnte ja einmal in Sichar gewesen sein und alles von ihr gehört haben. Überhaupt, so etwas spricht sich herum! Aber das Weib wollte doch gern wissen, wer er eigentlich sei, wollte auf den Strauch schlagen, da würde schon etwas herauskommen, und sagte darum: »Herr, ich sehe, daß du ein Prophet bist. Sage doch: Unsere Väter haben auf diesem Berge Garizim angebetet, und ihr sprechet, zu Jerusalem sei die Stätte, wo man anbeten solle.« Was denn nun richtig sei?

Da antwortete Jesus: »Weib, glaube mir, es kommt die Zeit, da ihr weder auf diesem Berge noch zu Jerusalem den Vater anbeten werdet. Ihr betet an, was ihr nicht wisset; wir aber wissen, was wir anbeten, denn das Heil kommt von den Juden.«

Das Weib horchte. Das kann kein Jude sein. Wer kann Gott wissen? Auch die Juden wissen ihn nicht. Was sagt er? Das Heil kommt von den Juden – der – Heiland, der Messias kommt? Ist dieser – der Messias? Das muß sie wissen! »Ich weiß«, sagte sie, »daß der Messias kommt. Der heißt Christus. Wenn der kommt, dann wird er uns alles verkündigen.«

Da sprach Jesus zu ihr: »Ich bin es, der ich mit dir rede.« Da hatte sie den Trunk vom lebendigen Wasser getan, und er wurde zur Quelle, aus der es nun unaufhaltsam strömte.

Gerade kamen die Jünger aus der Stadt zurück und sahen den Meister im Gespräch mit dem Weibe. Das hatten sie auch noch nicht gesehen. Was hat er sie zu fragen, was hat er mit ihr zu reden?

»Auch wer erntet, empfängt Lohn und sammelt Früchte des ewigen Lebens. Auf daß sie sich miteinander freuen: der da ausgesät und der da erntet! Ich habe euch gesandt zu *ernten*. Aber was ihr erntet, habt ihr nicht bearbeitet. Andere haben gearbeitet, und ihr seid in deren Arbeit eingetreten.«

Die Jünger stehen immer noch verdutzt da. Sie begreifen nicht die Größe des Augenblicks. Aber sie sollen bald sehen!

Die Frau hatte, als die Jünger kamen, den Krug rasch hingestellt. Keine Minute hielt sie es aus, die wunderbare Nachricht für sich allein zu behalten. Sie war ein echtes Weib – und darum berufen, die erste Apostolin der Samaritaner zu werden, trotz ihrer fünf Männer und trotz des einen, der nicht ihr Mann war.

Sie schrie durch die Straßen von Sichar, winkte mit beiden Armen. »Kommet und sehet den Mann, der mir alles gesagt – was ich gemacht habe! Ist der nicht Christus?«

Hei, wie können Kleinstädter laufen, wenn draußen vor dem Tore etwas los ist! Wenn gar der Messias gekommen ist, der lang erwartete! Wie mancher Topf Milch mag übergekocht, wie manches Stück Fleisch mag angebrannt sein, denn es war doch gerade Mittag. Sie ließen die dampfende Suppe auf dem Tische stehen, alle, alle liefen hinaus zum Jakobsbrunnen.

O Weib, wenn ich ein einziges Mal so gut predigen könnte wie du! Wie die ersten beim Jakobsbrunnen ankamen, wie sie ein Stück davor in ihrem Laufe innehielten, wie sie ganz scheu nähertraten, Schritt für Schritt! Keiner wagte, etwas zu sagen – bis wohl der Bürgermeister sich verneigte und sagte: »Herr, bleibe bei uns!«

»Bleib bei uns, bleib bei uns!« ging's jetzt durch die Scharen. Wie Kinder bettelten sie: »Bleib bei uns!«

Und Jesus blieb zwei Tage bei ihnen. Wunder hat er nicht getan, Johannes sagt ausdrücklich: »Sie glaubten an ihn um seines Wortes willen.« Und sie sprachen zu dem Weibe: »Wir glauben nun nicht mehr um deiner Worte willen. Wir haben selbst gehört und wissen, daß dieser wahrhaftig ist der Erlöser der Welt!«

Wenn wir am Neu-Gersdorfer Wassertrog saßen, sprachen wir oft von dem lebendigen Wasser und sahen ihm nach, wie es von Land zu Land, von Jahrhundert zu Jahrhundert floß, bis es endlich auch auf unsere eigene Wiese kam. Einmal, gegen Ende meines Neu-Gersdorfer Winters, stieg vom Dorfe eine Dame aus Landeck herauf, die mit den Eltern und Geschwistern des Pfarrers befreundet war. Der Pfarrer ging ihr einige Schritte entgegen, während ich mit meinem Buche am Rand des Troges sitzen blieb, und grüßte die Dame mit den Worten: »Jetzt kommt die Samariterin zum Jakobsbrunnen.«

»Oh«, sagte die Dame, »ich habe mit dem lebendigen Wasser kein Glück gehabt. Ich dürste immer noch. Deshalb komme ich heute über die Berge, um mir wieder ein paar hübsche Bücher zu holen. Wie kommt's, daß man am Glauben nicht genug hat, sondern immer noch etwas nach schöner Literatur dürstet?«

»Nu?« Der Pfarrer sah mich an, indem er mir die Rolle des Beantworters zuschob.

Ich war unterdes aufgestanden, hatte der Dame eine schüchterne Verbeugung gemacht, und sie hatte mich bei der Hand genommen und gesagt: »Ah, das ist also der berühmte Schlegler Junge.«

»Na«, dachte ich mir, »da kann ich mir ja die Antwort danach einrichten«, und sagte frech: »Vielleicht hat die Dame noch nicht fünf Männer gehabt und auch nicht mal einen, der nicht ihr Mann ist. Deshalb dürstet sie noch nach schöner Literatur.«

Es war ein sehr helles, fröhliches Frauengemüt, immer bereit zu Scherz und Spott, aber auch wie ein Rosenblatt zart in religiösen Dingen. »Ich habe lästerlich vom lebendigen Wasser gesprochen«, begegnete sie meiner Frechheit. »Was wäre ich, wenn ich nicht von dem lebendigen Wasser getrunken hätte?«

Daran knüpfte sich ein Gespräch über das religiöse Sattsein und das religiöse Durstig- und Hungrigsein. Im Bad Landeck lebte alle Sommer ein Mann, der immer so viel aß und trank, daß er stets über Mangel an rechtem Appetit klagte. Ein solches Sattsein hat auch viele Christen befallen. Die ganze Kindheit lang, alle Wochen, schier alle Tage Religionsunterricht, mit oder ohne Appetit. Sonntag noch eine lange Predigt, nachmittags vielleicht auch eine Christenlehre. Dazu noch ein frommes Unterhaltungsbuch nach dem anderen, je »religiöser«, desto besser! Da ist gar keine Zeit zum Durstig- und Hungrigwerden. Jesus meint das Dürsten des Wanderers, der an einem Bache entlang geht. Immer wieder kann er trinken, und immer wieder bereitet ihm sein Dürsten nicht den Ekel des Sattseins, sondern die Freude neuer Kühlung und Erquickung. Quellendes Wasser, immer wieder wallend, immer wieder ruhig beunruhigend, unruhig beruhigend, ist der rechte Glaube, wenn er nur denen eingeflößt wird, die danach dürsten. Flaschen darf man füllen, ohne sie zu fragen: Seelen darf man nicht füllen, wenn sie nicht dürsten.

»Aber es gibt doch ein Sattsein, das noch viel weniger nach Jesu Wunsch ist«, sagte die Dame. »Da sind Menschen, die es gar nicht verstehen können, wie andere noch dürsten. Wenn man eine religiöse Frage an sie hat, so wissen sie zwar keine Antwort, aber sie halten solches Fragen für Sünde und Beunruhigung. Dabei ist es doch nichts anderes als das Wallen des lebendigen Wassers.«

»Na«, sagte der Pfarrer, »die Damen haben doch sehr viele religiöse Fragen und plagen die Geistlichen damit.«

Ich wollte meine erste Frechheit gutmachen und der Dame zu Hilfe kommen. Denn sie überlegte gerade, ob sie den Pfarrer schon einmal belästigt habe. Auch in diesem Punkte war sie sehr empfindlich. Darum erinnerte ich den Pfarrer an unsere Nikodemusstunden am Backofen und sagte: »Ich habe auch viele Fragen, aber ich stelle sie zuerst an meinen Glauben im Inneren. Wenn ich dann die Antwort bekommen zu haben glaube, frage ich den Pfarrer – ob er sie auch schon weiß. Wenn er sie auch schon weiß, dann ist sie richtig. So machen es vielleicht auch die Damen. Und wenn der Pfarrer nicht gleich eine Antwort weiß, so sagt er: ›Das ist eine Plage mit diesen Frauen!‹«

Wir hörten das Gurren und Glucksen und Stürzen und Plätschern des munteren Wassers, das von der österreichischen Grenze her in unseren Brunnentrog floß, ohne Ruhe bei Tag und Nacht, und doch die Ruhe der aufgrünenden Wiese und des ganzen stillen Tals nicht störend, ein frisches Fragen und Antworten, ein Stoßen und Drängen, immer weiter, immer weiter. Der Glaube, wenn man einmal wirklich einen Trunk davon getan, wird eine Quelle im Inneren, an der sich alle Sehnsucht und alles Dürsten beseligt, auch das Dürsten nach der schönen Literatur, auch das Dürsten nach philosophischer Erkenntnis der Welt, auch das Dürsten nach Schönheit und Liebe, nach Arbeit und nach Ruhe, nach Kampf und nach Frieden.

KOMM UND FOLGE MIR NACH

Nicht zu Fuß wie Jesus, sondern auf dem schwindelnd hohen Postillonsitz des Landeck-Glatzer Postomnibus und dann auf der Eisenbahn kehrte ich zum ersten Male nach längerer Abwesenheit in die Heimat zurück. Pfarrer May begleitete mich bis

Glatz, nahm auch neben mir droben auf der Postillonbank Platz. Vor uns lag in goldüberschimmertem Blau das schöne Bieletal, vorfrühlingsschön. Pfarrer May hatte einige Sorge um mein Examen für die Untertertia und stellte noch hier und da einige grammatikalische Fragen. Er fürchtete mehr wegen seiner Methode als wegen meiner Kenntnisse. Aber ich hatte vor dem Examen fast ebensowenig Furcht wie die meisten Menschen vor dem Jüngsten Gericht, weil ich so gnadenhaft unwissend war über die Schrecklichkeit eines solchen Examens. Ich war noch ganz auf dem Handteller Gottes und ich dachte gar nicht daran, daß man auch einmal zwischen den Fingern dieser Hand durchfallen kann.

Daheim in Neusorge war ich fremd geworden. Es tat mir alles weh, was nicht war wie beim Pfarrer May, was nicht geistlich war in dem schönen Sinne des Wortes, wie ich es beim Pfarrer May erfahren hatte. Und sonderbar, ich war bei diesem gütigen, nachsichtigen und freien Menschen ein Zelot geworden, fragte sogar meine Mutter, ob denn der Vater schon zu den Ostersakramenten war, machte ein ernstes Gesicht, als am Sonntag nicht alle zur Kirche gehen konnten, weil eines das Haus hüten mußte, war über die Maßen erbittert, daß eine Nachbarstochter vorzeitig ein Kind bekommen sollte, und konnte mich nur schwer entschließen, mit einer meiner früheren Schulkameradinnen die Straße von Schlegel hinauszugehen.

Die Leute sind bei uns zu nüchtern, um viel Worte zu machen oder um die geistliche Welt von der natürlichen, körperhaften Welt durch besonders geäußerten Respekt zu unterscheiden. Aber in ihrem Stillesein, in ihrer Zurückhaltung von grober Gesinnung und groben Ausdrücken, in irgend etwas Väterlichem oder Mütterlichem umgeben sie auch den jüngsten geistlichen Studenten mit einer Zartheit ohnegleichen. Wohl sehen sie ihn von Ehre zu Ehre fortschreiten bis zur einstigen geistlichen Herrenschaft; wohl lassen sie der lieben, halb spottenden, halb bewundernden Güte ihres Herzens freien Lauf und reden von späterem Bischofwerden oder Papstwerden; aber in ihrem naturhaften Gefühl ist doch ein starkes Mitleid, ein aufrichtiges Bedauern wie mit einem Opferlamm, dessen süßestes Blut vergossen werden soll. Und manche können es nicht halten, sie müssen es heraussagen. Gar zu schön ist die Frühlingssonne, gar zu warm ist das Leben.

»Aber Joseph, da kannst du ja nicht heiraten!« so kamen sie an mich heran, und wehe denen, die arg denken wollen über den Drang, der die guten Menschen also reden ließ! Es ist der irdischen Menschheit Süßestes und Göttlichstes, daß sie die Liebe für das größte Glück der Erde hält. Und sie setzten erklärend und sich selbst beschwichtigend hinzu: »Aber vielleicht verstehst du es noch nicht richtig, du bis ja noch zu jung dazu.«

»Oh«, antwortete ich, »das Heiraten verstehe ich schon, und ich weiß, daß es etwas sehr Schönes ist. Wenn ihr nur auch so gut verständet, wie schön es ist, geistlich zu leben!«

Wenn ich nun behaupten möchte, das sei alles schon Missionstätigkeit gewesen, da würden mich viele auslachen. Aber vielleicht nicht alle. Missionstätigkeit ist, mit einem Gedanken des übernatürlichen Lebens unter die Menschen zu treten. Man braucht ihn nicht zu predigen, man braucht bloß seiner inne zu sein. Das lebendige Wasser verbreitet sich nicht nur in gurgelnden, rauschenden Fluten, sondern vor allem durch haardünnes Weiterziehen von Gräbchen zu Gräbchen, von Grübchen zu Grübchen, durch das Aufsteigen in den dünnen Röhrchen der Erd- und Pflanzengewebe.

Manche Gelehrte haben zu beweisen versucht, daß alles, was die Evangelien von Jesu öffentlicher Tätigkeit erzählen, in einem einzigen Jahre passiert sei. Da sieht nun alles viel herrlicher und großartiger aus; da geht alles Trab auf Trab. Aber Gott ist kein Kavallerist. Er geht langsam, rastet oft unverständlich lange Zeit, fängt wieder von neuem an, wie ganz von vorn, läßt viel wachsen, was zu Dünger wird – aber er weiß, wie notwendig der Dünger für das Land ist. Jesus geht heim zu seiner Mutter. Er hat kein anderes Programm als das Programm Gottes.

Das erste Jahr der öffentlichen Lehrtätigkeit Jesu war schier zu Ende. Die Nachfolge einiger Jünger, die Wallfahrt nach Jerusalem, die Reinigung des Tempels, die Tauftätigkeit der Jünger in Judäa und zuletzt die Offenbarung Jesu: »Ich bin der Messias« und der Glaube der Bewohner von Sichar, das war der Inhalt und der Erfolg dieses Jahres. »Es ist gesät, andere werden ernten«, so hatte Jesus zu seinen Jüngern vor Sichar gesprochen. So spricht einer, der seine Arbeit für abgeschlossen und beendigt hält. Nach menschlichem Denken konnte die Aufgabe Jesu gelöst erscheinen. Es gab eine alte Offenbarung, die von *einem* gnadenreichen Jahre sprach. Hat Jesus deshalb seine Jünger von sich fortgehen lassen und ist allein zu seiner Mutter heimgegangen? Hat er so sehr alles übrige dem Vater überlassen, daß er sich gar keinen menschlichen Gedanken machte, was nun weiter geschehen sollte? Er besuchte jetzt einfach wie jeder andere Mann am Sabbat die Synagoge. Daß er oft in der Synagoge die Schrift las und erklärte, hatte nichts Außerordentliches an sich. Das tat jeder Mann, der sich fähig dazu fühlte. So war es Sitte in jenem Lande.

Eine solche Schrifterklärung, einfach und schlicht, wie alles war, was Jesus tat, ist uns aufbewahrt worden von dem Evangelisten Lukas, der freilich ein Ereignis daran knüpft, das erst später stattfand.

Als Jesus eines Sabbats in der Synagoge von Nazareth war, stand er auf, um aus der Bibel vorzulesen. Es ward ihm das Buch des Propheten Jesaias gereicht. Da er die Schriftrolle aufrollte, traf er die Stelle, wo geschrieben steht: »Der Geist des Herrn ist auf mir. Darum hat er mich gesalbt, zu verkündigen das Evangelium den Armen; hat mich gesandt zu heilen, die geängstigten Herzens sind, zu predigen den Gefangenen, daß sie frei seien, und den Blinden, daß sie sehen sollen, den Gebrochenen, daß sie aufgerichtet werden, zu verkündigen das *gnadenreiche Jahr* und den Tag der Vergeltung.«

Als er das Buch zugerollt hatte, gab er es dem Diener und setzte sich. Und die Augen aller waren auf ihn gerichtet, wie es immer ist, wenn ein neuer Prediger kommt oder wenn einer aus der Gemeinde zum erstenmal in der Kirche vorliest oder gar predigt.

Jesus begann seine Predigt, die nur aus einem einzigen Satze bestand. »Heute ist diese Schrift erfüllet vor euren Ohren!«

Das hörte sich ganz anders an, als wenn sonst ein Schriftgelehrter allerhand Tüfteleien und Künsteleien mit dem heiligen Texte trieb; diese wenigen Worte klangen wie ewige Wahrheit und göttliche Macht. Und sie wunderten sich sehr. Nachher aber sprachen sie: »Es ist ja doch bloß vom Zimmermann Joseph der Sohn. Maria ist ja seine Mutter, und das sind seine Cousins und Cousinen, der Jakob und der Joseph und der Judas und der Simon, die bei uns wohnen.«

Was wollte nun Jesus weiter tun? Nichts anderes, als was er an jedem Tage als Wille und Schickung des Vaters erkannte. Wird er nicht bald das Gottesreich organisieren und ein gehöriges Programm aufstellen? Wird er nicht bald neue Gesetze geben und einen neuen Gottesdienst einrichten? Ja, wenn es der Vater will. Wenn der Vater überhaupt will, daß durch ihn noch etwas geschieht. Einstweilen begnügt er sich damit, am Samstag die Synagoge zu besuchen und manchmal an den Ufern des schönen Sees Genezareth entlang zu wandeln.

Aber an den von ihm selbst vorgelesenen Bibelversen erkennt er, daß der Messias den Armen das Evangelium verkünden und den Gefangenen, den Blinden, den Beladenen und Gebrochenen Hilfe bringen sollte. Und es kamen auch unterwegs viel Leute an ihn und baten ihn um Belehrung und um Erlösung von ihren Leiden. Mein Gott, die Welt braucht keinen anderen Erlöser als einen tüchtigen Arzt, der ihre Krankheiten heilen kann und außerdem gut und freundlich ist, so daß er auch den gequälten Herzen Trost zusprechen kann. Die Welt braucht keine andere Erlösung als richtige Liebe. Es muß ihr einer sagen können: »Deine Sünden sind dir vergeben!« und: »In meines Vaters Hause sind viele Wohnungen.« Mehr braucht die Welt nicht. Was ihr euch sonst ausdenket, muß von dieser Art sein, sonst ist es nur wieder neue Qual, neue Eitelkeit und neues Heidentum.

Eines Tages umdrängte das Volk Jesus. Es wollte das Wort Gottes hören. Jesus stand am See Genezareth. Da sah er zwei Boote. Die Fischer waren auf dem Strand und wuschen ihre Netze. Jesus kannte sie. Deshalb stieg er in eines der Boote, welches dem Simon gehörte, und ersuchte diesen, daß er ein wenig vom Lande fahre. Dann setzte er sich auf die Ruderbank und belehrte das Volk. Es sind durchaus nicht immer Kanzeln notwendig zur Verkündigung des Gotteswortes. Es geht von jeder Bank aus. Und wenn es immer von der Kanzel kommt, da macht es allmählich einen gar zu beamtenmäßigen Eindruck, was der Erfahrung nach für die Menschenseele nicht zuträglich ist.

Pfarrer May tat es von jedem Straßensteine und von jedem Brükkengeländer aus. Und da ging es immer viel tiefer, als wenn er es von der Kanzel herunter tat.

Als Jesus aufgehört hatte zu lehren, sprach er zu Simon: »Fahre hinaus auf die See. Werft dort eure Netze aus, um einen Fang zu tun.«

Simon antwortete: »Meister, wir haben die ganze Nacht gearbeitet und nichts gefangen, aber auf dein Wort will ich das Netz auswerfen!«

Was versteht ein Zimmermann vom Fischen! Wenn sich der Fischer Simon etwas auf die übertragene Redeweise verstanden hätte, so wäre er wohl darauf gekommen, daß es sich um eine ganz andere Fahrt auf hoher See und um einen ganz anderen Fang handeln werde. Jesus mußte es ihm nachher deutlicher sagen, freute sich aber vorderhand doch sehr, daß Simon seinen Befehl wörtlich verstanden und allem Fischerstolz zum Trotz am hellen Tag zum Fischfang ausfuhr, daß er nicht einmal dachte: »Was werden meine Kollegen zu dieser Dummheit sagen?«

Und richtig, weiß Gott, wie es geschah, »sie fingen eine solche Menge Fische, daß ihr Netz zu zerreißen drohte«. Sie winkten ihren Kollegen, die im anderen Schiffe waren: sie sollten doch kommen und helfen. Sie kamen – und nun füllten sie beide Schiffe voll, so daß sie fast sanken.

Das war zu unheimlich. Simon fiel Jesu zu Knien und rief: »Herr, gehe weg von mir, denn ich bin ein sündiger Mensch!«

Auch die anderen Fischer, die Jungen des Zebedäus, nämlich Jakobus und Johannes, waren in Schrecken geraten. Jesus aber sprach zu Simon: »Habe keine Angst! Denn von nun an wirst du Menschen fangen.«

Jetzt, da er als Fischer die besten Geschäfte machen konnte, erhält er gerade die Berufung zur dauernden Nachfolge Jesu. Auch dem Andreas, seinem Bruder, und den anderen Fischern, selbst dem alten Zebedäus rief Jesus zu: »Folget mir nach!«

Damit sich Jesu nicht vergreife bei der Wahl, hat der Staat heutzutage eine große Anzahl von Vorkehrungen getroffen, deren erste und wichtigste die zu sein scheint, daß einer, der Jesu Nachfolger in der Verkündigung des Evangeliums werden will, das Gymnasium durchmacht und das Reifezeugnis erwirbt. Aber auch dann hielt es der Staat eine Zeitlang noch für notwendig, zu bestimmen, daß für die Wahl des theologischen Studiums eine besondere staatliche Genehmigung erforderlich sei. »Ja«, sagte ein Vortragender Rat im Berliner Kultusministerium einem jungen Handwerksmann, der gerne Priester werden wollte und zugunsten seines Wunsches auf die schnelle Karriere der Fischer vom See Genezareth hinwies, »das Volk der Denker und Dichter braucht eben ganz andere Kerle zu Aposteln als das Volk von Palästina!«

Dem Heiland gefiel es, mich genau so zu behandeln wie seine ersten Jünger. Er schickte mich erst noch einmal aus seiner wundersamen geistlichen Welt heim in die natürliche Welt – Fische fangen, Kenntnisse, Fähigkeiten, Plagereien, Ängstigungen, Verdemütigungen, Ehrungen, Versuchungen, Niederlagen und was einem jungen Menschen eben alles ins Netz gerät. Durch manchen reichen Fischfang wollte er mir seine besondere Güte beweisen.

Zu diesen Zwecken machte mir der Hornigschneider in Schlegel einen Anzug, der sehr schön aussah, wenn er am Nagel hing. Der Rock insbesondere war sehr männlich. Dicke Watteschichten besserten die vom Herrgott nicht grenadiermäßig geschaffenen Schultern auf und machten den Rücken breit. Auch die Hosen waren, für sich allein betrachtet, ein Wunderwerk der Schönheit. Nur durften sie nicht dadurch verdorben werden, daß man sie als Futteral für zwei Jungenbeine mißbrauchte. Die Stiefel waren wieder ein Meisterwerk des Attigschuhmachers in Schlegel. Es waren apostolische Stiefel. Mit ihnen hätte ich die Welt durchwandern können, und zwar ohne mich viel um den Weg zu kümmern, denn die ernsten, breiten Stiefelspitzen liefen immer ein Drittelmeter vor mir her. Und ich hätte auch weder Herold noch Vorläufer gebraucht, denn diese Stiefel hörte man aus weiter Ferne. Sogar die hübschen Pensionärinnen des Hedwigsklosters riefen schon lange, bevor sie mich mit den körperlichen Augen sahen, wenn ich nur die ersten Schritte auf den Korridoren des Klosters machte: »Er kommt, er kommt!« Sie, die sonst nicht besonders gern auf etwas Geistliches hörten, – auf meine Stiefel hörten sie. Während einerseits diese Stiefel die Augen der Welt auf mich richteten, waren sie andererseits ein großer Schutz für mich, so daß ein sehr böser Mitschüler einmal lachend zu mir sagte: »In diesen Stiefeln wirst du immer unschuldig bleiben.«

Aber was galten mir damals Kleid und Schuh! Ob ich studieren dürfe, das allein war meine fragende Sorge. Den Gymnasialprofessoren hat Gott die erste, gröbere Apostelwahl anvertraut. Schon zu Jesu Zeiten fing es damit an, denn Jesus sprach zu Petrus: »Simon, Simon, der Satan hat verlangt, euch zu sieben, wie man den Weizen siebt.« Das Sieb mußte ich selber mitbringen: einige Bogen weißes Papier, einen Federhalter und ein Fläschlein Tinte.

In Breslau war es wie beim Jüngsten Gerichte. Viele Jungen waren zur Aufnahmeprüfung erschienen, die meisten für die unterste Stufe der Seligkeit, für die Sexta; einige für die Quinta, einige für die Quarta; ich mit noch zwei anderen für die Untertertia. Ein Engel der Finsternis erhob sich, um uns zum Abwiegen mitzunehmen. Wir erschraken schon bei seinem Anblick. Aber weiß Gott, infolge was für einer Gnade, es stand sogleich ein Engel des Lichtes auf, ein blonder, bartloser Professor, und sagte: »Herr Kollege, wenn Sie gestatten: diese drei Jungen möchte ich mir nehmen.« So geschah es.

Nun wurden uns alle Versuchungen und Fallstricke und Fallgruben, deren die lateinische Sprache fähig ist, vor die Füße gelegt. Ich beging dabei fünf Todsünden und eine läßliche, mein Nachbar nicht eine weniger. Aber für die von uns begehrte Seligkeitsstufe durfte man gerade noch einmal so viele Todsünden haben. Der Dritte hatte aber das Unglück, in ein ganzes Dutzend solcher rotangestrichener Todsünden zu fallen. Ihm wurde anheimgestellt, seine Fehler mit einer besonderen Leistung in Mathematik wieder gutzumachen.

Nun verließ uns der blonde Professor, und ein schwarzbärtiger erschien. Ihm konnte man es nicht recht ansehen, ob er zu den Engeln des Lichtes oder der Finsternis gehörte. Der Bart machte bedenklich. Aber er sagte einmal zu mir, als ich immer »teilen« statt »halbieren« gebrauchte: »Du bist wohl auch ein Grafschafter!« Und dabei wurde seine scharfe Stimme so mild und seine Brillenaugen glänzten, daß ich ihn nicht bloß als einen Engel des Lichtes, sondern sogar als einen Grafschafter erkannte. Der Dritte konnte seine lateinischen Sünden nicht mehr gutmachen. Der Zweite bekam »Genügend«. Dann setzte sich der Professor vor mich auf das Pult der Bank, so wie sich der echte Grafschafter gern auf jeden Straßenstein und jedes Brückengeländer setzt.

»Was hast du denn für ein Lehrbuch gehabt? In der Grafschaft gibt's doch überhaupt keine richtigen Bücher!«

»Den Kambly«, antwortete ich.

»Hast du den neuen oder den alten Kambly gehabt?«

»Er sah schon sehr alt aus«, gestand ich ängstlich zu, so wie etwa Simon Petrus sagte: »Wir haben die ganze Nacht gearbeitet und nichts gefangen!«

»Ja, wenn du nicht nach dem neuen Kambly gelernt hast, dann kannst du das Examen unmöglich machen!«

Da wurde es schwarz vor meinen Augen. Mein Gott, von solchen Dingen hängt es ab, ob man Apostel werden darf! Da sprach wohl Jesus zu mir: »Fahre trotzdem auf die hohe See; wir wollen einen Fang tun.« Denn mit gotteingegebener Frechheit sagte ich jetzt: »Ich kann aber viel mehr, als im Kambly steht. Ich kann die Mathematik bis zur Obersekunda!«

Da blitzte es wieder in den schwarzen Augen hinter der Brille. Der Professor erkannte an meiner Frechheit den richtigen Grafschafter Jungen, der in der Verlegenheit zu den tollsten Behauptungen fähig ist, und stellte nun die Aufgabe: »Da beweise mir den vierten Kongruenzsatz nach dem neuen Kambly, das heißt so, wie du ihn deinem Vater beweisen würdest.«

»Mein Vater läßt sich auf solche Beweise nicht ein. Er nimmt Zollstab und Winkelmaß, dann weiß er gleich, ob zwei Dreiecke kongruent sind.«

»Also nimm ihm zuerst Zollstab und Winkelmaß weg, und dann beweise es!«

Ich erriet sogleich, worauf der Professor hinauswollte, er half wohl auch ein wenig, und in zehn Minuten war der Beweis erbracht. Das war mehr wert als ein ganzes Netz von Fischen. Denn mit deutlichem Behagen schrieb der Professor neben meinen Namen ein großes, dickes »Gut«.

Darauf wurde mir die Prüfung in dem verdammten Französisch geschenkt, das ich wegen meiner ganz auf den heimischen Dialekt eingestellten Mundbildung bis heute nicht sprechen gelernt habe. Ich wurde also den Schülern der Untertertia zugeschrieben. Das hieß beinahe soviel, als was der Heiland sprach: »Komme und folge mir nach!«

Aber es kam noch eine schreckhafte Versuchung: In der betreffenden Klasse saß auf dem Katheder ein Mann, der wie der leibhaftige Obergott der Römer aussah – wie Jupiter, der Donnerer. Donnernd las er unter beständigem Beben seines langen Bartes die Namen seiner Schafherde, wie er uns nannte, von einem Blatte ab. »Da sind ja zwei Wittige. Soviel Wittige sind mir zuviel. Raus mit dir, gehe in den Zötus II!« brüllte er mich an.

Der Heiland hat sogar zwei Judasse in seiner Apostelklasse geduldet, nicht bloß zwei Wittige. »Was ist denn das, der Zötus II?« fragte ich voll Schreck einen anderen Jungen und hörte kaum die tröstliche Antwort: »Das ist auch eine Untertertia; sei froh, daß du zum Papa Heinz kommst!«

Professor Heinz war wirklich wie ein Vater, und es wäre alles gut gewesen, wenn ich meinen Hut nicht im Zötus I vergessen hätte. Dort brüllte es immer noch unaufhörlich. Ich klopfte ganz sachte an, und da niemand »Herein!« rief, wie ich es von daheim gewöhnt war, machte ich die Tür auf und sagte: »Gelobt sei Jesus Christus! Ich habe meinen Hut vergessen.«

Ein tosendes Heulen und Lachen war die Antwort; denn »Gelobt sei Jesus Christ!« sagt man doch bloß auf dem Dorfe. Den Hut vergessen kann man auch in der Stadt.

Da war es mir auf einmal klar, und wie kalter Frost erfaßte es mein Herz, daß ich wohl weit, weit weg war von der Nähe meines Heimat-Jesus sei. Ein großer Junge warf mir den Hut ins Gesicht, und ich ging heim, ganz langsam, ganz nachdenklich, vorbei an der alten Sandkirche, vorbei am Dom, zum Kloster der Hedwigsschwestern. Als mir die Pforte geöffnet wurde, hätte ich mich beinahe nicht getraut zu sagen: »Gelobt sei Jesus Christ!« Aber die Schwester sagte schon lachend: »In Ewigkeit, Amen! Nun, wie war's zum ersten Male auf dem Gymnasium?«

So verschieden geht es zu, wenn Jesus seine Jünger beruft.

Der Hauptinhalt der Predigten Jesu war auch am Anfang des zweiten Jahres: »Das Himmelreich ist nahe.« Es mag sein, daß die Menschen, die dies hörten, mit ihrem berechnenden Verstande daraus schlossen, Jesus werde bald ein neues Reich auf Erden errichten. Und da wollten sie dabei sein. Jesus selbst nannte das neue Reich oft »Königreich Gottes«. Da würde es auch, so meinten wohl die Menschen, Ministerposten und Befehlshaberstellen die helle Menge geben.

Ich habe schon als Schuljunge, viel mehr aber noch als Gymnasiast, starke Bedenken gehabt gegen diese Auffassung vom *Kommen* des Reiches Gottes. Zu meinen kräftigsten Glaubenssätzen gehörte immer der, daß Gott die Welt erhält und regiert. Es war mir klar, daß es hierin weder eine Unterbrechung noch irgendeine Ausnahme jemals gegeben hat. Die Welt war immer und in jedem Punkte das Königreich Gottes. Selbst dem Teufel habe ich nie eine besondere Herrschaft zugeschrieben. Ich hielt ihn für so eine Art von Pferdeknecht Gottes und las gern am Anfang des Buches Job, wie ihn der Herrgott zu allerhand Botendiensten benutzte und nachher ausfragte, wie es um den Diener Job stehe.

Das Königreich Gottes war nur deshalb ferne, weil es nicht erkannt und gefühlt und gewollt wurde, und es war nur deshalb zu Zeiten Jesu nahe, weil es jetzt, und zwar zunächst von Jesus selbst, erkannt, gefühlt und gewollt oder, um es mit einem einzigen Worte zu sagen, geglaubt wurde.

In diesem Punkte haben viele von uns bis heute noch kein richtiges Verständnis. Sie meinen, schon einen Anspruch auf das Himmelreich zu haben, wenn sie die Gottheit Christi anerkennen und nicht leugnen. Die Hauptsache ist, daß wir das, was Jesus als Sohn Gottes vom Vater weiß, auch unsererseits glaubend wissen, das heißt, daß der Vater alles tut, alles weiß, für alles sorgt, und daß wir gar nichts tun können ohne ihn, daß wir selbst die Sünde – wenn wir so frech sind, sie zu wollen – ohne den Gebrauch *seiner* Kräfte, also ohne ihn, nicht tun können. Wer dies erkennt und damit einverstanden ist und in seinem ganzen Tun und Lassen betätigt, für den ist das Königreich

Gottes schon immer da; der hat nicht bloß einen Anspruch auf den Himmel, sondern auch schon seinen Anteil am Himmel. Er lebt im Königreiche Gottes, er *ist* schon im Himmel. Und jeder, der in seine Nähe kommt, spürt den Himmel nahe.

O Seligkeit, wenn ich daheim auf den hohen Hofewiesen die Kühe vom Schwarzen Herden hütete und plötzlich dies erkannte: Hier ist ja der Himmel! Hier wachsen die Gräser und Sträucher ganz genau nach dem Willen des himmlischen Vaters, hier tut selbst die dümmste Kuh, was der Vater will, ebenso getreu wie die Cherubim und Seraphim in der unsichtbaren Welt! Hier bin ich Bischof und Papst über die Kühe und Ziegen, die meiner Obhut anvertraut sind. Und ich zürnte der Sonne nicht mehr, daß sie gar so langsam über den Himmel ging. Sie ging ja ganz genau nach dem Willen Gottes!

Ich habe in den ersten Kapiteln dieses Buches versucht, zu zeigen, daß Jesus ein ganz geheimnisvolles, aber auch ganz wahrhaftiges und wirkliches Weiterleben führt in jedem Getauften. Jetzt muß ich noch etwas anderes aus meinem Wissen um Jesus verraten: Er führt auch ein Weiterleben in kleinen und großen Gemeinschaften derer, die an ihn glauben, zum Beispiel in der Gemeinschaft oder Kongregation der Hedwigsschwestern in Breslau oder, wo ich es auch deutlich spürte, in der Gemeinschaft der Benediktinermönche von San Anselmo auf dem Aventin in Rom. Ich meine nicht das sakramentale Weiterleben Jesu auf den Altären dieser klösterlichen Genossenschaften. Denn das sakramentale Weiterleben ist eher ein Weitersterben. Nein, ich meine ein Weiterleben in den Zellen der Mönche, in den Arbeitsstätten, im Speisesaale, in den Gärten der Klöster.

Da geht es leise dahin, da lockt es, da leuchtet es, da verklärt es. Man sieht weiter nichts als weite, schmucklose Gänge, dunkle Winkel, viele, viele Türen. Man hört weiter nichts als leise Schritte – ach, meine verdammten Stiefel vom Attigschuster! –, als freundliche oder weniger freundliche Grüße, hier und da ein ernsthaftes Gespräch, wohl auch einmal ein fröhliches Plaudern, vielleicht sogar einen nicht ganz der Regel entsprechenden Witz, oder es müssen sich gerade zwei das Herz richtig ausschütten, damit dann wieder heilige Gedanken darin Platz haben. Es ist also schier gar nichts Besonderes. Und doch!

Ich alter Kerl habe jetzt immer Heimweh, wenn ich am Schluß der Ferien mein elterliches Haus verlassen und in meine zehnmal schönere, bequemere und gemütlichere Breslauer Wohnung zurückkehren muß. Drei Tage lang sehe ich die blauen Berge vor meinen Augen, oder auch den Kater von daheim, oder die klugen Augen meines Schwagers, und immer drückt es unter der Gegend des Herzens. Damals aber, als ich zum ersten Male nach Breslau gefahren war und in dem Glockenturmstüblein des Hedwigsklosters saß, kam nicht eine Spur von Heimweh. Das roch alles nach frischer Wäsche, bei der man immer gern atmet. Das klang alles nach Liebe und frommem Sinn. In allen Tonhöhen ging's: »Gelobt sei Jesus Christus! Gelobt sei Jesus Christus!« In schnarrendem Baß kam's aus der Kehle der uralten Mater Paula, in tönendem Alt aus dem Munde der ernsten, großäugigen Schwester Felizitas. Die meisten taten's im Sopran, und wie Vögel im Wald wisperten es die jungen Novizinnen. Und wenn die Glocke über mir läutete, da ging es in hundertstimmigem Chor von Schwestern und Waisenkindern: »Regina coeli laetare, alleluja!« Denn es war ja Osterzeit. Die Sonne konnte nicht goldiger scheinen, und der Garten konnte nicht üppiger knospen und lieblicher blühen.

Mein Gott, bloß das Examen bestehen, damit ich hier bleiben kann! Und sollte ich es nicht bestehen, dann wollte ich die Frau Generaloberin bitten, doch hier bleiben zu dürfen. Ich wollte alle alten Uhren reparieren und alle neuen in Ordnung halten, denn von meiner Mutter Seite hatte ich auch diese Leidenschaft; oder ich wollte dem Hausmeister und Klosterzimmermann als Gehilfe dienen – sah ich doch so viel Wackliges und Beschädigtes, daß wohl ein ganzes Jahr lang Arbeit wäre –, oder ich wollte den Schwestern etwas Latein beibringen, denn das Latein war bei ihnen das einzige Unvollkommene, oder ich wollte – was wollte ich nicht noch alles, wenn ich bloß im Kloster bleiben dürfte.

Was war mir geistlicher Stand und Priestertum gegen dieses wahrhaftig unaussprechliche Glück!

Und nun hatte ich das Examen bestanden. Niemand wollte es recht glauben. »Nach dreimonatiger Vorbereitung in die vierte Klasse kommen«, das war ein halbes oder ein viertel

Wunder! Das war der Finger Gottes, denn meinem eigenen Kopfe mit den wasserblauen Augen traute man in Anbetracht der großen Stiefel nicht so viel Fähigkeit und Glück zu. Wie einen Helden der Wissenschaft staunten mich die Klosterkinder an und wie ein Wunderkalb mit Menschenkopf die hübschen und sehr gelehrten Pensionärinnen, deren kleine, zierliche Schuhe vor meinen großen Stiefeln in unverstehbarer Scheu das Weite suchten.

Die Schwestern taten nichts anderes als den Willen Gottes. Sie hatten bei ihrem Eintritt ins Kloster mit Gott abgemacht, daß er ihnen seinen Willen, den sie ja in großen Zügen aus den Zehn Geboten und den Geboten der Kirche kannten, in allen Einzelheiten und Anwendungen durch den Mund der Oberin offenbare. Und Gott hatte stillschweigend zugestimmt. Da war auf einmal alles klar. Da gab es kein »Soll ich oder soll ich nicht?« Sie gingen so sicher den Weg des Vaters und vollbrachten so treulich die Werke des Vaters wie Jesus. Gott wollte freilich recht viel Verschiedenes. Manche Menschen denken beim Worte »Gott« fast immer an Beten. Aber das Beten ist wohl der geringste und schier selbstverständliche Teil des göttlichen Willens. Die Schwestern mußten wie Dienstmägde arbeiten, wie Hausfrauen mütterlich sein, wie Gräfinnen und Prinzenbräute adelig und vornehm sein, wie Engel beten. Und sie brachten es fertig. Jede war Tochter, Mutter und Schwester, Dienstmagd und Herrin der anderen. Die eigentlich Regierenden im Hause waren die hundert Waisen und Fürsorgekinder. Hinter denen mußte sogar Gott zurücktreten. Wenn Jesus gesagt hat: »Niemand kommt zum Vater außer durch den Sohn«, so deuteten die Schwestern diesen Ausspruch ganz richtig: »Niemand von uns kommt in den Himmel außer durch die Kinder, die uns Gott geschickt.« Und da kochten sie und wuschen sie und kämmten sie und bürsteten sie und lehrten sie und mahnten, drohten, schlugen, schalten, trösteten und heilten sie, bettelten und verschwendeten sie, daß es nur so eine Lust war – von Tag zu Tag, von Jahr zu Jahr.

Von mir waren drei Tanten im Kloster, die eine als Schwester, die andere als Pförtnerin und Botin im Laienkleid, die dritte als Gärtnerin. Sie arbeiteten ohne jedes Entgelt – für mich, denn um ihretwillen durfte ich im Kloster bleiben. Die Schwestern wollten freilich alle Arbeiten, Mühen und Auslagen für mich nur um Gottes willen gelten lassen.

Und es begab sich danach: Jesus ging umher durch Städte und Flecken und predigte und verkündigte das Evangelium vom Reiche Gottes. Und die Zwölfe waren bei ihm und etliche Frauen, die von bösen Geistern und von Krankheiten gesund gemacht worden waren: Maria, genannt Magdalena, von welcher sieben Teufel ausgefahren waren, und Johanna, das Weib des Chuza, eines Beamten des Herodes, und Susanna und viele andere, die ihm darreichten von ihrer Habe.

Wenn Frauen und Männer zusammenkommen, da kann man kaum glauben, daß nicht ein Roman daraus wird. Es sollen nämlich die Frauen etwas ganz Schreckliches sein. Ich habe es ja zuerst gar nicht recht gewußt und nicht einmal geahnt. Ich hielt sie eben für Menschen, die sich nur durch ihre Röcke, Schürzen und Zöpfe von den eigentlichen Menschen, die man auch Männer nennt, unterscheiden. Erst später, als ich schon in die höheren Grade geistlichen Wesens eingeweiht wurde, erfuhr ich das Furchtbare. An zehn Namen wurde es uns erörtert. Leider habe ich sie wie viele wichtige Punkte der Theologie bis auf einen vergessen. Und der eine hieß: »Porta inferni«, »Tür zur Hölle«. Wenn ich dies schon eher gewußt hätte!

Wer kann es auch zwei so lieblichen roten Wangen, die immer röter werden können, und zwei so dunklen, süßtraurigen Augen, wie die Pensionärin Hildegard sie hatte, gleich richtig ansehen, daß hier die Tür zur Hölle geht! Es war überhaupt die Kirchtür, an der wir uns zum ersten Male trafen. Sie wollte heraus – ach richtig: aus der Kirche heraus, das ist ja der Weg zur Hölle! –, und ich wollte hinein. Da standen wir voreinander und wußten nur, daß wir uns nicht umrennen durften. Daß aber doch links und rechts ein Weg aneinander vorüber gefunden werden könnte, das schienen wir beide nicht richtig begriffen zu haben. Sie machte ein böses Gesicht, mußte aber lachen. Ganz genau so soll es in der Hölle sein. Ich selbst konnte überhaupt kein Gesicht mehr machen. Das muß wohl eine Ewigkeit gedauert haben, während der die alte Welt zusammenstürzte und verging und eine neue Welt wurde und wir wieder auf der Welt waren, aber ganz anders, ganz anders. Als ob ich durch sie hindurchgegangen wäre, oder sie durch mich, oder als ob wir uns miteinander verwechselt hätten, so war es seit jenem Augenblick an der Kirchtür.

Gegen alle meine Berufspflicht und standesgemäße Rücksicht muß ich sagen, daß es sehr schön war. Wenn dies einem der Jünger Jesu passiert wäre, hätte er dasselbe sagen müssen. Und wir hätten dann von Jesus vielleicht eine Anweisung bekommen, wie sich christliche Jungen und christliche Mädchen miteinander zu verhalten hätten. Aber diese Anweisungen hat er sich für die Zeit aufgespart, in der er als das Göttliche im Menschen, in den Jungen und Mädchen selber, leben würde. Es läßt sich nämlich kaum in Worte fassen und in Regeln zwingen. Worte und Regeln tun's nicht, sondern nur die innere Führung, das innere Leben.

Es traf sich, daß wir einmal zusammen aus der Maiandacht unter vielen anderen durch den Hausflur des Klosters gingen. Sobald wir aus dem Gedränge der Kinder heraus waren, spürten wir, daß wir doch nicht so Seite an Seite durchs ganze Leben gehen könnten. Wir wollten auseinander, nach rechts und links, verwechselten aber in unbegreiflicher Verwirrung rechts mit links und links mit rechts und stießen so hart mit den Stirnen zusammen, daß wir beide Beulen und Kopfschmerzen bekamen. Seitdem weiß ich, daß die Frauen dem Manne Kopfschmerzen machen können. Und wieder war es, als ob wir die Köpfe miteinander verwechselt hätten. Denn ich konnte immer nur an sie denken, während der normale Mensch doch meistens nur an sich denkt.

Sie sang Alt, und ich spielte Violine. Da bei den Schwestern jegliches Können in den Dienst Gottes gestellt wurde, waren wir bei feierlichen Gottesdiensten zusammen auf dem Orgelchor der Kapelle. Das erstemal, da dies geschah, schraubte ich gerade an den Wirbeln meiner Geige und zupfte leise Klänge aus den Saiten. Da stand sie auf einmal vor mir im lichten weißen Kleide. Die Morgensonne durchflutete ihr braunes Haar. Das war wieder eine Ewigkeit, während der die alte Welt unterging und eine neue wurde. Jetzt sah ich erst, wie schön sie war.

Ach, ich meinte schon das Leben Jesu erlebt und das Neue

Testament schier bis zum Ende verkostet zu haben. Jetzt sah ich ein, daß ich noch in den ersten Kapiteln der Genesis steckte.

Ich habe nur zweimal mit Hildegard gesprochen. Das heißt: sie hat zweimal mit mir gesprochen, und ich habe »Ja« dazu gesagt.

Gar zu schön blühten die Bäume im Klostergarten, und ich ging die engen Wege zwischen den Beeten mit einem Schulbuch. Da kamen leise, aber ziemlich geschwinde Schritte hinter mir. »Das muß Hildegard sein«, dachte ich mir und schritt nun kräftiger aus – vielleicht aus Verlegenheit, vielleicht aus Berechnung, daß sie möglichst lange hinter mir einherlaufen sollte. Kein anrufendes Wort! Erst als ich in der letzten Ecke des Gartens war, hatten mich die leisen Schritte erreicht, und es kam wie Weinen und Lachen: »Joseph, du sollst bald einmal mit der Geige zu Mater Hedwig kommen!« Das war die Chordirigentin, die mir das Mädchen nachgeschickt hatte.

Wir sollten zu einer häuslichen Feier miteinander spielen. Da standen wir nun wieder beieinander, gaben aber der Mater Hedwig so verwirrte Antworten und spielten beide die Übung so falsch, daß uns Mater Hedwig wieder fortschicken mußte. Als mich Hildegard wieder einmal rufen mußte, sagte sie »Sie« zu mir – und ließ mich allein zu Mater Hedwig gehen.

Sie hatte so wunderbar schönes, langes Braunhaar, daß ihre Zöpfe zu den Kniekehlen hinabreichten, und unsere Schulwege waren zum Teil dieselben, wenigstens bis zur Lessingbrücke. Ich ging aber lieber über den Domplatz und nur manchmal aus Vergeßlichkeit über die Lessingbrücke heim. Denn ich hatte einen Rock, der fiel so tief hinab wie Hildegards Zöpfe. Und was bei dem einen Menschen schön ist, kann bei dem anderen sehr häßlich sein. Der Rock war aus der Erbschaft eines Geistlichen, der so klein war, daß Mater Elisabeth, die gern für meine Bekleidung sorgte, mit großer Sicherheit behauptete, der Rock passe mir tadellos. Aber ich fühlte mit meinen leibhaftigen Händen, daß hinten die beiden Knöpfe nicht in der Taille, sondern dort saßen, wo kein Mensch Knöpfe hat.

Mit diesem Rocke war ich bis zur Lessingbrücke gekommen, als ich plötzlich sah, daß Hildegard durch die Promenade kam und hinter mir heimgehen wollte. Da brannten mich die beiden

Knöpfe schier bis ans Herz hinauf. Ich lief, was ich laufen konnte, erreichte das Klosterportal und läutete, als ob der Brand auch schon das ganze Kloster ergriffen hätte. Bloß daß Hildegard die beiden Knöpfe nicht von nahem sähe.

Wer aber am Klosterportal ungeziemend stürmisch läutet, muß lange warten, ehe aufgetan wird. Es verging eine Sekunde nach der anderen, eine Minute nach der anderen – jetzt kamen auch schon den langen Pfortengang entlang die Schritte – jetzt stand es schon hinter mir. Und die Pforte öffnete sich immer noch nicht.

Aber auch dieser Rock ging entzwei und war nicht imstande gewesen, uns beide zu entzweien. Wenn ich einmal zu spät aufs Chor zur Übung kam und Mater Hedwig ohne Geige beginnen wollte, sagte der Alt: »Ich singe erst, wenn wir alle richtig beieinander sind.« Aber es wurde kein Roman daraus. Zu Beginn des vierten Jahres unserer Liebe mußte Hildegard zu ihren Verwandten ziehen, und ich sah sie nur zwei- oder dreimal noch aus ziemlich weiter Ferne.

JUNGE TEUFEL

Am Samstag nach der Berufung der Fischer ging Jesus mit ihnen nach seinem Wohnort Kapernaum und besuchte dort den sabbatlichen Gottesdienst. Er meldete sich zum Vorlesen und erklärte dann den vorgelesenen Text. Da schrie auf einmal ein »Besessener« auf: »Was hast du mit uns zu tun, Jesus von Nazareth? Bist du gekommen, uns zu verderben? Ich weiß, wer du bist. Du bist der Heilige Gottes!«

Jesus schalt nun den unreinen Geist, wie man einen kläffenden Hund schilt: »Sei still und schere dich fort aus diesem Menschen!« Da schmiß der Geist den Menschen mitten in die Synagoge, wie ein zorniger Müllerknecht den Sack hinschmeißt, und fuhr aus.

Abends wußten es schon alle Dörfer ringsum.

Nach dem Gottesdienst ging Jesus mit Petrus in dessen Haus, um die kranke Schwiegermutter des Petrus zu besuchen. Sie hatte das »große Fieber«, wie man damals sagte. Die Jünger baten Jesus, er möge doch die Kranke heilen, und Jesus beugte sich über sie, faßte sie bei der Hand – und als ob das Fieber ein verständiges, Gehorsam leistendes Wesen wäre, gebot er ihm, und das Fieber verließ die Kranke. Sie stand sogleich auf und bediente ihre Gäste.

Die meisten Menschen sind sich nicht bewußt, daß sie seit ihrer Taufe außer dem natürlichen Leben – oder vielmehr auf das innigste mit ihm vereint – das Leben Jesu in sich haben. Darum bedeutet ihnen die Taufe kaum mehr als eine Zeremonie mit der rechtlichen Wirkung dauernder Zugehörigkeit zur Kirche Christi. Sie sehen keine Zeichen, daß das Leben Jesu da ist.

Nun, dies ist die Art Jesu. Er wirkt nie gern eigentliche Zeichen. Er besaß Gewalt, die ganz ohne Zeichen in einer seltsamen Weise auf die Herzen wirkte. Er sprach, wie andere Menschen sprachen. Aber er sprach mit Macht. Kein anderes Zeichen, sagt er, soll dem ungläubigen Geschlecht gegeben werden als das Zeichen des Jonas, der als Schuldiger ins Meer gestürzt, aber nach drei Tagen wieder von einem großen Fische lebendig ans Land gespien wurde. Die Wunder Jesu waren Taten der Liebe und Barmherzigkeit, nicht Zeichen für Neugier und Zweifel. Man soll Jesu Lebensdasein nicht an Zeichen erkennen wollen, sondern an der Macht und Autorität seines Wortes und aller Worte in seinem Namen und aller Liebe in seinem Namen.

Das neue Leben Jesu, das sich mit dem Leben des Getauften und Glaubenden vereinigt, ist kein Doppelleben, wie es etwa die Besessenen zur Zeit Jesu führten, die der böse Geist schüttelte und zu Boden warf, in denen er brummte, blökte und lästerte, so daß ihn alle Welt erkennen mußte. Jetzt wirkt auch des Teufels Leben in den Menschen ohne eindrucksvolle Zeichen, und wenn er Wunder tut, sind es die Wunder des Hasses und der Lieblosigkeit. Teufelaustreiben, das heißt heute: den Haß und die Lieblosigkeit überwinden.

Die Hedwigsschwestern in Breslau leiteten bis zu ihrer Vertreibung ein Waisenhaus. Ein gut Teil ihres Lebens ging mit Teufelaustreiben drauf. Das geschah aber nicht mit Exorzismen und allerhand Zeremonien, sondern mit den tausenderlei Mitteln weiblicher, mütterlicher Liebe und Strenge, Pflege und Erziehung.

Man hat sich in unserer Zeit einen Allgemeinbegriff vom Kind gebildet, der so ziemlich alles enthält, was lieblich, zart, süß, kostbar, unantastbar und heilig ist, und man spricht diesen Allgemeinbegriff mit großer Rührung und Salbung aus. Und wenn Revision ist, oder es kommt einer von der hohen Geistlichkeit, und die Kinder sind hübsch angezogen, gewaschen, gekämmt und singen unschuldig gedichtete Kinderlieder und deklamieren von lebenslänglicher Dankbarkeit; da erweist sich der Allgemeinbegriff als richtig. Ich will auch sagen, daß er auf einen großen Teil der Waisen- und Fürsorgekinder des Hedwigshauses paßte. Aber man muß einmal unter den jungen Teufeln gelebt haben, um zu verstehen, daß die Teufelaustreibung eines der größten Wunder ist, das die Hedwigsschwestern wirkten.

Es ist ein großer Unterschied: Bei einigen Kindern war das Böse bloß besuchsweise da, etwa wie ein Einbrecher, der flink kommt, flink stiehlt und zerstört, flink davonrennt; bei anderen lag es massiv in der Natur, wie eine träge Masse, und rührte sich kaum. Die letzteren waren die artigeren, die ersten die besseren.

Da ich ein Evangelium Christi schreiben will und nicht eine Geschichte des Teufels, so übergehe ich alles, was ich in dieser jungen Verbrecherwelt erfahren und gelernt habe. Wenn man hofft, solche Teufel auszutreiben durch guten Schulunterricht, durch Bibel und Katechismus, so glaube ich, daß man sich irrt. Der Teufel im Jungen lernt sogar Bibel und Katechismus gut auswendig und erwirbt sich die besten Zensuren in Religion, während der Junge unberührt bleibt von der Religion. Die Schwestern hatten ein anderes Mittel der Teufelaustreibung. Sie führten einfach das Leben Jesu. Ihre Gestalt, ihr Gesichtsausdruck, alles, was sie sagten und taten, war eine Darstellung Jesu. Und vor diesem Anblick mußten die Teufel weichen.

Als zukünftiger Geistlicher lebte ich unter den Kindern ziemlich unschuldig und gab ihnen ein gutes Beispiel. Es mag sein, daß das Leben Jesu in mir sichtbar wurde. Die wildesten Jungen schlossen mit mir Freundschaft auf ewig. Sie vollbrachten keine Teufelei, wenn ich dabei war oder wenn ich nicht ausdrücklich zustimmte. Das ging einige Zeit. Dann sagte einer der Jungen, ich solle doch nicht mehr zu ihnen in die Jungenstube kommen, sie hielten das nicht aus.

»Was haltet ihr denn nicht aus?«

»Wir können nicht so lange gut sein.«

Unterdessen waren mehrere neue Jungen dazu gekommen, zwei von ihnen aus einer anderen Erziehungsanstalt. Es waren wahre Helden. Der eine rühmte sich, schon zwei starke Männer erstochen zu haben, der andere besaß einen großen Geldschatz, den er unter den Gebüschen am Schwarzwasser zwischen Leerbeutel und Hundsfeld versteckt habe. Um nun diesen Helden ein wenig die Stange zu halten, erklärte einer meiner Freunde, er sei der Sohn eines Grafen; sein Schloß stehe in der Nähe der Heuscheuer, und ich sei schon daran, diesen herrlich stolzen Bau samt dem Wappen zu malen.

In der nächsten Nacht aber schloß mein Freund mit den Neuen und mit denen, die es nicht mehr aushielten, so lange gut zu sein, ein feierliches Bündnis. Sie wollten mich ermorden. Einer von den Bündlern verriet es mir am frühen Morgen und brachte mir untertags unter dem Vorwand, bei mir zu spionieren, laufende Nachrichten über die Vorbereitungen. Also: Wenn die Schwestern zum Abendgebet in der Kapelle seien. Die Taschenmesser seien alle vorbereitet, mit Schnur umwickelt, damit sie nicht zusammenknickten, wenn etwa die Klinge auf eine meiner Rippen träfe. Ich solle ja mein Zimmer fest zuschließen, aber einer wolle die Axt vom Klosterzimmermann heraufbringen. Auch ein wenig Pulver hätten sie, und sie suchten ein Rohr, um eine Flinte daraus zu machen.

Ich kann mich noch erinnern, daß ich das Komplott zwar ernst nahm, aber auf keinen Fall den Schwestern Mitteilung davon machen oder sonst irgendeine Vorkehrung zu meinem Schutze treffen wollte. Habe ich doch immer gemeint, daß jede Bosheit ausreifen müsse, je eher, desto besser, und ich hielt es gut für die Jungen, wenn sie mir etwas antäten und dann ihr Unrecht einsähen. Kein kluger und auf seine Sicherheit bedachter Mensch wird dies verstehen können. Ich selber reibe mir jetzt noch die Augen, ob ich denn damals wirklich ein solcher Idealist war. Aber die Klugheit ist eben nicht das einzige, was den Menschen regiert.

Als die Klosterglocke zum Abendgebet der Schwestern geläutet hatte, machte ich meine Schulbücher zu, kniete zu einem kurzen Abendgebet nieder und zog mich dann aus, um zu Bett zu gehen. Ganz still war es im ganzen Hause, so daß ich aus der Kapelle herauf deutlich die Worte vernahm:

Custodi nos Domine ut pupillam oculi,
Sub umbra alarum tuarum protege nos!

Da ging's holterdiepolter die Treppe vom Knabensaale herunter, den langen Korridor entlang, auf mein Zimmer zu. Vor der Tür eine rasche, aufgeregte Beratung. Da sprang ich auf, riß die Tür sperrangelweit auf, sah den Jungen mit der Axt, sah ein Dutzend verzerrter Knabengesichter, sah allerhand Stemmeisen, Hämmer, Bohrer aus der Werkstatt des Klosterzimmermanns – und viele Taschenmesser mit ihren Spagatschnurverbänden.

Lacht über meine dumme Heldenhaftigkeit – ich lache selbst darüber. Ich riß das Hemd an der Brust auf und rief den Jungen zu: »Los! Stecht!«

Da krümmten sie sich wie junge Löwen vor der Peitsche, da zischten sie wie Katzen. Die Vorderen drängten zurück, die Hinteren drängten vor und zückten die Messer, bis auch sie in den Bann meines weißen, vom Zimmer her beleuchteten Hemdes kamen und ebenfalls gelähmt wurden.

Das muß so eine Zeit gedauert haben. Denn jetzt kam die gefürchtete und doch so grundgütige Jungenschwester Roberta, die von einer wachthabenden Kandidatin rasch zu Hilfe gerufen worden war. Die Jungen stürzten wie ein umgedrehter Wasserfall die Treppe hinauf und verkrochen sich in ihre unschuldigen Betten.

»Was ist denn los, Joseph?« rief Schwester Roberta außer Atem.

»Wir wollten nur ein wenig Indianer spielen!«

»Aber im Hemde! Joseph!«

»Ach, das ist bloß das Rochet des weißen Missionars!«

Da kam Schwester Roberta wieder zu Atem und mußte laut lachen, obwohl dies gegen die Regel war, wenigstens nach dem Abendgebet.

Meiner geistlichen Würde hat die Szene bei den Schwestern

schweren Eintrag getan. »Er ist im Hemde auf dem Korridor gewesen und hat mit den Jungen Unfug getrieben!« Zum ersten Male kamen den guten Schwestern Zweifel an meinem Beruf zum Priestertum.

Seit jenem Abend war ich wie ein König und wie ein Priester unter den Jungen. Zwei von ihnen sagten ausdrücklich, es täte ihnen jetzt leid, und sie möchten auch Geistliche werden, ich solle ihnen lateinischen Unterricht geben. Gern! Und ich holte wieder den lateinischen »Tisch« und den »Schiffer« und den »Landmann« herbei; sie mußten sich biegen wie einst beim Pater Hermann, bogen sich aber noch viel wunderlicher, bald über den Tisch hinweg, bald unter dem Tisch hindurch, und bekamen Endungen, von denen sie sich nie hätten träumen lassen. Es ist eben eine Tragik, daß die Vorbereitung zum Priestertum gerade mit solchen Beugungen beginnen muß.

Auch mein Freund – er hieß Kloppich und war einer der stattlichsten Jungen – hatte sich in sich gekehrt. Sein Sinn ging aber nicht nach dem Sakrament der Priesterweihe, sondern nach dem Sakrament der Ehe.

»Das ist mir auch sympathisch«, sagte ich ihm. »Wen willst du heiraten?«

»Die Anna Müller.«

»Die ist aber im Pensionat und wird sich mit dir nicht einlassen wollen« – denn die soziale Gliederung der menschlichen Gesellschaft war auch im Kloster allgemein anerkannt; jedoch fehlte es, wie man sieht, nicht an Versuchen, diese Ketten zu durchbrechen.

»Darum sollst du mir«, sagte Kloppich, der sich unterdes von seiner Grafenwürde und seinem Schloß an der Heuscheuer selbst überzeugt hatte, »einen Brief an die Anna Müller schreiben, so wie es für meinen Stand paßt. Ich will ihn morgen in der Schule der Anna Müller in den Nacken stecken.«

Ich habe mich literarischen Aufträgen gegenüber immer nachgiebig gezeigt; es lockte mich, einen solchen Liebesbrief zu schreiben, und ich schrieb ihn. »Du mußt ihn aber erst abschreiben«, forderte ich, »damit es nicht herauskommt, daß ich ihn geschrieben habe.« Denn die Schwestern haben für solche Eheangelegenheiten kein Verständnis.

Kloppich schrieb den Brief nicht ab, da ihm meine Schrift bei weitem aristokratischer vorkam als seine eigene, und Anna Müller lief mit dem Briefe zur Frau Generaloberin. »Den hat bloß der Wittig Joseph für den Kloppich geschrieben!« Ich hörte später – aber nicht mit besonderer Freude, denn ich konnte die Anna Müller nicht leiden –, daß sie den Brief nur aus Zorn darüber, weil er nicht für mich selber warb, zur Frau Generaloberin getragen hatte.

Da war der Jammer bei den Schwestern groß. »Der Joseph hat so einen Brief geschrieben. Der kann doch nicht Priester werden!«

Mit ihren großen Augen begann die damalige Sekretärin, Schwester Felizitas, die Inquisition. Ich hatte diese Schwester vor allen anderen lieb, und ich hätte ihr gern alle meine Schlechtigkeit eingestanden. Aber sie begann zu zeitig: »Joseph, du hast diesen Brief geschrieben!«

»Nein«, antwortete ich trotzig, denn ich habe das Inquisitionsverfahren nie geliebt, und ich meinte, ein richtiger Junge gesteht von allein, was er gestehen will.

Da wurden nun alle Gründe herbeigeführt, die mich zu einem bußfertigen Bekenntnis bringen sollten, zuletzt meine drei Tanten mit rotgeweinten Augen. Das ging mir sehr nahe; ich kann nasse Augen nicht sehen! Meine ganze Kraft zerbrach, und ich begann zu heulen, daß mir die Tränen aus den Augen, um die Nase und schließlich auch durch die Nase flossen.

»Du hast den Brief geschrieben, gesteh es doch! Man sieht es ja an der Schrift, und der Kloppich hat es auch gesagt!« sprach Schwester Felizitas.

»Der Kloppich hat es *nicht* gesagt!« Ich schluchzte mit der ganzen Tapferkeit der von Jungentreue erfüllten Seele.

»Aber du *hast* ihn doch geschrieben!«

Da kam mir eine tiefe Verachtung. Wenn sie es so genau wußten, warum sollte ich es noch sagen? Deshalb sagte ich wiederum: »Nein!«

Meine Tanten und einige Schwestern begannen Novenen zum Heiligen Geiste, behandelten mich aber freundlich und sprachen gar nicht mehr von dieser Angelegenheit. Im Schwesternrate war beantragt worden, mich aus dem Kloster fortzuschicken.

Schwester Felizitas sagte, man müsse einem Jungen Zeit lassen, und es sei etwas ganz Gutes, wenn er nicht gleich alles aus sich herausfragen lasse. Das erfuhr ich aber erst später.

Die Novene zum Heiligen Geiste hatte schon am dritten Tag einen vollen Erfolg. Der rechte Jungengeist entwickelt sich gern nach den Wünschen des Heiligen Geistes, wenn man ihm nur Zeit läßt. Ohne daß jemand davon wußte, schlich ich am dritten Tage zu Schwester Felizitas' Zelle und klopfte an. Ein männliches »Ave« war die Antwort. Nach der Klostersitte blieb ich aber vor der Tür stehen, da die Zelle zur klösterlichen Klausur gehörte. Nun öffnete Schwester Felizitas, und ihre Augen wurden so groß, daß ich weder Tür noch Zelle noch Schwester sah, sondern nur diese Augen.

»Schwester Felizitas, ich habe den Brief geschrieben!«

Sie senkte ihre Hände und breitete sie aus, besann sich aber, daß es für eine Klosterschwester nicht passend sei, einen so großen Jungen zu sich emporzuziehen.

»Sie können es auch allen sagen, daß ich gelogen habe!«

Da nahm sie mich bei der Hand und führte mich in den Garten und erzählte mir, daß sie auch selber einst schwere Kämpfe durchgemacht habe. Dann ging sie eilig fort, bedeutete mir aber, zu warten, und brachte nach einer Weile aus der Zelle der Generaloberin ein Schüsselchen ganz süßer Erdbeeren.

So war bei den Hedwigsschwestern die Methode der Teufelaustreibung.

SPRICH NUR EIN WORT

Meine erste Lehrtätigkeit nach der Aufnahme in die Untertertia des katholischen Gymnasiums, dessen Schüler wohl zum größeren Teil anfänglich, wenn auch mit ganz unbestimmtem Wollen und Sollen, Priester werden wollen oder sollen, war ein Aufsatz über den Kastanienbaum. In tausend Blüten stand eine Doppelreihe solcher Bäume auf der Domstraße, die wir alle Tage schulwärts oder heimwärts zogen. Ich wollte etwas Wunderbares über diese Bäume schreiben: Es wäre einmal eine Zeit gewesen, da wären alle Bienen gestorben und hätten kein Wachs mehr bereiten können. Da sind die Domherren alle traurig geworden, denn nun konnten sie nicht mehr an den Altären des Domes die heilige Messe lesen; es fehlten die Kerzen. Selbst die schöne Madonna vor dem Domportal neigte trübe ihr Haupt. Was nützte ihr das steinerne Kindlein, das sie in ihren Armen hielt, wenn es nicht alle Morgen lebendig wurde in Hostie und Kelch? Doch als die Not am höchsten war, taten die trauernden Domherren ein Gelübde, daß sie wieder ganz arm und heilig leben wollten, daß sie alle Pracht der Welt, ihre Purpurkleider, ihre goldenen Ketten, ihre fein lackierten Karossen und ihre stolzen Pferde abtun wollten, wenn ihnen Gott nur wieder Kerzen schenken würde. Da ließ der kluge Bischof lauter junge Kastanienbäumchen in die Stadt hineinfahren und pflanzte jedem Domherrn eines vor die Tür. Und als der Frühling kam, wuchsen an diesen Bäumchen so viele lichte, weiße, blühende Kerzen, daß alle Altäre geschmückt werden konnten. Und der Papst gab Indulgenz, daß diese Blütenkerzen als brennende Kerzen gelten konnten. Seitdem haben die Breslauer Domherren keine Karossen und keine Pferde mehr.

Als ich ungefähr so weit mit meinem Aufsatz war und nicht mehr weiter konnte, sagte mir mein damaliger väterlicher Freund, ein Obertertianer: »Solchen Unfug darf man auf dem Gymnasium nicht machen! Du mußt anfangen: ›Einer der schönsten Bäume unseres deutschen Vaterlandes ist der Kastanienbaum.‹ Dann mußt du erstens den Stamm, zweitens die Krone, drittens die Blätter, viertens die Blüten, fünftens die Früchte beschreiben und kannst im Schlusse sagen, daß es auch eßbare Kastanien gibt.«

Schulplanmäßig hatten Aufsätze nicht die Bestimmung, das Evangelium vom Reiche Gottes zu verkündigen. Dafür waren die Religionsstunden da. Unser Religionslehrer war ein großer Gelehrter, der sich durch seine Forschungen über den literarischen Nachlaß des heiligen Bonifazius und über die Persönlichkeit des heiligen Johannes Nepomuk einen guten Namen gemacht hatte. Da er klein von Figur war und Grafschafter von Geburt, hatte ich anfänglich großes Vertrauen zu ihm und horchte ihm sehr aufmerksam zu, aber leider nur mit dem Herzen und nicht mit den Beinen. Als ich gerade mitten drin in der Erbauung war, hörte er plötzlich mit dem Reden auf, senkte seine Brille tief in sein Notizbuch, richtete sie scharf auf mich zu und sagte nach einer Weile, währenddes alle übrigen Schüler der Richtung seiner Brille folgen konnten: »Wittig Joseph, du wakkelst dauernd mit den Beinen. Du störst die ganze Religion!«

Da war mit einem Male alle meine Liebe zur Religion erstorben, wenigstens innerhalb der Gymnasialklasse. Glücklicherweise wucherte sie aber draußen um so reichlicher in mein Leben hinein. Es kam die Zeit, in der ich die Geschichte des Hauptmanns von Kapernaum und des Jünglings von Nain tiefinnerlich in mir erfuhr.

Als Jesus nach Kapernaum kam, lag eines Hauptmanns liebster Knecht todkrank danieder. Als der Hauptmann von Jesu Heiltätigkeit hörte, schickte er Älteste der Juden zu ihm und ließ ihm sagen: »Herr, mein Knecht liegt zu Hause gichtbrüchig und leidet große Qual.« Die jüdischen Ältesten sprachen: »Er ist würdig, daß du ihm dies tust, denn er liebt unser Volk und hat uns auf eigene Kosten eine Synagoge gebaut!« Jesus antwortete: »Ich will kommen und ihn gesund machen.« Da er aber nicht mehr fern vom Hause war, schickte der Hauptmann Freunde an ihn und sprach: »Herr, ich bin nicht wert, daß du eingehst unter mein Dach, sondern sprich nur ein Wort, so wird mein Knecht gesund! Denn auch ich bin ein Mensch, der Obrigkeit unterworfen, und habe Kriegsleute unter mir; und wenn ich zu einem sage: Geh!, so geht er, und zu dem anderen: Komm!, so kommt er, und zu meinem Knechte: Tu dies!, so tut er's.« Da Jesus das hörte, sagte er zu denen, die ihm folgten: »Wahrlich, einen so großen Glauben habe ich in Israel nicht gefunden!« Und als die Boten des Hauptmanns wieder nach Hause kamen, fanden sie den kranken Knecht gesund.

Keine Person des Neuen Testaments wird in der Kirche so oft und so innig erlebt wie der Hauptmann von Kapernaum. So oft der Augenblick kommt, da Jesus in der Kommunion durch das Tor des Mundes eintreten will in das Herz der Menschen, neigen sich alle tief und sprechen: »O Herr, ich bin nicht wert, daß du eingehst unter mein Dach, aber sprich nur ein Wort, und so wird meine Seele gesund.« Freilich ist der Glaube oft nicht so groß in ihnen wie im Hauptmann von Kapernaum. Denn wenn Jesus nicht körperlich zu ihnen käme, sondern nur unsichtbar ihre Seele heilen wollte, würden sie recht enttäuscht sein und vielleicht nicht einmal fest an die Heilung ihrer Seele glauben. Oder aber, sie glauben nicht ganz ehrlich an ihre Unwürdigkeit und meinen: Irgendwie müßten sie doch würdig sein, denn Paulus hat ja geschrieben: »Wer unwürdig den Leib des Herrn ißt oder sein Blut trinkt, der macht sich schuldig des Leibes und Blutes des Herrn.« Darüber haben wir als Gymnasiasten oft gestritten. Wer würdig ist, dürfe nicht sagen, er sei unwürdig; wer aber unwürdig ist, könne nicht zur Kommunion gehen. Bis mir eine Klosterschwester den Schlüssel zu diesem Rätsel gab, indem sie sagte: »Man wird nicht würdig durch Gerechtigkeit und Tugend und auch nicht durch das Sakrament der Beichte, sondern man wird erst würdig, wenn man ehrlich denkt und sagt: Ich bin nicht würdig, möchte es aber von Herzen gern sein!«

In diesem Sinne hatte ich wohl alle Wochen einmal den Hauptmann von Kapernaum gespielt, schon seit meinem zwölften Lebensjahre, und habe den Hauptmann immer als den größten und wahrsten Heiligen verehrt. Nun aber kam eine andere Zeit.

Der Klostergarten blühte zum zweiten Male über den schmalen Gängen und Gemüsebeeten und das Vogelvolk in den Büschen und Zweigen feierte eine Hochzeit nach der anderen. Einige Gänge des Gartens waren uns Jungen zugewiesen. In den anderen schimmerte es von weißen Schwesternschleiern und bunten Mädchenkleidern. Überall sang es, leuchtete es, überall duftete es. Ich wußte nicht mehr, wie mir war. Floh auf mein Zimmer, ließ mich wieder in den Garten locken, floh wieder in das Zimmer, schlich in die Kapelle vor den Tabernakel, studierte, betete, dichtete, liebte, entsagte, und es war alles süßer Rausch und wahre Seligkeit.

Ich saß wieder in meiner Stube und mühte mich mit meinen Schularbeiten. Wie reckten sich mit einemmal die Arme aus den Jackenärmeln! War ich über Nacht auseinandergegangen? Auch die Beine waren offenbar länger geworden, denn sie paßten nicht mehr so recht unter Stuhl und Tisch; ich stellte sie bald so, bald so.

Was war das auch für ein Traum gewesen vergangene Nacht? Mein Gott, es war gut, daß es ein Traum war und nicht gewollte Wirklichkeit! Zu zauberhaft war alles. Soviel Lust und Glück, wie ein Einbruch in das Paradies, wie eine süße Frucht vom Baum des Lebens. Daß man dies nicht freiwillig denken und wollen darf, daß dies verbotenes Gut war, stand wie eine Naturschrift in meinem Herzen. Und ich wußte nicht einmal recht, was es gewesen war.

Eine Verwirrung ohnegleichen befiel mich. Was fesselte mich auf einmal an den Gelenken? Was zog mich in den Armen? Was saß mir da auf der Schulter wie eine schwere Last? Was trieb mein Herz zu lautem, regellosem Klopfen?

Einige Minuten später verdunkelte sich das ganze Zimmer. Rote Flammen lohten auf in meinen Augen. Das Paradies meiner Kindheit hatte seine Tore zugesperrt, ich war verbannt, ich war auf einer traumlosen, öden Erde. Wie mit Ruten und Stöcken gezüchtigt, müde und zerschlagen, ging ich vom Tisch zur Tür, von der Tür zum Fenster.

Ich hatte erfahren, daß ich nicht mehr ein Kind, sondern ein Mann sei, ein Mann in Sünde. Ausgeschlossen von der fröhlichen Schar schuldloser Kinder! Nein, in diesen blühenden Garten kann ich nicht mehr gehen! Nein, vor diesen guten, reinen Schwestern, vor diesen sonnigen Kindern, die im Garten auf und ab gehen, kann ich mich nicht mehr sehen lassen! Alles ist vorbei. Priester? Weiße Hostie, goldener Kelch, reine und unbefleckte Hände! Verloren ist mein heiliger Beruf.

Ich hatte es mir immer als den freudenreichsten Augenblick gedacht, in dem ein Knabe erkennt, daß er Mann sei. Ich hatte gemeint, es müßten sich alle darüber freuen. Denn es ist der eigentliche Frühlingsbeginn; alle Sonne der Kindheit nur Vorfrühling. Durch ein heiliges Sakrament müßte das Mannwerden gefeiert und verklärt werden! Und nun war es in Trauer und Fluch gekommen. Kein Segen leuchtete nieder vom Himmel. Unstet und flüchtig war ich in den nächsten Tagen.

Ich dachte an Jesus. Auch dann war alles wie zerbrochen. »Ich bin nicht mehr würdig, auch nur an ihn zu denken!«

Am nächsten Sonnabend beichtete ich alles dem ernsten, strengen, aber gütigen Priester, der die Seelsorge im Kloster übte, und sagte ihm: »Ich weiß, daß ich jetzt nicht mehr Priester werden darf.«

Hätte er doch geantwortet: Priester werden ist nicht für Kinder, sondern für Männer, die alle Erschütterungen und Leiden des Mannestums erfahren und tragen müssen, damit sie in Wahrheit Priester sein können. Aber er sagte nur: »Fasse wieder Mut und bleibe unschuldig! Vom Priesterberuf bist du noch nicht ausgeschlossen.«

Als ich am Sonntagmorgen die weiße Hostie in der Hand des Priesters sah, sprach ich wohl zum ersten Male ganz aufrichtig und eindeutig: »O Herr, ich bin nicht wert ... Aber sprich ein Wort, so wird meine Seele gesund!«

Unter gesunder Seele verstand ich die kindlich-unschuldige Seele. Was war das für ein törichtes Gebet, um sie zu bitten! Gott will doch Männerseelen! Ich kann es nicht ertragen, wenn man so lobpreisend von Männern mit kindlichem Herzen spricht. Das sind meist Exemplare, deren geistige Entwicklung zurückgeblieben ist. Der Heiland sagt: »Wenn ihr nicht werdet wie diese Kinder, so könnet ihr nicht in das Reich Gottes eingehen.« Damit aber ist ein *Werden,* nicht ein Zurückbleiben gefordert. Zuerst Mann werden, dann in der vollen Männlichkeit so gläubig, so fröhlich, sorglos sein wie ein Kind! Alles andere ist Kindlichgetue von tiefster Minderwertigkeit.

Darum erhörte der Heiland mein Gebet nicht, auch als ich es täglich mit dem Psalmwort vortrug: »Cor mundum crea in me Deus, et spiritum rectum innova in visceribus meis.« Ich sollte an dem Erleiden des Mannestums heranreifen.

Da ich dies damals noch nicht verstehen konnte oder, wenn es in mir einmal aufleuchtete, doch nicht recht in das bisher Erlernte einzuordnen vermochte, beichtete ich es als Todsünde, so oft sich meine Mannesnatur über alle aszetischen Hemmnisse und Willensakte hinwegsetzte oder gar den Willen zur Zustimmung zu zwingen schien.

Die Beichtväter taten gewissenhaft ihre Pflicht an mir. Sie mußten mich nach meinem Bekenntnis behandeln. Da habe ich häufig in die Hölle hineinsehen müssen, und einmal sollte ich auch wirklich glauben, daß ich geistig tot sei. Ich bekam keine Lossprechung.

Geistig tot! Und ich konnte doch inniger beten als jemals zuvor. Fast sichtbar und greifbar trat das Bild Jesu vor meine Augen. Wo ich ging und stand, fühlte ich mich von der Gestalt des dornengekrönten Erlösers begleitet. Wenn ich geistig tot war, so hat mich Jesus auferweckt wohl zu derselben Stunde.

Aber das mochten falsche Vorspiegelungen sein. Es ist kein Jesus außer dem, der durch die Kirche spricht. Nach dem Rate meines Beichtvaters nahm ich die Bibel zur Hand und las betend das Evangelium von der Auferweckung des Jünglings zu Nain.

Es geschah, daß Jesus in eine Stadt ging, die Nain hieß. Und es gingen mit ihm seine Jünger und viel Volk. Als er nahe an das Stadttor kam, siehe, da trug man einen Toten heraus, den einzigen Sohn seiner Mutter, die Witwe war; und viel Volk aus der Stadt ging mit ihr. Da nun der Herr sie sah, ward er von Mitleid gerührt und sprach zu ihr: »Weine nicht!« Und er trat hinzu und rührte die Bahre an. Die Träger aber standen still. Und er sprach: »Jüngling, ich sage dir, steh auf!« Da richtete sich der Tote auf und fing zu reden an. Und er gab ihn seiner Mutter. Es ergriff sie aber alle eine Furcht, und sie lobten Gott und sprachen: »Ein großer Prophet ist unter uns auferstanden, und Gott hat sein Volk heimgesucht.« Und es verbreitete sich diese Rede über ihn in ganz Judäa und in der ganzen Umgegend.

Am nächsten Sonnabend war mein Beichtvater sehr mild und stellte mein geistiges Leben auch durch kirchlichen Spruch wieder her. Man müsse die körperliche Natur zur Ordnung zwingen. Die Ordnung aber bestimme der Geist.

»Muß aber der Geist nicht die Ordnung so bestimmen, wie sie der körperlichen Natur von Gott einerschaffen ist?«

»Ja gewiß! Aber die Sünde hat die Ordnung so verwirrt, daß wir sie nicht mehr aus der körperlichen Natur, sondern nur aus der Offenbarung feststellen können.«

Da begann ich in der Bibel zu forschen, was Gott über das werdende Mannestum gesagt hat. Aber ich fand nicht viel. Ich suchte bei den Theologen der Kirche nach dem »einen« Wort, von dem meine Seele gesund würde. Doch ich fand nur Forderungen. Sie forderten die Reinheit des Herzens im Sinne von Redlichkeit, Schlichtheit, Offenheit. Hatte denn niemand gelitten, was ich litt? Ich war also ein ganz schlechter, sündhafter

Mensch, ohne Hoffnung, jemals die richtige Ordnung der körperlichen Natur zu erreichen.

Den Ratschlägen eines medizinischen Buches, das ich bei einem Antiquar fand, verdanke ich glückliche Jahre. Es empfahl mir Wanderungen durch das weite Land, Erquickungen in Wasser und Luft. War dies das »eine« Wort? Mein Geist entwickelte sich zu den Anfängen männlichen Denkens, meine Lehrer hatten Freude an mir. Aber ich sollte das Heil meiner Seele, die Gesundheit meines Lieblingsknechtes nicht dem fälschlich natürlich-guten Willen und einer natürlich-guten Lebensweise verdanken. Es wiederholte sich alles schlimmer als je zuvor. Ich mußte mich wieder für einen bösen, geistig toten Menschen halten, auch wenn es mir vorkam, als hätte ich nie demütiger am Kreuz gekniet, nie zarter die Gottesmutter verehrt, nie sehnlicher an zukünftiges Priestertum gedacht. Voll reichsten göttlichen Lebens – und doch tot!

»Sprich nur ein Wort, so wird meine Seele gesund!«

Besteht die Gesundheit der Seele in der Festigkeit des Willens? Oder vielmehr in der Kraft des in Hoffnung und Liebe vertrauenden Glaubens?

Da sprach Jesus endlich das »eine« Wort, das mich in richtiger Weise gesund gemacht hat, so daß ich mit freier, friedeerfüllter Seele über alle Höhen und Tiefen des wilden Mannestums hinwegkam, und mit dem ich später Hunderte von jungen Menschen aus Todesangst und Verzweiflung retten konnte: Als ich wieder einmal nicht aus noch ein wußte, griff ich nach den Briefen des Apostels Paulus und las bis zum zwölften Kapitel des zweiten Korintherbriefes. Und las: »Damit ich mich nicht überhebe, ist mir ein Stachel ins Fleisch gegeben, ein Satansbote, der mich mit den Fäusten schlage. Dafür habe ich dreimal zum Herrn gefleht, daß er von mir abstehe. Und er hat mir gesagt: Laß dir an meiner Gnade genügen, denn meine Kraft ist in den Schwachen mächtig.«

Da hörte ich auf zu lesen. Was auch immer bei Paulus unter diesem Stachel des Fleisches zu verstehen ist, ich wußte, was bei mir darunter zu verstehen sei. Und des Herrn Wort gilt nie bloß einem Manne; es gilt allen, die so leiden wie dieser eine Mann; es gilt auch mir.

Das ist das Evangelium von der Gnade Christi. Fort mit euch, die ihr mit allerhand Bedenklichkeit das eine starke, gesundmachende Wort abschwächen wollet, das Paulus in seiner ganzen Kraft erfuhr und ich. Es gilt mir, ich reiße es an mich, ich würde es mir vom Himmel herunterholen, ich würde es mit versengten Händen aus Höllenflammen herausreißen, es ist das erlösende Wort meines Erlösers! Ich zeuge mit meinem Leben dafür, daß es wahr geworden ist auch an mir, das heilige Evangelium von der Gnade Christi: »Darum will ich mich am allerliebsten rühmen meiner Schwachheit, auf daß die Kraft Christi in mir wohne. Darum bin ich guten Mutes in Schwachheiten, in Mißhandlungen, in Nöten, in Verfolgungen, in Ängsten um Christi willen. Denn wenn ich schwach bin, so bin ich stark.«

MIT JESUS DURCH DACH UND WAND

Die immer mehr zunehmende Verlängerung meiner Arme und meiner Beine hatte zur Folge, daß der Seelsorger des Klosters zu der Ansicht kam, ich passe nicht mehr in ein Frauenkloster; die Schwestern sollten für meine Tante Agnes und für mich eine Stube in den umliegenden, zum Kloster gehörigen kleinen Häusern freimachen. Zwei dieser Häuslein waren aber mit einem Mädchenpensionat belegt; ein altes, ehrwürdiges Ehepaar besorgte es und verdiente damit seinen Lebensunterhalt. Deshalb blieb für mich nur das »Gärtnerhaus« übrig, dessen Obergeschoß von dem Klostergärtner bewohnt war. Im Erdgeschoß war gerade ein alter Invalide gestorben. Seine Stube wurde frisch geweißt und ich zog mit Tante Agnes ein.

Wer Freude an Romantik hat, komme nun mit mir. Ich will mit ihm noch einmal diese wunderbare Stätte besuchen. Heute ist freilich das alte Haus längst verschwunden.

Mein Gärtnerhaus, einst von Menschenhand aus Ziegelstein und Bindewerk gebaut, war schon ganz und gar ein Werk der Natur geworden. Wind und Wetter hatten daran gearbeitet, wie es ihre Art ist, hatten es gefärbt mit tausend Farbtönen von Hellgrau bis Schwarz, hatten Risse und Löcher angelegt, damit auch Vögel, Mäuse, Ratten, Spinnen, Käfer, Pilze eine angemessene Wohnung fänden. Wilder und zahmer Wein kletterte mit allerhand anderem Schlinggewächs bis an die Dachtraufe und an die Spitzen der beiden Giebel. Schuppen mit unnennbarem Rat und Unrat lehnten sich an, auch die Werkstatt des Klosterzimmermanns. Ein kleiner Hof und ein alter hoher Zaun trennten das Haus von der in ganz Breslau berüchtigten Laurentiusgasse; ein hoher Bretterverschlag von dem nächsten Hause dieser Gasse. Ein ellenlanger Hausschlüssel, auf den ich übrigens fast so stolz war wie Petrus auf seine Schlüssel zum Himmelreich, denn er war das Zeichen des Vertrauens auf meine felsenfeste Tugendhaftigkeit, war mir anvertraut worden, daß ich von der Laurentiusgasse aus in meine Wohnung gelangen konnte, weil eben meine neuen Körperdimensionen nicht mehr recht für den Durchgang durch das Frauenkloster paßten.

So dunkel, düster und sündhaft die Rückseite des Gärtnerhauses war, so licht war es an seiner Vorderseite, wo meine Stube lag. Nur ein kleiner Vorhof und ein durchsichtiger und durchlässiger Zaun trennte sie von dem schönen, schönen Klostergarten, zu dem mir übrigens der Zutritt nicht versagt war. Denn die lieben Schwestern hatten aus der Anordnung ihres Seelsorgers weiter keine rigoristischen Schlüsse gezogen.

Was hat ein solcher Garten für ein reiches Leben! Es wuchs, blühte, reifte, flog, wanderte, arbeitete, betete, lernte, sang, lachte und weinte alles darin, was Gott vom Lichte des ersten Tages bis zur Eva des sechsten Tages geschaffen hat. Am schönsten war es an den Sommerabenden, wenn die Pensionärinnen der alten Frau Tschöpe mit ihren lichten Kleidern, ihren lachenden Gesichtern, ihren anmutigen Bewegungen und Gruppierungen von ihrem Wohnhäuslein weit hinter dem Garten nach dem anderen Hause an der Ecke der Laurentiusgasse zogen, wo sie ihre Schlafräume hatten. Die Maler seliger Gärten hätten alle kommen sollen, sie hätten von meinem Fenster aus die seligen Gärten des Himmels malen können.

Wer aber etwas von Lateinisch, Griechisch, Französisch, Mathematik, Botanik, Erdkunde und solchen Dingen versteht, der wird einsehen, daß es auch im Leben eines Gymnasiasten oder solcher junger Mädchen, selbst wenn sie an einem blühenden

Klostergarten wohnen und frische Gesichter und gesunde Glieder haben, Leiden und Gebrechen, Qualen und Verzweiflungen genug gibt. Wer es weiß, was eine Klassenarbeit oder ein Examen in den neunziger Jahren des vorigen Jahrhunderts war, der wird verstehen, daß sich gar manchmal aus der Kehle sonst lachender Jugend der Hilferuf löste: »Jesus, Meister, erbarme dich meiner!«

Das Volk der kleinen Klosterhäuser folgte Jesus nach. Alle Gartenwege waren Jesuswege, tausendmal gesegnet durch den Namen Jesu, der dort betend, arbeitend, lernend, lachend und weinend ausgesprochen wurde. Jesus selbst in Fleisch und Blut war einer der Klosterbewohner. Er hauste in einer kleinen Kapelle, die als Anbau des Klosters in den Garten hineinragte. Eine Zeitlang wohnte er auch in einer inneren Kapelle. Aber es ging ihm ähnlich wie mir, er mußte auch ausquartieren. Deshalb wohnte er jetzt nur in der äußeren Kapelle. Dorthin gingen unsere Hilferufe in allen unseren Nöten.

Die kleineren Angelegenheiten nahm ihm ja der heilige Joseph ab, der als alte Holzstatue an einem Baume mitten im Garten stand. Dort fand man oft in den Falten seines barocken Gewandes oder zwischen Statue und Baum oder unter dem Fußblock versteckt kleine Bittgesuche, mit zierlichen Buchstaben geschrieben, mit Tränen und Küssen versiegelt. »Heiliger Joseph, hilf, daß ich in der französischen Klassenarbeit eine 3 bekomme!«, oder: »daß mich morgen das Fräulein Soundso nicht dran nimmt«, oder: »daß im Klassenaufsatz bloß kein Thema aus der Geschichte kommt«, oder ähnlich. In größeren Angelegenheiten, vor entscheidenden Arbeiten, aber wandten wir uns bittflehend an Jesus selbst. War die Kapelle geöffnet, so gingen wir zum Tabernakel, war sie aber verschlossen, so berührten wir wenigstens die Mauern von außen. Ach, manchmal hätten wir am liebsten die Mauern eingerannt und das Dach abgedeckt, um zu Jesus zu kommen!

Es geschah an einem der Tage, da Jesus saß und lehrte. Und es saßen auch Pharisäer und Lehrer des Gesetzes dort, die aus allen Flecken Galiläas und Judäas und von Jerusalem gekommen waren. So viele kamen, daß sie auch draußen vor der Tür keinen Raum hatten. Und er predigte ihnen das Wort. Da kamen einige herbei zu ihm und brachten einen Gichtbrüchigen der von vieren getragen wurde. Und weil sie ihn wegen der Volksmenge nicht vor ihn bringen konnten, deckten sie das Dach ab, wo er war, und als sie es geöffnet hatten, ließen sie das Bett, worauf der Gichtbrüchige lag, herab. Als nun Jesus ihren Glauben sah, sprach er zu dem Gichtbrüchigen: »Sohn, deine Sünden sind dir vergeben!«

Es saßen aber daselbst einige von den Schriftgelehrten und dachten in ihrem Herzen: »Wie redet dieser so? Er lästert Gott! Wer kann Sünden vergeben als Gott allein?«

Da Jesus dies alsbald in seinem Geiste erkannte, daß sie so bei sich dachten, sprach er zu ihnen: »Warum habt ihr solche Gedanken in euren Herzen? Was ist leichter, dem Gichtbrüchigen zu sagen: Deine Sünden sind dir vergeben, oder sagen: Steh auf, nimm dein Bett und wandle? Damit ihr aber wisset, daß der Menschensohn auf Erden die Macht habe, Sünden zu vergeben, so – und jetzt wandte er sich wieder zu dem Gichtbrüchigen – sage ich dir: Steh auf, nimm dein Bett und geh in dein Haus!«

Und der Gichtbrüchige stand sogleich auf, nahm sein Bett und schritt in Gegenwart aller davon, so daß sie sich alle verwunderten und Gott priesen und sprachen: »So etwas haben wir niemals gesehen!«

Wenn Jesus uns einmal ganz auffällig geholfen hatte, so war es uns wie nach einer guten Beichte, als hätte er auch zu uns gesagt: »Kind, deine Sünden sind dir vergeben!« Es ist vielleicht auch so, daß jede Hilfe Jesu die Vergebung der Sünden voraussetzt. Er hilft, um uns zu bedeuten: »Siehe, wenn ich dir in deiner Not helfen kann, mußt du doch erkennen, daß ich dir auch die Sünden vergeben kann. Und wenn ich mich deiner leiblichen Not erbarme, mußt du vertrauen, daß ich mich auch deiner geistigen Not erbarmen will.«

Eines Samstagabends, als die jungen Damen der Frau Tschöpe schon nach ihrem Schlafhause an der Laurentiusgasse gegangen waren, wandelte ich kummervoll unter den Bäumen des Gartens. Fünf schwere Fehler hatte ich schon in meiner letzten Klassenarbeit entdeckt. Wie leicht konnte noch ein unbekannter sechster Fehler darin sein! Dann war die Arbeit ungenügend und die Versetzungszensur verdorben. Und der alte, gute Lateinprofessor hatte schon frühmorgens ein besorgtes Gesicht gemacht:

die meisten Arbeiten seien ganz ungenügend! Wie eine Vision trat die lateinische Arbeit immer wieder vor meine Augen. Ich las und prüfte Zeile für Zeile. Da – der sechste Fehler! Eine ganz dumme falsche Endung. Jetzt war alles vorbei. Wie geschlagen flüchtete ich mich in mein Stüblein. »Jesus, Meister, erbarme dich meiner!«

Da dachte ich an das Fenster an der Altarwand der Kapelle. Das war ganz nahe dem Tabernakel, in dem Jesus wohnte. Wenn ich dort hineinriefe! Wenn ich dort einen Bittbrief hinter das Drahtgitter steckte! Ein alter Obstbaum wuchs an der Kapellenwand empor, vielleicht konnte ich bis zu dem Fenster klettern. Wenn Jesus meinen Glauben sah, würde er helfen.

Bald war ein Bittbrief geschrieben und mit mehreren Versprechungen versehen. Es war ein dunkler Abend, es würde mich niemand sehen! Mit klopfendem Herzen schlich ich durch den Garten. Wie ein alter Christophorus stand der Baum an der Altarwand und hielt schon die Äste ausgebreitet, um mich emporzutragen bis zu dem Fenster. Ich sprang am Stamm hinauf, packte den Christophorus an den Schultern, saß ihm bald im Genick und kletterte dann an seinem starken Arme bis zu dem Fenster, hinter dem der allergütigste und allermächtigste Jesus wohnte.

Unter ehrfurchtsvoller Anbetung, voll Schauer über die Nähe der Gottheit, steckte ich meinen Brief hinter das Drahtgitter, stieg dann bis zur Mitte der Baumkrone zurück, setzte mich dort auf einen Ast und wollte noch ein wenig beten. Es war heilig still ringsum.

Da hörte ich leise, langsame Schritte kommen. Mein Auge war schon an die Dunkelheit gewöhnt, so daß ich in der nächsten Umgebung schier die Farben unterscheiden konnte. Jetzt kam es um die vorspringende Ecke der Kapelle – eine Frauengestalt, ein Mädchenkopf, ein weites Tuch über schmalen Schultern, von weißen Händen an der Brust zusammengehalten. Unter dem Fenster sank die Gestalt nieder zur Erde und schluchzte.

»Mein Heiland!« so kam es aus der Kehle, und die Worte folgten sich so rasch und leidenschaftlich, als ob gar keine Zeit wäre zu ruhigem Bittflehen, »mein Heiland, ich bringe doch meinen Aufsatz wieder nicht fertig. Du hast mir ja immer wunderbar geholfen, warum willst du mir diesmal nicht helfen? Mein Heiland, du weißt ja das Thema, du kennst ja die kolonisatorische Tätigkeit der Hohenzollern. Gib mir doch ein, wie ich das schreiben soll! Heiland, wenn ich das nicht kann, werde ich vom Examen zurückgestellt. Mein Heiland, denke an meine arme Mutter!«

So ging es eine ganze Zeitlang, und ich dachte: »Wenn ich der Heiland wäre, würde ich sofort helfen.« Ich wußte ja, daß ich helfen könnte, auch wenn ich nicht der Heiland war. Denn so ein Aufsatz war doch ein Kinderspiel für mich. Aber ich durfte mich auf meinem Baume nicht verraten.

Da knackte der Ast unter meiner lebhaften Hilfsbereitschaft, die junge Dame sprang vor Schreck auf und rannte davon, als ob der Klosterhund hinter ihr wäre. Ich stieg vom Baume herab und kniete mich ein wenig an die Stelle, wo das Mädchen gekniet hatte, vergaß aber ganz meinen sechsten Fehler und betete nur um Hilfe für das Mädchen.

Der liebe Gott, wenn er uns seine Hilfe zeigen will, spricht oft eine eigenartige Sprache: Beim Aufstehen trat ich auf einen Gegenstand, wie er sonst nicht auf den Gartengängen liegt. Es war ein richtiger kleiner Pantoffel.

Nun wird meine Geschichte märchenhaft, aber zur Beruhigung meiner ernsteren und gesetzten Leser will ich sagen: es war kein goldener Pantoffel, er war schon ziemlich abgebraucht und schief getreten. Ich wollte ihn auch gleich wieder hinlegen, damit nicht erst ein Märchen daraus werde. Aber da kam mir ein: Ich schreibe heute nacht einen Aufsatz über die kolonisatorische Tätigkeit der Hohenzollern, stecke ihn in den Pantoffel und lege ihn morgen früh an die Schwelle der Tschöpe-Pension.

Meine Tante war es gewöhnt, daß ich manchmal bis in die Nacht hinein beim Lampenlicht arbeitete. Sie schlief ruhig ein, während ich einige alte Bücher herbeiholte und ein glänzendes Bild von der kolonisatorischen Tätigkeit der Hohenzollern entwarf. Der Kopf glühte mir vor Freude und Eifer, und nach zwei Stunden war der Aufsatz fertig.

Als ich in der Sonntagfrühe den Pantoffel mit dem Aufsatz an seinen Ort bringen wollte, sah ich eine der Pensionärinnen um die Kapellenmauer schleichen. Ich stellte den Pantoffel auf den Gang und rief der jungen Dame zu: »Da steht ein Pantoffel. Suchen Sie ihn?«

Glücklich darüber, daß sich alles so gut geschickt hatte, und ohne den geringsten Vorwurf schulgesetzlich verbotener Beihilfe empfing ich die heilige Kommunion. Und der ganze Sonntag war froh. Wenn der liebe Gott, so sagte ich mir, dem Mädchen unter dem Baum so wunderbar geholfen hat, so wird er auch dem Jungen auf dem Baume helfen.

Am Montag kam Professor Beck mit dem dicken Stoß unserer lateinischen Hefte und verkündete das Urteil: »Von allen Arbeiten hat mir nur eine gefallen, und das ist die von Wittig.« Die sechs Fehler waren als Faseleien nur einmal unterstrichen, galten also als »kleine Fehler«. Möge es der Herrgott mit mir immer so machen! Die Tschöpe-Pensionärin aber schrieb mir später einmal, der verlorene Pantoffel habe ihr den Weg zu allgemein menschlicher Achtung und zu einem glücklichen Lehrerinnenleben gebahnt.

DIE SÜNDERIN

Die Laurentiusgasse gehörte in meiner Gymnasiastenzeit zu den wenigen Gegenden Breslaus, in denen sich sprichwörtlich kein katholischer Geistlicher sehen lassen durfte. Kam einer, so wurde er wie ein Fremdkörper empfunden und unter Fiebererscheinungen ausgesondert. Das galt nicht der katholischen Religion; denn es wohnten einige sehr brave Katholiken in den elenden Häuslein und wurden wohlgelitten. Aber die geistliche Kleidung, dieser schöne schwarze Rock, der »umgedrehte Kragen«, der steife oder breite oder sonst irgendwie geistliche Hut, die ganze Verkörperung der Gerechtigkeit und Sittlichkeit, der äußere Ausdruck einer gewiß nicht immer vorhandenen Wohlhabenheit waren den Leuten nun einmal unverdaulich. Sie bekamen gleich das Aufstoßen. Es kann auch die beste Speise in gewisser Zubereitung unverdaulich sein. Und ich selbst muß gestehen: Zu diesen windschiefen, grauen, durchlöcherten Häuslein, zu diesen krummen, lahmen, schiefen, vernarbten und überrunzelten Menschen, zu diesen wilden Burschen und schielenden Mädchen, zu diesen lumpigen Kindern paßte so etwas Gerades, Gebürstetes und Würdiges nicht, wenn es auch am Domplatz oder in der Universitätsgegend noch so stilgerecht wirkte. Denn auch die ärmsten und verkommensten Menschen haben ihr Stilgefühl.

Es war darum ein Akt der besonderen liebreichen Vorsehung Gottes, daß meine Kleidung und Haltung weniger dem Stil des Doms und des Gymnasiums als vielmehr dem der Laurentiusgasse entsprach. Denn wenn auch das Gärtnerhaus des Klosters nicht mitten, sondern am Anfang der Gasse stand, so mußte ich doch die Gasse passieren, also auch zu ihr passen. Das machte sich vorzüglich mit den Röcken und Hosen, die mir Mater Elisabeth für etwa zehn bis achtzehn Mark bei Schlesinger oder Rosenthal u. Co. oder aus anderen »eleganten Herrenmoden-Geschäften« kaufte. Für die ersten Tage aufgeplättet nach dem Stil der vornehmsten Straßen, verfielen sie nach wenigen Wochen krankhaften Zusammenziehungen, Wülsten, Ausdehnungen, Aufwürfen, wie es eben echten Barchentstoffen oft zu ergehen pflegt.

Die Laurentiusgasse war wie ein kleines Dorf. Die Bewohner kannten sich alle, und wer zuzog, mußte zuerst das Visum haben, das heißt, er mußte sich von allen erst einmal richtig ansehen lassen. Es waren nicht immer die freundlichsten Blicke. Denn wie leicht konnte einer zuziehen, der nicht in die Gasse paßte! Es war ein Dorf mit ganz eigener Verfassung. Schulze schien ein junger Bursche zu sein, den sie Klautschke Karle nannten. Dieser beherrschte die Gasse; er war der Mittelpunkt der Volksversammlungen. Als ich ihn zum ersten Male inmitten einer Schar verrotteter Burschen sah, fiel mir das Königliche seiner Stellung auf. Ich dachte an die allerersten Anfänge der menschlichen Staatengründungen und muß wohl etwas Bewunderndes in meinem Blicke gehabt haben. Als sich mir einer der Burschen in den Weg stellte, rief ihm Klautschke Karle zu: »Du, laß anständige Menschen ihren Weg gehen!« Von diesem Tage an konnte ich monatelang ungefährdet durch die Gasse gehen. Auch solche Leute haben ihr Sittengesetz, auf das man sich verlassen kann. Ein wenig feindselig stellten sich zuerst die Mädchen zu mir, besonders als es herumgekommen war, daß ich Geistlicher werden wolle. Es waren nämlich viel zuviel Mädchen in der Gasse. Klautschke Karle hatte allein ihrer drei, die stets an seinem Halse hingen, wenn er eine Volksversammlung leiten mußte. Aber er war auch ein Mann, der drei Mädchen regieren konnte. Man sah nie, daß die eine auf die andere eifersüchtig gewesen wäre. Auch die anderen Burschen waren meist mit zwei Begleiterinnen zu sehen. Trotzdem waren noch einige Mädchen übrig, und ihre versorgten Kolleginnen hielten sich für verpflichtet, darüber zu wachen, daß auch jeder junge Mann von der Gasse seinen Anteil übernehme. Es war nun seltsam, daß die Versorgten alle sehr häßlich waren, teils von Geburt, teils infolge ihrer Lebensweise, während einige von den Unversorgten unter vielen Loden und Dreck hübsche Gesichter hatten. Auch dies erklärte sich aus den Gesetzen der Solidarität. Es hätten wohl einige Burschen gern eine oder die andere von den Unversorgten noch an sich genommen, aber dann wäre die gesellschaftliche Ordnung der Gasse gestört worden. Die Häßlichen konnten nicht zulassen, daß um eines hübschen Gesichtes willen ihre eigenen Rechte und Anteile verkürzt würden oder daß sich das Gleichgewicht in den einzelnen Kleinbündnissen verschöbe.

Als ich in der Dämmerung eines Spätherbstnachmittags von einem Freundesbesuch heimkam und nahe an dem Zauntürlein des Gartenhauses war, umringte mich eine Schar dieses Gassenvolkes. »Wir haben etwas mit dir zu reden!«

Da unweit davon der Klauschke Karle mit seinen drei Begleiterinnen friedlich verschlungen auf und ab ging, hatte ich keine Angst und fragte: »Was habt ihr denn?«

Ich muß sagen, es ist schwer, gerade zu stehen und zu reden vor so vielen schielenden, stechenden, lungernden Augen, vor so vielen kragenlosen Hälsen und tätowierten Brüsten. Aber ich stand gerade und steckte meine Hände in die Hosentaschen, den Bücherpack, den ich trug, zwischen Ellbogen und Rippen festklammernd. Auch gab ich meinem Munde eine Haltung, die Wurstigkeit, Verdrossenheit und Güte in sich vereinigte. Das war der Stil der Laurentiusgasse.

»Du hast wohl eine von den Feinen im Kloster?« begann einer der Burschen die Verhandlung.

»Ha«, ich lachte, »die wollen alle Nonnen werden. Mit denen ist nichts los! Habt ihr ein Mädel übrig für mich?«

»Seht ihr's, der ist gar nicht so ein Quarksack«, zischten jetzt einige befriedigt, rissen zwei sich wehrende Mädchen aus dem Hintergrunde und stießen sie auf mich zu. »Die mußt du dir beilegen, denn wir müssen Ordnung haben unter uns, wir mögen keine Mauerblümchen haben. Komm jetzt mit uns spazieren. Du mußt aber nicht anfangen, den Rosenkranz zu beten!«

Da hatte ich nun auf einmal zwei Mädchen an den Armen hängen, und sie blieben auch hängen, obwohl sie immer wieder sagten: »Wenn er aber nicht will!«

»Seid still«, flüsterte ich ihnen zu, »ich will euch ja!« Und ich war überzeugt, daß ich sie schon auf ebensogute Art loswerden würde, wie ich sie bekommen hatte. Unterdessen hatte sich die Kette hinter mir und meinen Erwerbungen geschlossen, und wir spazierten friedsam die Laurentiusgasse entlang. Klautschke Karle sah wie ein König herüber.

Die beiden Mädchen hielten mich ganz zart am Arme. Keine sprach ein Wort. Ich dachte zuerst an die Geschichte eines Geistlichen, der von den Frauen immer sagte: »Keine ist zu wenig, eine ist zu viel.« Und ich hatte ihrer nun zweie. Dann dachte ich daran, wie schön es wäre, wenn ich diese beiden Mädchen so gut machen könnte, wie meine Schwestern daheim waren.

»Du willst doch geistlich werden?« kam es nun listig von hinten. »Da ist es Sünde, mit den Mädchen zu gehen.«

»Woher weißt du das?« antwortete ich über die Schulter. »Unter ordentlichen Menschen kann man doch mit ein paar Mädchen gehen!«

»Die Blaschke Liese hat aber schon ein Kind gehabt!« geiferte jetzt eine von den Dirnen der Nachhut.

Da ließ das Mädchen rechts von mir meinen Arm los. Ich ergriff aber ihre Hand und sagte leise: »Wo hast du das Kind?«

»Es ist gestorben.«

»Hast du es lieb gehabt?«

»Es war eine so große Schande für mich; die Eltern haben mich fortgejagt, aber ich habe es sehr lieb gehabt. Ich bin nicht schuld, daß es gestorben ist.«

Dann wandte ich mich zur anderen, bat sie, mir das Päcklein

Schulbücher ein wenig zu tragen, denn mein Arm war schon ganz lahm geworden, faßte sie jetzt auch bei der Hand und sagte zu ihr: »Und du? Du bist auch noch ein gutes Mädchen?«

»Ja – aber der Klautschke Karle hat mich schon zweimal auf die Straße geworfen und ist frech gegen mich gewesen.«

»Warum geht ihr denn auf die Straße? Ihr könnt doch zu Hause bleiben?«

»Wir wohnen bei Klautschke Karles Stiefmutter. Da müssen wir mit, sonst haut er uns.«

Nun fragte ich, warum sie dort wohnen müssen, womit sie ihren Unterhalt verdienen, und erhielt so traurige Nachrichten, daß ich sie hier gar nicht niederschreiben kann. Was war meine Liebe zu der schönen Hildegard im Kloster gegen die Liebe, die mich nun zu diesen beiden Mädchen hinzog! Ich wäre am liebsten nicht mehr ins Gärtnerhaus zurückgegangen, sondern hätte die beiden Dirnen mitgenommen, weit weg von Breslau, heim in meine unschuldigen Berge, und hätte meiner Mutter gesagt: »Laßt diese Mädchen bei euch wohnen, sie können ja zu den Bauern auf Arbeit gehen, aber sie sollen wieder gut werden.«

»Könnt ihr denn den Klautschke Karle nicht bei der Polizei anzeigen und auch seine Stiefmutter?«

»Da tut er uns zu leid. Die haben doch schon im Zuchthaus gesessen.«

»Aber ihr könnt davonlaufen und euch anständige Arbeit suchen!«

»Wir sind auch schon oft davongelaufen und haben manchmal im Klostergarten übernachtet. Dort haben wir ein schönes Quartier!«

»Wo denn?« fragte ich erschreckt.

»Gleich neben dir, in dem Schuppen.«

»Habt ihr mich schon gekannt?«

»Oh, wir haben dich schon manchmal durch die Vorhänge deiner Fenster lange Zeit beobachtet.«

»Habt ihr mich denn auch ein wenig lieb?«

»Wir dürfen ja gar nicht!«

Da setzte ich ihnen auseinander, daß ich jetzt wieder heim müßte. Meine Tante würde das Abendessen bringen und großen Kummer haben, wenn ich noch nicht da wäre. Und ich bat:

Wenn sie mich ein wenig lieb hätten, möchten sie mir doch helfen, von der Rotte loszukommen.

Da gingen sie ganz langsam, lehnten sich eng an mich und blieben dann mit mir vor der Hoftür des Gärtnerhauses stehen. Dort gab mir die Blaschke Liese verhohlen ein Talerstück in die Hand und sprach: »Gib mir den Taler, so daß es die anderen sehen. Dann können wir dich gehen lassen.«

Ich fuhr zurück: »Da werden die Kerle denken, daß ich mit euch etwas Böses verabredet hätte!«

Da lachten die Mädchen und sagten: »Hab' keine Angst! Dazu halten die Jungen dich für viel zu dumm.«

»Nein, für viel zu heilig«, verbesserte die Blaschke Liese, als sie meinte, ich sei in meiner Männlichkeit gekränkt.

Unterdessen hatte sich ein Teil des Schwarmes schon verlaufen. Der andere Teil hatte kein Interesse mehr an uns, da der guten Sitte und der gesellschaftlichen Verfassung der Laurentiusgasse Genüge getan war. Mit bebenden Händen drehte ich den Schlüssel im Schloß und ging durch den dunklen Hof und den finsteren Hausflur in mein Zimmer.

Am anderen Tage, als es anfing, abends dunkel zu werden, ging ich auf die Gasse und traf den Klautschke Karle mit seinen drei Mädchen auf der Türschwelle des Nachbarhauses.

»Wo sind meine Mädchen, die Blaschke Liese und die andere?«

»Die gibt's heute nicht. Ich habe sie verbeult.«

»Warum?«

»Weil sie gestern nicht mehr parieren wollten. Du machst sie zu fromm.«

»Was hast du ihnen getan? Sind sie krank?«

»Sie haben inneren Dienst; sie müssen meinen Bräuten die Kleider flicken, bis sie wieder anständig aussehen.«

Damit war ich entlassen. Ich schlenderte noch ein wenig die Gasse auf und ab und wollte dann wieder in das Gärtnerhaus zurück.

Da lehnte an der Tür des schwarzen Bretterverschlags eine dunkle Gestalt. Als ich nahekam, schlug sie das Tuch, in das der Kopf eingehüllt war, ein wenig zurück, und ich sah in ein Gesicht mit blauroten Flecken neben einer dick angeschwollenen Nase.

»Laß mich mit hinein«, flehte eine weinerliche Stimme, an der ich erkannte, daß es die Gefährtin der Blaschke Liese war. »Sieh, so hat er mich geschlagen, weil ich gestern nacht nicht mehr ausgehen wollte. Und die Blaschke Liese ist vielleicht tot. Aber wir werden uns niemals mehr zu den fremden Herren schicken lassen!«

»Komm mit mir zur Polizei«, sagte ich und zog den Schlüssel wieder aus dem Schloß, ohne darauf zu achten, daß die Tür nun aufgeschlossen war.

»Nein, nein! Dazu tut er uns zu leid, er ist doch ein guter Kerl«, erwiderte sie, stieß die Tür auf und verschwand lautlos in den Winkeln des Hofes. Ich ging durch die nächsten Straßen, bis ich einen Polizisten fand, dem ich das Notwendigste berichtete.

»Ach!« sagte der, »auf der Laurentiusgasse? Wissen Sie: Pack schlägt sich, Pack verträgt sich. Da wollen wir uns nicht aufregen.«

Es vergingen mehrere Wochen, in denen ich nur am hellichten Tage die Laurentiusgasse passierte und nichts mehr von ihren nächtlichen Geheimnissen erfuhr, außer etwa den schrillen Pfiffsignalen, die gewohnheitsmäßig oft die Nacht durchgellten, ohne daß sich von den friedlichen Bürgern einer aufregte. Nur einmal fand ich zwischen meinen Fensterblumen ein Stück Papier mit der Aufschrift: »E. Bl. wird wieder gesund. Wir sind aber nicht mehr gegangen.«

Irgend etwas war unruhig in meiner Seele. Wenn ich an mein zukünftiges Priestertum dachte, so standen mir im Vordergrunde Hochaltar, Kanzel, Beichtstuhl, wohl auch das Suchen nach manch verirrtem Schäflein in Wüste und Dornengestrüpp – aber nicht in so verrufenen Gassen, wo schon der Priesterrock jedes Suchen verhindert. In solche Winkel scheint selbst der Heiland nicht gegangen zu sein, wenigstens soweit die Evangelisten von seinem Leben wußten. Irgend etwas meinte ich beichten zu müssen. Da beichtete ich, daß ich mich aus Menschenfurcht längere Zeit in schlechter Gesellschaft aufgehalten und nachher noch einmal diese Gelegenheit aufgesucht habe. Dafür bekam ich einen entsprechenden Tadel.

Als ich nach dieser Beichte die »Vorbereitung auf die heilige

Kommunion« betete, kam ich zu dem Satz: »Der du gnädiglich geduldet hast, daß dir die Sünderin beim Mahle die Füße wusch mit ihren Tränen und selbige abtrocknete mit den Haaren ihres Hauptes.« Dreimal hatte ich diese biblische Geschichte in der Schule lernen müssen, und jetzt erst war sie mein Eigentum. Es war alles anders gewesen, und doch war es dasselbe! Nicht wie Pharisäer blickten die Klosterschwestern auf ihre sündigen Schwestern, die am Tage in den Hütten der Laurentiusgasse lebten und in der Nacht das Kloster umschwärmten, – nicht wie Pharisäer, sondern sie umfingen sie mit tiefem christlichem Mitleid; und doch blieb noch die unüberbrückbare Kluft zwischen Gerechtigkeit und Sünde.

Es bat einer der Pharisäer Jesum, daß er mit ihm speise. Und Jesus ging in das Haus des Pharisäers und setzte sich zur Speisetafel. Und siehe, ein Weib, das eine Sünderin in der Stadt war, erfuhr, daß er in dem Hause des Pharisäers zu Tische sei. Und sie brachte ein Gefäß mit Salbe, stellte sich rückwärts zu seinen Füßen und fing an, seine Füße mit ihren Tränen zu benetzen und trocknete sie mit den Haaren ihres Hauptes – und küßte seine Füße und salbte sie mit der Salbe. Als dies der Pharisäer sah, sprach er bei sich selbst die Worte: »Wenn dieser ein Prophet wäre, so würde er wohl wissen, wer diese ist, die ihn berührte – was sie für ein Weib ist, denn sie ist eine Sünderin!« Jesus aber hob an und sprach zu ihm: »Simon, ich habe dir etwas zu sagen.« Er aber sprach: »Meister, rede.« – »Ein Gläubiger hatte zwei Schuldner. Der eine war ihm fünfhundert Denare schuldig, der andere fünfzig. Da sie aber nichts hatten, wovon sie hätten bezahlen können, schenkte er es beiden. Welcher nun liebte ihn mehr?« Simon antwortete und sprach: »Ich glaube der, dem er das meiste geschenkt hat.« Und Jesus sprach zu ihm: »Du hast recht geurteilt! Siehst du dieses Weib? Ich kam in dein Haus, und du gabst kein Wasser für meine Füße. Diese aber benetzte meine Füße mit Tränen und trocknete sie mit ihren Haaren. Du gabst mir keinen Kuß, sie aber hörte nicht auf, seit sie hereingekommen ist, meine Füße zu küssen. Du salbtest mein Haupt nicht mit Öl; diese aber salbte meine Füße mit Salbe. Darum sage ich dir: Ihr werden viele Sünden vergeben, weil sie viel geliebt hat; wem aber weniger vergeben zu werden braucht, der liebt auch weniger.« Und er sprach zu dem Weibe: »Deine Sünden sind dir vergeben.« Da fingen die, welche mit zu Tische waren, bei sich zu sagen an: »Wer ist dieser, daß er sogar Sünden vergibt?« Er aber sprach zu dem Weibe: »Dein Glaube hat dir geholfen. Gehe hin in Frieden!«

Nach der heiligen Kommunion schrieb ich diesen Abschnitt des Evangeliums auf ein Stück Papier und legte es abends zwischen meine Fensterblumen, dorthin, wo vordem die Nachricht über die Gesundung des Mädchens gelegen hatte. Dort lag es einige Tage; dann war es verschwunden.

In jener Zeit waren die Hedwigsschwestern noch sehr arm. Sie selbst begnügten sich mit einer Kost, die gerade so reichlich war, daß die Erhaltung ihres Lebens nicht ein ganz offenbares, wohl aber ein verborgenes Wunder war. Mein immer länger werdender Körper wollte sich indes an diese Wunderordnung nicht recht gewöhnen, und meine Tante, die genau wußte, ob ich satt war oder nicht, sah sich sorgsam um, wo und wie sie etwa eine kleine Zulage zu der Klosterportion bekommen konnte. Da sie Botengängerin des Klosters war, gelang es ihr zuweilen. Die Spender waren arme Leute. In jenem Winter wurden aber die Zulagen besonders regelmäßig und reichlich. Einmal sagte die Tante: »Es müssen abends Leute im Hofe gewesen sein, die haben gesehen, daß du von den drei Schnittchen Brot nicht satt wirst.«

Ich wurde über und über rot. Es war mir klar: Die beiden Mädchen sorgten in dieser Weise für mich. Aber mit ihrem Sündengelde!

»Tante, nimm das nicht mehr an!«

Tante Agnes erwiderte aber: »Du mußt dich deiner Armut nicht schämen!«

Da tat es mir leid, ihr die Freude an diesen Gaben zu nehmen – und ich hätte auch sonst nichts Genaueres verraten mögen.

Als das Frühjahr kam, wurde Tante Agnes krank und mußte in einer der Krankenstuben des Klosters verpflegt werden. Ich war darum auch nachts allein in meiner Stube. Ein altes Dienstmädchen des Klosters besorgte früh und am zeitigen Abend das Zimmer und brachte mir auch das Essen.

Eines Abends klopfte es an meine Tür. Ich meinte, es sei

dieses Dienstmädchen, das etwas vergessen hätte, und öffnete. Da waren auch schon die beiden Mädchen von der Laurentiusgasse in der Stube und sagten: »Laß uns! Sei still, wir tun dir nichts.«

Ich hätte auch kaum widersprechen können, so erschrocken war ich.

»Wir wollen heute nacht bei dir bleiben und dir dienen. Es weiß niemand etwas davon.«

O heiliger Thomas von Aquin, den ich damals hoch verehrte, du hättest ein brennendes Scheit genommen und die beiden Dirnen zum Teufel gejagt. Ich aber war so weichlich und feige, daß ich nicht einmal den Gärtner rufen mochte, der über mir wohnte. Ich sagte bloß: »Das geht doch nicht. Wenn es jemand hörte!«

Die beiden Mädchen baten sehr demütig. Kein unheiliges Feuer brannte in ihren Augen. Wieder sagte ich: »Was wollt ihr denn eigentlich? Ich brauche doch gar keinen Dienst!«

»Wir möchten dir die Füße waschen und das Bett zurechtmachen und bringen auch noch etwas zum Essen. Wir wollen doch wie die Sünderin im Evangelium sein. Wir sind heute die letzte Nacht in Breslau, wir haben Arbeit in Brieg angenommen, wir wollen morgen früh mit dem ersten Zuge fortfahren. Laß uns bei dir!«

»Da muß ich den Gärtner rufen!« und ich wollte rasch zur Tür.

Mein Gott, waren das Katzen! Da hatte die eine, deren Namen ich auch jetzt noch nicht weiß, schon den Schlüssel umgedreht und an sich gerissen. »Mach keinen Ärger und laß uns diese einzige Freude. Wir tun dir nichts und wissen, daß du uns auch nichts tust!«

»Ich fürchte mich nicht vor euch. Ich will aber mit Dirnen nichts zu tun haben!«

Da trat die Blaschke Liese nahe an mich heran und sagte: »Hat Jesus auch so zu der Sünderin gesprochen? Du willst doch einmal wie Jesus sein. Du bist doch so zu uns gewesen.«

»Da macht, was ihr wollt! Ich muß aber noch Schularbeiten machen. Stört mich nicht!« Ich setzte mich an meinen Tisch, stützte die Stirn in die Hände und begann zu lernen. Die Mädchen setzten sich geduldig auf den Stuhl und die Fußritsche meiner Tante.

Ewig kann man nun den Kopf nicht in die Hände stemmen, und auch meine Schularbeiten gingen zu Ende. Da kam das jüngere Mädchen zu mir, nahm mir die Hände von der Stirn und sagte: »Sei jetzt vernünftig! Du kannst uns sicher manches sagen, was wir brauchen können. Wir wollen doch jetzt ordentliche Mädchen sein. Wir haben den ganzen Winter über schon genug ausgestanden!«

Da wurde es ganz frei in mir. »Es ist wahr«, sagte ich, und nun kamen einige Stunden, von denen ich am liebsten nichts erzählen möchte. Denn was wir sprachen und taten, steht so sehr außerhalb des gewöhnlichen, alltäglichen Geschehens, daß es selbst in einem Roman wie eine unwahrscheinliche Erfindung wirken müßte. Ein siebzehnjähriger Gymnasiast wird als Träger des Göttlichen mit scheuer Ehrfurcht und andächtiger Liebe umgeben; Straßendirnen werden engelgleiche Wesen, heilige, demütig dienende Frauen, Fragerinnen nach Gottes tiefster Barmherzigkeit.

»Ist das wahr, was du uns von der Sünderin aufgeschrieben hast?« fragte die Blaschke Liese.

»Habt ihr denn keine Bibel gelernt?«

»Ich meine, ob du es für wahr hältst, so daß du auch so denkst. Das Gelernthaben und das Glauben, weil man gelernt hat, ist doch noch etwas anderes als das Wahrhalten und *Wahrmachen.*«

Ich war überrascht von diesen Unterscheidungen und fragte Liese, woher sie das habe. Sie wollte aber nicht mit der Sprache heraus, jedoch schien es mir, als ob sie aus sehr gutem Hause käme. Ich antwortete also: »Freilich glaube ich, daß die Erzählung des Evangeliums wahr ist und daß Jesus so gut gegen die Sünderin war. Ich selbst habe mich aber immer vor solchen Mädchen geekelt und gefürchtet.«

»Du hast mir aber keinen Vorwurf gemacht, sondern nur gefragt, ob ich – mein Kindlein lieb gehabt hätte. Daran habe ich erkannt, daß du ein Mensch bist, der wirklich an Jesus glaubt. Du warst bisher der einzige, der so zu mir sprach, und du hast mich dadurch gerettet.«

Ich wollte den feigen Versuch machen, solchen Jesusglauben in mir zu verdecken, indem ich anfing: »Ach, das ist bloß so gekommen.« Aber das jüngere Mädchen unterbrach mich: »Wir wollen ihn einmal richtig bedienen. Wir wollen doch ein Abschiedsmahl mit ihm halten!«

Und sie packte auch gleich ein Bündlein auf, brachte eine weiße Serviette, entfaltete sie und legte sie auf den Tisch, von dem Liese meine Bücher und Schreibgeräte sorgfältig beiseitetrug. Dann stellte sie eine kleine Karaffe auf den Tisch und hüllte aus weißem Papier drei große, reichlich belegte Semmeln.

»Woher habt ihr dies? Habt ihr's mit eurem Sündengeld gekauft?«

»Hat Jesus im Evangelium gefragt, ob die Sünderin die kostbare Salbe mit ihrem Sündengelde bezahlt habe? Aber sei nur unbesorgt! Wir haben seit dem Herbst kein Geld mehr mit Sünden verdient.«

Ich spielte eine schlechte Rolle als Nachahmer Jesu. Die Mädchen freuten sich, daß sie das Evangelium besser verständen als ich.

»Da du dir doch die Füße nicht waschen läßt, dürfen wir dir wenigstens Wasser eingießen zum Händewaschen. Du hast dich ja mit deinen alten Büchern und deiner Tinte schmutzig gemacht!« Sie taten, als ob sie bei mir daheim wären, öffneten den Waschtisch, gossen Wasser hinein. Seife und Handtuch nahmen sie aber aus ihrem Bündel.

»Seit wann habt ihr denn das Waschen gelernt? Im Herbst habt ihr ausgesehen, als ob ihr euch nie waschen würdet.«

»Das haben wir alles bei dir gelernt, denn wir hatten es wirklich schon vergessen. Du hättest eben deine Fenster besser verhängen sollen, wenn wir nicht so viel von dir lernen sollten!«

Ich wusch mir Gesicht und Hände, wie in Hoffnung, aus einem ganz sonderbaren Traume aufzuwachen. Aber die Mädchen waren immer noch da. Sie reichten mir das Handtuch und die Bürste, rückten mir Rock und Kragen zurecht, taten betulich und sagten immer wieder: »Wir haben doch heute unseren schönsten Abend!« Durch ihre unglaubliche Kindlichkeit befreiten sie mich von den letzten Beklemmungen und Ängsten, die noch in meiner Seele aufstiegen.

»Ihr seid wohl zur heiligen Beichte gewesen?«

»Warum?«

»Sonst könntet ihr doch nicht so gut und fröhlich sein!«

»Wir sind doch – nicht katholisch.«

»Da wollt ihr mit mir nur Spaß treiben?«

Jetzt wurden sie wieder ernst und baten mich, am Tische Platz zu nehmen. Sie rückten den Stuhl aber ein wenig zur Seite, und als ich mich niedergesetzt hatte, sprach die Älteste: »Wir wollen dir jetzt alles sagen, was wir Böses getan haben. Wenn du Priester bist, dann wirst du für uns beten, damit uns Gott unsere Sünden verzeihe.«

Und ehe ich Einspruch erheben konnte, knieten sie an meinem Stuhle nieder und fingen an zu weinen. Ich war ganz erschüttert und legte meine Hände um die Köpfe der Mädchen, die ihre Stirne an meine Knie preßten. Und ich ließ sie weinen und reden und schluchzen, wie sie wollten. Sie berichteten mir genau, wie sie das Glück ihrer Kindheit verloren hätten, wie sie durch Reue und Trotz auf den Weg der Sünde gekommen seien. Bild für Bild enthüllten sie, eine der anderen helfend, denn sie wußten alles voneinander. Und sie weinten und schluchzten wieder und schwiegen, bis die Jüngere plötzlich aufstand und rief: »Gott sei Dank, jetzt ist alles vorüber! Komm, Liese, sei wieder froh!« Und sie umarmten und küßten sich und lachten und weinten und lachten.

Ich hatte nur im stillen sagen können: »Barmherziger Jesu, der du gnädiglich geduldet, daß dir die Sünderin beim Mahle die Füße wusch und sie abtrocknete mit den Haaren ihres Hauptes . . .«

Die Mädchen hatten alles getan, was sie in ihrem damaligen Zustand tun konnten, um vor Gott gerechtfertigt zu werden. Sie hatten Glauben, sie hatten Liebe zu Jesus, dem Sünderheiland, sie hatten ihre Sünden bekannt. Ihr Frohlocken war die Antwort auf die Verzeihung Gottes.

Ich sagte ihnen: »Ich wünschte, ihr wäret katholisch und könntet morgen früh, noch ehe ihr nach Brieg reiset, aus dem Munde eines Priesters erfahren, wie lieb euch der Herrgott hat!«

Sie sahen mich groß an, fragten aber bloß: »Magst du jetzt mit uns das Abschiedsmahl essen?«

Alles hatten sie durch mein Fenster beobachtet, auch wo meine Tante ihr dürftiges Eß- und Trinkgeschirr aufbewahrte. Liese ging nach dem Schränkchen und holte einige Messer und Gläser. In der Karaffe war ein Viertelliter guter, süßer Wein. Wir aßen nun und tranken mit vieler Freude. Die drei Semmeln und der Wein waren wie ein großes, reiches Gastmahl Gottes.

Wenn ich jemals gespürt habe, daß der Heilige Geist meine Seele erfüllte und zum Reden zwang, so war es damals. »Ihr habt mich«, so begann ich, »so umdient und verehrt wie die Sünderin den Heiland. Ihr kommt mir jetzt wie Jüngerinnen vor, obwohl ich noch gar nicht Meister bin.«

Und die geistesrasche Liese antwortete: »Da du noch nicht Meister bist, in uns aber nun wahrhaftig der Meister wohnt, so haben wir auch einen Auftrag und eine Bitte an dich: Im Nachbarhause, die zweite Türe von hier aus, oben unter dem Dache, da wohnt ein Weichensteller, der infolge eines Unglücks ganz krank und verzweifelt ist. Den haben wir in letzter Zeit oft besucht und haben ihm das allererste Vertrauen auf Jesus beigebracht. Jetzt müssen wir ihn aber verlassen – und du mußt ihn besuchen und ihn heilen! Wir haben ihm versprochen, daß wir einen wirklichen Jesus zu ihm schicken wollen. Er denkt nämlich, daß er wegen falscher Weichenstellung zu Zuchthaus verurteilt wird, und hat vor lauter Schreck und Angst über den verunglückten Zug wochenlanges Fieber und einen Ausschlag über den ganzen Kopf bekommen, daß er aussieht wie ein Aussätziger. Wehe dir, wenn du ihn nicht gesund machst; denn er ist gewiß unschuldig!«

Glaube und Hoffnung reden manchmal ganz unwahrscheinlich und unvernünftig. Ich glaubte nun, eine gute Figur zu machen, wenn ich vernünftig und nüchtern fragte: »Was habt ihr ihm denn sonst noch alles vorgeredet?«

Liese antwortete: »Der Mann kann nur durch Hoffnung wieder gesund werden, weil er durch Verzweiflung krank geworden ist. Darum habe ich ihm erzählt, daß Jesus einmal zu dem Hause eines Sünders kam. Das war aber freilich kein Weichenstellerhaus, sondern ein Zollhaus, also doch etwas Ähnliches. Da saß der Zöllner drin und guckte heraus. Alle Menschen, die vorbeikamen, sagten: Das ist auch so ein Sünder, ein Gottverlassener! Als aber Jesus mit seinen Jüngern vorbeikam, schaute er ganz gütig und liebreich zum Fenster hinein, so daß es den Zöllner warm überlief, und Jesus sagte einfach: Folge mir nach! Da vergaß der Zöllner alles, was er hatte, alle seine Habe und alle seine Schande, und folgte bloß dem Heiland nach!«

»Ja«, mischte sich die Jüngere ein, »darauf ist sie gekommen, als wir den Plan faßten, einmal mit dir zu essen. Da sagte ich: Der wird doch nicht mit ein paar Dirnen von der Laurentiusgasse essen. Die Liese aber kann die Bibel wie ein Pastor und sagte gleich, Jesus habe auch mit Sündern gegessen.«

Liese wußte auch sofort diese Bibelstelle:

Und es begab sich, daß er, der Herr Jesus, zu Tische saß in seinem Hause, nämlich des Zöllners Levi, den wir jetzt Matthäus nennen. Da setzten sich viele Zöllner und Sünder zu Tische mit Jesus und seinen Jüngern. Denn ihrer waren viele, die ihm nachfolgten. Und die Schriftgelehrten und Pharisäer, da sie sahen, daß er mit den Zöllnern und Sündern aß, sprachen zu seinen Jüngern: »Warum isset und trinkt er mit den Zöllnern und Sündern?« Da Jesus dies hörte, sprach er zu ihnen: »Die Starken bedürfen keines Arztes, sondern die Kranken. Ich bin gekommen zu rufen die Sünder zur Buße, nicht die Gerechten.«

Diese letzten Worte sprach Liese mit erhobener Stimme. Dann deckte sie ihr Gesicht mit den Händen zu und weinte wohl. Es war eine Zeitlang ganz still in meiner Stube.

Mich schläferte, denn es war schon lange nach Mitternacht. Ich wollte den Mädchen sagen, sie sollten in meiner Stube bleiben und ein wenig schlafen, mich aber sollten sie in den Schuppen nebenan gehen lassen. Ich sagte wohl auch etwas Ähnliches, aber ich konnte nicht aufstehen, die Mädchen kauerten auf dem Fußboden und lehnten sich aneinander und schwiegen und redeten und schwiegen wieder. Dann war ich bei dem Weichensteller im Nebenhause. Er hatte einen großen Grind über das ganze Gesicht, und es waren lauter Säulen ringsum, es war ein Tempel, es war im Dom, und ganz hinten unterm Sängerchor beim Franziskanerbeichtstuhl stand der Zöllner mit dem Grind im Gesichte.

Da fuhr mir das jüngere Mädchen mit dem nassen Handtuch übers Gesicht und sagte: »Du mußt noch ein wenig aufpassen, denn wir sind noch nicht satt. Fang nochmal an, Liese!«

Liese faßte mich bei der Hand und sagte: »Versprich es mir

jetzt, daß du morgen zu dem kranken Weichensteller gehst. Er hat schon angefangen, auf Gottes Barmherzigkeit zu vertrauen, aber das Lichtlein löscht immer wieder aus.«

Und ich war trotz des nassen Handtuches gleich wieder im Tempel von Jerusalem, und die beiden Mädchen kamen in weißen Kleidern und mit brennenden Kerzen, und ich saß in der Neu-Gersdorfer Kirche und fühlte, daß der neue Tuchfleck von Fräulein Rosel schon wieder von meinen Sonntagshosen abriß, und ich mußte in den zerrissenen Hosen durch ganz Breslau gehen; denn ich fand nicht mehr nach Hause.

Da klopfte es an meine Tür. »Joseph!« Es war das alte Dienstmädchen vom Kloster; sie brachte das Frühstück. Es war lichter Tag. Ich stellte auch fest, daß ich, fürsorglich zugedeckt, im Bette lag und die Messe verschlafen hatte. Auf! In fünf Minuten mußte ich schon unterwegs zum Gymnasium sein. Hatten mir die Mädchen ein Schlafpulver eingegeben? Ich war so frisch und munter, daß mir das Herz im Leibe lachte. Will doch sehen, ob sie etwas mitgenommen haben! Nein, es lag alles an Ort und Stelle. Aber aufgeräumt hatten sie. Kein Schnitzel Papier, kein Stäublein war zu sehen. Auf dem Tische lag ein zusammengefaltetes Blatt mit der Aufschrift: »Für den Herrn Weichensteller M. R.« Ich steckte es in eines meiner Schulbücher und wollte es in der ersten Pause revidieren.

Wir trieben in der ersten Stunde lateinische Grammatik, die ich sonst eigentlich recht gern hatte. Aber mir war es, als ob ich schon ein alter, reifer Mann gewesen wäre und nun plötzlich wieder auf der Schulbank sitzen müßte. Ich war doch mitten im Leben gewesen und konnte mich jetzt nicht ins Leben hineinfinden. War denn das überhaupt Leben, diese lateinische Grammatik? Da war doch der gestrige Abend ein anderes Leben gewesen! Hatte ich bis dahin überhaupt gelebt? War nicht alles eitel Spiel gewesen, selbst meine Religion? Ich sehnte mich nach der ersten Pause, und als sie kam, lehnte ich mich an den alten Brunnen des Schulhofes, eines früheren Klosterhofes, und faltete begierig das Papier für den kranken Weichensteller auf. Ich meinte, es sei ein tröstender Abschiedsbrief der beiden Mädchen an den unglücklichen Mann.

Es stand aber folgendes darin geschrieben: »Jesus sagte aber zu etlichen, die sich selbst vermaßen, daß sie fromm wären, und verachteten die anderen, ein solches Gleichnis: Es gingen zwei Menschen hinauf in den Tempel zu beten, einer ein Pharisäer, der andere ein Zöllner. Der Pharisäer stand und betete bei sich also: ›Ich danke dir, o Gott, daß ich nicht bin wie andere Leute, Räuber, Ungerechte, Ehebrecher oder auch wie dieser Zöllner. Ich faste zweimal in der Woche und gebe den Zehnten von allem, was ich habe.‹ Und der Zöllner stand von ferne, wollte auch seine Augen nicht aufheben gen Himmel, sondern schlug an seine Brust und sprach: ›Gott, sei mir Sünder gnädig!‹ Ich sage euch: ›Dieser ging hinab gerechtfertigt in sein Haus vor jenem. Denn wer sich selbst erhöht, wird erniedrigt, und wer sich selbst erniedrigt, der wird erhöht werden.‹ Elisabeth Blaschke und ihre neue Schwester sind sehr glücklich geworden, und der kranke Herr M. R. wird auch sehr glücklich werden.«

DER KRANKE WEICHENSTELLER

Das Nachbarhaus hatte zwei Türen. Die eine sah aus wie eine Stalltür, die andere mußte von einem Schlosse stammen, denn sie war mit dürftigen Resten von Barockornament und einer verstümmelten Baronenkrone geschmückt, aber, damit sie sich in die kleineren Verhältnisse einpasse, unten und oben und an der Angelseite mitten durch Ornament und Fuge beschnitten. Die Treppe, auf der ich zu der Dachstube des Weichenstellers emporstieg, hatte dreierlei verschiedene Stufen, darunter einige sehr fein profilierte, so daß man die Beine beim Aufstieg ebenso sorgsam stellen mußte wie ein Weichensteller die Schienenweiche. Die Tür des Weichenstellers hatte offenbar einmal die Geheimnisse eines Gartenpavillons verschlossen, denn in ihre Blindglasscheibe war eine sommerlich gekleidete Flora mit einer großen Tüte voll Blumen eingeätzt.

Die Frau des Weichenstellers öffnete mir die innen angehakte Tür. Sie war ganz Auge. Ich sah an ihr nur Auge, so wie das Auge ist, wenn plötzlich der Gendarm oder der Gerichtsvollzieher davor steht, sich aber sogleich in eine Dame vom Vinzenzverein verwandelt. Wie die Frau bekleidet war, kann ich nicht sagen; es lohnt sich nicht, es war entschieden zu wenig, und das wenige zu formlos und zu schmutzig. Sie hatte eben die Dielen gewaschen und hielt den feuchten Wischhader über die Brust.

»Man soll sehen und nicht sehen«, hatte mir mein Beichtvater für den Bereich der modernen Malerei und Plastik als Regel gegeben. Darum entschied ich mich dafür, in diesem Falle nicht zu sehen, sondern nur zu sagen: »Ich wollte einmal sehen, wie es Ihrem Manne geht, und ich sollte auch einen Zettel von Fräulein Elisabeth Blaschke abgeben.«

Jenseits der überschwemmten Dielen stand ein Bett. Als ich hinsah, ging es mir schier wie dem Zicklein in der Fabel: Ich dachte zuerst, es läge eine alte, verschrumpelte Großmutter im Bett, mußte aber erkennen, daß es der Wolf oder vielmehr ein noch viel häßlicheres Tier sei. Ein einziger Grind in Napfkuchenform lag dort, wo sonst zwischen den Wulsten des Kopfkissens und der Zudecke der Menschenkopf liegt. Oben wuchsen Menschenhaare heraus, etwas weiter unten waren zwei Löcher, in deren Tiefe es funkelte; dann kam eine ungefähr nasenartige Erhöhung und dann ein Spalt mit schönen roten Lippen und frischen weißen Zähnen. Das Bettzeug war frisch und weiß.

Jetzt bewegte sich eine Hand, die sich aus dem Gebett herauswühlte, auf mich zu, und schon lag auch meine Hand darin wie ein gefangener Vogel, währenddes sich mein Magen schier umkehrte vor lauter Übelkeit. So weichlich und feige wird man in dieser Zeit, in der alles Krankheitselend fürsorglich in den Krankenhäusern eingeschlossen wird, während es früher die Straßen und die Kirchenportale zu einer Predigt der menschlichen Hinfälligkeit und des heroischen Opfermutes machte, so daß mancher ein Held der Liebe wurde, wenn er vorbeigehen wollte.

»Was macht denn die gute, gute Liese? Sehen Sie, so schön hat sie mir das Bett gewaschen und gemangelt! Ist sie denn wirklich fort?«

Ich begann, von der letzten Nacht zu erzählen, las dem Kranken auch den Zettel mit dem Evangelium vom Pharisäer und Zöllner vor, dachte aber gleichzeitig darüber nach, ob nicht mein Tugendeifer schuld daran war, daß dem Elenden seine treue Pflegerin verlorengegangen. Man soll die Sünder nicht um der Tugend willen voneinander trennen, solange sie sich die höchste und alle anderen umschließende Tugend barmherziger, helfender Liebe erweisen.

Die beiden Gruben mit den funkelnden Tiefen füllten sich mit Tränen, so daß ich auf einmal die Lüge sagte: »Die Blaschke Liese hat mir gesagt, daß sie bald einmal wiederkommt.«

Für solche Lügen scheint Gott die Gewähr zu übernehmen; er erfüllt die darin liegende Prophezeiung. An einem der nächsten Sonntage kam Blaschke Liese tatsächlich von Brieg hergefahren, nur um einige Stunden bei ihrem kranken Freunde zu sitzen.

Aber der Kranke verstand meine Worte anders und sagte: »Ja, ja, sie hat mir's versprochen: Ich werde Ihnen einen anderen Tröster senden, hat sie gesagt. Sie ist doch evangelisch, und da denkt sie, da Sie katholisch sind, könnten Sie mir alles noch besser sagen.«

»Wollen Sie nicht einmal einen katholischen Geistlichen mit den heiligen Sakramenten kommen lassen?« fragte ich ihn, weil ich mir dachte, daß dies so richtig sei.

Aber schon kam die Frau an mich heran, griff mich an der Schulter und stieß hervor: »Reden Sie nicht davon, sonst bekommt er wieder einen Anfall.«

Der Kranke hatte sich abgewendet und sprach für sich: »Die gute Liese sagte, er werde reden wie Jesus, der Freund der Sünder und der Zöllner, und werde mich gesund machen. Und jetzt will er mir bloß einen Geistlichen aufreden!«

»Ich dachte, weil die Geistlichen Stellvertreter und Diener Jesu sind«, sprach ich, um meine Voreiligkeit wieder gutzumachen.

Da erklärte die Frau, es sei schon ein Geistlicher dagewesen, aber er habe bei der Ölung die Stirn nicht berühren mögen wegen des Ausschlags und habe ihm auch nicht die Hand auf den Kopf legen wollen. »Das müssen Sie dem Herrn nicht so übelnehmen, er konnte vor Mitleid nicht«, log ich wieder und faßte den Mann an den Schultern, beugte mich zu ihm nieder, und in aufwallendem Trotz gegen den dummen Ekel küßte ich die grindige Stirn, legte dann meine Hand auf das struppige Haar, so daß er es fühlen mußte, und sprach: »Ich will auch einmal Geistlicher werden. Lassen Sie sich von mir segnen, als ob ich es schon wäre.«

Jetzt ging das stille Weinen des Mannes in ein heftiges Schluchzen über. Er ergriff meine beiden Hände und sprach: »Davon könnte ich gesund werden.«

Ich hatte mich als Junge immer geschämt, etwas nicht anrühren zu mögen, etwa eine geifrige Schnecke oder eine eklige Kröte oder einen borstigen Wurm. Und es hatte mir keine Ruhe gelassen, bis ich den Ekel überwand. Was Gottes Hand geschaffen hat, muß auch meine Hand berühren können, so hatte ich mir selber befohlen. Aber es ging mir immer sehr an die Magennerven. Diesmal war von solcher Berührung mein ganzes Wesen umgewandelt. Man muß erst etwas küssen, dann ist man ihm mit Leib und Seele verfallen. Umgekehrt kann ein solcher Kuß auch das Wesen des anderen so sehr verwandeln, daß neues Leben und neue Gesundheit in ihm entsteht.

»Sagen Sie mir, daß ich wieder gesund werde! Liese Blaschke hat mir versprochen, Sie werden oft zu mir kommen und mir immer erzählen, wie Jesus die Kranken heilte – bis ich wieder gesund werde. Ich möchte einmal von einem Kranken hören, der so häßlich war wie ich. Aber Liese sagte mir, ich sei gar nicht häßlich. Sagen Sie: Gibt es nicht einen solchen Kranken im Evangelium? Ich kann mich doch so erinnern!«

Es war ein Glück für dieses Buch, daß es sich so traf, denn ich hätte sonst eine große Lücke lassen oder allzuviel aus meiner späteren priesterlichen Tätigkeit hier an unrechter Stelle einweben müssen. So aber erlebte ich schon als ungeistlicher Sekundaner mit dem kranken Weichensteller innerhalb von drei Wochen das ganze Wunderwirken Jesu.

Und es war ein Glück für mich, daß ich in den letzten Ferien meines Großvaters verbotene Bibel mit nach Breslau gebracht hatte, so daß ich mich auf meine Krankenbesuche gut vorbereiten konnte. Es war ja alles so wunderbar, daß es sich für ein modernes Buch gar nicht paßt. Aber vielleicht gibt es auch eine Vorsehung für zukünftige Bücherschreiber, für die ja sonst schlecht genug gesorgt ist.

Die Frau hatte unterdes die Dielen soweit abgetrocknet, daß wir nicht mehr die Illusion haben konnten, etwa am See Genezareth oder am Teich Bethesda zu weilen. Sie hatte feinen Odersand aufgestreut, so daß wir eher denken konnten, bei Jesus in der wunderreichen Wüste zu weilen. Auch hatte sie sich soweit angezogen, daß sie des Wischhaders nicht einmal mehr zur Bedeckung ihres Körpers bedurfte. Sie und ihre Stube sahen im Verein mit dem frisch gewaschenen Bette sogar ein wenig sonntäglich aus. Sie nahm mich beiseite und sagte: »Sie müssen dem Manne immerfort erzählen, so daß er nicht mehr an das Eisenbahnunglück und an den Prozeß denkt.«

»Prozeß?« fragte ich.

»Ja, sie haben ihn schon in zwei Instanzen verurteilt. Jetzt hängt's bei der letzten. Und da hält er es nicht mehr aus, obwohl er unschuldig ist. Glauben Sie, er ist wirklich unschuldig; denn er hat nie getrunken und nahm immer bloß Kaffee mit in den Dienst. Gehen Sie und reden Sie, damit er wieder etwas zu denken hat. Das Denken macht gesund!«

Da ging ich wieder zu dem Kranken und setzte mich an den Rand seines Bettes. Er zog die Beine zur Seite, damit ich gut sitzen könne. »Ich kann aber«, begann ich, »die Evangelien nicht so gut auswendig wie die Liese. Doch das von dem häßlichen Kranken weiß ich noch ein wenig. Das war ein Aussätziger in einer Stadt. Der hatte aber nicht bloß das Gesicht so böse, sondern den ganzen Körper. Ich habe einmal eine Photographie von einem solchen Unglücklichen gesehen. Das war von oben bis unten lauter Elend und Jammer. Er hatte nicht einmal mehr richtige Finger, sondern nur noch Stumpfen. Da sind Sie ein ganz gesunder Mann dagegen.«

»War der aus dem Evangelium auch so elend?«

»Ja, das Evangelium sagt, es war ein Mann *voll* Aussatzes.«

»Da kam Jesus zu ihm und küßte ihn?«

»Das weiß ich nicht. Aber als er Jesus sah, fiel er auf sein Angesicht und sprach: ›Herr, wenn du willst, so kannst du mich reinigen.‹ Da erbarmte sich Jesus seiner, streckte seine Hand aus« – ich tat nun unwillkürlich dasselbe –, »rührte ihn an und sprach zu ihm: ›Ich will, sei gereinigt!‹ Und als er gesprochen hatte, wich sogleich der Aussatz von ihm, und er war rein.«

Jetzt fuhr der Weichensteller mit der Hand an sein Gesicht und sagte: »Ich glaube, der Grind geht schon los.«

Ich hielt aber sogleich die Hand ein: »Lassen Sie, das muß langsam abheilen!«

Ich sah noch gar nichts vom Besserwerden und fürchtete mich, daß die armen Leute enttäuscht werden könnten. Rief darum: »Ich bin doch kein Wundertäter und könnte nicht mehr herkommen, wenn Sie so denken! Jesus konnte auch nicht mehr öffentlich in eine Stadt kommen, weil der Geheilte die Sache überall verbreitete. Er mußte sich an öden Orten verstecken, denn er wollte zwar Barmherzigkeit üben, aber keinen Wunderglauben verbreiten. Sie fanden ihn indessen und strömten von allen Seiten zu ihm. Aber so wollte er die Religion nicht haben.«

Das von Gott und nun auch von mir heimgesuchte Ehepaar achtete kaum meiner Mahnung, sondern blieb voll froher Hoffnung. Ich verabschiedete mich, ich müsse noch viel Schularbeiten machen, und ging in mein Klostergartenhaus zurück, nicht ganz ohne das Gefühl, wieder eine rechte Dummheit gemacht zu haben.

DER HERR DES SABBATS

Unter den Klosterschwestern verbreitete sich das Gerede: »Der Joseph geht zu den schlechten Leuten auf der Laurentiusgasse; der wird doch keinen Beruf zum Priestertum haben, oder wenn er ihn hatte, wird er ihn verloren haben.«

Ich sagte meiner Tante: »Das ist mir ganz egal, ob ich Beruf zum Priestertum habe oder nicht. Wenn mich dieser Beruf daran hindert, zu den Menschen zu gehen, dann mag ich ihn gar nicht.« Sagte es so zornig, daß ich meinte, Tante Agnes würde in Tränen ausbrechen. Es kam ihr auch so etwas aus den Augen, aber sie lächelte gleich und sagte: »Wenn du es nur für recht hältst!« Tante Agnes hatte eine tiefe Weisheit in ihrem Jungfrauenherzen. Ich hatte nur Zorn und Trotz in mir: »Ich lasse mir keine Klosterschwesternmoral aufdrängen; ich lasse mir überhaupt von den Menschen keine Vorschriften machen!« Und ich begann mich zu fürchten vor den vielen Standesverpflichtungen und Rücksichten der Geistlichen.

Da hieß es, daß wir, Tante und ich, eine neue Stube bekommen würden, hoch oben im vierten Stock der Hirschstraße 33. Eine jähe Freude kam über mich. Hoch oben wohnen! In weitem Blick den großen Klostergarten und den benachbarten Friedhof überschauen können! Das Haus war erst vor kurzem erworben worden, das Gärtnerhäuslein sollte niedergerissen werden. Da war es selbstverständlich, daß wir umziehen mußten, und es war eine bedeutende Verbesserung für uns. Ich faßte nicht den geringsten Argwohn, einer pädagogischen Maßregel zum Opfer gefallen zu sein. Und die damalige Generaloberin mit ihren großen, tiefen Augen, die einstige Schwester Felizitas, die Inquisitorin in meiner ersten Liebesbriefangelegenheit, sah auch gar nicht nach einer so dummen pädagogischen Maßregel aus. Wer kann einen jungen Mann hindern, wenn er einmal will! Und was nützt alles Hindern, wenn es nicht vom innersten Leben der Seele ausgeht und von da den Willen lenkt!

Aber es blieb in mir das Empfinden, daß ich mich gegen irgend etwas würde wehren müssen. Der Sabbat ist um der Menschen willen da, nicht der Mensch um des Sabbats willen. So oft ich nun das ernste Herz-Jesu-Bild in der Klosterkirche anschaute, fand ich keine andere Anbetung als: »Jesus, du Herr des Sabbats!« Es war mir, als wüchse die Persönlichkeit Jesu auf einmal über das ganze Alte Testament hinaus, als führe Jesus nun ein freies Volk durch alle Schranken dieser Erde. Es fielen Ketten von mir ab.

Am Palmsonntag stieg ich wieder die dreierlei Stufen zu dem Stüblein des Weichenstellerpaares hinauf, wohlvorbereitet auf eine biblische Erbauungsstunde. Da ich am Gründonnerstag in die Osterferien fahren wollte, mußte ich meinem Kranken so viel Trost und Kraft bringen, daß es für drei Wochen reichte. Rein aus dem äußerlichen Grunde, daß Ostern in der Nähe war, wählte ich die Krankenheilungen am zweiten Osterfest der Lehrzeit Jesu. Aber erst bei der Erzählung und Unterhaltung merkte ich, daß Jesus für mich gewählt hatte. Denn auf einmal erschien vor meiner Seele – der Herr des Sabbats.

Die Frau des Weichenstellers hatte mich schon die Treppe heraufkommen sehen und wartete an der offenen Tür. Zuerst gab es wieder ein kleines Widerstehen meines Magens gegen den Anblick des braunschwarzen Napfkuchens in den weißen Kissen. An den weißen Zähnen erkannte ich aber, daß da etwas freundlich war und zu lächeln versuchte. Und erst recht an der bleichen Hand, die sich um meine Finger krampfte.

»Gelt, ich bin ein Wundertäter?« sagte ich zum Gruß. »Der Ausschlag will immer noch nicht weichen.«

»Der muß aber schon viel kleiner sein! Weib, gib mir doch mal den Spiegel«, antwortete der Kranke.

»Nein, nicht den Spiegel!« bat ich. »Ich bringe Ihnen heute eine Geschichte, die für Sie auch ein Spiegel ist.«

»Meine Frau hat mir jetzt ein Neues Testament gekauft.« Es war ein ziemlich altes Testament, hatte zwar noch Blätter und Ecken, aber keinen Rücken mehr.

»Ah, da haben Sie mich wohl gar nicht mehr nötig!« rief ich aus, nicht ganz ohne Eifersucht und Trauer.

»Oh, Sie müssen mir das Evangelium predigen! Das Gelese ist nichts. Das muß man hören. Und das Weib kann auch nicht einmal gut lesen.«

Als ich aber auswendig meine Geschichte erzählen wollte, blieb ich schon bei den ersten Sätzen stecken, und ich nahm nun doch das Buch zu Hilfe.

»Wissen Sie«, so begann ich, »nächsten Sonntag ist Ostern. Da kann ich nicht kommen, weil ich heimfahre. Da wird aber Jesus selber bei Ihnen sein. Jesus hat das Osterfest immer besonders gern gefeiert. Es war das Hauptfest der Juden. Hören Sie, da heißt es: Hierauf war ein Fest der Juden, und Jesus ging hinauf nach Jerusalem. Es ist aber in Jerusalem der Schafteich, welcher auf hebräisch Bethsaida heißt und fünf Hallen hat. In diesen lag eine große Menge von Kranken, Blinden, Lahmen, Abgezehrten; da waren natürlich auch Leute mit Ausschlag dabei, welche die Bewegung des Wassers abwarteten. Denn ein Engel des Herrn stieg zu bestimmter Zeit in den Teich hinab, und das Wasser kam in Bewegung. Wer nun zuerst nach der Bewegung des Wassers in den Teich hinabstieg, der wurde gesund, mit welcher Krankheit er auch behaftet sein mochte. Es war aber daselbst ein Mensch, welcher seit achtunddreißig Jahren krank war. Und als Jesus diesen liegen sah und wußte, daß er schon lange so war, sprach er zu ihm: ›Willst du gesund werden?‹ Der Kranke antwortete ihm: ›Herr, ich habe keinen Menschen, der mich in den Teich brächte, wenn das Wasser in Wallung gerät.

Denn ehe ich allein hinkomme, steigt ein anderer vor mir hinab.‹ Da sprach Jesus zu ihm: ›Steh auf, nimm dein Bett und gehe!‹ Und sogleich ward der Mensch gesund, und er nahm sein Bett und ging. Es war aber Sabbat an demselben Tage. Da sprachen die Juden zu dem Geheilten: ›Es ist Sabbat, du darfst dein Bett nicht tragen!‹ Er jedoch antwortete ihnen: ›Der mich gesund gemacht hat, sprach zu mir: Nimm dein Bett und gehe.‹ Da fragten sie ihn: ›Wer ist der Mensch, der zu dir gesagt hat: Nimm dein Bett und gehe‹? Der Geheilte aber wußte es nicht, denn Jesus war fortgegangen von dem Volke, das sich an jener Stätte aufhielt.«

»So sind die Menschen!« seufzte die Frau Weichensteller. »Selbst dem Herrgott möchten sie Vorschriften machen!«

Diesen Gedanken muß sie aus mir herausgelesen haben, und ich hätte ihn gern erörtert, fühlte aber zugleich den stillen Neid auf den Wunderglauben des Weichenstellers. Darum sagte ich: »Dem Heiland ging es nicht so sehr darum, daß der Mann gesund werde, es kam ihm vor allem darauf an, daß er nicht mehr sündige. Als der Kranke das Bett heimgetragen hatte, ging er gleich in den Tempel. Dort suchte ihn Jesus und sprach zu ihm: ›Siehe, du bist gesund geworden, sündige nun nicht mehr, damit dir nicht etwas Schlimmeres begegne (nämlich der Verlust des ewigen Lebens)!‹ Da ging dieser Mensch hin und verkündigte es den Juden, daß es Jesus sei, der ihn gesund gemacht habe. Darum verfolgten die Juden Jesum, weil er dies am Sabbat getan.«

Der Weichensteller hatte seine Hände gefaltet und seinen Kopf ein klein wenig zur Seite gelegt. Es schien, als wolle er rufen.

Seine Frau beschäftigte sich am Ofen. Sie wollte mich zu einer Tasse Kaffee einladen. Darum las ich still in der Bibel weiter. Es war die Zeit des Sonntagnachmittags, da es auf den kleinen Gassen Breslaus dorfstill wird. Die Vorfrühlingssonne leuchtete sommerwarm, und alles war hinausgezogen in die Umgebung der Stadt. Ich las, und es wurde weit und ewig um mich her; ich glaubte, das allerschönste Kapitel des Neuen Testamentes gefunden zu haben: »Jesus und sein Vater.« Und es zog mich in das Evangelium hinein. »Ich und der Vater«, glaubte ich, könne das Kapitel heißen. Jesus ward ganz hineingetragen in mein Ich, und mein Ich war wie eins mit Jesus. Eine wunderbare Mystik hob mich über alles menschliche vernünftige Denken. Einheiten wurden, wo Zweiheiten waren. Des ewigen Vaters Arm legte sich um mich, und seine Hand hielt meine Hand. Und es war in meiner Hand, als hätte sie die Welt gegründet und lenke sie und wirke alles, was der Vater wirkt. Und es war auf meinen Lippen, als sollte ich zum ersten Male der Welt des Vaters Wort verkünden, ganz sein Werkzeug, ganz seine Ausstrahlung, ganz sein Kind, sein Sohn – als sollte ich die Welt überwinden, indem ich das weltliche Denken überwand und in überweltlichem Denken mit dem Vater eins wurde. Wie ein Sonnenstrahl kam dies und nahm dem armseligen Gymnasiasten auf einen einzigen Sonntagnachmittagsaugenblick alles irdische Wesen und erleuchtete alle Tiefen bis zum Urgrund, bis zum göttlichen Wesen.

Darum verfolgten die Juden Jesum, weil er dies am Sabbat getan. Jesus aber antwortete ihnen: »Mein Vater wirkt bis jetzt, und ich wirke auch.«

O Jesus, ich denke, der Vater ruht am siebenten Tage? Ah, ich habe ja schon Hebräisch gelernt! Das Imperfektum steht für das Futurum »am siebenten Tage ruhte er«, heißt: »am siebenten Tage *wird* er ruhen.« Ganz recht, wir müssen noch innerhalb des sechsten Tages sein, denn der Mensch ist ja noch gar nicht fertig. Darum wirkt der Vater noch. Er hat noch keinen Sonntag. »Und auch ich wirke«, sagst du, Jesus.

Auch ich wirke, Jesus, auch wenn die Menschen denken, sie seien schon fertig und dürften Sabbat feiern. Auch ich will sie in ihrer Ruhe stören und ihnen sagen: Ihr seid noch lange nicht fertig. Heiliger muß eure Persönlichkeit werden, vollkommener euer Staat, größer, herrlicher, makelloser eure Kirche!

Da war ein Frühlingsgewitter heraufgezogen, so schnell und urgewaltig. Ein Blitzschlag zuckte an dem kleinen Giebelfenster vorbei. »O Jesus!« rief der Kranke, aufgeschreckt aus seinem Sinnen. Mir aber war die Gewalt des Donnerschlages nur wie eine leise Stimme vor dem Gewaltigen, das in meiner Seele vor sich gegangen: Der Vater, Jesu größte Offenbarung! Den Juden mußten Mordgedanken kommen. Fieberkrank mußte eine solche Offenbarung das Volk mit seinem kleinlichen, schulgemäß herabgeminderten Gottesgedanken machen. »Der Vater wirkt noch«, obwohl sie ihn schon eingesperrt hatten in ihren engen, toten Begriff. Er lebt, und sein Leben ist der Sohn, in dem er wirkt. Er lebt, und sein Leben flutet über alle Engen und Grenzen, über Gesetz und Sabbat hinaus.

Am Herde stand ein kleiner, weiß gedeckter Tisch, der einzige Tisch in der Stube. Die Frau stellte ein zierliches Porzellangeschirr darauf, an dem in goldenen Buchstaben leuchtete: »Dem Bräutigam«, »Der Braut«. Ich wurde nun zum Kaffeetrinken genötigt und wollte dann heimgehen. Da sagte der Weichensteller, als sei dies die Frucht seiner biblischen Erwägungen: »Ich glaube, es kam *Jesu* mehr darauf an, die Menschen vom Sabbatgebot als von der Krankheit zu erlösen.«

Ich wollte noch einmal die Stelle vom Herrn des Sabbats nachschlagen, versah mich aber in den Verweisungsziffern des Buches und fand eine andere Sabbatgeschichte im zwölften Kapitel des Matthäusevangeliums: Jesus kam in die Synagoge der Juden. Und siehe, da war ein Mensch, der eine verdorrte Hand hatte, und sie fragten ihn und sagten: »Darf man auch am Sabbat heilen?«, um ihn verklagen zu können. Er aber sprach zu ihnen: »Welcher ist unter euch, der ein Schaf hat, und wenn es am Sabbat in eine Grube fällt, selbes nicht ergreift und heraushebt? Um wieviel besser ist ein Mensch als ein Schaf. Es ist also erlaubt, am Sabbat Gutes zu tun.« Alsdann sagte er zu dem Menschen: »Strecke deine Hand aus!« Und der streckte sie aus, und sie wurde wieder gesund wie die andere. Die Pharisäer aber gingen hinaus und hielt Rat wider ihn, wie sie ihn ums Leben bringen könnten. Da nun Jesus dies wußte, ging er von da weg, und es folgten ihm viele nach, und er machte sie alle gesund. Und er befahl ihnen, daß sie es nicht offenbaren sollten.

Ich hatte erst leise für mich, dann aber, zum Bett des Kranken tretend, lauter gelesen. Der Kranke hörte nicht nur das Wort Gottes, er verkostete, er aß es. Und ich hatte das bestimmte Gefühl, daß man einem solchen Manne die Bibel nicht erklären, sondern nur darreichen müßte. Es war auch Zeit zum Heimgehen. Darum nahm ich seine Hand und sagte, ich wolle das nächste Mal nach den Osterferien wiederkommen.

»Da soll ich allein bleiben! Wie lange?«

Es werde wohl beinahe drei Wochen dauern.

»Drei Wochen!« Der Kranke begann zu beten. »Da kommt das Urteil, und ich werde ins Zuchthaus müssen. O Jesus!«

»Sie! Schnell!« rief die Frau. »Er bekommt einen Anfall!«

»Da werde ich zu Ostern hier bleiben und Ihnen helfen«, versprach ich plötzlich.

»Nein, das dürfen Sie nicht! Ihre Mutter, Ihr Vater ... o Jesus!« Und das Elendsantlitz wurde so jammervoll, daß ich ganz erschüttert war und nicht mehr wußte, was ich in der Aufregung sprach: »Still, still! Ich weiß es von Jesus, vom Vater. Er wird das geknickte Rohr nicht zerbrechen und den glimmenden Docht nicht auslöschen. Ich weiß es: In zwei Wochen werden Sie freigesprochen, und in drei Wochen werden Sie aus dem Bett aufstehen. Glauben Sie!«

Mein Gott, was hatte ich getan! Prophezeit, gelogen! Ein Ruck ging durch den bebenden Körper, ein lauter Aufschrei: dann war alles still.

Ich wartete noch ein wenig. Es kam ein wildes Vertrauen über mich: Es ist gesagt, ich nehme es nicht zurück. Die Fingernägel bohrten sich in das Weiche meiner Handteller. Ich war wie im Krampf.

Da brachte die Frau ein nasses Handtuch und fuhr mir über die Stirn. Ich sah das kleine Fenster und draußen die Gasse. Die kugeligen Steine waren abgewaschen vom Gewitterregen, und jeder hatte ein glänzendes Auge, aus dem mich die Sonne anleuchtete.

Jetzt sagte der Kranke: »Ich glaube Ihnen. Fahren Sie zu Ihren lieben Eltern, und wenn Sie wiederkommen, wollen wir glücklich sein!«

Am selben Abend sagte mir eine Klosterschwester: »Sie werden ja ganz bleich vom vielen Studieren. Sie wachsen zu schnell. Es ist gut, daß die Ferien kommen.«

Es gibt manche Stunde, in der man sehr schnell wächst.

DIE WUNDER JESU IM SCHUPPEN

Der Schuppen neben meiner Stube, in dem die beiden Sünderinnen auf der Flucht vor der Sünde öfters übernachtet hatten, war von unverkennbarer Ähnlichkeit mit dem Schuppen, der sich einst an die Nordwestseite meines väterlichen Hauses lehnte und erst seit einem Jahre einem Ziegelaufbau gewichen war. Wie ein armer Sünder sich an einen Beichtstuhl lehnt, ganz krumm, ganz gebeugt, so kuschelte sich dieser verfallende Holzschuppen an den Giebel des Gärtnerhauses und gestand ihm alle seine Sünden: Mir fehlen schon viele Schindeln, die Balken gehen auseinander, alles Unkraut wächst um mich, alles Ungeziefer in mir, ich bin in Gesellschaft sündhafter Nachbarhäuser, ein Wust von zerbrochenen Sachen ist in mir, große Haufen alten Zeitungspapieres, und es sind wohl auch schlechte Zeitungen dabei und viele zerfetzte Bücher, die gewiß auf dem Index stehen, denn sie sind von einem Mediziner und handeln nur von unanständigen Sachen.

Wenn daheim der Frühling kam, stieg ich auf das Schuppendach und ließ mich dort auf die letzten Reste moosiger Schindeln nieder, meine Hosen wohl bewahrend vor den vielen rostigen Nägeln. Der Frühling füllte und übergoß mich mit seinem goldenen Wein, dem Sonnenschein. Ich schrie vor Vergnügen, ich dichtete, nein, ich schrieb bloß auf ein Bild die Worte: »Zum Andenken an den Frühling 1892!«

Auf das Breslauer Schuppendach konnte ich mich nicht setzen. Da hätten die Jungen von der Laurentiusgasse mit Steinen nach mir geworfen. Darum ging ich in den Schuppen, und auch der Frühling mit seiner Sonne kam herein. Die Lücken am Dach waren ja groß genug. Ein rechter Einsiedler wurde ich in dem Schuppen. Die medizinischen Bücher hatte ich in den Vorjahren gut studiert. Es waren lauter Kolleghefte, aber mit einer Weisheit wunderbar. Daß ich mich damals nicht entschloß, Mediziner zu werden, kam nur daher, daß ich Theologie studieren mußte, von innen heraus. In diesem Jahre nahm ich die Bibel des Großvaters mit in den Schuppen – auch in den ersten Tagen der Karwoche, ehe ich in die Ferien fuhr. Ich mußte mir alle Krankenheilungen Jesu heraussuchen, denn sie waren die rechte Medizin für meinen Weichensteller, und ich mußte ihm für die Wochen meiner Abwesenheit einen genauen Plan der Betrachtung und Genesung ausarbeiten.

Ich sah Jesus über das Meer fahren, dem wartenden Volk entgegen. Da kam einer von den Vorstehern der Synagoge, mit Namen Jairus, und als er Jesus sah, fiel er zu seinen Füßen und bat inständig: »Meine Tochter liegt in den letzten Zügen. Komm und lege ihr die Hand auf, damit sie gesund werde und am Leben bleibe!« Da ging Jesus mit ihm. Und viel Volk lief ihm nach und umdrängte ihn. Ein Weib aber, das seit zwölf Jahren den Blutfluß hatte und von vielen Ärzten vieles erlitten und ihr ganzes Vermögen aufgewendet hatte, ohne daß es besser geworden wäre – es war vielmehr immer schlimmer geworden –, kam jetzt, da sie von Jesus gehört hatte, unter der Volksmenge von hinten an ihn heran und rührte sein Kleid an, denn sie sprach: »Wenn ich nur sein Kleid berühre, so werde ich gesund.« Und sogleich war der Blutfluß gestillt, und sie fühlte am Körper, daß sie von der Plage geheilt sei.

Jesus aber hatte alsbald empfunden, daß eine Kraft von ihm ausgegangen war. Er wandte sich zum Volke und fragte: »Wer hat meine Kleider angerührt?« Da sprachen die Jünger: »Du siehst doch, daß dich das Volk rings umdrängt, und fragst: Wer hat mich angerührt?« Und er blickte umher, um die zu sehen, die es getan. Da kam das Weib, furchtsam und zitternd, wohl wissend, was mit ihr geschehen war, fiel vor ihm nieder und gestand ihm alles nach der Wahrheit. O wunderbare Beichte, in der ein sündiger Mensch keine andere Sünde zu beichten hat als nur Glaube und Vertrauen! Jesus sprach zu dem Weibe: »Tochter, sei getrost! Dein Glaube hat dir geholfen. Gehe hin in Frieden und sei heil von deiner Plage!«

Mit einem Antlitz voll Bangen und Hoffen stand der Synagogenvorsteher dabei. Als er das geheilte Weib sah, leuchtete es in ihm auf: »Ja, er wird auch mein Töchterlein gesund machen!« Da kamen Leute und sprachen: »Deine Tochter ist gestorben. Bemühe den Meister nicht weiter.« Jesus hörte die Rede, die da gesagt wurde, und sprach zu dem Vorsteher der Synagoge: »Fürchte dich nicht, glaube nur!« Und er verbot, daß jemand mit ihm gehe außer Petrus, Jakobus und Johannes – und mir.

Und wir kamen in das Haus des Vorstehers der Synagoge. Da war ein Getümmel! Da heulten und weinten sie, Flötenspieler und jammerndes Volk. Jesus sprach zu den Lärmenden: »Fort mit euch! Was jammert und weinet ihr! Das Mädchen ist nicht tot, sondern schläft nur.« Da lachten sie ihn aus. Er aber schaffte sie hinaus, nahm den Vater und die Mutter des Mädchens, die Apostel und – mich mit sich hinein in die Kammer, in der das Mädchen lag, ergriff das Mädchen bei der Hand und sprach zu ihr: »Talita kumi, Mädchen, steh auf!« Sogleich stand das Mädchen auf und ging hin und her. Jesus gebot, daß man ihr zu essen gebe, aber es solle ja niemand erfahren, was geschehen sei. Es verbreitete sich jedoch in der ganzen Gegend.

Jesus verließ mit uns das Haus des Synagogenvorstehers und wollte zu seiner Wohnung. Da kamen hinter uns zwei schreiende Menschen. Ich sah mich um. Sie kamen wie Betrunkene, unsicher tastend. Und sie schrien: »Du Sohn Davids, erbarme dich unser!« O Jesus, höre! Sie wissen, daß du der Messias bist, denn sie nennen dich Sohn Davids. Keinen anderen nennen sie so als nur den erwarteten Messias.

Jesus ging ruhigen Schrittes weiter bis zu seinem Hause. Die Blinden immer hinterher. Sogar in das Haus kamen sie nach und schrien wieder: »Sohn Davids, erbarme dich unser!« Da sprach Jesus: »Glaubet ihr, daß ich euch dies tun könne?« – »Ja, Herr, ja, Herr!« riefen sie, und sie kamen ganz nahe und legten ihre blinden Augen schier in Jesu Hände. Jesus berührte nun ihre Augen und sprach: »Es geschehe nach eurem Glauben!« Und ihre Augen wurden aufgetan. Und Jesus drohte ihnen und sprach: »Sehet zu, daß es niemand erfahre!«

O Jesus, du weißt doch, daß dies nichts nützt! Warum befiehlst du so? Weil du keine Wunder tun willst zum Schauen und Reden, du willst nur barmherzig sein, sonst nichts! Aber wer kann von dir schweigen, wenn er dich erkannt hat? Sieh, ich muß ja sogar ganze Bücher über dich schreiben. Und die beiden Sehendgewordenen gingen hinaus und verbreiteten deinen Ruf in der ganzen Gegend.

Und ich war auch dabei, als Jesus um die Zeit des dritten Osterfestes mit seinen Jüngern nach der Gegend von Tyrus und Sidon reiste. Er wollte sich dort vor den Verfolgungen der Pharisäer in einem Hause verbergen. Niemand sollte es erfahren. Aber er konnte nicht verborgen bleiben. Der Haß hätte ihn vielleicht nicht gefunden, aber der Glaube fand ihn. Der Glaube ist ein Spürhund nach Jesus, besonders der Frauenglaube. Darum braucht sich niemand, der den Glauben hat, ernstlich zu fürchten, daß er etwa Jesum nicht finden könnte. Der Glaube wittert die verloschenste Jesusspur.

Ein Weib, dessen Tochter einen unreinen Geist hatte, hörte, daß fremde Männer gekommen seien. Sie ging sogleich in das Haus und fiel Jesu zu Füßen. Das Weib aber war eine so ganz verdammte Heidin, ein Abscheu für jeden echten, frommen und gerechten Juden. O Jesus, tritt zurück, laß dich nicht berühren! Was stehen deine Füße so fest, wie angewachsen?

Das Weib erhob nun ihre Augen zu Jesus und bat: »Herr, hilf mir! Treibe den Teufel von meiner Tochter aus!« Jesus aber sprach zu ihr: »Laß zuerst die Kinder satt werden, denn es ist nicht recht, das Brot den Kindern zu nehmen und es den Hunden vorzuwerfen.« Sie aber antwortete: »Ja, Herr! Aber auch die Hündlein essen unter dem Tische von den Brosamen der Kinder.« Da sprach Jesus zu ihr: »Um dieses Wortes willen geh hin. Der Teufel ist ausgefahren von deiner Tochter.« Und als sie in ihr Haus kam, fand sie ihre Tochter auf dem Bette liegen, und der Teufel war ausgefahren.

Es stiegen die Pharisäer herbei, um mit Jesus zu streiten. Sie kamen schon auf den pfiffigen Gedanken der Experimentaltheologie: durch Experiment sollte Jesus seine Sendung beweisen. Sie forderten darum von Jesus ein »Zeichen vom Himmel«. Er aber seufzte über diese Experimentaltheologen und sprach: »Warum verlangt dieses Geschlecht ein Zeichen? Wahrlich, ich sage euch, es wird diesem Geschlecht kein Zeichen gegeben werden!« Darauf kehrte er den Experimentaltheologen den Rücken, stieg in das Schiff und fuhr über den See.

Aber schon kurze Zeit später, als wir in Bethsaida waren, konnte ich mir wieder etwas Tröstliches für meinen Weichensteller notieren. Da brachte man nämlich einen Blinden zu Jesus und bat voll Vertrauen, er möchte doch den Unglücklichen anrühren. Und Jesus faßte den Blinden bei der Hand, führte ihn vor das Dorf hinaus, spuckte auf seine Augen, legte ihm die

Hände auf und fragte, ob er etwas sähe. Und der Mann hob den Kopf und drehte ihn rechts und links, wie einer, der durch einen dichten Nebel sehen möchte, oder wie die Kinder beim Blindekuhspiel, und er sagte: »Ich sehe die Menschen einherwandeln wie die Bäume.« Er sah also nicht und phantasierte nur. Da legte Jesus noch einmal die Hände auf seine Augen – und jetzt fing der Blinde zu sehen an, und seine Sehkraft war hergestellt, so daß er alles richtig sah. »Geh jetzt heim«, sagte ihm Jesus, und obwohl er wußte, daß der Glaube nicht schweigen kann, setzte er wieder hinzu: »Wenn du ins Dorf hineinkommst, so sage es niemandem.«

Dann sah ich in den Sonnenstrahlen einen herrlichen Kirchenbau auf hohem Felsgebirg, sah das Kreuz auf Golgatha, und – es war, als ob die Sonnenflecke im Schuppen aufflammten – mitten im Glanz sah ich Jesum verklärt. Aber ich eilte an dem allen vorüber. Ich mußte ja Heilkräutlein für meinen Kranken suchen.

Ach ja, der Berg der Verklärung war durch meinen Glauben in den Holzschuppen des Gärtnerhauses versetzt worden und bestand aus einem Haufen Gerümpel, auf dem ich saß. Die Sonnenstrahlen wanderten am Boden entlang und an der Wand empor. Die Sonne konnte schon längst kein Loch im Schindeldach mehr erreichen, aber sie kam dafür schief herein durch die Astlöcher und Spalten des Tors.

Ich sah wundersame Dinge, sah, wie das ganze Judenvolk in Laubhütten wohnte, wie die Juden, festlich gekleidet, Palmenwedel, Myrtenstengel und Zitronenzweige trugen, sah, wie sie plötzlich ein junges nacktes Weib zu Jesus schleppten, wie sie aber bald davonschlichen gleich gechlagenen Hunden und wie Jesus dem Weibe sagte: »So will auch ich dich nicht verdammen. Gehe hin und sündige nicht mehr.«

Dann wandelte ich wieder mit Jesus und seinen Jüngern und sah einen Menschen, der von Geburt an blind war. Ich hatte großes Mitleid mit ihm, denn ich dachte an meine gesunden Augen, mit denen ich schon soviel Schönes in der Welt gesehen hatte. Die Jünger Jesu aber taten, als ob sie irgend etwas ganz Bösem ausweichen wollten. Einige drängten sich an Jesus und fragten schier so klug und gerecht, wie sie sich's von den Pharisäern angewöhnt hatten: »Meister, wer hat gesündigt, dieser oder seine Eltern, daß er blind geboren wurde?« Was hatten sie für unmoderne Ansichten! Jesus antwortete: »Weder dieser hat gesündigt noch seine Eltern, sondern die Werke Gottes sollen an ihm offenbar werden.«

Wer nur ein bißchen Theologie studiert hat, weiß dies, daß nicht die Sünde, sondern die Güte und die ganze Wirksamkeit Gottes die Ursache und der Grund aller irdischen Vorkommnisse sind. Darum sprach Jesus weiter: »Ich muß wirken die Werke desjenigen, der mich gesandt hat, solange es Tag ist. Es kommt die Nacht, da niemand wirken kann. Solange ich in der Welt bin, bin ich das Licht der Welt.«

Als Jesus dies gesagt hatte, spuckte er auf die Erde, bereitete Kot aus dem Speichel, strich ihn auf die Augen des Blinden und sprach zu ihm: »Geh hin und wasche dich in dem Teiche Siloe!« Der Blinde ging hin, wusch sich und kam sehend zurück. Die Nachbarn aber und die ihn zuvor gesehen hatten, daß er bettelte, sprachen: »Ist dieser nicht derselbe, welcher dasaß und bettelte?« Andere sagten: »Dieser ist's!« Wieder andere: »Nein, sondern er ist ihm ähnlich.« Er selbst aber sprach: »Ich bin es.« Da fragten sie ihn: »Wie sind dir die Augen geöffnet worden?« Er antwortete: »Der Mensch, welcher Jesus genannt wird, bereitete Kot, strich ihn auf meine Augen und sprach zu mir: Geh zu dem Teich Siloe und wasche dich. Da ging ich hin, wusch mich, und ich sehe.« Und sie sprachen zu ihm: »Wo ist dieser Mensch?« Er antwortete: »Ich weiß es nicht.«

Da führten sie den einst Blinden zu den Pharisäern. Es war aber Sabbat, als Jesus den Kot bereitete und die erblindeten Augen öffnete. Da gerieten die Pharisäertheologen in ein ganzes Geschlinge von Syllogismen. Es drängte sich ihnen der Schluß auf: »Wer einen Blinden sehend macht, ist Gott.« Da sprachen einige: »Wer den Sabbat nicht hält, so ein Mensch ist nicht Gott.« Andere wiederum: »Wie kann ein Sünder diese Wunder tun?« Schließlich, als sie sich gar keinen Rat mehr wußten, fragten sie den Geheilten: »Was sagst du von dem, der dir die Augen geöffnet hat?« Der sprach: »Er ist ein Prophet.«

Dann erst kamen sie darauf, daß der Blinde vielleicht überhaupt nie blind gewesen sei, und ließen die Eltern des Mannes kommen, um sie zu verhören. Die Eltern kamen. Sie hatten wohl schon vernommen, was für eine Wohltat ihr Sohn von Jesus empfangen hatte. Sie fühlten auch Freude darüber, aber eine gemischte Freude. Es ging ja das Gerede, daß jeder, der Jesum als den Gesalbten Gottes bekennen werde, den Tod erleiden solle. Ich sah es den beiden Alten sogleich an, daß ihnen eine natürliche Schlauheit ins Herz gegeben war. Sie sahen aus wie einige von unseren Nachbarn daheim, die auch immer ein Auge ein wenig zugekniffen hatten und die sich von keinem Pharisäer in der Rede fangen ließen.

Die Pharisäer fragten: »Erstens: Ist dies euer Sohn? Zweitens: Sagt ihr von ihm, daß er blind geboren ist? Drittens: Wie ist er jetzt sehend geworden?« Tadellose Fragestellung, ihr Herren Pharisäer! Die klugen Alten antworteten: »Wir wissen, daß dieser unser Sohn ist. Wir wissen auch, daß er blind geboren ist. Wir wissen aber nicht, wie er jetzt sehend geworden ist.« Das war eine kleine Mentalrestriktion oder auf deutsch eine richtige dicke Lüge, denn der heilige Evangelist, der selber dabei war, merkte ganz gut, daß sie es bloß aus einem bestimmten Grund nicht wußten. Man sieht es auch deutlich daraus, daß sie jetzt ins Reden kamen und noch einmal sagten: »Wer ihm die Augen geöffnet hat, wissen wir nicht.« Wer die Wahrheit sagt, sagt sie bloß einmal. Jetzt aber kniff sich ihr Auge, jetzt übertrumpften sie die schlauen Frager, und dies war wieder sehr schön. »Fraget ihn selbst, meine Herren! Er ist alt genug, er mag selbst über sich reden!«

Da riefen die Pharisäer den Mann noch einmal heran und sprachen zu ihm: »Gib Gott die Ehre! Wir wissen, daß dieser Mensch ein Sünder ist.« Aber der Apfel fällt nicht weit vom Stamme. Der Sohn der klugen Alten war weder auf den Kopf noch auf den Mund gefallen. Er sprach: »Ob er ein Sünder ist, weiß ich nicht. Eins weiß ich nur, daß ich blind gewesen bin und nun sehe.« Oh, er wußte auch noch mehr, denn er hat ja gleich darauf die Herren ausgelacht, daß sie täten, als wüßten sie nicht mehr. Die Pharisäer merkten dies und ließen darum nicht locker: »Was hat er mit dir getan? Wie hat er dir die Augen geöffnet?« Der Mann erkannte den Trick und antwortete: »Ich habe es euch schon gesagt, und ihr habt es gehört. Warum wollt ihr es noch einmal hören? Oder – wollt etwa auch ihr seine Jünger werden?« Als die Pharisäer merkten, wie der Gefragte also lustig den Spieß umkehrte, fluchten sie ihm und sprachen: »Sei du sein Jünger, wir aber sind des Moses Jünger. Wir wissen, daß Gott mit Moses geredet hat; woher aber dieser ist, das wissen wir nicht.«

Da konnte der Mann bei seiner angeborenen Schalkhaftigkeit und Schlagfertigkeit nicht anders, er las den gelehrten Herren ein kleines erkenntnis-theoretisches Kolleg: »Das ist doch wunderbar, daß ihr noch nicht wisset, woher er ist, da er mir doch die Augen geöffnet hat! Wir Laien wissen ja, daß Gott eines Sünders Bitte nicht wunderkräftig macht, sondern wenn jemand Gott dient und seinen Willen tut, den erhört er. Solange die Welt steht, ist nicht gehört worden, daß irgendein Jemand die Augen eines Blindgeborenen geöffnet hätte. Wenn dieser nicht von Gott wäre, so hätte er nichts wirken können.«

Da taten die Pharisäer schier so, als ob sie ausspucken wollten. Aber nach dem Evangelisten sagten sie nur verächtlich: »Du bist ganz in Sünde geboren – und willst uns belehren?« Und sie stießen ihn hinaus und dachten sicher, daß sie ihn damit auch aus ihrem Himmel verstießen.

Das hörte Jesus, und als er den Mann wieder traf, sprach er zu ihm: »Glaubst du an den Sohn Gottes?« Er antwortete: »Wer ist es, Herr, damit ich an ihn glaube?« Und Jesus sprach zu ihm: »Du hast ihn gesehen – und der mit dir redet, der ist es.« Da sagte der Mann: »Herr, ich glaube!« Und er fiel nieder und betete Jesum an. Und Jesus sprach: »Ich bin zum Gerichte in diese Welt gekommen, daß die Blinden sehend und die Sehenden blind werden.«

Dieses Wort schnappten die Pharisäer gleich auf, und sie sprachen zu Jesus: »Sind etwa auch wir blind?« Da sagte ihnen Jesus: »Wenn ihr blind wäret, so hättet ihr keine Sünde. Nun aber sprechet ihr: Wir sehen! Darum bleibt eure Sünde!«

Das Wort Jesu war wie eine große Freisprechung aller, die noch nicht das Rechte erkennen, aber eine große Verurteilung aller derer, die das Rechte nicht zugestehen wollen, obwohl sie es erkennen. Ich glaube, solche Menschen gibt es heutzutage kaum mehr, wenigstens gab es keine solchen auf der Laurentiusgasse.

Aber nein, ich will diese Aussage doch einschränken. Es gibt Menschen, die in manchen wichtigen Stücken genau das Richtige sehen, aber sie fürchten, es könnte mißverstanden werden oder zu große Aufregung hervorrufen oder gar manche liebgewordene Rechte und Einrichtungen schädigen, und darum verschweigen sie es lieber – aus pädagogischen Rücksichten oder weil sie ihren Patriotismus oder ihre Kirchlichkeit, wie sie sich so denken, nicht in Verdacht bringen wollen. Sie suchen durch irgendwelche Erklärungen über diese Punkte hinwegzukommen. Da beschloß ich in meinem Herzen, immer alles offen zu sagen und ehrlich zuzugestehen, wenn ich etwas erkenne, selbst wenn es mir Schaden bringt. Ich muß gestehen: Mir taten die Pharisäer leid. Werden sie nicht doch noch nachgeben und sich auch freuen, daß das Reich Gottes auf die Erde gekommen ist? Ich blätterte weiter in der Bibel. Aber die Pharisäer wollten sich nicht bessern. Auch Jesus gab nicht nach. Den Pharisäern soll man widerstehen bis zum letzten Atemzuge. Gerade den Sabbat, auf dem die Pharisäer herumritten wie auf einem Steckenpferde, wählte Jesus für seine Krankenheilungen. Es war ja von Anbeginn der Welt an sein Tag.

Da saß vor ihm, als er gerade in der Synagoge predigte, ein krummes Weiblein, das gar nicht aufschauen konnte, so gekrümmt war der Rücken. »Sie hat einen Geist der Schwachheit«, sagten die Juden, und es war schon achtzehn Jahre so. Nach der Predigt rief Jesus das krumme Weiblein zu sich und sprach zu ihr: »Weib, du bist von deiner Krankheit heil.« Er legte ihr die Hände auf, und sie richtete sich empor und pries Gott.

Sogleich schnob der Synagogenvorsteher herbei und fuhr das Volk an: »Sechs Tage sind, an denen man arbeiten soll; da kommt und laßt euch gesund machen, aber nicht am Sabbat!« Jesus erhob sich wider ihn und sprach: »Ihr Heuchler, bindet nicht jeder von euch seinen Ochsen und Esel auch am Sabbat von der Krippe und führt ihn zur Tränke? Diese Tochter Abrahams aber, die der Satan schon achtzehn Jahre gebunden hielt, sollte nicht von ihrer Fessel gelöst werden am Feiertage?«

Da schämte sich der Synagogenvorsteher. Gott sei Dank, denn Scham ist auch eine Gnade! Das ganze Volk aber freute sich über all die herrlichen Taten, die durch Jesus geschahen. Ich freute mich über den Synagogenvorsteher, der sich schämte, und hoffte, ihn einstmals im Himmel wiederzusehen. Es sagen zwar manche fromme Bibelerklärer, daß er sich wohl geschämt, aber nicht gebessert habe. Aber man kann gar leicht zum Pharisäer werden, indem man über die Pharisäer lieblos urteilt! Ich lasse mir die Hoffnung nicht nehmen, daß auch ein Pharisäer einmal in sich gehen kann.

SCHLAF UND GLAUBE

Es ist schier unglaublich, wie schnell ein Jünger Jesu, wenn er noch Gymnasiast ist, aus dem heiligen Reiche religiöser Schauung in das Reich der alltäglichen Wirklichkeit zurückkehren kann. Als Moses vom Sinai zurückkam, blieb ihm wenigstens noch ein leuchtender Strahl, der bei dem Moses von Michelangelo wie das Horn eines jungen Stieres aussieht, denn er war ebensosehr Kraft wie Licht. Auf dem Kopfe eines Gymnasiasten aber sieht man nichts weiter als das kecke Hütlein, das den Flachs der blonden Haare bedeckt.

Einige von uns, die der Versetzung nach Unterprima so gewiß waren, wie ich meines ewigen Heils gewiß zu sein wünschte, kamen mit mir überein, diese mühsam erkämpfte, aber in ihrer Art doch ewige Seligkeit draußen vor Breslau zu feiern. Wir gingen nach Morgenau, einem Breslauer Vergnügungsort zwischen Oder und Ohle. Da wir das wenige Geld, das wir besaßen, für die Osterferienfahrt brauchten, schweiften wir in standhafter Abstinenz an den großen Bierhäusern vorbei und kamen zu einer Bootshütte an der Ohle, an der wir einen alten Kahn mit mehreren Rudern angebunden fanden. Er war bis zur Hälfte mit Wasser gefüllt. Aber es war uns allen klar, daß wir mit diesem Kahn über die überschwemmten Wiesen oder den Ohlelauf entlang fahren müßten. Wir griffen in gemeinsamer Eingebung nach den Hüten und schöpften mit ihnen das Wasser aus, bis wir auch das große Loch entdeckten, zu dem es hereingeflossen war. Bei dem Ausschöpfen des Wassers war uns so warm geworden, und die Frühjahrssonne sah so sehr der Junisonne ähnlich, daß sich einer von uns an die Überflüssigkeit seiner auch sonst schon sehr untauglich gewordenen Weste erinnerte, mit der sich vielleicht, wenn wir nichts dagegen hätten, das Loch zustopfen ließe. Wir hatten nichts dagegen, und es gelang.

Eine halbe selige Stunde später saßen wir schon fest mitten auf einer der überschwemmten Wiesen. Weder Ruderschlag noch Ruderstoß brachte uns auch nur einen halben Meter weiter. Deshalb beschlossen wir, da es ringsum so sehr schön war, ein wenig mitten im Wasser sitzen zu bleiben, immer noch dankbar dafür, daß wir auf dem Gymnasium nicht sitzen geblieben waren. Es entdeckte auch einer, daß er seine Spielkarten im Rock stecken hatte, so daß für die Kurzweile gesorgt war. Später wollten wir um Hilfe rufen, wobei wir annahmen, daß wohl dann ein hilfsbereiter und hilfefähiger Mensch irgendwo an den Ufern des weiten Sees zu sehen sein werde. Denn daß einstweilen niemand zu sehen war, sprach keineswegs dagegen.

So verging eine zweite selige halbe Stunde. Der, welcher seine Weste den Interessen der Schiffahrt geopfert hatte, legte sich auf den Bug des Kahns, dehnte und rekelte sich in der Sonne und schlief ein. Wir hatten ja so manche Nacht unseren Studien geopfert und waren alle sehr ermattet, weshalb auch uns die Zeit wie im Schlafe verging.

Nach einiger Zeit jedoch erwachten wir aus unserer Traumseligkeit, denn wir hörten ein ganz bedenkliches Glucksen und Gurgeln zu unseren Füßen. Die alte Weste versagte, ein fingerdickes Bächlein floß in den Kahn. Als wir ihm den Zugang wieder verstopfen wollten, brach noch ein Stück des morschen Bodens aus. Nun mußte eine unserer Jacken der hilflosen Weste zu Hilfe eilen, und wir waren ziemlich alle der Meinung, daß wir uns möglichst bald an den fernen festen Oderdamm retten müßten. Nur der Schlummernde am Bug hatte die andere Meinung, daß es am besten wäre, weiterzuschlafen. Er äußerte sich nicht, aber er führte sie aus. Schade, denn er war der stärkste und längste Kerl. Da er trotz Angstruf und allerhand Stößen nicht von seiner Meinung abzubringen war, sprangen die zunächst längsten Beine kurz entschlossen über die Bootswand und ankerten sich tief in der Flut auf dem Boden der überschwemmten Wiese fest, und die dazugehörigen Arme stießen und zogen an dem lecken Fahrzeug, um es rasch von der Wiese in den Flußlauf zu bringen. Währenddes stieg das Wasser im Kahn und umspülte die Füße und die Oberschenkel des Schlummernden.

»Wenn es in seine Hosentaschen fließt, wird er es wohl merken«, sagte einer von uns, als wir wieder im Kahn waren und die Ruder ergriffen. Aber nein, er merkte es nicht.

Erst als wir, bis an die Hüften durchnäßt, an das Bootshaus gekommen waren und aus dem nahezu gefüllten Kahn sprangen, erwachte auch er, schüttelte sich das Wasser vom Leibe und sprach zu uns: »Ihr Kleingläubigen!« Er hatte ganz richtig erraten, daß uns eigentlich ziemlich bange zumute gewesen war und daß wir, da wir alle noch fromm waren, in der Stille des Herzens gerufen hatten: »Herr, hilf uns, sonst gehen wir zugrunde oder holen uns wenigstens eine starke Erkältung, ehe uns ein Mensch zu Hilfe kommen kann!«

Im Sommer darauf gondelte ich mit jenem Freunde, der auf dem Kahne eingeschlafen war, auf dem schönen Wasser der Ohle. Ganz still glitten unsere Einruderboote oder, wie sie auch heißen, »Seelenverkäufer«, auf dem Spiegel des Flusses dahin. Ich fragte den Freund: »Hast du damals wirklich geschlafen, oder wolltest du uns nur ein Beispiel ruhiger Zuversicht geben?«

»Dann hätte ich es wohl so eingerichtet, daß meine Hosen nicht zu einem Wassersack geworden wären. Sie waren neu und sind so stark eingeronnen, daß sie jetzt mein jüngerer Bruder tragen muß. Aber ihr habt einen ganz dummen Glauben. Ihr seid zufrieden, wenn euer Glauben die genügende Anzahl Punkte enthält. Wie er sonst beschaffen ist, darum kümmert ihr euch nicht.«

»Was meinst du damit?«

»Ihr habt nur die Photographie des Glaubens wie ein Medaillon an euch hängen und seid zufrieden, wenn diese Photographie alle Hauptlehren des Glaubens darstellt. Der Glaube ist doch etwas anderes. Ihr seid wie die Mütter, die das Medaillon ihres Kindes auf der Brust tragen, das Kind aber längst verloren haben. Sonst wäret ihr damals nicht so aufgeregt gewesen.«

Ich lachte auf und sagte: »Gewiß, dein Glaube war so stark, daß du ruhig schlafen konntest, nämlich gerade so stark wie unsere Beine und Arme, die dich in deiner Schlaftrunkenheit vor dem Ertrinken gerettet haben!«

»Ja, ich konnte mir nicht helfen. Da hat mir mein Glaube geholfen, und zwar zufällig durch eure Arme und Beine!«

Der Freund war der zweitjüngste Sohn eines oberschlesischen Schmiedes, der sehr gern von sich sagte: »Ich glaube, wie ich schmiede. Wenn ich schmiede, streite ich nicht.« Als sich »sein Student« einmal mit einem protestantischen Jungen über die Gottheit Christi zankte, verwies er es ihnen mit den Worten: »Wenn ihr ordentlich glauben möchtet, brauchtet ihr euch darum nicht zu streiten. Euch wird die ganze Gottheit Christi nichts nützen, wenn ihr nicht erst den rechten Glauben habt.« Der Sohn versuchte diese Meinung seines Vaters so zu formulieren, daß der Glaube nicht so sehr eine Summe von religiösen Erkenntnissen, Wahrheiten und Dogmen sei als vielmehr eine eigentliche Kraft, ein Wesen, Tun und Ruhen im Menschen, und er suchte unsere Glaubensstreitigkeiten immer zu schlichten mit den Worten: »Kinder, das ist ja alles egal. Hauptsache, wir haben den Glauben!«, worauf wir alle unsere Streitsucht gegen ihn richteten.

Daran dachte ich nun und sagte: »Du, wir denken manchmal, daß du nicht alles glaubst!«

Da lachte er und sprach: »Ich will dir im Vertrauen sagen, daß ich alles glaube. Aber das Wie ist mir ebenso wichtig wie das Was. Die Jünger im Schiff glaubten auch alles, und doch fragte Christus: ›Wo ist euer Glaube?‹ Man kann den Glauben oft besser beweisen, indem man ruhig schläft als indem man ruhig betet.«

Der wahre Glaube soll den Menschen überfallen wie ein übermannender Schlaf nach langem Wachen. Er soll ihn ganz überdecken. Der vom Schlaf Befallene fühlt es an allen Gliedern. Er ist wie gebunden an Händen und Füßen. So soll der wahre Glaube den ganzen Menschen fesseln und beherrschen.

Der Schlafende begibt sich jeglicher Sorge um sein Geschick. Er weiß, daß er im Schlafe dem Tode am nächsten ist, weiß, daß viele nicht mehr vom Schlafe erwacht sind. Aber er ergibt sich doch dem Schlafe. Diese selbstverständliche Sorglosigkeit des Schlummernden geht, und zwar in höchster Verklärung, über auf den, der sich dem Glauben ergibt. Deshalb ist der schlummernde Christus ein Bild und Beispiel des Glaubens, der den Menschen ganz beherrscht und beruhigt, während die wachenden, aufgeregten Jünger ein Bild und Beispiel des unvollkommenen Glaubens sind, der noch mit Furcht und Sorge verbunden und von Zweifel und Irrtum gefährdet ist.

Mein schlafender Freund von der Ohlefahrt ist aber einer der tätigsten Menschen geworden, der noch heute durch seine köstliche Ruhe alle seine Mitmenschen erquickt.

DER WILDE MANN

Ich habe viele Bücher über das Leben Jesu gelesen, und in allen, so verschieden sie auch sein mochten, habe ich einen großen Fehler gefunden, der sich von der ersten bis zur letzten Zeile hinzog: Ich meine das beständige und hartnäckige Fragen nach den Absichten, Zwecken und Zielen Jesu. Die Verfasser jener Bücher tun so, als ob Jesus ein berechnender Charakter gewesen wäre. Aber Jesus war doch auch Mensch, und er zeigte sich den Menschen deutlicher als Mensch denn als Gott. Einen Menschen aber kann ich nur liebhaben, wenn er sich gibt, wie er ist.

Mir scheint, als ob weitgehende Absichten und Berechnungen die unmittelbare Kraft der Menschen schwächten. Wenn ich je einmal etwas Gutes erreicht habe, so war es ohne Absicht. Alles Stückwerk und alles Gebröckel in meinem Leben kommt von Absichten und Berechnungen her. Das Wesen, das Gott dem einzelnen Menschen gegeben hat, wenn es nur möglichst rein und unmittelbar wirkt, hat eine wundersame Kraft, die der Mensch gar zu leicht durch allerhand Klügeleien zersplittern und überschütten kann. Ich weiß von Christenmenschen, die brauchten nicht viel zu reden und nichts Außerordentliches zu tun; ihr Anblick wirkte auf die Menschen, und es wurden Männer zu Kindern, Löwen zu Lämmern. Ich meine damit nicht bloß die Kalenderheiligen, sondern die einfachen, guten Menschen, die gar nichts anderes sein wollen als eben gut. Wenn man ihnen begegnet, da möchte man gern sagen: »Du bist Gottes

Kind, du bist Gottes Tochter, Gottes Sohn!« Manchmal erhebt sich da in unserem Herzen Mißbehagen und Widerstreit. Wir empfinden, daß wir in der Nähe eines solchen Menschen einen oder viele Teufel aus unserem Herzen austreiben müssen. Und alles Teuflische in uns wehrt sich dagegen; es will nicht fort, es fühlt sich zu wohl in unserem Herzen; es bittet und bettelt, daß es doch bleiben dürfe, aber es muß fort.

Ich war durch den Verkehr mit dem kranken Weichensteller auf der Laurentiusgasse ganz erfüllt von dem Leben Jesu. Deutlicher als je war ich mir bewußt, daß ich und Jesus nicht zwei, sondern eins seien. So blieb es wohl in den Osterferien meines Primanerjahres. Ich sehe jetzt noch, wie schön die Sonne leuchtete an den Rändern der heimatlichen Wege und wie ich gottumfangen durch den aufwachenden Frühling ging. Ich glaubte, alles zu vermögen und jeglicher Freude und Kraft teilhaftig zu sein.

Die Grafschaft Glatz liegt ganz offen und ehrlich vor dem Auge Gottes und der Menschen. Aber sie hat doch auch verborgene Winkel, geheimnisvolle Schluchten und Täler. Auf manchen Bergen sind schon vor vielen Jahrhunderten Steine gebrochen worden, und die uralten Steinbrüche, mit Baum und Gebüsch überwachsen, machen manchen Berg in Dämmerung und Dunkel gefährlich für den Wanderer, der die gebahnten Wege verläßt. In ihre Romantik zog es mich oft in jenen verklärten Tagen. Ich brauchte in dem vielen Lichte und in der geistigen Süßigkeit das Schroffe, Steile, Dunkle, Grausige.

Gerade in meinen lichtesten und klarsten Zeiten ließ mich Gott dunklen und wilden Menschen begegnen. Ich darf sie nicht mit Namen bezeichnen; ich darf nur sagen, daß ich sie trotz allen Schreckens lieb hatte. Sie kamen zu mir oder baten mich zu sich. Als ich in Rom war, stürzte manchmal ein junger Gelehrter in mein Zimmer und setzte sich in die Ecke des Sofas. Ich konnte ruhig am Schreibtisch sitzen bleiben und arbeiten, denn er wollte nichts von mir, nur dableiben und teilhaben an meiner Ruhe. Ich mußte im stillen lachen und dachte an den Schwarzen Herden von daheim. Der war mitunter ein dunkler und wilder Mann, konnte ganz tobsüchtig dareinhauen und war doch, als ich in meiner Jugendzeit bei ihm in Diensten war, von der mildesten Güte. Sein Weib, die »faule Tine«, und sein Sohn Bernhard baten mich, ich möchte doch dableiben. Der Schwarze Herden wurde mein Schutz gegen alle meine Feinde, verprügelte seinen eigenen Jungen, wenn mir irgendein Leid geschehen war, und ließ den schönsten Fluch im Halse stecken und zerweichen, wenn ich gerade in seine Nähe kam. »Da kann ich nicht«, erklärte er einmal einem Nachbarn.

Ähnlich war es in jenen Ferien, als ich gegen Abend durch die Steinbrüche eines meiner Grafschafter Berge kletterte. Da kam mitten in der Einsamkeit des Buschwerks hinein eine Frau gelaufen, rennend und dann wieder schleichend, wie eine, die solche Bewegung gewöhnt war. Ehe ich noch richtig erschrecken konnte, sah ich in ihrer Hand einen Strick, eine Schlinge zum Werfen bereit – und die Hand zum Werfen schon halb erhoben.

»Gehste her!« schrie sie, aber dieses Kommando erstarb schon, da sie sah, daß ich nicht der Gesuchte sei.

»Was suchen Sie denn?« fragte ich, auf ihren Strick blickend.

»Mein – mein Kalb ist mir davongelaufen«, erwiderte sie mit einer gewissen Verlegenheit.

»Da haben Sie gemeint, ich sei Ihr Kalb? Kommen Sie, ich werde mit suchen helfen. Kälber finden am leichtesten selber zusammen!«

»Ach nein, gehen Sie nur dort auf dem richtigen Wege. Hier ist es zu gefährlich.«

»Warum gefährlich?«

»Nu, er hat doch die Flinte mitgenommen!«

»Wer denn? Das Kalb?«

»Seien Sie nicht böse! – Es ist einer aus dem Sanatorium!«

Erst jetzt merke ich, wieviel Kummer und Angst in den Augen der Frau war, und ich fragte geradezu: »Es ist wohl Ihr Mann?«

»Nein, es ist mein Sohn, ich schämte mich bloß, es zu sagen, wegen dem Stricke. Sie haben ihn voriges Jahr entlassen, und es ist wiedergekommen, und ich will ihn doch nicht wieder nach Scheibe bringen, und es soll's auch niemand wissen. Gelt, Sie sagen es niemandem!«

Ich wußte nicht, was werden sollte, aber ich sah ein, daß ich nicht davonlaufen dürfte. Ein Verrückter mit geladener Flinte, vielleicht hinterm nächsten Gebüsch, das kann zwar eine Mutter aushalten, ohne besonders mutig zu sein, – aber ein junger Student muß dabei sicher erst einen Akt der Tapferkeit erwecken.

»Geben Sie mir den Strick! Der hat doch keinen Zweck«, erklärte ich der Frau, nahm ihr den Strick weg und verbarg ihn in meiner Joppe. Ich wußte aber gar nicht, ob dies richtig wäre. Die Frau protestierte auch; sie wisse, daß sie ihn immer binden müsse, sonst brächte sie ihn nicht heim.

»Wie alt ist er?«

»Im Anfang der Dreißiger.«

»Also kräftiger als ich?«

»Er ist ein Riese von Kräften.«

»Gute Aussicht«, dachte ich mir, schritt aber, mit einiger Unsicherheit in den Knien, durch die Gebüsche.

Da hörte ich das Knurren des Hundes. Ich blieb stehen, um auf die langsamer folgende Frau zu warten.

Auch diese hatte unterdes das Knurren gehört und winkte heftig, ich möchte zurückkommen. Ich blieb aber stehen und fühlte wohl zum ersten Male, daß ein sonst nicht gar zu beherzter Junge im Augenblick der Gefahr das Privileg der Männer besitzt, ganz eisig ruhig zu sein. Nachdem ich einige Augenblicke dieses Glück genossen, schlug ich die nächsten Zweige auseinander und ging in der Richtung des Geknurres.

Das Elendsgesicht des Breslauer Weichenstellers kam mir ein. Dem Knurren nach mußte der Wahnsinnige auch ein solches Wolfsgesicht haben. Ja, die beiden Kranken wurden für mich zu *einem* Bilde.

Da sprang plötzlich ein splitternackter Kerl aus dem Gebüsch und hielt die Flinte wie zum Schießen auf mich gerichtet. Ich mußte aber lachen, denn er hielt die Flinte verkehrt, den Kolben auf mich gewendet, das Ende des Laufes aber an der Wange. Im übrigen sah er aus, als ob er aus einer griechischen Göttersage davongelaufen wäre, elfenbeinweiß, wie es Homer von einem seiner Helden rühmt, und schön von Angesicht.

So standen wir eine Weile einander gegenüber. Ich brachte kein Wort aus meiner Kehle, vergaß aber auch vor Schreck, das Lachen in meinem Gesicht einzustellen. Der Kranke suchte zuerst mit seinem Zeigefinger den Hahn der Flinte, fühlte nur den glatten Schaft. Da ging's wie ein Erwachen über sein Gesicht. »Ah«, sagte er, »da bin ich wohl wieder einmal verrückt gewesen. Ich dachte, das sei eine Flinte, dabei ist es ein Rechenstiel«, warf die Flinte fort und kam auf mich zu.

Jetzt war es schon bedeutend angenehmer für mich, und ich sagte: »Ja, so was kann vorkommen, wenn man träumt.«

Da fuhr der Kranke über die Augen, sah mich groß an und sprach: »Mein Gott, jetzt hätte ich beinahe auf meinen gekreuzigten Heiland geschossen!« Und er kniete vor mir nieder, als wollte er ein Reuegebet sprechen.

Ich griff nach seinen Händen und zog ihn empor. »Kommen Sie und wachen Sie ganz auf. Ich will Sie heim zur Mutter führen. Ich bin nicht der gekreuzigte Heiland, sondern bloß ein Mensch. Und dort hinten steht Ihre Mutter, die sucht Sie.«

Der Kranke konnte nicht so schnell aus seinem Wahn erwachen. »Das ist doch Jesus Christus, ich sehe es ja an den Händen! Ach ja, ich bin doch voriges Jahr einmal mit Ihnen in der Eisenbahn gefahren. Da haben Sie mir eine Zigarre angeboten!«

»Ja, ja«, erinnerte ich mich, »weil Sie so liebenswürdig waren, mir meinen schweren Koffer tragen zu helfen.«

Nun war er ganz wach, bemerkte aber noch nicht, daß er völlig unbekleidet war. Traum und Wirklichkeit vergleichend, sagte er: »Sie erschienen mir jetzt als Jesus Christus. Das kam daher, daß ich voriges Jahr gedacht habe: So einer, der geistlich werden will, ist doch wirklich wie Jesus Christus. Darum habe ich Ihnen auch den Koffer getragen.«

Unterdes war die Mutter herangekommen und flüsterte mir zu: »Binden Sie ihm jetzt die Hände zusammen, sonst schlägt er Sie, ich weiß es!«

»Ach nein!« wehrte ich sie ab, »er kommt jetzt ganz von allein mit«, und sprach zu dem Kranken: »Sie haben sich im Traum nicht genug angezogen. Die Mutter wird Ihnen die Schürze borgen, und von mir können Sie sich die Joppe anziehen. Dann gehen wir nach Hause.«

Da fing er an zu scherzen: »Die Schürze wird ja wohl reichen, aber die Joppe wird mir zu eng werden. Wenn ich so ohne Kleidung in den Busch gekommen bin, werde ich auch wieder zurückkommen. Aber Sie müssen mitgehen, damit der böse Geist nicht wieder in mich fährt.«

Das Bauernhaus lag am Fuße des Berges. Kein Mensch sah uns auf dem Heimweg. Es war fast wie ein Sonntagspaziergang mit dem großen Kinde. Ich blieb diese Nacht über bei den Leuten. Wir sprachen über die Krankheitsgeschichte des Sohnes. Er selbst redete mit wie ein ganz vernünftiger Mann, und als wir abends zu Bett gingen, sagte er fast mit demselben Tone wie die Mädchen von der Laurentiusgasse: »Mit Ihnen zusammen ist es hübsch. Da würde ich wohl nie mehr tobsüchtig werden.« Er bat aber die Mutter von selber, sie möchte ihn diese Nacht noch einmal in der Kammer einschließen. Ich war dagegen, aber die Frau tat es.

Wie ich später erfuhr, hat sich der Anfall nicht mehr wiederholt. Der Mann ist jetzt in sehr angesehener Stellung. Als ich ihn um die Erlaubnis bat, von jenem Abend zu schreiben, selbstverständlich ohne Namen und Ort zu nennen, schrieb er mir, ich solle es tun. Jesus sei zwar nicht mehr auf der Erde, um die armen Besessenen zu heilen, aber er müsse damals doch mit seiner Kraft in mir gewesen sein.

Ich selbst fürchte nicht, für eingebildet gehalten zu werden, wenn ich diesen Glauben ehrlich teile. Denn Jesus ist in mir, wenn ich wie damals reinen Herzens bin. Das ist keine Einbildung, das ist guter biblischer und alter christlicher Glaube.

Einmal ist Jesus auch in seinem historischen Leben ein derartiges Begegnis zugestoßen. Das will ich gleich mit erzählen, weil zwischen seinem historischen Leben und seinem ewigen Leben in uns große Ähnlichkeiten auch in der äußeren Offenbarung bestehen. Ein reiner Zufall war es wohl, daß bei mir das Abenteuer im Steinbruch ebenso auf die gefährliche Wasserfahrt folgte wie bei Christus das Begegnis mit dem Besessenen von Gerasa auf den Meersturm.

Östlich vom See Genezareth lag zur Zeit Jesu das Land der zehn Städte, das unter römischer Herrschaft stand und meist von Heiden bewohnt war. Als Jesus landete, kamen zwei wilde Männer einhergelaufen. Da es damals noch keine Sanatorien gab, in denen die Tobsüchtigen eingesperrt und unschädlich gemacht werden konnten, mußten sich die Leute selber helfen, indem sie die armen Menschen fesselten und in Ketten legten. Ich kannte in meiner Heimat noch mehrere Häuser mit einer Kammer, in der einst »ein Verrückter« an den Eisenring gekettet war. Nach dem Berichte der Evangelisten waren die beiden wilden Mäner so stark und klug, daß sie sich von jeder Fessel losreißen konnten. Sie hielten sich Tag und Nacht in den Gräberhöhlen und in den Bergschluchten auf, schrien wie wilde Tiere, schlugen sich selbst mit Steinen und überfielen auch manchmal die Menschen, so daß niemand auf demselben Wege vorbeigehen konnte.

So kamen die beiden Männer auch jetzt herbeigerannt – und sahen plötzlich Jesus. Da sanken sie auf die Knie und beteten ihn an. »Böse, unreine Geister«, sagen die Evangelisten, und wir wissen es auch von Jesus, der alsogleich sprach: »Fahre aus von diesen Menschen, du unreiner Geist!«

Da kam aus den Männern eine Stimme: »Was habe ich mit dir zu schaffen, Jesus, du Sohn Gottes, des Höchsten? Bist du hierhergekommen, um uns vor der Zeit zu quälen?«

»Wie heißt du?« fragte Jesus.

»Legion, denn unserer sind viele«, war die Antwort.

Jetzt war ein Augenblick zum Atemverlieren. Was wird Jesus tun? Das Böse und Dämonische in den beiden Männern fühlte, daß es weichen müsse, und begann zu betteln: »O schicke uns nicht in die Hölle, schicke uns nicht aus dem warmen Menschenherzen, wo wir es so gemütlich haben, in die kalte, trostlose Ferne!«

Jesus sagte noch nichts.

Da machten die unreinen Geister einen passenden Vorschlag: »Schicke uns in die Schweine, die dort am Wege weiden!«

Die Schweine waren eine so passende Wohnung für die unreinen Geister, daß ich hier gar nicht die alte theologische Streitfrage erörtern will, ob nicht Jesus unrecht getan habe, indem er die Schweine den bösen Geistern überließ.

Die Schweine hielten nämlich den Schwarm böser Geister nicht aus, woran man erkennen kann, daß ein einziges Menschenherz mehr Böses zu umfassen vermag als eine ganze Herde Schweine – es waren bei zweitausend, sagt Markus. Die Schweine stürzten sich mit Ungestüm ins Meer, und sie ertranken im Meer.

Die Hirten aber flohen davon und verkündeten es in der Stadt und auf dem Lande. Und die Leute gingen heraus, um zu sehen, was geschehen war. Und sie kamen zu Jesus und sahen einen der beiden Männer, die vom Teufel geplagt worden waren, dasitzen, angekleidet und vernünftig, und sie fürchteten sich. Die aber zugesehen hatten, erzählten später, wie es dem Besessenen und den Schweinen ergangen war. Die Leute von Gerasa baten Jesus, sich aus ihrem Gebiete zu entfernen, sicherlich nicht darum, weil sie für ihre anderen Tiere fürchteten, sondern weil ihnen die göttliche Macht Jesu unheimlich war.

Das Heilige ist nur dem lieb, der von ihm erfaßt worden ist. Der wilde Mann, als er durch Jesu Gottessohnschaft selber zum Gotteskinde geworden war, zog sich erst wieder vernünftig an, setzte sich zu Jesus und bat ihn, daß er doch bei ihm bleiben dürfe. Jesus aber sprach zu ihm: »Kehre zurück in dein Haus und erzähle, welch große Dinge Gott an dir getan!«

Der Mann erfüllte den Befehl. Er zog durch die ganze Stadt und verkündete allen Gerasenern, was ihm so Gutes durch Jesus geschehen sei. So wurde er der erste Heidenmissionar. Er wußte noch nichts von der Lehre Jesu, kannte nicht das Vaterunser, nicht die Acht Seligkeiten, nicht die zwei Gebote der Liebe; er kannte nur Jesus, und das genügte, um ihn zum Evangelisten zu machen. Er hatte in Jesus die Gottessohnschaft erkannt.

Mit gefalteten Händen lesen wir es. Aber ich darf doch auch hinzusetzen, daß in jeder Gotteskindschaft eine ähnliche Kraft verborgen ist. In unserer nervösen, unrastigen Welt ist ein Gotteskind eine wahre Wohltat. Ruhe und Frieden gehen von ihm aus. Und es braucht nur da zu sein, denn mit ihm ist das Leben da, das aus Gott ist.

DAS EINE NOTWENDIGE

Wohl überall habe ich schon die Einsamkeit gespürt, aber nirgends so deutlich und so greifbar wie in meiner Heimat während der Ferien. Wenn ich früh aus der Kirche komme und auf den Feldwegen heimgehe Neusorge zu, da umfängt sie mich plötzlich. Ich wehre mich dagegen und spreche: Ich habe ja daheim alles, was mir lieb ist, meine Mutter, meine treuen Geschwister, manch schönes Buch, manch kurzweilige Arbeit; ich kann meinen Freunden in der Ferne Briefe schreiben, ich kann mir eine neue Geschichte ausdenken. Aber es nützt alles nichts, die Einsamkeit ist da; sie legt sich wie ein Flor über das ganze Land, sie umspinnt mein Herz, sie lastet sich auf mein Gemüt. Es ist manchmal zum Weinen, wenn es nicht zugleich so süß wäre. Ich weiß nicht, auf Grund welcher Erfahrungen oder Vorurteile, ich weiß nicht, aus welchen Zusammenhängen heraus – plötzlich kommt mir das Wort ein: Heute bekomme ich Besuch von Gott.

Ich war ja damals noch jung und ein freier Student, und niemand könnte mir vernünftigerweise böse sein, wenn ich sagte: Es war im Grunde genommen nichts anderes als die Sehnsucht – vielleicht nach einer Braut. Ich möchte es sogar sagen, denn ich weiß, daß jede überirdische Sehnsucht irgendwie mit irdischer Sehnsucht zusammenhängt, wie sich jegliche Übernatur im Menschen auf die Natur baut. Die ersten Glieder aller Ketten, die uns mit dem Himmel verbinden, sind irdische Glieder. Aber es soll doch niemand sagen, daß mir damals das Herrgottsglück nur als Ersatz für ein irdisches Glück gegolten habe. Denn auch irdisches Glück ist mir geworden, in reicher, süßer Fülle; und dann kam noch die Einsamkeit, in der ich voll Sehnsucht war – bis ich die leisen, leisen Schritte Gottes hörte.

Das Leben ging mir zu langsam, die Ereignisse verliefen gar zu gewöhnlich. Ich hätte auf einmal mitten in einer großen, beglückenden Arbeit stehen mögen, am liebsten mitten im Augenblick der Vollendung der Welt und der Enthüllung ewiger Glorie, im Aufleuchten jeglicher Erkenntnis. Ach, und das Gras wuchs so langsam, die Saat war wie in ewigem Stillestehen, und daheim wurden die Kühe gefüttert, und in der griechischen Grammatik konnte ich höchstens ein neues Geheimnis des Konjunktivs oder des Optativs lernen, und die anderen Bücher erzählten auch nur von Dingen, die schon allbekannt waren oder doch wenigstens nicht dazu angetan waren, die Welt zu bewegen. Und doch war in mir die brennende Sehnsucht und die wehe Einsamkeit.

Aus meiner Einsamkeit und Sehnsucht führte ein sehr kurzer Weg nach dem Heiligen Lande, wo Jesus ging. Es geschah, als Jesus und seine Jünger dahinzogen, daß er in einen Flecken kam. Da nahm ihn ein Weib mit Namen Martha in ihr Haus auf. Und sie hatte eine Schwester, die Maria hieß. Diese setzte sich zu den Füßen des Herrn und hörte sein Wort. Martha aber machte sich viel zu schaffen, um ihn reichlich zu bedienen, trat hinzu und sprach: »Herr, kümmert es dich nicht, daß meine Schwester mich allein läßt? Sag ihr doch, daß sie mir helfe!« Und der Herr antwortete und sprach zu ihr: »Martha, Martha, du machst dir Sorge und bekümmerst dich um sehr viele Dinge. Eins nur ist notwendig! Maria hat den besten Teil erwählt, der ihr nicht wird genommen werden.«

Mit meiner ganzen Sympathie stehe ich auf seiten Marthas. Was ist es Schönes um ein solch wirtschaftliches Weib! Martha hätte auch lieber zu Füßen Jesu gesessen und gehorcht. Aber eins mußte doch dafür sorgen, daß die Gäste zu essen bekamen. Unter den zwölf Aposteln war sicherlich der eine oder andere ein tüchtiger Esser. Von Luft konnte keiner leben. Und Jesus selbst bekam Hunger, wenn die Zeit da war. Er war doch einmal sehr erzürnt, als er hungerte; und als der nächste Feigenbaum nur Blätter und keine Früchte trug, fluchte er dem Baum, daß er alsogleich verdorrte, obwohl er gar nicht dafür konnte, da noch nicht die Zeit der Fruchternte war. Die Frucht aber, die eine Hausfrau täglich bringen muß, ist ein rechtes Mittagessen. Ich konnte Jesus nicht verstehen, daß er Martha tadelte, weil sie um das Mittagessen besorgt war. Aber ich war wenigstens nicht mehr einsam, ich war im Hause von Bethanien.

Ich erinnerte mich, daß mir einst ein Pfarrer folgendes gesagt hatte: »Jesus konnte manchmal alles Iridsche vergessen, er sprach dann so unpraktisch wie nur möglich. Ein anderes Mal hätte er wahrscheinlich gesagt: ›Die Hausfrauen werden selig durch Mittagessenkochen‹, wie Paulus einmal gesagt hat: ›Die Weiber werden selig durch Kindergebären‹, wie überhaupt jeder selig wird durch treue Erfüllung seiner täglichen Berufspflichten. Diesmal wußte er natürlich auch, daß es so sei, aber sein Blick war anders gerichtet.

Ich bin als Geistlicher manchmal zu Besuch gewesen. Da hätte ich in den wenigen Stunden, die ich dableiben konnte, am liebsten die ganze Familie um mich gehabt. Aber wie war's? Die Hausfrau ging sofort in die Küche, um Kaffee zu kochen, die Kinder mußten schleunigst zum Bäcker und Konditor laufen, um Semmel und Torte zu holen. Weißes Tischzeug, goldrändiges Geschirr, Blumen mußten gebracht werden. Das war ein Laufen hin und her, nur damit ich einen guten Kaffee zu trinken bekäme. Wohl muß unterdes der Vater oder der Bruder oder auch eine Tochter den geistlichen Gast unterhalten. Aber das priesterliche oder wenigstens menschenfreundliche Herz kommt doch um des Magens willen nicht auf seine Rechnung. Da habe ich wohl auch zuweilen gesagt: ›Laßt doch das ganze Kaffeekochen, ich will euch haben!‹ Die Liebe, die man sich gibt, ist der beste Teil, nicht der Kaffee!

Jesu Wort läßt sich also verstehen aus seiner Liebe zu Martha. Er hätte sie am liebsten neben Maria sitzen sehen. Er war so ganz erfüllt von seiner Liebe, daß er gar nicht an die Notwendigkeit wirtschaftlicher Fürsorge dachte.«

Freilich lassen sich viele Worte der Heiligen Schrift nur aus der geistigen Hochspannung verstehen, in der sie gesprochen worden sind. In jenen Höhen sind sie wahr. Wollte man sie aber auf die alltäglichen Lebenszustände anwenden, so würden sie eine unaufhörliche Quelle von Unordnung und Irrtum. Ich denke mit Schrecken an eine Hausfrau, die den halben Tag in der Kirche saß und keine Predigt unangehört lassen wollte und immer wieder sagte: »Eins nur ist notwendig.« Die Kühe in ihrem Stalle standen wie Gerippe da und brüllten. Der Mann brüllte auch. Aber es half weder den Kühen noch dem Manne.

»Was ist denn das eine Notwendige?« An jenem gotteinsamen Ferientage in Neusorge kam diese Frage zu mir. Ich setzte mich zu ihr, ich ging mit ihr spazieren, ich sah sie immer wieder an, ich barg sie an meinem Herzen. Keine Braut hätte mich an diesem Tage mehr beglücken können als diese Frage. Und wenn sie den Schleier ein wenig hob von ihrem Angesichte, sah ich die unergründlichen Tiefen ihrer ins lichte Himmelsblau gehenden Augen. Und sie führte mich von Bethanien fort an alle Stätten, wo Christus von dem einen Notwendigen, von dem großen Geheimnis des Lebens, von dem inneren Müssen gesprochen hat.

Was ist das eine Notwendige? Etwa, daß man sich zu Füßen Jesu oder eines Geistlichen setzt und dort sitzen bleibt und alles übrige für unnötig hält? Das kann für manche Weihestunden das eine Notwendige sein, aber nicht für die Dauer. Bald stellt sich die andere Notwendigkeit ein, daß man das Wort Gottes auch befolgt. Und dazu gehört auch die notwendige Fürsorge für einen geordneten Haushalt.

Die meisten Erklärer gehen in die Irre, indem sie das eine Notwendige unter den Dingen suchen, die Maria hatte oder tat, Martha aber nicht, und indem sie alles, was Martha tat oder hatte, als eine Summe ansehen, in der das eine Notwendige nicht enthalten ist. Aber wenn Jesus sagt: »Du machst dir viel zu schaffen und kümmerst dich um vieles. Eines nur ist notwendig«, so kann das Eine doch unter dem Vielen gewesen sein. Ja, das Eine muß mit dem Vielen verbunden sein. Denn es ist gar kein Zweifel, daß die Hausfrauenarbeiten alle notwendig sind. In dieser Notwendigkeit muß auch das eine Notwendige mit eingeschlossen sein. Ich bin sogar überzeugt, daß sich Maria sogleich erhob und ihrer Schwester zu helfen begann und doch auch dabei das eine Notwendige tat. Manche Erklärer legen den Hauptton auf das Wort »sorgen« und sagen: Die Dinge, welche Martha tat, seien natürlich notwendig, aber das *Sorgen* um den leiblichen Bedarf sei nicht notwendig. Notwendig sei nur eine Sorge, nämlich die Sorge für Gott und sein Reich. Aber Christus sagt doch nicht: »Nur eine *Sorge* ist notwendig«, sondern: »Nur eins«, also ein Ding, eine Sache, eine Erkenntnis, ist notwendig. Ich will es offen sagen: Notwendig ist nur, daß der Wille Gottes getan wird.

Den Willen Gottes tun alle Pflanzen, alle Tiere, und zwar ganz genau und pünktlich. Sie können gar nichts anderes. Der Mensch aber kann etwas anderes. Er kann den Willen Gottes erkennen und auch wollen. Er kann in allem, was geschieht und was notwendigerweise getan werden muß, den Willen Gottes sehen; er kann alles als gottgewollt selber wollen. Das heißt beim Menschen, den Willen Gottes erfüllen.

Maria wußte, daß es Gottes Wille war, wenn sie jetzt ruhig zu Füßen Jesu saß und auf seine heiligen Worte hörte. Sie hatte gar keine andere Sorge. Sie tat das eine Notwendige. Sie hatte den besten Teil von den Menschensorgen erwählt; den anderen Teil ließ sie fahren. Auch Martha erkannte wohl, daß ihre hauswirtschaftlichen Arbeiten nach dem Willen Gottes waren. Aber sie machte sich einige Extrasorgen hinzu, zum Beispiel ob ihr alles gelingen werde, ob sie alles allein fertigbringen werde, ob es nicht häßlich von Maria sei, daß sie nicht mithalf. Darum trat sie vor Jesus hin und sprach: »Kümmert es dich nicht?«

»Nein«, meinte Jesus, »das macht mir keinen Kummer und keine Sorge. Meine Sorge ist nur die, daß der Wille meines Vaters erkannt und erfüllt wird. Und dies geschieht dort am Ofen bei dir und hier zu meinen Füßen bei Maria. Maria hat den besten Teil herausgewählt. Du aber machst dir zum selben Teil noch eine ganze Anzahl unnötiger Sorgen. Du wählst nicht genügend aus! Und darum machst du dir allzuviel zu schaffen und kümmerst dich um allzuviele Dinge, besonders darum, ob auch Maria wirklich den Willen Gottes tut. Tu du nur deine Arbeit, aber laß Maria tun, was sie als Willen Gottes erkennt.«

Zuerst war ich zu Martha in die Küche gegangen. Es war ja meine eigene Schwester, ich hatte sie am Ärmel gezupft, damit sie sich umschaue; ich wollte sehen, ob nicht eine Träne an ihrer Wimper hing. Aber keine Spur davon. Die Frauen wissen, daß die Männer erst dann Verständnis für ihre Kocherei haben, wenn das Essen fertig auf dem Tische steht. Und ganz im Tiefen hatte Martha das Wort des Meisters wohl so verstanden, wie er es gemeint hatte. Was verständen solche Frauen nicht? Sie verstehen es nicht immer begrifflich und wörtlich, aber sie verstehen es und kochen ruhig weiter. Und wenn auch einmal ein Wort Jesu mißzuverstehen wäre, seine Liebe war doch nie mißzuverstehen. Martha weinte also nicht. Darum ging ich zu Jesus und fragte: »Ist das richtig, was ich mir über das ›eine Notwendige‹ ausgedacht habe?«

»Ja«, antwortete er, »aber wenn du ein richtiger Theologe sein willst, darfst du nie sagen, daß du etwas ganz richtig verstanden hast. Es ist immer erst der Anfang vom Richtigen.«

Da fiel mir wieder ein, daß das ganze Leben Jesu von einem geheimnisvollen Müssen, einem einzigen Notwendigen, durchzogen war, wie ich ja auch schon früher dargetan habe. Wie oft sprach Jesus: »*Mußte* ich nicht?« Es fing an mit dem Worte, das er seiner Mutter gesagt: »Warum habt ihr mich gesucht? Wisset ihr nicht, daß ich in dem sein *muß*, was meines Vaters ist?« Jetzt hatte ich auf einmal diesen roten Faden wieder gefunden. Das eine Notwendige ist, in dem zu sein, was des Vaters ist. Und da alles auf der Erde, jedes Ding und jedes Schicksal, des Vaters ist, kann dies nicht heißen, daß man bloß mit der blinden Natur in dem sei, was des Vaters ist, sondern daß man mit Glauben und Wissen, mit Liebe und Eifer in dem sei, was des Vaters ist, oder noch besser: daß man als Kind des Vaters durch die Dinge des Lebens hindurchgehe.

Das ist das eine Notwendige, notwendig, damit die uralte Ordnung auf Erden wiederhergestellt werde, daß nämlich Gott nicht wie ein Fremder und Ferner weit außerhalb der Erde des Lebens erachtet oder gar verachtet wird, sondern daß er erkannt wird als Vater der Sterne, der Blumen und der Menschen und auch als Vater des geringsten Dinges auf der Erde, jedes Atemzuges, jeder Bewegung, jeder kleinen Tat. Alles wird väterlich, wo wir wahrhaft kindlich sind.

Hätte Martha bei der Vorbereitung des Gastmahles gedacht: »Jetzt bereitet der himmlische Vater seinem Sohne das Hochzeitsmahl«, hätte sie gedacht: »Es ist alles der Sorge des Vaters überlassen, er wird es schon recht machen durch meine Hände«, hätte sie mit ihrem Glauben ihre ganze Arbeit verklärt und nicht die dunklen Schatten der Sorge und der vertrauenslosen Hastigkeit darüber hinziehen lassen, so wäre ihr Teil so gut gewesen wie der Mariens.

Man nennt dieses Verhalten der gläubigen Seele das Schauen oder die Beschaulichkeit. Dieses Glück ist nicht etwa den Klosterfrauen vorbehalten. Nein, gerade die Hausfrauen sollen es haben. Es ist auch für sie das eine Notwendige. Denn ohne dieses Schauen ist der ganze Glauben und die ganze Religion unvollkommen. Die Christen, welche nicht schauen, mögen zwar Gotteskinder sein, sie sind aber blinde Gotteskinder.

Den Vater erkennen, den Vater sehen, in allem des Vaters Werke tun, ganz und gar Kind sein im Vater, nicht Kind im gewöhnlichen, kleinlichen, zärtlichen Sinne, sondern in dem großen Sinne: Abkomme, Sproß, Sohn, Mitwisser, Mitwoller, Mitbesitzer des Vaters, neuer Vater – das wollte Jesus den Menschen bringen; so hoch wollte er sich erheben, da sie in der Gottesferne zu Tieren und Sklaven und Gottlosen erniedrigt worden waren.

Wir haben diesen Glauben – ach, ich muß wohl sagen – verloren. Wir beten den Vater an und verehren ihn, aber wir wachsen nicht aus ihm heraus und nicht in ihn hinein. Wir nennen uns Gotteskinder, sind aber nicht einmal rechte Knechte, bleiben ihm fern und bilden uns dann etwas auf unsere Ehrfurcht und Demut ein. Weg mit aller Ehrfurcht und Demut, die uns nicht mit Gott eins werden läßt!

Schon die alttestamentlichen Propheten hatten den göttlichen Grund des menschlichen Lebens erkannt. Das Göttliche ist das Grundgesetz des menschlichen Lebens. Wir müssen in dem sein, was des Vaters ist. Aus dem Vater kommt alles. Der Vater ist der Quell unseres Lebens, der Urheber und Wirker unserer Handlungen. Er lenkt unsere Schritte. Wir leben aus ihm, und er lebt in uns. Gottschauer des Mittelalters haben gesagt, daß er ohne uns gar nicht leben könnte, das heißt dieses eigenartige Vaterleben, daß wir ihn gewissermaßen töten, wenn wir ihn nicht in uns leben lassen.

Jesus sah dies alles. Er wußte, daß nicht der Wille der Menschen, sondern der Wille des Vaters sein Leben bestimmte. Das gab ihm eine Kühnheit und Sicherheit, wie sie jedes Gotteskind den Menschen und dem Leben gegenüber auszeichnet.

Es war freilich schwer, die Menschen in den Gedanken einzuführen, daß sie Kinder des ewigen Gottes werden könnten. Die Menschen wollen unter Religion nichts weiter verstehen als gewisse Beziehungen zu Gott, Anerkennung seines Daseins und seiner Macht, Gehorsam gegen seine Gebote, Furcht vor seinen Gerichten, Liebe – aber nicht die Liebe, die fruchtbar ist, nicht die Liebe, die im Mutterschoß das Leben erweckt und ganz zu einem neuen Leben wird, nicht die Liebe, die dem Vater ein eigenes Kind schenkt, vielmehr nur die Liebe, die eine Hand in die andere legt, nicht die Liebe, die ein Blut ins andere, ein Wesen ins andere überfließen läßt. Und doch ist nur diese und nichts anderes die wahre Religion. Alle andere Religion ist heidnisch oder jüdisch, auch wenn sie sich christlich nennt.

»Ihr glaubt mir nicht. Ihr seid eben nicht von meinen Schafen.

Meine Schafe hören meine Stimme, ich kenne sie, und sie folgen mir nach. Und ich gebe ihnen das ewige Leben, und sie werden in Ewigkeit nicht verlorengehen, und niemand wird sie aus meiner Hand reißen. Was mir der Vater gegeben hat, ist größer als alles, und niemand kann es der Hand meines Vaters entreißen. *Ich und der Vater sind eins.«*

Da hoben die Juden Steine auf, um ihn zu steinigen.

Einem achtzehnjährigen Gymnasiasten fällt das ewige Jungsein nicht schwer. Manche meiner Mitschüler konnten zwar nicht alt genug tun. Ich hätte es gern mitgetan, dank der Affenartigkeit, die nun einmal im Menschen steckt. Aber ich war zu dumm und zu kindisch, um das Altsein nachahmen zu können. Ich bringe es jetzt manchmal noch nicht ganz fertig. An jenem Tage, der mit der lautlosen Einsamkeit begonnen hatte, erkannte ich aber, daß das Größte und Notwendigste sei, heute ganz neu und jung aus Gott hervorzugehen.

In der Fabrikanlage, in der mein Vater arbeitete, hatte einmal der Mühlbach, der eine Maschine trieb, das Wehr durchbrochen und im Räderwerk fürchterlichen Schaden angerichtet. Es war gerade Sonnabend, kurz vor der Feierstunde. Mein Vater fuhr schnell in die langen Stiefel, die bis zu den Lenden reichen. Bohlen und Bretter herbeigeschleppt! Hinein ins Wasser, daß es hoch aufspritzte! Leute herzu! Wächter, kleiner Zwerg, kugle dich, du mußt heute ein Riese sein! Die ganze Sonnabendnacht wurde gearbeitet, der ganze schöne Sonntag ging darauf. Kaum Zeit, um ein paar Bissen Brot abzubeißen und einen Schluck aus der heißen Kaffeekanne zu tun. – Und doch war mein Vater Quietist in meinem Sinn. Denn als er Sonntagabend endlich heimkam und alles erzählte und als ich bewundernd auf seine Knie kletterte, da umschloß er mich mit seinen Armen und sagte: »All das Gerenne und Getue ist mir jetzt wie ein Traum. Wir ruhen, auch wenn wir uns einmal tüchtig bewegen müssen, doch immer in den Armen des himmlischen Vaters.«

Da denke ich auch daran, daß mein Vater nie gern das Wort »Gott« gebrauchte. Das kam ihm zu fremd vor. Lieber sagte er schon »Herrgott«, meinte aber auch von diesem Namen, er klänge etwas nach Heidentum oder Judentum. Am liebsten sagte er »der himmlische Vater«.

Ach, wenn Gott nur so gut ist wie mein Vater, da muß er schon sehr gut sein! Die Knie meines Vaters sind für mich der Ort, von dem aus ich am leichtesten den Weg zur christlichen Gotteserkenntnis finde. Und die starken Arme, die mich gern umschlossen! Und das treue Herz, das hinter der Weste ganz leise klopfte! Das sind die Buchstaben, aus denen für mich der Name Gottes besteht.

Sonst war es ja bei uns zu Hause manchmal wirklich nicht schön, besonders an den dunklen Winterabenden. Diese Finsternis! Es war selbstverständlich, daß irgendein Dieb oder Räuber oder Mörder gerade den Weg zu unserem Hause suchte. Vielleicht hat er das Scheunentor schon geöffnet, vielleicht kriecht er schon die Leiter hinauf nach dem Heuboden – er wird bald die Treppe herunterkommen und zur Tür hereinstürzen! Wenigstens fing mein Herz schon an, einzuhalten und ein paar sehr kräftige Schläge zu tun.

Auf den Knien des Vaters war das alles anders. Da war die Welt schon im Zustand der Verklärung, und soweit etwa noch Diebe, Mörder oder Räuber da waren, ich fürchtete sie nicht. Ich fühlte ordentlich in meinem Arme die Kraft vom Arme meines Vaters. Sonnabend oder Sonntagabend wäre ich auch ganz allein auf den finsteren Heuboden gegangen.

Jetzt als achtzehnjähriger Primaner hatte ich mir freilich einen Revolver angeschafft und einen Totschläger dazu. Jetzt hatte ich andere Grundlagen für meinen Mut. Aber ich dachte doch noch gern an meine Beherztheit auf den Knien des Vaters und fand von da aus meinen Weg ins Evangelium. Auf den Knien des Vaters kannte ich nur eine Furcht, nämlich, daß ich den Vater einmal verlieren könnte.

Sieh da, das eine Notwendige: Wer die rechte Vorstellung von Gott, dem Vater im Himmel, hat, der allein ist geeignet, furchtlos die Wahrheit zu sagen. Der wird von allein ein tapferer Missionar werden. Die rechte Vorstellung vom Vater, das echte Kindsein, bildete den Hintergrund und Untergrund fast aller Lehren Christi und erweist sich schon dadurch als das eine Notwendige. Sorgenfreie Untätigkeit aber verträgt sich ebensowenig mit dem echten Kindesverhältnis zu Gott wie sorgenvolle Ruhelosigkeit.

Jesus spricht weiter: »Habet acht auf euch selbst.« Da denken die meisten, sie sollen sich in acht nehmen vor den Verführern. Das ist sicher richtig, aber Jesus meint wohl: »Habet acht, daß ihr nicht selber Ärgernis gebet!« Denn er fährt fort: »Wenn dein Bruder etwas gegen dich sündigt, so verweise es ihm, und wenn es ihn reut, so vergib ihm. Und wenn er siebenmal des Tages wider dich sündigt und siebenmal des Tages wieder zu dir kommt und spricht: Es reut mich!, so vergib ihm.«

Das ist aber das größte Ärgernis, daß sich die Menschen gar nicht oder höchstens zwei- oder dreimal verzeihen wollen. Und dieses Ärgernis geben wir leider fast alle. Es ist die Schande der Kirche Christi. Wir betrachten sogar den armen Sünder als Ärgernisgeber und uns als die Reinen und Geärgerten. Heuchelei. Die verweigerte Verzeihung ist jedoch tausendmal schlimmer als die schwerste Sünde, die bereut wird, und unsere Charakterstärke ist die schlimmste Schwäche. Nicht du, sondern dein Mitmensch, der zum siebenten Male gesündigt hat und wieder bereut, gehört zu den Kleinen, die Christus beschützt. Dir wünscht er den Mühlstein an den Hals, wenn du dem ganz Kleingewordenen das Ärgernis des Nichtverzeihens gibst.

Wenn man sich mit Jesus einläßt, wie ich an dem einsamen Ferientage in Neusorge, wird man nicht fertig. Denn immer, wenn er eine Tür geöffnet hat, läßt er im Hintergrunde eine zweite sehen, die noch verschlossen ist; immer bringt er am Schluß ein neues Geheimnis. Was ist das mit dem Ersten und Letzten? Ist es nicht im Grunde gleich, ob man als erster oder letzter den ewigen Lohn empfängt? Hauptsache, man kommt überhaupt nicht um den Lohn!

Der Heiland sah, wie Petrus schon in Gedanken in den Himmel stolzierte und, da er gleich von Anfang in den Dienst Jesu getreten war, einen entsprechend hohen Lohn zu bekommen hoffte. Das war wieder gar nicht kindlich von diesem Petrus. Auch dachte er sich wohl, daß die zwölf Throne die einzigen sein würden außer dem Throne Gottes. Das andere Heiligenvolk müsse vielmehr auf Stühlchen sitzen oder sonstwo herum. Da sah Jesus mit demselben Blicke, wie der himmlische Vater gerade dem letzten Vagabunden, der in allerletzter Stunde erst an den Himmel gedacht, einen so ganz schönen, großen Thron anbot – es mag wohl der arme Schächer am Kreuz gewesen sein –, während Petrus noch lange warten mußte, wohl bis zum Jahre Siebenundsechzig, wenn die heutige Forschung recht hat mit ihrer Datierung.

Um dieses letzten Vagabunden willen erzählte Jesus noch folgende Geschichte:

Das Himmelreich ist gleich einem Hausvater, der am frühen Morgen ausging, um Arbeiter in seinem Weinberg zu mieten. Nachdem er nun mit den Arbeitern um einen Denar für den Tag handelseins geworden war, schickte er sie in seinen Weinberg. Gegen neun Uhr vormittags ging er wieder aus und sah andere auf dem Markte müßig stehen und sprach zu ihnen: »Gehet auch ihr in meinen Weinberg, und was recht ist, werde ich euch auch geben.«

Es ist zu beachten, daß diese Arbeiter nicht erst um den Lohn zu handeln begannen. Sie hatten gar nicht mehr gehofft, an diesem Tage noch etwas zu verdienen. Sie gingen in den Weinberg, und ich glaube, daß sie von dem »einen Notwendigen« mehr wußten als die ersten Arbeiter. Auch um zwölf Uhr mittags und um drei Uhr ging der Weinbergbesitzer aus und holte sich die Arbeitslosen, die er traf. Als er aber um sechs Uhr noch einige stehen sah, sprach er: »Warum stehet ihr hier den ganzen Tag müßig?«

»Weil uns niemand gemietet hat.«

»Gehet auch ihr in meinen Weinberg!« sprach der Besitzer, sagte aber überhaupt nichts vom Lohne.

Als es nun Abend geworden war, beauftragte der Herr seinen Verwalter, den Leuten allen den vollen Tagelohn zu zahlen. Mit den letzten solle er anfangen.

Die ersten machten große Augen, als die letzten einen ganzen Denar bekamen, und berechneten schon, wieviel mehr sie da bekommen müßten. Als sie aber auch nur einen Denar erhielten, genau nach Kontrakt, da murrten sie und sprachen: »Diese letzten haben eine einzige Stunde gearbeitet, und du stellst sie uns gleich, die wir des ganzen Tages Last und Hitze getragen haben!«

Der Herr aber entgegnete: »Freund, ich tue dir nicht unrecht. Sind wir nicht um einen Denar handelseins geworden? Nimm, was dein ist, und gehe! Ich will aber auch dem letzten soviel geben wie dir. Ist mir nicht erlaubt zu tun, was ich will? Siehst du darum scheel, weil ich so gütig bin?«

»So werden«, schloß Jesus, »die Ersten die Letzten und die Letzten die Ersten sein!«

Gottes Güte wird sich einmal so groß erweisen, daß die Menschen, die ihren Lohn schon ausgerechnet haben, staunen werden. Was wird Petrus sagen, wenn ich armseliger Schreiber gerade soviel bekommen werde wie er, obwohl er doch die Neronische Christenverfolgung durchgemacht hat! Ich selber will mich aber darauf einrichten, daß mein lieber Freund, der immer noch nicht die einladende Stimme Gottes gehört hat, dereinst ebensogut fahren wird wie ich, obwohl ich mich jetzt schon gut dreißig Jahre mit der Nachfolge Jesu recht und schlecht plage. Denn das ist das »eine Notwendige«, daß man dahinter kommt, wie gut Gott letzten Endes sein wird.

Gegen Abend wandte sich Jesus plötzlich zu mir und sprach: »Du bist ein rechter Gymnasiast und betrachtest mich wie einen Gymnasialprofessor, der dir etwas beibringen will. Du hast immerfort die Vorstellung, als solltest du meine Lehre vom Vater hören. Ich will dir aber nur meine Lehre von dir sagen, nein, nicht meine Lehre: Umschaffen will ich dich. Etwas anderes will ich aus dir machen als bloß einen gelehrigen Schüler. Deine Person und dein Wesen, nicht deine Einsicht will ich gestalten. Ach, die Menschen nennen mich den Lehrer von Nazareth. Wenn sie doch erkennen möchten, daß ich der Schöpfer von Nazareth bin!«

»Sage mir Genaueres über die Art deiner Arbeit!« bat ich.

»Ich bin das Wort, das da sprach: Es werde! Ich liebe das Werden, und das Werden, das ich liebe, soll kein Ende haben bis hinauf zu Gott. Ich bin wie ein Töpfer. Wohin wendet der Töpfer sein Auge und sein Herz? Nicht zum fertigen, stolzen Werke; das läßt er stehen oder verkauft es. Auge, Herz und Hand wendet er dem armseligen Lehm zu oder dem unfertigen Werke. Siehe, so auch ich. Die Gerechten, die da nicht noch werden und suchen wollen, lasse ich stehen. Sie sind schon hartgebrannt und wollen nicht mehr anders werden. Und sie sollten doch werden bis hinauf zu Gott. Seid vollkommen wie euer

Vater im Himmel! Aus den Gerechten kann ich nichts mehr machen, bis sie selber wieder klein und demütig werden. Aber die Kinder, siehe, und die Sünder! Wie weicher Ton sind sie in meinen Händen. Ich will euch Menschen nicht belehren. Die Lehre tut ihr in irgendeine Lade eures Herzens oder eures Hirns und bleibt dabei, was ihr waret. Leben will ich in euch erwecken, daß ihr ganz neu wachset; göttliches Leben, auf daß ihr des Vaters Kinder werdet. Siehe die Martha! Bei all ihrer Frömmigkeit und Liebe ist sie ein ganz irdisches Weib. Und doch soll sie die Tochter des ewigen Vaters werden. Sie hat schon den Keim des Lebens. Darum schalt ich sie, daß sie nicht darauf achtete. Siehe die Maria! Ihr gab der Vater, daß sie eine Stunde lang alles vergäße, sogar, daß sie dem Fremdling ein Mahl bereiten müsse. Und in dieser Stunde war sie ganz hingegeben an den Vater, von dem ich zu ihr redete. In dieser Stunde war sie die Tochter Gottes und lebte nur aus ihm und atmete nur in ihm. Siehe die Kranken und Armen und Zerbrochenen und Sünder! Da ist keine feste Form, da kann ich bilden, da wächst das göttliche Leben empor. Ich bin wie ein Landmann, der sich um und um sieht. Sieht er einen Keim, da bleibt er stehen. Sieht er keinen, so sucht er danach. Und ist ein Keim umgetreten, so richtet er ihn auf und hofft, daß er weiterwachse. Du mußt einmal bedenken, wie es im Sünder ist. Du hast gelernt, die Sünde sei eine unendliche Beleidigung Gottes. Das ist richtig. Aber wenn du den Vater verstehst, wirst du einsehen, daß in ihm kein Leid, sondern nur unendliche Liebe sein kann. In dieser Liebe neigt er sich über den Sünder, und da geschieht, was ihr Menschen den Zorn Gottes nennt und was doch nur seine Liebe ist. Die Sünde wird eine Dienerin Gottes; sie macht den Menschen klein, zerbricht ihn und zermürbt ihn, bis er gar nichts mehr ist. Und da kann Gottes schöpferische Hand wieder neues Leben schaffen.

Mein Vater hatte einen Brief aus Breslau bekommen, in dem es hieß: »Ihr Herr Sohn treibt sich bei schlechten Menschen auf der Laurentiusgasse herum und hat überhaupt keinen anständigen Verkehr. Ich erlaube mir, Sie darauf aufmerksam zu machen, und würde sonst gezwungen sein, es im Kloster und auf dem Gymnasium anzuzeigen.« Mein Vater wußte schon alles von der Laurentiusgasse und sagte mir nur: »Du wirst etwas aufpassen müssen, daß du keinen Schaden nimmst. Solche Mädchen könnten dir doch einmal schaden! Aber – wer seine Seele retten will, wird sie verlieren, und wer sie für andere hingibt, wird sie retten.«

Ja, so ähnlich hat Jesus einmal gesprochen. Jetzt war die Absenderin des Briefes mitten unter den Pharisäern, zu denen Jesus sagte: »Wer von euch, der hundert Schafe hat und eines davon verliert, läßt nicht die neunundneunzig auf der Weide und geht dem verlornen nach, bis er es findet? Und hat er es gefunden, so legt er es voll Freude auf seine Schultern. Und wenn er nach Hause kommt, so ruft er seine Freunde und Nachbarn zusammen und spricht zu ihnen: Freuet euch mit mir, denn ich habe mein Schaf gefunden, welches verloren war. Ich sage euch: Ebenso wird auch im Himmel Freude sein über einen Sünder, der Buße tut, mehr als über neunundneunzig Gerechte, die der Buße nicht bedürfen.«

›Im Himmel‹, sagte Jesus, und er meinte damit eigentlich die christliche Gemeinde oder zum Beispiel ein Kloster. Deshalb sprach ich zu ihm: »Ach, Jesus, so ist es doch nicht geworden. Wenn ein Sünder Buße tut, so heißt es gleich: Wer weiß, ob er aushalten wird? Und wenn man ihm auch mit einigen Wenn und Aber verzeiht, so bleibt ihm doch sein Leben lang etwas anhängen, und man weist mit dem Finger auf ihn und sagt: Er ist ja jetzt ein ganz anständiger Kerl geworden, aber er hat auch genug auf seinem Konto.«

So war mancher einsame Tag meiner Ferien in Neusorge. Denke niemand, daß ich wie Hieronymus im Gehäus grübelnd saß. Nein, da ging es türein und türaus. Überall im Hause und in der Wirtschaft gab es etwas zu tun. Oder es kamen Nachbarsleute, und ich setzte mich ein Weilchen zu ihnen; oder ich ging hinüber in Schneiderbauers Busch. Das Leben Jesu kann man von jedem Orte aus miterleben. Auch wenn man steht, wandert man mit, und wenn man sägt und hobelt, daß die Späne nur so fliegen, sitzt man ganz still zu Füßen Jesu oder ruht an seiner Seite und hört und hört.

Jesus sprach einmal davon, daß er und der Vater beim Menschen zu Gaste kommen und Wohnung in ihm nehmen. Denkt ja nicht, daß sie etwa bloß in einer Herzkammer logieren. So bescheiden sind die himmlischen Gäste nicht. Das ganze Wesen erfüllen sie, überall leuchtet ihr Wesen durch. Es wird eine wahre Einheit zwischen Mensch und Gott, mögen auch die Philosophen noch so viele Unterschiede finden – das sind alles nur Termini, die praktisch nichts zu sagen haben. Es gibt einen Zustand, in dem der Menschensohn sagen kann: »Ich und der Vater sind eins.«

Oh, da ist manches Geheimnis, für das man kein Wort mehr finden kann!

AUFERWECKUNG DES LAZARUS

Bei uns daheim war Zärtlichkeit unter den Menschen nicht Sitte. In unserer Liebe lag eine starke Herbheit. Wir wußten ja alle, daß wir uns verstehen. Aber dem unvernünftigen Vieh im Stalle und den leblosen Gegenständen in Stube, Haus und Wirtschaft, ja sogar dem sehr verständig dreinschauenden Hause trauten wir soviel Verständnis nicht zu. Da wurden wir zärtlich. Unsere Kühe im Stalle sind wohl tausendmal öfter gestreichelt und umhalst worden als je eins von uns. Und unser Haus mit seinem Strohdach und seinen weißen Wänden und seinen blumengeschmückten Fenstern! Wenn es nur mit First und Esse ein wenig emportauchte aus der hügeligen Landschaft, blieb unser Auge daran hängen. Und wenn wir an der Tür standen, legten wir die Hand an den Holzpfosten, ganz breit und flach, um recht viel davon zu spüren. Es war ein Herzschlag in diesen Wänden, die aus der hochzeitlichen Liebe meines Großvaters herausgewachsen waren.

In den Osterferien, die auf meine Erlebnisse in der Laurentiusgasse gefolgt waren, merkte ich aber eine leise Veränderung. Es war mir, als sei ich nicht mehr so daheim wie früher. Das Haus auf der Laurentiusgasse, wo der Weichensteller wohnte, schien einen Anspruch auf mich zu erheben, als gehöre ich dorthin.

Am Osterfeste bekam ich eine Karte von der ungelenken Hand der Frau des Weichenstellers. Es sei sehr schlimm geworden mit dem Manne. Neue Anfälle, hohes Fieber. Der Arzt, den irgend jemand geschickt habe, sei der Meinung, daß das Herz zu schwach sei, um noch lange auszuhalten. Es seien schlimme Nachrichten vom Rechtsanwalt gekommen. Ich solle doch so bald wie möglich nach Breslau zurückkehren.

»Ich muß morgen wieder nach Breslau fahren«, sagte ich meiner Mutter und meinen Schwestern. Da war ein großes Widerstehen. Meine Schwester Hedwig, die mich wohl immer mehr geliebt hat als je eine Schwester ihren Bruder, sagte gleich, was sie seitdem wohl noch tausend Male gesagt hat: »Du hast immer die fremden Menschen lieber als uns!« Und als ich sie für diese große Liebe auslachte, steckte sie sich hinter den Vater: »Das ist eine so verrückte Sache auf der Laurentiusgasse, das dürft ihr gar nicht dulden!«

Da war es wie immer; das Leben Jesu, der in mir lebte, spiegelte sich in klarster Deutlichkeit wider. Als Jesus und die Jünger nach Hause kamen, versammelte sich wieder das Volk, so daß sie nicht einmal ihr Brot essen konnten. Da seine Angehörigen dies hörten, gingen sie aus, um ihn zu ergreifen, denn sie sagten: »Er ist wahnsinnig geworden.«

Es waren auch Schriftgelehrte von Jerusalem gekommen; ich denke mir: medizinische Sachverständige für Geisteskrankheiten. Diese beobachteten und ratschlagten und schüttelten die Köpfe und versuchten, den Fall genauer zu bestimmen. Bis sie es richtig heraus hatten! Es liege, sagten sie, ein besonderer Fall von Besessenheit vor: »Er hat Beelzebub, den obersten der Teufel, im Leibe; durch ihn treibt er die bösen Geister aus!« Sie wiederholten also die freche Rede, die ich schon in dem Breslauer Holzschuppen von ihnen gehört hatte.

Da dachte Jesus an den Geist, der ihn leitete, an den Heiligen Geist, den süßen Gast der Seele, den Vater der Armen, den Heiler der Kranken, den Zarten, Feinen, Gütigen. Den wagte das freche Gelichter von Jerusalem Beelzebub zu nennen! Jesus fuhr auf und rief: »Wahrlich, ich sage euch, alle Sünden werden den Menschen vergeben werden und alle Lästerungen, die sie ausstoßen; wer aber wider den Heiligen Geist lästert, der wird in Ewigkeit keine Verzeihung erhalten. Ewiger Sünde wird er schuldig sein!«

Ich fuhr trotzdem nicht schon am anderen Tage nach Breslau zurück, sondern beschloß, ruhig das Ende der Ferien abzuwarten, nicht um der Meinigen willen – aber es wäre etwas so Besonderes und Außerordentliches gewesen, wenn ich um des fremden Mannes willen oder gar in dem anmaßenden Glauben, den Willen Gottes durch mein Erscheinen am Krankenbett abändern zu können, vorzeitig abgereist wäre, daß es mir widerstand. Solches hat sich mir in meinem Leben stets als töricht erwiesen. Ich glaube nun einmal nicht, daß ich für irgendeine Sache der Welt wichtig bin, wenn es nicht von vornherein auf der Linie meines Berufes oder meines vorbedachten Planes liegt. Außerordentliche Geschäftigkeit und Wichtigtuerei in Sachen Gottes kann zwar den Willen Gottes nicht stören, aber es stört das Verhältnis des Menschen zum Willen Gottes.

Jesus ist immer sehr langsam zu den Kranken gegangen. Als sein Freund Lazarus, der Bruder der Maria und Martha von Bethanien, krank war und die Schwestern sagen ließen: »Herr, siehe, der, den du liebst, ist krank«, da ging er nicht sogleich zu ihm, sondern sagte nur zu seinen Begleitern: »Diese Krankheit ist nicht zum Tode, sondern zur Ehre Gottes, damit der Sohn Gottes durch sie verherrlicht werde.«

Der Evangelist erklärt: »Jesus aber liebte die Maria und ihre Schwester Martha und den Lazarus, und als er davon hörte, daß Lazarus krank sei, blieb er dann noch zwei Tage an dem Orte, wo er war.«

Jesus wußte, daß Lazarus unterdes gestorben war, und sprach: »Lazarus, unser Freund, schläft, aber ich gehe, um ihn vom Schlafe aufzuwecken.«

Darauf die Jünger: »Herr, wenn er schläft, so wird er gesund werden.« Sie wollten eigentlich sagen: »Da begib dich doch nicht erst in Gefahr, den Juden in die Hände zu fallen.«

Jetzt sprach Jesus offen: »Lazarus ist gestorben, und ich freue mich euretwegen, daß ich nicht dort war, damit ihr glaubt. Aber laßt uns zu ihm gehen.«

»Also in den Tod«, dachten wohl die Jünger, denn einer von ihnen, Thomas, sagte gleich: »So wollen auch wir gehen, damit wir mit ihm sterben!«

Die Ahnung der Jünger sollte sich erfüllen. Denn dieser Weg

ins Land Judäa führte über Bethanien nach Jerusalem und Golgatha. Tod, Grab und Auferstehung in Jerusalem. Erst der Freund, dann der Meister.

Einmal beginnt auch für die Jünger dieser Weg und einmal auch für uns.

Jetzt dürfte ich eigentlich nicht mehr die Geschichte meines Weichenstellers mit der Geschichte des Lazarus verbinden. Denn mein Weichensteller war nicht gestorben, und ich hätte wohl auch nicht einen so starken Glauben gehabt, um ihn von den Toten zu erwecken. Auch stand ich noch nicht vor meinem eigenen Leiden und Kreuz. Und doch war etwas Gleiches, und ich mußte auf meiner Fahrt nach Breslau immerfort an Lazarus denken. Was verschieden war, erschien mir als ganz unwesentlich und von zeitlichen Verhältnissen bedingt. Lazarus starb, damit die Jünger glaubten. Nun, da sie glaubten und ich mit ihnen, war es nicht notwendig, daß mein Weichensteller starb.

Als Jesus nach Bethanien kam, fand er den Lazarus schon vier Tage im Grabe liegend. Und er traf viele Juden aus dem nahen Jerusalem an, die bei Maria und Martha ihren Beileidsbesuch machten. Als Martha hörte: »Der Herr kommt!«, sprang sie sogleich auf und eilte ihm entgegen. »Maria aber saß zu Hause«, erzählt der Evangelist. Sie sah wohl schon den Herrn bei sich, denn sie hatte ja das »eine Notwendige«.

Martha dagegen hatte noch viele »Wäre doch« und »Hätte doch«, aber auch das eine Schöne und Notwendige »Jetzt weiß ich«. So sprach sie zu Jesu: »Herr, wärest du hier gewesen, so wäre mein Bruder nicht gestorben, aber auch jetzt weiß ich, daß Gott dir alles geben wird, was du von ihm begehrst.«

Jesus sprach zu ihr: »Dein Bruder wird auferstehen.«

Martha: »Ich weiß, daß er auferstehen wird bei der Auferstehung am Jüngsten Tage.«

Liebe Martha, hättest du dies nicht gesagt! Dies wußte man schon zu Jobs Zeiten. Dein voriges Wort verriet ein tieferes christliches Wissen. Aber du sagtest ja nur so, um den Herrn zu bitten, daß Lazarus schon ein wenig *vor* dem Jüngsten Tag auferstehe. Bei dir ist es auch so wie bei vielen Frauen und bei manchen Männern: Das Herz ist gläubiger als der Mund. Was man spricht, ist Politik, das Herz aber kennt keine Politik.

Jesus sah in den Grund des Marthaherzens und sprach so feierlich, als habe er nicht ein klagendes Weib, sondern die ganze Kirche des Erdkreises vor sich: »Ich bin die Auferstehung und das Leben. Wer an mich glaubt, wird leben, wenn er auch gestorben ist. Und jeder, der lebt und an mich glaubt, der wird in Ewigkeit nicht sterben. Glaubst du dies?«

Frauen, die immer neues Leben gebären, müssen einen Sinn dafür haben. Denn Martha sprach: »Ja, Herr, ich glaube.«

»Wo ist Maria?« fragte Jesus.

Da eilte Martha schnell ins Haus, mitten durch die Beileidsbesuche, und sagte heimlich zu Maria: »Der Herr ist da und ruft dich.«

Sogleich ging Maria zum Herrn. Sie weinte. Und sagte nun auch: »Herr, wärest du hier gewesen, so wäre mein Bruder nicht gestorben.«

Aber mir klingt das Wort Marias ganz anders als dasselbe aus Marthas Munde. Es klingt mir wie: »Du bist das Leben, in deiner Nähe gibt es kein Sterben.«

Als Jesus Maria weinen sah, da erschütterte es auch ihn, und er ward ganz traurig. »Wo habt ihr ihn hingelegt?« fragte er. Sie sprachen: »Komm und sieh!« Und Jesus weinte. Da sprachen die Juden: »Siehe, wie er ihn lieb hatte!« Einige von ihnen aber sagten: »Konnte er, der die Augen des Blindgeborenen geöffnet hat, nicht machen, daß dieser nicht stürbe?« Da erschauerte Jesus abermals in sich und kam zum Grabe.

Es ist hier ein Rätsel: Jesus ist ergriffen vom Tode seines Freundes, obwohl er ihn hätte verhindern können und obwohl er wußte, daß er ihn überwinden werde. Er erschauert, als ob er wie ein gewöhnlicher Mensch dem Grausen des Todes machtlos gegenüberstände. Man muß sich vorsehen, das Verhalten Jesu so darzustellen, daß es wie ein Theater wirkt. Hätte Jesus ganz freiwillig und eigenwillig seine Ankunft verzögert und den Eintritt des Todes eigensüchtig zugelassen, dann hätte ich Abscheu vor seinem Verhalten und würde sagen: Es war ein reines Theater. So darf man nicht um eines Effektes willen handeln. Bei so viel Berechnung ist jede Träne und jedes Ergriffensein Heuchelei oder Aufmachung. Nein. Hier sieht man es ganz deutlich: Bei Jesus war jeder Weg und jede Zeit vom Vater bestimmt.

Er sah alles, was der Vater wollte; er wollte alles, was der Vater wollte, und doch wirkte es wie ein fremdes Wollen erschütternd auf ihn. Jedes Gotteskind ist gleicherweise im Willensbann des Vaters. Oft wundert sich ein Gotteskind, warum es so handelt, wie es handelt. Der Vater handelt in ihm. Es hat noch freien Willen, aber keinen Eigenwillen mehr, sondern nur den Willen des Vaters; sein eigener freier Wille kann ihm wie fremder Wille erscheinen, und es kann erschauern vor dem, was mit seinem freien Willen geschehen ist.

Das Grab des Lazarus war eine Höhle, und ein Stein war darauf gelegt.

Jesus sprach: »Hebet den Stein weg!«

Da vergaß Martha schon wieder, was sie im innersten Herzen zu glauben begonnen hatte; die Einsicht ihres Glaubens hatte sich verhüllt, und gleich als ob nicht das Leben in der Nähe wäre, sondern nur der Tod, sprach sie: »Herr, er riecht schon, denn er liegt schon vier Tage.« So kann der Mund und alles Oberflächliche im Menschen reden wie im Unglauben, während doch der Glaube im Herzen und im Willen ist.

Jesus war geduldig mit Martha und sprach zu ihr: »Habe ich dir nicht gesagt: Wenn du glaubst, wirst du die Macht Gottes sehen?«

Bei den Männern ringsum war der Glaube schon aus dem Herzen in die Arme geflossen. Sie griffen zu und rückten den Stein weg. Jesus erhob seine Augen in die Höhe und sprach: »Vater, ich danke dir, daß du mich erhört hast. Ich wußte zwar, daß du mich allzeit erhörst, aber um des Volkes willen, das hier umhersteht, habe ich es gesagt, damit sie glauben, daß du mich gesandt hast!« – Er hatte noch nicht gebeten, und er dankte schon; er sah noch nicht, und er wußte schon. Mit lauter Stimme rief er: »Lazarus, komm heraus!«

Da erschien der Verstorbene in der Öffnung der Grabhöhle, gebunden mit Grabtüchern an Händen und Füßen; sein Angesicht war in ein Schweißtuch gehüllt.

»Machet ihn los und lasset ihn gehen!« befahl Jesus.

Der Evangelist sagt nichts von der heiligen Freude, die nun alle ergriff. Er konnte nicht, denn er mußte daran denken, daß nun, da Lazarus wiedererweckt war, sein geliebter Meister erst den Weg durch den Tod gehen mußte. Darum schreibt er: »Viele von den Juden, die zu Maria und Martha gekommen waren und sahen, was Jesus wirkte, glaubten an ihn. Einige aber gingen zu den Pharisäern und meldeten ihnen, was Jesus getan hatte.«

»Vater«, so begann ich zu beten, »du hast deinen eingeborenen Sohn gesandt und hast seine Sendung durch Wunder bestätigt. Siehe, auch ich bin dein Kind und nehme wahrhaftig teil an deinem Leben. Du hast mich zu dem kranken Weichensteller gesandt; ich habe ihm versprochen, daß er gesund wird und daß seine Unschuld an den Tag kommt. Nun ist es an dir, zu zeigen, daß ich dein Sohn bin. Ich verlange kein Wunder, aber bewirke, daß mein Glaube an die wahre Gotteskindschaft nicht zuschanden werde!«

Und es war etwas, das mich hob und erfüllte und beglückte. Wie eine Taufe war es im Strom des Lebens in hohen Wellen, in heiligem Licht, in göttlicher Liebe.

Sogleich nach meiner Ankunft in Breslau ging ich auf die Laurentiusgasse, um meinen Kranken zu besuchen. Als ich die Stiege hinauftastete, überfiel mich eine große Angst und ein böses Gewissen. Wenn er nun tot ist? Wie soll ich mich vor dem armen Weibe entschuldigen, daß ich nicht gleich auf ihre Nachricht hin zurückgekommen bin? Ich konnte doch nicht sagen: Gott hat's nicht anders gewollt. Das wäre zwar nicht unwahr gewesen, aber es klingt doch immer wie eine schlechte Ausrede.

Es kann sein, daß ein gutes Gewissen zugleich mit einem schlechten zusammenwohnt. Oben auf dem Meer sind Sturm und Wogen, tief unten aber ist es still. Es kann sein, daß ein Mensch voll Aufregung und Unruhe ist, tief innen aber gibt es etwas ganz Stilles und Ruhiges. Das Gewissen ist die Stimme Gottes, aber nicht im Brausen der stürmischen Oberfläche, sondern tief innen in der Stille. Die Heiden erzählen, daß mitten im Meeressturm ein Gott aus der Tiefe emporsteigt und den Winden und Wogen gebietet. »Quos ego!« ruft er. »Ich werde euch!«

So stieg es aus der Tiefe meiner Seele empor: »Vater unser, der du bist im Himmel.«

Als ich den unbequemen Wechsel der aristokratischen, bürgerlichen und proletarischen Treppenstufen überwunden hatte, war ich auch in eine ruhigere Gewissensschicht vorgedrungen. Ich bemerkte zuallererst, daß die gläserne Fortuna mit einem frischgewaschenen Vorhang überdeckt war. Daraus folgerte ich, daß der Mann noch lebte und die Frau noch auf meine geistlichen Gefühle Rücksicht nähme. Schon öffnete auch die Frau ihre Türe. Sie war gut gekleidet, obwohl es nicht Sonntag war. Aber die Not des Wochentags hatte es ihr angewöhnt, irgendeinen Gegenstand vor der Brust zu halten und damit eine Blöße zu bedecken, wie man Walküren immer mit einem Schilde darstellt. Diesmal hatte sie die Blechstürze vom Kaffeetopf an ihre Brust gepreßt, so daß sie teilweise der Germania auf unseren späteren Briefmarken oder der Brunhilde im Stadttheater ähnlich war. Gleich breitete sie aber die Arme aus, so daß jede romantische Ähnlichkeit verschwand und dafür eine halbseitige mit dem Beckenschläger beim Torgauermarsch eintrat.

»Kommen Sie, kommen Sie!« rief sie mir entgegen und umarmte mich derartig, daß ich nur noch drei Gefühle hatte: am Rücken die Blechstürze, an der Brust die übrige Weichenstellerin und im Innern Atemnot.

»Er wird gesund; der ganze Grind ist schon abgefallen, und den Prozeß haben wir gewonnen. Wir sind unschuldig. Himmlischer Vater, das war eine Freude!«

Wer ist imstande, durch die vom Leben buntbemalte Scheibe hindurch Bethanien und Maria und Martha und Lazarus und Jesus zu sehen? Wer bemerkt die Strahlen, die aus dem unzugänglichen Lichte kommen, in dem der Vater der Lichter wohnt? Der melde sich; er kann bei der Prüfung in Religion eine gute Note bekommen.

APOSTELWAHL

So notwendig das Heidentum zur Vorbereitung der Menschheit auf das Christentum war, so notwendig ist das Lateiner- und Griechengymnasium zur Vorbereitung auf das Priestertum. Man sagt, daß das Kindlein im Mutterschoß nacheinander alle Formen der Entwicklung vom organischen zum geistigen Leben durchmache, wie sich die Darwinisten die Entwicklung des Menschen überhaupt vorstellen. Ob dies richtig ist, kann ich nicht entscheiden, aber etwas Ähnliches scheint richtig zu sein in der Meinung, daß die Kultur der einzelnen Seele alle Stadien der Menschheitskultur durchlaufen müsse: Paradies, Erkenntnis des Guten und Bösen, Heidentum, und mitten darin das kleine Judentum, aus dem sich, wenn die Fülle der Zeit kommt und der Messias erscheint, das Christentum entwickelt. Schon zum einfachen Lesen der Bibel braucht man das Studium der alten Sprachen. Wieviel mehr braucht man zum Erleben der Bibel das Erleben der alten Welt! Der Priester, der ein neuer Paulus werden soll, muß mit Paulus in Jerusalem, Athen und Rom gewesen sein, um zu wissen, wie Paulus in Berlin predigen würde.

Das Gymnasium ist eine Stätte der alten Welt. Da führt Cäsar seinen Gallischen Krieg, da zieht Xenophon mit tapferen Scharen zum Meer, da singt Ovid seine Lieder, und Horaz dichtet seine Verse, da wird um Troja gekämpft und Rom nach gar so vieler Mühsal erbaut. Die späteren Zeiten schauen nur in die Fenster hinein. Man hört noch Walther von der Vogelweide singen, und Schiller und Goethe liefern die meisten Themata für die deutschen Aufsätze. Auch christlicher Religionsunterricht wird gegeben, und Sonntag, Mittwoch und Sonnabend ist Schulmesse. Aber die meisten Bücher der Gymnasialbibliothek sind heidnisch. Die meisten Gedichte, die von Gymnasiasten geschrieben werden, huldigen einer heidnischen Gottheit oder gar deren zwei oder drei.

Jeder, der das Wort Schulgesetz erlebt hat und den Direktor dazu, der es vertritt, wird verstehen, wenn ich sage, daß mitten in der arkadischen Schönheit des Heidentums auch die Gesetzlichkeit des Judentums herrscht. Selbst der christliche Religionsunterricht steht unter dem Gesetz. Man lernt ihn auswendig, man lernt ihn verteidigen, wie Cicero ihn verteidigt haben würde, wenn er statt an den Rostra des Forums vor dem alten Kreuzherrenbrunnen unseres Gymnasialhofes gestanden hätte. Man geht in die Kirche und naht sich dem heiligen Opfer und denkt, dies eben sei das Christentum. Aber auch die alten Heiden und Juden taten dies, und wir haben kein Recht zu der Annahme, daß sie es mit viel weniger gutem Herzen getan hätten.

»Auf dem Gymnasium verlieren die Studenten ihren Glauben«, sagt das Volk in meiner Heimat. Ich habe immer tapfer widersprochen und gesagt: »Auf dem Gymnasium geht man durch das Heidentum, um den Glauben zu gewinnen. Wer ihn nicht gewinnt, hat ihn nicht verloren, denn er hat ihn noch nicht richtig besessen!« Aus dem Gymnasium sind alle jene tiefgläubigen Akademiker hervorgegangen, die in geistlichen und weltlichen Berufen den Namen Jesu Christi vor aller Welt bekennen. Auch auf den Gymnasien wählt Christus seine Apostel und Jünger aus und sendet sie.

Ich blicke in manche Gymnasiastenstube. Da sitzt der lange, schmale Kerl und »präpariert«. Er ist gar nicht sehr fromm gestempelt. Keck hängt ihm die Locke in die Stirn. Gestern war er wohl in einer verbotenen Schülerkneipe, aber er bereut es nicht, da er nicht erwischt worden ist. Siehe, und er schreibt gar an den Rand seines Vokabelheftes allerhand Namenszüge. Zeichnet wohl auch einen Mädchenkopf mit langen Zöpfen und einen mit Gretchenfrisur.

Da setzt sich Jesus hinzu und spricht mit ihm.

»Nein, Theologe werde ich nicht«, antwortet der Gymnasiast.

»Danach habe ich dich auch gar nicht gefragt. Siehe, es zog ein Mann in die Fremde und berief seine Knechte und übergab ihnen seine Gelder. Einem gab er fünf Talente, dem anderen zwei, dem dritten eins, jedem nach seiner Fähigkeit, und reiste alsbald fort. Der nun die fünf Talente empfangen hatte, ging hin und handelte damit und gewann andere fünf hinzu. Desgleichen gewann auch der, welcher zwei empfangen hatte, andere zwei. Der aber eins empfangen hatte, ging hin und grub es in die Erde und verbarg das Geld seines Herrn. Nach langer Zeit nun kam der Herr und hielt Abrechnung mit seinen Knechten. Da trat der erste vor, brachte seinen Gewinn und sprach: ›Herr, fünf Talente hast du mir übergeben, siehe, ich habe noch fünf andere dazugewonnen.‹ Da sprach der Herr zu ihm: ›Ah, du guter und getreuer Knecht, weil du über weniges getreu gewesen bist, will ich dich über vieles setzen!‹ Dann kam der zweite, und es geschah ihm Gleiches. Auch der dritte kam und sprach: ›Herr, ich weiß, daß du ein harter Mann bist. Du erntest, wo du nicht gesät; du sammelst, wo du nicht ausgestreut hast.‹«

»Unverschämtheit!« sagt der Gymnasiast.

Jesus blickt ihn dafür gütig an und spricht weiter: »Du weißt, was ihm passiert ist! Der Herr ließ ihn fesseln und in die äußerste Finsternis werfen, nachdem er ihm auch das eine Talent genommen hatte. Was hast du für Talente?«

»Mein Haupttalent ist, daß ich ein junger Mensch bin und die Mädchen sehr lieb habe. Ich will einmal heiraten und eine glückliche Familie gründen.«

»Hast du noch ein anderes Talent?«

»In Mathematik und Physik habe ich immer die Note gut; ich möchte auf die Technische Hochschule gehen, ich will Baumeister werden.«

»Und hast du noch ein Talent?«

»Sonst habe ich nur knappe Dreien; in Religion nur befriedigend, weil ich mir die vielen Konzilien nicht merken kann und die Communicatio idiomatum mit der urchristlichen Gütergemeinschaft verwechselt habe.«

Da ist der Blick Jesu voll Güte. »Siehe«, so spricht er, »als du vor acht Jahren hier in diese gelehrte Stadt gezogen bist, sah ich in deinem Herzen etwas leuchten. War dies nicht noch ein Talent?«

Die blassen Wangen des Primaners glühen auf: »Ja, den Glauben habe ich.«

Dieser Gymnasiast ist Vater von ausgerechnet fünf Kindern geworden, die alle ganz freudig sagen: »Ja, den Glauben habe ich.« Baumeister ist er nicht geworden. Dieses Talent hat er seinem ältesten Jungen vererbt. Aber Lehrer ist er geworden, und ich weiß von seinen Schülern, wie reichlich sie von seinem erworbenen Glaubensbesitz schöpfen.

Baumeister ist ein anderer geworden. Der ist Junggeselle geblieben, da er es mit den Mädchen nicht recht verstand. Er erfüllt recht und schlecht seine kirchlichen Pflichten mit derselben gewohnheitsmäßigen Art, in der er seine staatsbürgerlichen Pflichten erfüllt. Der Glaube ist ihm ein seelischer Zehrpfennig, kein Taler, mit dem er wuchern könnte. Aber Häuser und Scheunen baut er die helle Menge. Und er ist so klug, daß er in der Zeit der großen Wohnungsnot ein Familienhaus bauen konnte, in dem eine große Zahl oberschlesischer Flüchtlinge mit Dank gegen

Gott eine Herberge fanden. Ich glaube, er ist auch ein Jünger Jesu, von Jesus gesandt zum Heil der Welt.

Es sollte nicht sein, daß nach der Reifeprüfung die zum Theologiestudium Berufenen sich scheiden von den anderen mit anderen Talenten. Daß dies geschieht, ich will nicht sagen, daß es ganz und gar die Schuld der Theologiestudenten ist, obzwar diese die Besonderheit ihrer Auserwählung und ihres Berufs gar zu sehr zur Schau tragen. Die anderen vergessen zu leicht, daß auch sie Jünger und Boten Jesu sind, und fühlen sich den Geistlichen gegenüber allzusehr als Weltmenschen. Sie vergraben das eine Talent, den Glauben, in ihr privates Leben, wuchern nicht damit, legen ihn nicht an in ihren weltlichen Arbeiten und – er wird ihnen genommen! Das übernatürliche Licht verlischt; sie sehen nicht mehr die Welt und das Leben im Lichte des Glaubens; es wird dunkel um sie. Das ist die »äußerste Finsternis«, in die sie gestoßen werden.

Nicht alle, Gott sei Dank! Wenige! Und ich hoffe und bete, daß es immer weniger werden.

Vom Talent des Glaubens ist wohl zu unterscheiden das Talent des apostolischen Amtes, und dies wieder vom Talent des apostolischen Lebens. Es kann sein, daß das Talent des apostolischen Amtes sehr groß ist, während das Talent des apostolischen Lebens ganz fehlt und das Talent des Glaubens kaum zur täglichen Zehr reicht. Wir hatten einen Mitschüler, den nannten wir Prälat, weil er umherging wie ein Kirchenfürst. Schon als kleiner Knabe hatte er Altar und Stola, predigte auch vom Küchenstuhl herunter. Er besaß eine große geistige Klarheit und löste uns alle religiösen Zweifel und Fragen, indem er sie entschied. Seine spätere Pfarrei dachte er sich in Myslowitz oder Kattowitz oder sonstwo, wo das jährliche Einkommen nicht unter zwanzigtausend Mark war. Denn Pferde, Wagen, Schlitten, Pelz und Weinkeller, gastfreies, schönes Pfarrhaus, das gehörte nach seiner Meinung zum Pfarrer wie das Pf und die übrigen fünf Buchstaben. Dieser Mitschüler hatte offenbar nur das Talent zum apostolischen Amte, ist aber später sehr eifrig bemüht gewesen, andere Talente hinzuzugewinnen, nicht das des apostolischen Lebens, aber das der Menschenfreundlichkeit, Freigebigkeit und – des großen Respekts der ganzen Bürgerschaft vor der pfarrlichen Autorität. Wo er war, da ging es christlich zu. Das ist immer etwas Großes. Er war ja auch der, der am wenigsten an seinem geistlichen Berufe zweifelte.

Ein anderer von uns hatte das Talent apostolischen Lebens. Armer Leute Kind, war er ein Feind alles Molligen, Weichen und Gesicherten. Er wollte zwar Theologe, aber nicht Pfarrer werden, am liebsten von Ort zu Ort ziehen und das Evangelium verkünden. Als er im Alumnat war, merkte er sich von den tausend aszetischen Forderungen des Pater Rektor wohl alle, aber die eine von Herzen, nämlich daß in eine Kaplanstube kein Sofa hineingehöre. Diese Forderung hatte tiefen Eindruck auf ihn gemacht und ihn völlig überzeugt. Allein seine erste Kaplanstube, bisher Fremdenzimmer eines Klosters, hatte zwar sonst kein anderes Möbel, aber wohl ein schönes, altes, bequemes Ledersofa, das dem jungen Kaplan seine weichen, wulstigen Arme entgegenöffnete, um ihn zum apostolischen Leben einzuladen. Oben am Rande waren die zwölf Zeichen des Tierkreises angemalt; so war es ganz offenbar, daß das Sofa eine große Versuchung der Dämonen darstellte.

Auch in der zweiten Kaplanstube, die der junge Aszet ein Jahr später bezog, stand ein Sofa. Da hatte sich aber der Spiritus loci malignus – denn auch Satan hat seine Teufel organisiert und für jeglichen Ort einen Kommissar geschickt – getäuscht; er hatte auf einen Apostel mit kürzeren Beinen gerechnet. Sonst wäre ihm die Versuchung gelungen. Denn was im ersten Jahre des apostolischen Lebens nicht gelingt, das gelingt meist im zweiten Jahre. Unser geistlicher Held war müde von der langen Reise und setzte sich auf das kleine Sofa. Da merkte er, daß er eine schlechte Figur machte: die Knie reckten sich bis zum Kinn empor. In dieser spitzwinkligen Lage war an ein Ausruhen nicht zu denken. Der Müde versuchte, sich zu legen. Allein da hingen entweder Kopf und Beine über die beiden Armlehnen hinab oder mußten sich taschenmesserartig an den Leib legen. Solchen Versuchungen gegen das apostolische Leben fällt man nur einmal zum Opfer.

In der dritten Kaplanstube stand kein Sofa. Als nach dem Mittagessen des ersten Tages eine große Müdigkeit über den Kaplan kam, rückte er sich seine beiden Reisekörbe zusammen und schlief darauf ein. So überraschte ihn die alte Aufwärterin. »Unser Kaplan hat kein Sofa; er schläft auf den Reisekörben«, ging es nun in der ganzen Pfarrei herum und bewegte alle mütterlichen Frauenherzen von Grund auf. Am fünften Tage kamen zwei handfeste Spediteure und schleppten ein großes grünes, aufklappbares Schlafsofa in die Kaplanstube.

»Ich habe kein Sofa bestellt, ich nehme es nicht an!«

»Das schadet nicht! Wir haben den Auftrag, das Sofa in Ihre Stube zu stellen, und bringen auch einen Teppich mit.«

So kommt mancher vor lauter Liebe der Menschen nicht zum apostolischen Leben. Am nächsten Mittag sagte der Kaplan: »Deinetwegen hat er seinen Engeln befohlen, daß sie dich auf den Händen tragen«, und legte sich auf das Sofa zu kurzer Rast, denn eine halbe Stunde später war eine Beerdigung.

Ich war als Gymnasiast in manches geistliche Haus gekommen und hatte großes Wohlgefallen an der feinen Kultur dieser Häuser gefunden. Es war nicht der Prunk der Schlösser, es war nicht das Flitterwerk der guten Stuben in weltlichen Häusern, es stand alles so wohlgeordnet, solide und reinlich da, daß ich schon um dessentwillen recht zufrieden war, für den geistlichen Beruf bestimmt zu sein. Dabei las ich immer wieder mit großem inneren Glück die Vorschriften Jesu über das apostolische Leben. Der wahre Apostel Christi, sagte ich mir, nimmt es, wie er es trifft. Allzu große ängstliche Sorge, daß nur ja alles apostolisch einfach sei, ist ebenso unchristlich und für ein Gotteskind unpassend wie allzu große Sorge um die Vornehmheit und Bequemlichkeit.

So ging Jesus in den Gymnasiastenstuben herum und wählte sich seine Apostel und Jünger. Sonderbarerweise legte er uns nicht die großen Aufgaben der Seelsorge vor, fragte auch nicht, ob wir predigen und singen könnten, sondern nur, ob wir so leben möchten, wie die Geistlichen in unserer Zeit leben.

Wer die Worte Jesu rein geschichtlich faßt, so, wie sie dastehen, wie sie vor zwei Jahrtausenden gesagt wurden, also ohne die Abänderungen des lebendigen Wachstums, der möchte leicht sagen: Die katholische Kirche ist nicht die apostolische, denn wo sind die Apostel, wie Jesus sie gezeichnet hat? So fragte und sagte mancher meiner Mitschüler. Ich dachte mir: Man muß die

Worte Jesu in sein Herz einpflanzen, wie er sie gesagt hat, und warten, wie sie aufgehen und in jegliche Art hineinwachsen. Dem einen wachsen Pferd und Wagen, dem anderen ein Paar dicksohlige Wanderschuhe, dem dritten ein goldener Bischofsstab, dessen würdige Fortbewegung nicht ganz mühelos ist, dem vierten ein knotiger Gebirgsstock.

Als Jesus die ersten Apostel berufen wollte, ging er auf einen Berg, um die ganze Nacht zu beten. Als es Tag geworden war, rief er seine Jünger und wählte aus ihnen zwölf, die er auch Apostel nannte: Simon, dem er den Namen Petrus gab; Andreas, den Bruder des Petrus; Jakobus und Johannes, die beiden Söhne des Zebedäus, denen er den Namen Boanerges (Donnerkinder) gab; Philippus und Bartholomäus; Matthäus, den Zöllner, und Jakobus, den Sohn des Alphäus; Thaddäus, von dem das Volk glaubt, er sei der Bräutigam bei der Hochzeit von Kana gewesen, und Simon, den Kananäer – und Judas Ischariot, der ihn verraten hat.

Diesen seinen Aposteln gab der Herr nun vier Talente, damit sie mit ihnen wuchern, noch nicht das Talent unfehlbarer Wahrheit, noch nicht das Talent, auf der ganzen Erde Kirchen zu gründen, die Führung des Volkes zu übernehmen, Könige zu sein mit Krone und Zepter, denn diese Talente empfingen die Apostel erst später, das letzte erst am Beginn des Mittelalters, – sondern das Talent, bei ihm zu sein, das Talent, zu predigen, und das Talent, Teufel auszutreiben, alle Krankheit und alle Schwachheit zu heilen.

Und er sandte sie aus und sprach zu ihnen: »Nehmet nichts mit auf den Weg, weder Stab noch Tasche, noch Brot, noch Geld, noch sollt ihr zwei Röcke haben. Umsonst sollt ihr geben, was ihr umsonst empfangen habet. Kommt ihr in eine Stadt oder in ein Dorf, so fraget dort, wer darin würdig sei, und bleibet da zu Gaste, bis ihr weiterziehet. Kommt ihr in ein Haus, so grüßet: Der Friede sei mit diesem Hause. Ist dieses Haus würdig, so bleibt der Friede auf dem Hause; ist es dessen nicht würdig, so kommt der Friede über euch. Wer euch nicht aufnimmt und eure Worte nicht hören will, aus dessen Hause geht wieder hinaus und schüttelt den Staub von euren Füßen. Es wird aber dem Lande der Sodomiter und Gomorrhiter am Tage des Gerichtes erträglicher gehen als einem solchen Hause oder einer solchen Stadt.«

Ohne große Bedenken gegen meinen Apostelberuf konnte ich an meinen Kleiderschrank denken, der mir zwar nicht gehörte, wohl aber ein Paar neuer Hosen barg, die ich sehr liebte. Eine Furcht verschwand ganz aus meinem Herzen: Ich hatte längst eingesehen, daß ich kein Eiferer sein würde, daß ich mich den Leuten nicht aufdrängen könnte, daß ich keinen rechten apostolischen Zorn hätte. Es hat nie meinen Frieden gestört, wenn mich jemand von sich wies.

Die Apostel gingen aus und zogen umher durch die Dörfer und verkündeten die frohe Botschaft, daß das Reich Gottes gekommen sei, und heilten allenthalben. Dann kehrten sie zurück und erzählten Jesu alles, was sie getan hatten. Und er nahm sie zu sich und ging mit ihnen abseits an einen einsamen Ort, der bei Bethsaida war.

Während manche von meinen Mitschülern in den Primanerjahren gar nicht recht wußten, wozu sie berufen seien, ob zur Theologie oder zur Medizin oder zur Philologie oder zur Rechtswissenschaft, zur Lola oder zur Stola, sah ich deutlich und klar meinen Weg, plagte mich nicht mit Entschlüssen und Vorsätzen, Ideen und Zielen, sondern war damit zufrieden, an jedem Tage zu erkennen, was ich zu tun hätte. Jene liefen eine Woche lang irgendeiner hübschen Schülerin nach und verfielen ganz und gar ihrer Lieblichkeit, in der anderen Woche knieten sie stundenlang im Dom, rangen mit Berufszweifeln und befestigten sich durch allerklügst ausgedachte Gelübde. Von meinem hohen Fenster aus sah auch ich täglich ein Pensionat zur gefälligen Auswahl, und manches hübsche Mädchen dachte im selben Moment, daß es nicht recht sei, den Blick immer auf die Erde zu richten. Ich habe mich damals darüber gefreut und freue mich noch heute darüber und will in Ewigkeit einmal und viele Male dem Schöpfer danken für alle holdselige Jugend, mit der er die Erde geschmückt und mein Leben beglückt hat. Zugleich las ich am selben Fenster, abwechselnd mit meinem Horaz, Goethe, Schiller, Lenau und Eichendorff, ein Büchlein, das ich mir bei Jakobssohn erstanden hatte: »Die Apostelschule«.

Der Verfasser dieses gottseligen Buches war auch abseits an

jenem einsamen Orte bei Bethsaida gewesen und erzählte mir mitten in den Sonnenschein des Klostergartens und des Jugendfrühlings hinein, was Jesus dort mit seinen Aposteln gesprochen. Einer meiner Freunde suchte sich auf andere Weise für seinen zukünftigen Beruf vorzubereiten. Er hatte starken Sinn für die christliche Hierarchie, wußte genau alle ihre durch den Schritt der Zeit eingetretenen Abstufungen vom Fuß des Berges bis zum Gipfel, erkannte an Birett, Kragen, Doppelärmeln, in Dependenzen genau, wer der Größere oder der Kleinere im Reiche Gottes sei, besuchte alle feierlichen Hochämter, Vespern und Metten, pfiff und sang Initium, Mediatio und Finalis aller Psalmenmelodien bis auf den Tonus mixtus sive peregrinus sive irregularis mit seinen zwei Dominanten. Er blieb im Tonus irregularis stecken, weil sich die beiden Dominanten, die heilige Kirche und die hexenartige Switalsky Rosa auf der Kleinen Scheitniger Straße, nicht zu einem einzigen regulären Tonus vereinigen ließen.

Das Hierarchische steckt dem Menschen in den Knochen. Der Evangelist sagt: »im Sinne«; ich sage aber: in den Knochen. Wir haben beide recht. Dem Evangelisten wird man es ohne weiteres glauben. Ich muß dagegen zur Rechtfertigung meines Ausdrucks darauf hinweisen, daß sehr oft die Ellbogen zur rechten Ordnung der Hierarchie mitgeholfen haben. Dabei glaube ich fest, daß Jesus die Hierarchie gewollt und eingesetzt hat. Ordnung muß sein, besonders im Reiche Gottes!

Dieser starke hierarchische Zug offenbarte sich schon in jenen Tagen nach der ersten Apostelwahl. Jesus hätte da eine gute Anknüpfung gehabt, um den ganzen großen Plan der Hierarchie zu entwickeln. Aber er schob die wichtigsten Anordnungen für eine spätere Zeit auf, deutete sie auch da nur bildhaft an und überließ die genaue Ausgestaltung dem Heiligen Geiste und dem natürlichen Zuge der Menschheit zur Ordnung. Ein anderes Geheimnis erschien ihm für diesen geweihten Augenblick der Enthüllung werter.

»Es kam«, so erzählt der Evangelist Lukas, »den Aposteln in den Sinn, wer der Größte unter ihnen wäre.« Das ist die Hauptfrage in dem Kapitel von der kirchlichen Hierarchie, die Frage nach dem Primat. Jesus hatte zwar schon, wenigstens nach dem

Evangelium Matthäus, den Petrus »Grundstein« seiner Kirche genannt und ihm das Amt des Schlüsselwarts verheißen, aber keiner der Apostel dachte jetzt daran, und Jesus sagte auch nicht: »Natürlich Petrus!« Denn er wußte wohl, daß Petrus und seine Nachfolger schon zur rechten Zeit ihre Primatialrechte durchsetzen würden, wenn nämlich Gott die Zeit für gekommen hielt. Vor dem göttlichen Wissen Jesu stand der Papst Innozenz der Dritte hochaufgerichtet, Fürsten und Königen gebietend, einen goldenen Reif um die Mitra, und die ganze Welt wußte, daß er der Größte und Erste im Reiche Gottes, der Größte und Erste auch auf dem ganzen Erdenrund sei. Und wieder wußten die Kardinäle, wer von den Kardinälen der Erste sei, und es wußten die Metropoliten, wer von ihnen der Erste sei, und wenn im verstecktesten Winkel der Erde zwei oder drei Kapläne zusammenleben, so weiß das dümmste Schulkind, wer von ihnen der erste Kaplan ist. Das lag alles sonnenklar vor dem göttlichen Wissen Jesu und war eingeschlossen in seinen göttlichen Willen, ohne den in der heiligen Kirche nichts geschieht. Aber das andere Geheimnis dünkte Jesu wichtiger als alle Ämterordnung im Reiche Gottes. Er winkte eines von den gaffenden Dorfbüblein herbei. Es kam ganz scheu zu der Schar der großen fremden Männer, von denen doch einige recht respektgebietend dreinschauten. Wollte ja schier jeder der Größte sein im neuen Messiasreiche. Der Kleine steckte den Zeigefinger der einen Hand in den Mund, neigte den Krauskopf zur linken Schulter, kam ein Stück näher, schielte hinauf zu Petrus, ohne noch zu ahnen, daß er mit diesem bärtigen Manne in eine Primatialkonkurrenz treten solle, und war schließlich sehr einverstanden, daß der gute Mann in der Mitte, eben Jesus, die andere Hand ergriff und an sich zog. Jetzt sprach Jesus: »Wahrlich, wahrlich, ich sage euch, wenn ihr euch nicht bekehret und nicht werdet wie die Kinder, werdet ihr nicht in das Himmelreich eingehen. Wer immer so demütig ist wie dieses Kind, der ist der Größte im Himmelreich!«

Durch einen meiner Mitschüler war ich mit einem jungen protestantischen Theologen bekannt geworden, einem herzensreinen, frommen Gesellen, der in meinen Augen nur einen Fehler hatte, nämlich daß er nicht katholisch war. Um dieses Fehlers willen schloß ich auch keine Freundschaft mit ihm, aber er kam immer wieder einmal die vier Treppen heraufgestiegen, brachte mir hie und da ein schönes Christusgedicht, erzählte mir von einer schönen Bibellesung oder wie er mit seinem Vater, einem Stadtmissionar, durch die Tschepine, nach der Laurentiusgasse und dem Brigittental, wohl dem berühmtesten Stadtteil im untheologischen Breslau, gegangen sei, um Almosen zu verteilen, arme Waisen aufzuspüren, Hilflosen mit Rat und Tat beizustehen. Wie seine Augen leuchteten! Ich konnte es zu keiner rechten Mitfreude bringen, ja ich ärgerte mich, daß ein Protestant so gut sein könnte. Das heißt: ich ärgerte mich nur innerhalb meiner theologischen Schicht. Darunter war ich noch Mensch genug, um mich doch zu freuen.

»Wir wollen Freunde bleiben«, sagte er mir einmal beim Abschied.

Ich zog meine Hand aus der seinigen und antwortete: »Ich will nicht unehrlich sein, aber ich war bisher noch nicht Ihr Freund.«

»Warum nicht? Ich dachte, wir seien Freunde.«

»Warum nicht?« wiederholte ich, »weil Jesus gesagt hat: Wer nicht mit mir ist, der ist gegen mich; wer nicht mit mir sammelt, der zerstreut. Die protestantischen Stadtmissionare tun den Leuten Gutes, damit sie Protestanten bleiben. Ihr helft dazu, daß die Kirche Christi zerstreut und zertrennt bleibt, anstatt daß ihr katholisch werdet und die Zerstreuten wieder sammelt.«

»Daran habe ich noch nie gedacht«, antwortete der Protestant.

Ich sah, wie er tieftraurig wurde, ergriff seine Hand und sagte mit der ganzen Aufrichtigkeit meines Herzens, aber auch mit seiner ganzen Unerfahrenheit: »Werden Sie katholisch! Studieren Sie mit mir katholische Theologie!«

»Katholische Theologie studiere ich schon so lange, wie ich protestanische Theologie studiere.« Und er drückte mir noch einmal die Hand und sagte: »Leben Sie wohl! Wenn wir nicht Freunde sein können, wollen wir wenigstens nicht durch theologischen Zank Feinde werden.«

Am anderen Tage fand ich in meinem Briefkasten einen Zettel mit den Worten: »Lies Lukas 9, 49 f!«

Das stand in meiner Apostelschule. Daneben am Rande mit

vergilbter Tinte geschrieben: »Ein vergessenes Wort!« Ich selbst hatte es noch nie gelesen, und es stand doch gleich hinter der Geschichte vom Primat des Kindes im Himmelreich!

Es war schon mehr als eine Woche seit der ersten Apostelfahrt. Die Apostel hatten nach dem Evangelium ihrem Meister »alles« erzählt, was sie erlebt hatten. Indes, wie es so ist, man denkt, man habe alles erzählt, aber in den Winkeln des Herzens ist doch noch diese oder jene Spinnwebe hängengeblieben. Erst nach einer Reihe von Tagen hat die Spinne ihr Netz so weit ausgebaut, daß man merkt, sie vergessen zu haben.

Johannes merkte es zuerst. »Meister«, so hob er an, »wir sahen einen, der in deinem Namen böse Geister austrieb, und wir wehrten es ihm, weil er dir nicht mit uns zusammen nachfolgt!«

»Aha!« dachte ich mir, »ganz mein gestriges Verhalten!«

Jesus aber sprach zu Johannes: »Wehret es nicht! Denn wer nicht wider euch ist, der ist mit euch!«

»Die Protestanten sind aber gegen uns!« rief ich in die Einsamkeit meiner Stube hinein. »Wie sind sie gegen den Heiligen Vater in Rom, wie sind sie gegen das ganze Priestertum, gegen die heilige Messe, gegen das Bußsakrament, gegen dich, du liebe Gottesmutter Maria!« Und ich zerriß den Zettel und wünschte, Luther wäre nie gewesen oder hätte wegen seines Ärgernisses den Mühlstein an den Hals gehängt bekommen, und ... und ...

Um mich zu beruhigen, las ich das aufgeschlagene Evangelium weiter:

»Es geschah aber, indes die Tage der Rückkehr Jesu in den Himmel der Erfüllung nahten, da wandte er sein Angesicht, um sich nach Jerusalem zu begeben.«

Man fühlt es diesen Worten an, wie schwer und beklommen und bang die menschliche Natur Jesu war, als er seinen letzten Weg antreten mußte. Mir war es auch so schwer um den jungen Protestanten.

»Und er schickte Boten vor sich her. Sie gingen hin und kamen in eine Stadt Samarias, um für seine Aufnahme alles vorzubereiten. Die Bewohner dieser Stadt weigerten sich aber, Jesus aufzunehmen, weil sein Angesicht zum Gang nach Jerusalem gerichtet war. Die Samariter waren immer unfreundlich gegen die Wanderer, die nach Jerusalem zogen.

Als die beiden Brüder Jakobus und Johannes, die hinter dem Meister einherschritten, die betrübten Gesichter der zurückkehrenden Boten sahen und schon aus ihren Handbewegungen erkannten, daß die Stadt das Quartier verweigerte, da riefen sie wie mit einer Stimme, indem sie mit ein paar raschen Schritten hart hinter den Heiland kamen: ›Herr, willst du, so sagen wir, daß Feuer vom Himmel falle und die Stadt verzehre!‹

Da wandte sich der Herr um und verwies ihnen ihr Poltern und sprach: ›Ihr wisset nicht, wessen Geistes Kinder ihr seid! Der Menschensohn ist nicht gekommen, um Seelen zu verderben, sondern um sie selig zu machen.‹ Und er ging mit den Jüngern in einen anderen Flecken.«

Man sieht, es war im Apostelgeiste noch allerhand zu korrigieren. Die Apostel fingen, wie man so sagt, an, sich zu fühlen. Ihre besondere Auserwählung hat ja auch eine große dogmatische Bedeutung bekommen, und an den Festtagen der Apostel sagt die Kirche im Introitus der Messe: Nimis honorati sunt amici tui, Deus. (Überaus sehr [wörtlich heißt es: gar zu sehr] sind deine Freunde geehrt, o Gott.)

Man darf nicht übersehen, daß Jesus »danach«, wie der Evangelist sagt, noch andere zweiundsiebzig bestimmte und sie mit ähnlichen Verhaltungsmaßnahmen aussandte wie die Apostel. Mein Freund, der hierarchisch veranlagte, betonte immer stark, daß diese zweiundsiebzig zu Gehilfen der Apostel ernannt worden seien, mußte aber mit innerstem Bedauern zugestehen, daß für seine sicher richtige Auffassung im heiligen Texte kein solider Haken vorhanden sei, während es sonst in der Bibel gar manche Haken habe.

»Was hast du eigentlich gegen die Hierarchie?« fragte er mich mißtrauisch.

»Ich habe gar nichts gegen die Hierarchie. Sie ist notwendig und gut und auch gottgewollt, wie ich aus der ganzen geschichtlichen Entwicklung erkenne. Was wäre unsere Kirche ohne die klugen und tapferen Bischöfe, was wäre sie, wenn ihnen niemand Gehorsam schuldig wäre? Aber man soll doch nicht wie du in allen Stellen der Heiligen Schrift Beweise für die Hierarchie suchen. Man soll nicht immer hierarchisch denken, da es auch noch manches andere zu denken gibt.«

»Du neigst zu sehr zu einer einseitig spirituellen, pneumatischen Deutung der Heiligen Schrift«, entgegnete er mir.

Und der Herrgott hörte es und nahm Rücksicht auf diese meine armselige Veranlagung, indem er mir später zwar einige Stellen gab, an denen ich hierarchisch gehorchen mußte, nie aber ein Amt, in dem ich hierarchisch gebieten durfte, außer etwa einem Ministrantenbüblein. Ihm sei Lob und Dank!

Mit den Zweiundsiebzig bin ich oft und gern gewandert. Es liegt, ich möchte sagen, noch mehr Sonne auf ihrem Wege als auf dem Wege der Zwölf. Mir scheint sogar, als habe Jesus die Autorität ihrer Predigt stärker betont als zuvor bei der Aussendung der Zwölf. »Wer euch höret«, sagt er ihnen, »der hört mich; und wer euch verachtet, der verachtet mich; wer aber mich verachtet, der verachtet den, der mich gesandt hat.«

Der Inhalt der Predigt ist derselbe, wie ihn Jesus den Zwölf vorgeschrieben hat: »Das Himmelreich ist nahe.« Keiner der Zweiundsiebzig scheint darauf gekommen zu sein, daß eine Höllenpredigt zu jeder Mission gehöre, weil sie doch am meisten geeignet sei, die Sünder zu erschüttern. Aber man muß Geduld mit ihnen haben, es waren Anfänger. Der Teufel wurde schon genügend geplagt durch die Predigt vom Himmelreich. Denn wohin auch die Zweiundsiebzig mit dieser Predigt kamen, mußte der Teufel weichen. Von der Ferne her sah es Jesus mit seinem göttlichen Auge.

Als die Zweiundsiebzig zurückkehrten, hatten sie nicht wie die Zwölfe diese und jene Klage, sondern nur Freude. Und Jesus nickte ihnen auch gütiger zu. Es scheinen rechte Kinder gewesen zu sein.

»Herr«, sagten sie, »auch die bösen Geister sind uns untertan in deinem Namen!«

Und Jesus gab ihnen recht und bekräftigte ihre Beobachtung, indem er sprach: »Ich sah den Satan wie einen Blitz vom Himmel fallen. Sehet, ich habe euch die Gewalt gegeben, auf Schlangen und Skorpione zu treten, Gewalt über alle Gewalt des Feindes. Nichts wird euch schaden. Jedoch freuet euch nicht darüber, daß euch die Geister unterworfen sind, sondern freuet euch, daß eure Namen im Himmel eingeschrieben stehen!«

Jesus war sehr froh und zufrieden. Es kam über ihn ein

solcher Jubel, daß er zu frohlocken begann im Heiligen Geiste. Und es hört sich an wie das Magnifikat seiner gebenedeiten Mutter: »Ich preise dich, Vater, Herr des Himmels und der Erde, daß du dies vor Weisen und Klugen verborgen, den Kleinen aber geoffenbart hast. Ja, Vater! So hast du bei dir beschlossen. – Alles ist mir von meinem Vater übergeben, und niemand weiß, wer der Sohn ist, außer dem Vater; und niemand weiß, wer der Vater ist, außer dem Sohne, und wem es der Sohn offenbaren will.«

Und wie ein Springbrunn in die Höhe steigt und wieder niederrieselt, so das Magnifikat Jesu. Vom Himmel her senkte er seine jubelnde Seele auf die Jünger und frohlockte: »Selig sind die Augen, die da sahen, was ihr sehet. Viele Propheten und Könige verlangten zu sehen, was ihr sehet, und sahen es nicht; und zu hören, was ihr höret, und hörten es nicht.«

Es war in den ersten Tagen des Junimonats, in der Zeit, da die Maienblume mit dem seltsamen Namen Löwenzahn zum Sterben kommt. Ihr goldenes Haupt ist auf einmal fort. Dafür leuchtet um ein zartes, weißes Brötlein ein feiner Heiligenschein, zarter flimmernd als Silber. Dann kommt ein Juniwind und hebt an dem flimmernden Werk. Wie tausend kleine Seidenschirme fliegt es durch die Luft. Auch zu meinem hohen Fenster auf der Hirschstraße kamen vom Klostergarten herauf viele solche Schirmchen geflogen.

»Das sind Gedanken von mir«, sagte mir Fräulein Anna aus dem Pensionat dort unten.

»Da will ich hübsch blasen, daß sich keiner bei mir einwurzelt.« Es wurzelte sich indes gar mancher bei mir ein. Aber Herrgottswiesen sind immer buntscheckig. Es kamen noch viel mehr Gedanken von Jesus aus meiner Apostelschule. Da blies ich nicht, und sie senkten sich alle in mein Herz.

An der Wand hing mein Kreuz mit der Elendsgestalt Jesu. »Wie ein Wurm bin ich und nicht mehr wie ein Mensch«, so spricht vom Kreuze herab der Löwe von Juda. Da war sein ganzes Leben als Samenkörnchen geborgen in meinem jungen Primanerherzen.

»Ich werde Theologe«, sagte ich dem Direktor des Gymnasiums, als er uns amtlich fragte, welches Studium wir ergreifen wollten. Und dann stand im Reifezeugnis: »Der Schüler verläßt die Anstalt, um Theologie zu studieren.«

Jesus hat die Unterscheidung zwischen natürlichem und übernatürlichem Leben nie gebraucht. Er sprach nur von zeitlichem und ewigem Leben, also etwa so, wie von Welle und Meer: Die Welle vergeht, das Meer bleibt. Jesus spricht vom Leben, daß einem schier der Sinn vergehen möchte. Er sieht Tod, wo andere noch Leben zu sehen vermeinen; er erweckt Leben, wo sogar die gute Martha sagt: »Herr, er riecht schon!« Er versteht das Leben der Sperlinge und der Feldblumen und weiß, daß einer sogar aus Steinen dem Abraham Kinder erwecken könnte.

Und er spricht: »Ich bin das Leben.«

Laßt diesen Satz für sich allein stehen! Sagt mir kein Aber dazu, etwa: »Aber er meinte natürlich nur das übernatürliche Leben!« Woher könntet ihr dies wissen? Wenn ihr es nicht wisset, so schweigt!

Es gibt ein anderes Wort von gleicher, atembeklemmender Spannweite, das heißt »Universitas« und läßt sich etwa übersetzen: »Alles, alles, alles auf eines oder einen gerichtet!« Die Universitäten haben davon ihren Namen, zuerst von der Universitas ihrer Lehrer, dann von der Universitas der Lehrfächer und endlich von der Universitas des geistigen Lebens, das in ihnen gepflegt wird. Weit breiten sie ihre Arme aus, um das ganze Meer des geistigen Lebens zu empfangen. Alma mater, »Hehre Mutter«, nennt sie der junge Student, und Mutter und Leben sind doch Dinge, die zusammengehören.

»Ich bin das Leben«, sagt Jesus.

Wenn du auch nur ein ganz kleines, schwaches Leben wärest, Jesus, so müßte ich dein Leben auf der Universität treffen, wie geformt es auch immer dort sein mag. Aber du bist ja nicht nur ein bißchen Leben, sondern das Leben überhaupt; alles, was ewig ist am wissenschaftlichen Leben, bist du, den schon die alten Weisen »das Wort« und »die Weisheit« nannten.

In einem Treppenwinkel unserer Universität stand eine Madonna mit dem Jesuskind. Ich habe oft den Hut vor ihr gezogen und gesagt: »Ave Maria«, manchmal wohl auch: »Alma mater!« Und das Siegel unserer Universität trug ein ähnliches Bild.

Es scheint wohl manchmal so, als ob viele von den gelehrten

Herren und den lernbegierigen Studenten nicht viel von dem tiefsten Geheimnis des Universitätslebens wüßten. Aber das tut nichts zur Sache. Das Sein hängt nicht ab von der Erkenntnis. Es ist gar manches, und niemand denkt daran. Aber die Verfassung der Universitäten verleugnet das Geheimnis nicht. Sie sichert der Gotteswissenschaft, dem »ewigen Worte«, den ersten Platz unter allen Wissenschaften. Und als einmal christusfeindliche Staatsmänner die Gotteswissenschaft von der Universität verbannen wollten, wehrten sich auch die Lehrer der anderen Wissenschaften dagegen, indem sie sagten, daß zum vollen geistigen Leben der Universität die Gotteswissenschaft gehöre.

Wer aber Jesu Leben nur in der Gotteswissenschaft sucht, der kennt von Jesus nur manches, nicht alles. Jesus ist der erste und letzte Buchstabe jeglicher Wissenschaft. In ihm ist das Wort Fleisch geworden. Es ist die letzte Ursache, nach der die Philosophen forschen; durch ihn ist alles gemacht worden, was den Naturwissenschaftlern unter Lupe und Sonde kommt; er ist der Mittelpunkt der Weltgeschichte, und kein Geschichtslehrer konnte bisher achtlos an ihm vorübergehen. Einer hat es versucht und ist dafür von allen ausgelacht worden. Jesus ist der Heiland der Welt auch im körperlichen Sinne, wie es die Ärzte sein wollen. In jedem Arzt lebt Jesus, und von Jesus geht jegliche heilende Kraft aus. Es kann sein, daß keiner von den Professoren der Medizin seinen heiligen Namen nennt, wie auch ein Tischler selten den Namen dessen nennt, aus dessen Walde sein Holz ist. Aber die Wissenschaft von der Erhaltung des Lebens kann nicht ohne den sein, der das Leben selber ist. Und die Juristen? Es ist nicht leicht denkbar, daß auch in ihrer Wissenschaft und Praxis das Leben Jesu sei. »Juristen sind schlechte Christen«, sagt man. Aber soweit es sich in ihrer Wissenschaft um die wahre Gerechtigkeit handelt, lebt Christus in ihr. »Das Gericht«, sagt Jesus einmal, »hat der Vater dem Sohne übergeben.« Jesus wird kommen, um zu richten die Lebendigen und die Toten. Dann werden auch alle Prozesse der irdischen Richter revidiert und alle grundsätzlichen Fragen der Rechtswissenschaft gelöst. Soweit sie aber jetzt schon gelöst werden, soweit jetzt schon Recht gesprochen wird, ist es eine Lebensäußerung Jesu, des ewigen Richters.

Das hört sich alles seltsam an. Es ist aber keine Seltsamkeit, sondern nur eine Seltenheit, daß davon gesprochen wird. Soweit ist die Durchsäuerung der Welt mit dem Sauerteig des Glaubens noch nicht gediehen, daß der Teig im Trog schon diese Höhe erreicht hätte. Aber als ich zum ersten Male die langen, schönen Korridore der Breslauer Universität durchschritt, mußte ich mich doch fragen: »Was habe ich als Jünger Jesu hier zu schaffen?« Nachfolge Jesu ist nur auf jenen Wegen möglich, die auch Wege Jesu sind. Freilich, schon seit Jahrhunderten gehen die Jünger Jesu den Weg zur Universität, und zwar mit dem Segen der Kirche, die ja nichts anderes ist als der mystische Leib Jesu. Ich hätte mich bei dieser Erkenntnis beruhigen können. Beruhigen wohl, aber nicht stehenbleiben. Da ging ich in eine Vorlesung des damaligen Professors der Nationalökonomie, eines Sozialdemokraten, und hörte dort einige Worte, die ganz vom Geiste Jesu waren, offene, freie, mutige Worte, die etwa so klangen wie das Wort Jesu: »Mich erbarmt des Volkes!« Welcher Heide oder welcher Jude hätte so gesprochen? Ich fühlte den Herzschlag Jesu.

Ein Student älteren Semesters, dem ich meine Gedanken anvertraute, sagte mir: »Ach was! Die Universität besuchen wir nur deshalb, weil es der Staat verlangt. Die für unser künftiges Priestertum erforderlichen Kenntnisse könnten wir uns auch unter der Leitung irgendeines frommen Priesters aneignen. Zur ewigen Seligkeit genügt der Katechismus und ein gutes Gewissen. Alles andere ist nur Eitelkeit und Geistesplage.«

Diese Weisheit war wenigstens in den letzten Worten geradezu salomonisch. Deshalb brauchte sie aber noch nicht christlich zu sein. Zur ewigen Seligkeit genügt auch eine geringere Erkenntnis, denn wenn an den Pforten des Himmels der Katechismus abgefragt würde, so kämen wohl gar wenige in den Himmel. Zur ewigen Seligkeit genügt oft ein einziger sehnsüchtiger und darum reumütiger Aufblick zum Herrgott. »Ein gutes Gewissen«, liebster Freund, dann wären auch alle Pharisäer im Himmel! Es kommt überhaupt nicht auf das an, was wir haben, sondern was Christus für uns hat. Wenn wir nur sagen können: »Herr, gedenke meiner, wenn du in dein Reich kommst!«

Wir jungen Füchse drängten uns in das Sekretariat der Universität, um unsere Einschreibung in das neue Reich Gottes zu erlangen; drängten uns so wie etwa jene Mütter, die am Abende ihre Kindlein zu Jesus brachten, um sie ins Himmelreich inskribieren zu lassen. Der Sekretär saß ziemlich geschützt in einem abgelegenen Raum des Sekretariates. Vorn an der Schranke aber standen die Pedelle, alte, ehrwürdige, ehrliche, kräftige ausgediente Unteroffiziere mit dem Zivilversorgungsschein, richtige Apostelgestalten, wie sie *vor* der Herabkunft des Heiligen Geistes waren. Die Apostel fuhren die Mütter hart an, die Pedelle uns. Sie waren sogar schlimmer als die Apostel. Denn abends hätten wir gar nicht kommen dürfen, nicht einmal nachmittags, und vormittags war immer etwas falsch.

Wie die Mütter ordentlich aufatmeten, als sie den Ring der Apostel durchbrochen hatten und nun doch vor Jesus standen, so auch wir, als wir das Sekretariat ohne sonstige körperliche Beschädigung verlassen konnten, um in den Hörsaal zu gehen. Die Professoren waren ganz anders als die Pedelle. Wenn sie vor uns auf dem Katheder saßen, machten sie ein Gesicht, als hätten sie eben gesagt: »Lasset die Kindlein zu mir kommen!« Dann aber sprachen sie: »Meine Herren!« woran sich der übrige Vortrag schloß.

Die meisten Menschen stellen sich vor, Jesus habe vor neunzehn Jahrhunderten gelebt, eine Anzahl Wunder gewirkt, eine Anzahl Lehrsätze und Sittenvorschriften gegeben, und damit sei es für ihn genug gewesen. Die Lehrsätze und Sittenvorschriften seien in den Evangelien wie in Goldtruhen niedergelegt und versiegelt worden, und unverändert müßten sie bewahrt bleiben bis ans Ende der Welt. Wenn nun solche Menschen in der Kirche etwas entdecken, was nicht genau mit dem Eingesiegelten stimmt, schreien sie sogleich: »Die Kirche ist vom Evangelium abgefallen!« Die Kirche selbst sucht solche Verschiedenheiten zwischen ihrem jeweiligen Leben und den alten Evangelien auszugleichen, indem sie die Evangelien nach ihrem eigenen Sinne deutet. Wie ist ihre Lehre weit über das Evangelium hinausgewachsen! Man erkennt oft nur noch mit Mühe die evangelische Grundlage und Urform einzelner Lehren. Wie hat die Kirche einzelne Vorschriften des Evangeliums als Gebote, andere wiederum als Ratschläge aufgefaßt; wie hat sie einzelne Gebräuche als Sakramente, andere als bloße Sakramentalien erklärt! Das ist entweder unberechtigte Willkür oder berechtigter Wille. Manche denken, Jesus habe der Kirche darüber genaue Vorschriften gegeben, die nur nicht in den Evangelien aufgeschrieben seien. Aber ich glaube, das sind falsche Vorstellungen, entstanden aus einer nicht genügend lebendigen Auffassung Christi. Wäre Christus tot, so könnte es wohl so sein. Aber Christus lebt. Noch mehr: Jedes seiner Worte lebt, und als ein Lebendiges wächst und wuchert es und sieht schon am nächsten Tage anders aus als am vorigen, hat vielleicht schon eine Knospe mehr angesetzt, oder es blüht vielleicht schon eine Blüte auf, oder es wächst und reift schon eine Frucht. Christus lebt und wächst. Das Leben, das dreiunddreißig Jahre in der Person des Lehrers von Nazareth lebte, das lebt weiter und wächst weiter, greift wie wucherndes Gestäude über den Gartenzaun der Einzelpersönlichkeit hinaus, erfaßt andere Persönlichkeiten, erst zwölf, dann zweiundsiebzig, dann fünfhundert, dann dreitausend. Wer etwas von Mathematik versteht, erkennt, daß dies beinahe eine geometrische Reihe ist, und weiß, wie bald sich nach dieser Reihe die Millionenzahl erreichen läßt. Es ist aber immer nur das *eine* Leben, und alles, was es belebt, seien es auch Abermillionen von Menschen, ist *ein* Leib, und zwar der wahre Leib Jesu Christi, beseelt von der Seele Jesu Christi, bestimmt von der Persönlichkeit Jesu Christi.

Wer so wächst, muß wachsende Worte haben. An jedem Zeitpunkt seines Wachstums wird man auch seine Worte gewachsen finden. Christus war gestern und ist heute. Was er gestern sagte, bleibt wahr, aber was er heute sagt, ist auch wahr.

Einer unserer Philosophieprofessoren sagte: »Sobald eine Wahrheit in Worte gefaßt wird, hat sie ein vergängliches Kleid angelegt.« Er meinte damit, daß irdische Worte gar leicht ihren Sinn ändern. Deshalb kann auch das Wort nie als zuverlässiger Träger der Wahrheit gelten. Es muß etwas sein, das den richtigen Sinn der überlieferten Worte bewahrt und übermittelt. Sonst könnte jeder immer nur sich selbst richtig verstehen, wie es in weltlichen Dingen auch sehr oft zutrifft. Ich möchte sogar sagen, daß es auch in den himmlischen Dingen zutrifft: Nur Jesus versteht richtig, was er spricht. Er muß der Hörer und Versteher in meinem Innern sein, wenn er von außen durch einen geistlichen Lehrer zu mir spricht. Ich kann ihn nur dann verstehen, wenn er sich gewürdigt hat, mit mir eins zu werden. Im Schulausdruck heißt dies: »Seine Gnade muß in mir sein, ehe ich auch nur ein einziges Wort von ihm verstehe.«

Wir jungen Studenten sollten in sieben Semestern die ganze Kirche mit all ihren Lehren und Einrichtungen, die wahrhaftig, unmittelbar oder mittelbar ein Werk Jesu sind, um unser Häuslein pflanzen. Nahezu ein Dutzend Professoren, dazu noch ein Konviktsdirektor, ein Spiritual und ein Präfekt standen bereit, um uns dabei zu helfen. Wozu Gott selber neunzehnhundert Jahre gebraucht hatte, das sollten wir in sieben Semestern fertigbringen. Denn wäre einer am Schluß der sieben Semester gekommen und hätte gesagt: »Was der große Papst Gregor um das Jahr des Heils sechshundert geglaubt und gewußt hat, das glaube und weiß auch ich«, oder wenn er sich gar mit dem Glauben und Wissen des heiligen Paulus oder im besseren Falle des heiligen Petrus begnügt hätte, so hätte er sich zwar den Doktorhut mit einer Dissertation über den Papst Gregor den Großen oder über Glauben und Wissen der beiden Apostelfürsten holen können, für das Amt eines Kaplans aber wäre er nicht reif gewesen. Da mußte er wenigstens bis zum Tridentinischen oder Vatikanischen Konzil vorgedrungen sein.

Es wurde fleißig gearbeitet. Die Samenkörner der kirchlichen Pflanzung wurden haufenweise auf unseren Acker geschüttet. Manches ging auch auf und entwickelte sich zu einem anständigen Strauche. Damit es aber wenigstens ein klein wenig nach einem Parke aussähe, hieben sich manche ganze Wipfel von den Bäumen des Parks und steckten sie in den Sandboden. Mancher tat, als ob er so schier der heilige Thomas von Aquin wäre oder der heilige Alfons von Liguori. Und damit es wenigstens ein wenig nach einem Rosengarten aussähe, pflückten manche schier alle Rosen aus den Gärten der Heiligen und banden sie an die Staketen ihres Zaunes, währenddes drinnen auf dem Rasen die eigenen Gänseblümlein gar hübsch zu blühen anfingen. Die Lilie des heiligen Aloysius, die Passionsblume des heiligen Johannes vom Kreuze waren Selbstverständlichkeiten an ihrem Gartenzaun.

Es ging beinahe so hurtig zu wie auf der Bühne beim Szenenwechsel. Wegtragen, herbeiräumen, aufstellen, ordnen – es ging wie auf der Bühne, und doch sollte es kein Theater sein, das wir aufführen wollten, sondern es sollte Echtheit und Wachstum sein, wahres Leben, das wir der Welt übermitteln sollten.

Ich ließ mir dies einige Zeit gefallen und hatte sogar meine Freude daran, wie ich nach und nach zu einem richtigen Theologen herausstaffiert wurde. Ja, ich war einige Tage glückselig, als es hieß, wir sollten unsere weltlichen Studentenröcke mit dem geistlichen Talar vertauschen, und ich konnte es kaum verstehen, daß einer unserer älteren Professoren mit aller Entschiedenheit erklärte, er werde keine Vorlesung mehr halten, wenn die jungen Theologen im geistlichen Kleide erscheinen müßten. Das Kleid, so meinte er, müsse aus dem Innern herauswachsen wie beim Vogel die schönen, bunten Federn, wenn der Mai kommt.

Mit der Zeit aber erkannte ich, daß alle angelernte Theologie und alle angezogene Kirchlichkeit doch keine Theologie und keine Kirchlichkeit sind, sondern nur Theater und Vorbereitung für Theater. Darüber war ich eine Viertelstunde lang sehr unglücklich. »Laß gut sein«, sagte mir ein Freund, dem ich alles anvertraute, »es ist eben nicht anders. Was in dir nicht wächst, mußt du in dich hineinstellen lassen. Dann wird es allmählich schon Wurzeln schlagen.«

Mancher dürre Stab blüht in der Heiligenlegende auf und schlägt Wurzeln. Aber meine landwirtschaftlichen Kenntnisse widerrieten mir, gar zuviel auf das Wurzelschlagen dürrer Stäbe zu vertrauen. »Ich will«, sprach ich zu mir selber, »alles notwendige Gerät in meine Seele hineinstellen zu lassen, damit ich beim Examen das gesamte Inventar vorzeigen kann. Aber ich will mir nicht den ganzen Boden vollstellen lassen. Ein Stücklein Acker will ich mir vorbehalten. Da soll mir nichts Angelerntes und Abgeschnittenes darauf kommen! Mit winzigen Körnern und Keimen will ich dort anfangen; es soll ganz Eigenwuchs sein.«

Gewöhnlich sagt man, daß man auf die Universität gehe, um sein geistiges Eigentum zu vermehren. Das war der Grund, warum ich zuerst nicht besonders gern auf die Universität ging. So viele Jahre lang war mein Geist schon angefüllt worden mit allen möglichen Dingen, daß ich mich nach der Zeit zurücksehnte, in der ich als einfältiger Junge die Welt besah. Ich glaubte, damals mehr gesehen zu haben, als ich jetzt zu sehen vermochte. Tatsächlich ist es nicht die wichtigste Aufgabe der Universität, die Erkentnisse zu vermehren, sondern das Erkennen zu vermehren. In einer der ersten kirchengeschichtlichen Seminarübungen sprach der Professor von der Selbstentäußerung des Geschichtsforschers. Alles müsse er von sich legen, was er an Urteil und Vorurteil in sich trage: seine eigene Denkart, sein persönliches Empfinden müsse er in dem Augenblick vergessen, in dem er irgendeine geschichtliche Person oder irgendein geschichtliches Ereignis recht verstehen wolle, sonst werde er alles nach sich und seiner Zeit messen und zu einem ganz falschen Urteil kommen.

Dieses Wort hat sehr stark auf mich gewirkt. Ich sah ein, daß die Universität dazu da ist, den Geist wieder so arm zu machen, daß ihn gar nichts mehr hindert an der lautersten Beobachtung, an der reinsten Erkenntnis.

Das größte Hindernis, Wort und Lehre Jesu in ihrer überraschenden Neuheit, in der ganzen Fülle ihrer Kraft zu erkennen und in sich aufzunehmen, ist, daß man sie schon längst gehört hat, immer und immer wieder gehört hat. Man muß so arm im Geiste werden, daß man alles wieder neu erlebt. Erleben heißt: arm und tot gewesen sein und dann wieder haben und treffen und leben. Je mehr man weiß, je größer das Eigentum des Geistes ist, desto notwendiger braucht man den Vorgang, ganz arm im Geiste zu werden. Es ist dies möglich, bei allem Reichtum geistigen Besitzes die völlige Armut im Geiste zu haben, in aller Gelehrsamkeit ein armes, einfältiges Kind zu werden.

Aber nicht nur der Gelehrte auf der Universität hat diese Selbstentäußerung vonnöten, sondern auch der Bauer. Denn der Bauer hat mindestens ebensoviel störenden Geistesbesitz wie der Gelehrte und vermag Wort und Lehre des Heilands eben deshalb oft gar nicht zu erfassen. Der Gelehrte hat nur seinen Rock an, der Bauer aber seinen Pelz oder ein anderes Fell.

Ich habe einmal in einem Dorfe die Predigt gehalten und gar nichts hergesagt als die Bergpredigt Jesu. Die Bauern meinten darauf: »Na, der weiß auch nicht viel. Die Acht Seligkeiten und das Vaterunser wissen wir von alleine.« Es war aber auch ein Arzt in der Predigt, von dem man sagte, er habe seinen Glauben verloren und studiere eine ganz ungläubige Wissenschaft. Der schrieb an jenem Sonntag in sein Tagebuch: »Heute bin ich tief getroffen worden von der Bergpredigt Jesu.«

Die alten Evangelisten haben uns eine Anzahl Predigten von Jesus überliefert. Es sind ihrer nicht viele für diese drei Jahre, während derer Jesu lehrte. Die wichtigsten sind die Bergpredigt, die Gleichnisreden vom Himmelreich, die Rede über das Brot des Lebens, die Streitgespräche mit den Pharisäern und den Sadduzäern. Dazu kommen noch einige Tischgespräche, Weissagungen und Belehrungen für einzelne Menschen, die in guter oder böser Absicht darum gebeten hatten. Die meisten Leser der Evangelien stellen sich vor, Jesus habe noch viel, viel mehr gesagt, die Evanglisten hätten nur so wenig aufgezeichnet. Ich glaube, daß Jesus dieses wenige oft gesagt hat und daß dieses wenige nur für jene wenig ist, die nicht arm genug im Geiste sind, überreichlich viel aber für jene, die den wunderbaren Zustand der Armut im Geiste haben.

Ich hatte einmal auf einem Sonntagsspaziergang in Hundsfeld meinen Stecken im Gasthaus hängen lassen und mußte Montag vormittags auf alle Vorlesungen verzichten, um meinen geliebten Stecken zu holen. Es war ein herrlicher Sommermorgen, und noch heute hängen in meiner Seele einige von den vielen Sonnenstrahlen, die damals hineingedrungen sind. Auch die Gebüsche am Schwarzwasser, das Schilf in den sumpfigen Lehmgruben der Ziegeleien von Cawallen, die vielen versteckten und polizeilich verbotenen Weglein und Steglein, alles ist noch in meiner Seele abgebildet und wird von jenen Sonnenstrahlen beleuchtet.

Für einen braven Theologen, der noch dazu im fürstbischöflichen Konvikte wohnt und die Hausordnung wenigstens für einen Reflex von der Erleuchtung des Heiligen Geistes hält, ist es eine sehr bedenkliche Sache, um eines Spazierstockes willen vier theologische Vorlesungen zu opfern, aber, so dachte ich mir, noch lange nicht so bedenklich, wie wenn ein Hirt um eines verlorenen Schäfleins willen hundert Schafe im Stiche läßt – »in der Wüste«, heißt es in der Gleichnisrede Jesu –, um das verlorene zu suchen. Um indessen die letzten Bedenklichkeiten meines Gewissens zu beschwichtigen, nahm ich mein Neues Testament mit – freilich auch den Roman des Jesuiten Spillmann: Die Wunderblume von Woxindon. Im Neuen Testament wollte ich Ersatz suchen für die geistigen Güter, deren ich durch die Versäumnis der Vorlesungen verlustig ging, und im Roman die notwendige Erholung.

Das Schilf zu seiten des schmalen Weges war aber auch gar zu still. Das leiseste Flüstern konnte man hören. Und ich horchte, als ob ich die unaussprechlichen Worte vernehmen könnte, die Paulus bei seiner Entrückung in den siebenten Himmel vernahm.

»Ich möchte einmal Jesus reden hören«, dachte ich. Natürlich meinte ich, es müsse meiner Bildung entsprechend sein. Ich hatte den einst viele Jahrhunderte dauernden Streit um die heilige Dreieinigkeit, um Usia und Hypostasen, Personen, Relationen, Zirkuminzessionen studiert. Hier hätte ich manche Aufklärung gewünscht.

Ich schlug das Evangelium Matthäus auf und las da und dort. Die Gespräche am Kachelofen des Pfarrers May und die Erlebnisse auf der Laurentiusgasse, die Einsamkeiten von Neusorge, die immer dem Herrgott als Herolde vorausgingen, kamen mir ein. Aber jetzt waren die heiligen Texte stumm. Sie redeten nicht mehr. Ich las bei Matthäus im fünften Kapitel: »Als Jesus die Scharen sah, stieg er auf einen Berg. Und da er sich gesetzt hatte, traten seine Jünger zu ihm. Und er tat seinen Mund auf, lehrte sie und sprach ...«

Ach, wie umständlich ist dies alles erzählt!

»Und sprach: Selig sind die Armen im Geiste, denn ihrer ist das Himmelreich!«

»Ach«, sagte ich zu den sachte hin und her schwankenden und leise wispernden Schilfhalmen, »man merkt doch gleich den Rhythmus der Seligpreisungen. Sicherlich nahm Jesus hier ein älteres Schema für solche sittliche Unterweisungen auf!«

Aber was wollte das Gesicht meiner Großmutter, das auf einmal vor mir auftauchte, mitten in der poetischen Grundform? Ja, als ich in der Volksschule die Acht Seligkeiten zum ersten Male lernte, war ich anstatt selig sehr traurig geworden. Denn wir waren nicht arm, sondern wir waren reich! Weißgedeckte Betten, zwei Kühe im Stall, sechs bis sieben Morgen Acker – nein, wir waren nicht arm, sondern reich, könnten also nicht selig sein!

Schwerbedrückten Herzens war ich zur Großmutter gegangen und hatte ihr gesagt: »Die werden einmal alle selig werden: beim Herden Wenzel und beim Wittig August und beim alten und jungen Stiller und beim Herden Heinrich, beim Moschner Tone, beim Herden Franz und beim Herden Karl, denn sie sind doch alle nicht so reich, sie sind arm im Geiste. Und wir müssen dann in die Hölle, weil wir es so hübsch haben!«

Und die Großmutter hat gesagt: »Wenn du die ganze Armut, in der deine Eltern leben, für Reichtum ansiehst, dann bist du arm genug im Geiste, dann bist du selig.«

Und richtig, ich merkte es deutlich, ich war selig. Lief mit ein paar Sätzen um das ganze Haus und lachte in die Türen und Fenster, in die Wände und Holzverschläge, in den Stall, die Düngergrube und den Misthaufen hinein.

Und jetzt dachte ich an den Rhythmus und den poetischen Aufbau der Seligpreisungen und tat keinen einzigen Freudensprung. Jetzt war ich zu wenig arm im Geiste. Ich las weiter, erfreute mich mit meiner wissenschaftlich abgeklärten Freude an manchen Lehrsprüchen, vermißte den rechten Zusammenhang, stieß mich an manchen Unausgeglichenheiten und stellte schließlich fest, daß in der Bergpredigt überhaupt keine einheitliche Rede Jesu, sondern nur eine Sammlung von Sentenzen überliefert sei, wie sie sich ähnlich wohl auch bei anderen Wanderrednern und Propheten finden ließen.

Ach, hier neben dem Wege muß wohl einst ein Bächlein geflossen sein! Es ist ausgetrocknet. Ich setzte mich an den Rand und las die »Wunderblume von Woxindon«. Das war etwas! Ich weiß nicht mehr was und habe auch keine Lust, es noch einmal nachzulesen. Aber meine Seele erfüllte sich mit Bildern und Gestalten, mein Gemüt wurde ergriffen von den schönen Worten, und atemlos verfolgte ich den Gang der geschilderten Ereignisse.

Ich las bis in den Biergarten, wo mein verlorener Stecken noch an dem Stuhle hing, auf dem ich gestern gesessen, trank ein Glas Bier mitten in die Tragik des Romans hinein, begab mich wie im Traum wieder auf den Heimweg, immer noch lesend.

Da reckte sich in meiner Seele ein Satz auf, der wohl am Rande eingeschlafen war, weil ich mich vorhin gar nicht um ihn gekümmert hatte: »Und es geschah, da Jesus diese Worte vollendet hatte, erstaunte das Volk über seine Lehre. Denn er lehrte wie einer, der Macht hat, und nicht wie die Schriftgelehrten und Pharisäer.« Es war ein Vorwurf für mich. Das Schönste im Leben ist das Erstaunenkönnen. Solange man erstaunen kann, ist man jung und hat noch Leben und Glück für sich. Als die Welt schon alt geworden war, gebar sie eine Philosophie, deren Kennwort war: »Vor nichts erstaunen!« Da kam Jesus, das neue Leben, in die Welt, und auf einmal heißt es: »Da erstaunte das Volk!«

Ich hatte schon öfters gemerkt, daß mich das Studium der Theologie alt gemacht, viel, viel zu alt, um mit dem Volke von Galiläa staunen zu können über die Bergpredigt Jesu. Ich sah ein, daß ich vor allem dafür sorgen müßte, wieder so zu werden, daß ich staunend erkenne, welche Macht in den Worten Jesu ist.

Das Schwarzwasser oder einer seiner Zuflüsse schlängelte sich wie ein Vagabund, der Gesellschaft sucht – oder wie Jesus, der sich zu einem Wandersmann gesellt –, an meinen Weg heran, fing an, mit mir zu reden, sagte, daß es recht angenehm kühl sei und daß ich, als ich noch kein Theologe, sondern ein ordentlicher Mensch war, immer im Sommer am Bach die Stiefel und Socken auszog, die Hosen heraufkrempelte und ins Wasser stieg. Ob ich denn jetzt wirklich so vornehm geworden sei oder so alt, daß ich die Gicht fürchte, oder so rein, daß ich kein Wasser mehr brauche? Im Wasser seien die alten Völker wieder jung geworden – ich sollte mich doch an die weltgeschichtlichen Wirkungen der heiligen Taufe erinnern –, und kranke Menschen seien gesund geworden, unreine rein. Im Wasser täten die reichen Menschen all ihren Reichtum ab und würden wieder arm und nackt wie Kindlein in der Mutter Schoß.

»Ja, ja«, plauderte das Wasser, »so notwendig bin ich, daß niemand ohne mich jung und rein und arm genug ist, um alles zu verstehen, was Jesus gesagt. Denn er sprach: ›Gehet hinaus in alle Welt und lehret alle Völker und taufet sie!‹ und: ›Wer nicht wiedergeboren wird aus dem Wasser ...‹«

Ich hatte auch schon Schuhe und Strümpfe ausgezogen, die Strümpfe in die Schuhe gesteckt, die Schuhe an den Stecken gebunden, den Stecken über die Schulter gelegt und trat in das tiefe, dunkle Wasser und wanderte darin ein groß Stück Weges. Bäume und Gebüsch standen zu beiden Seiten des Baches, und ihre Kronen überwölbten die heilige Dämmerung über dem Wasser.

Wenn ich etwas in der Kirche zu sagen hätte, so würde ich anordnen, daß die Menschen, wenn sie nichts mehr glauben und bewundern können, ins Wasser steigen müßten. Es brauchte dies ja keine Wiederholung der Taufe zu sein, denn soviel Dogmatik kenne ich, um zu wissen, daß die Wiederholung der Taufe ein schändlicher Ketzerbrauch ist; aber es würde immer eine Erneuerung der Taufjugend sein. Das Wasser ist von Gott nicht umsonst geschaffen, auch nicht nur zum Trunk, und schon lange nicht, um bloß schmutzige Füße und Wäsche zu waschen. Es ist für die Seele da.

Das Schwarzwasser freilich nicht. Das ist nur für Fische und für einige reiche Menschen, die dort das Fischereirecht haben. Darum waren allenthalben Tafeln aufgestellt mit dem polizeilichen Verbot, sich in der Nähe dieses Baches aufzuhalten. Ich mußte dies respektieren, da die Kirche das Fischen in päpstlichen Gewässern sogar mit schweren kirchlichen Strafen ahndet. Obwohl ich beim Waten durch das kalte Wasser von allem Überreichtum an theologischen Kenntnissen immer mehr befreit wurde, blieb mir doch diese eine Erkenntnis, und ich stieg schleunigst wieder aus dem Wasser. Was dem Papste recht ist, das ist auch dem Herrn Rosenbaum, der damals die Fischerei im Schwarzwasser gepachtet hatte, billig.

Sobald ich wieder erlaubte Wege ging, spürte ich, was im übrigen ein allgemein bekannter theologischer Lehrsatz ist, daß eine unerlaubte Taufe nicht in jedem Falle eine ungültige oder unwirksame zu sein braucht. Ich war zwar nicht, wie der Apostel sagt, einem neugeborenen Kindlein gleich geworden, wohl aber wieder der alte Neusorger Junge, und spürte viele Lust, erst einmal einen Purzelbock zu schießen oder an dem Oderdamm, auf den ich geriet, in die blühende Wiese hineinzukollern und dann mitten unter den Gräsern und Blumen liegenzubleiben und dort Theologie nach Neusorger Art zu treiben, das heißt, unter den schönen Blumen an den noch viel schöneren Herrgott zu denken.

Der schwarze Theologenrock, obgleich er noch kein eigentlicher Priesterrock war, bestimmt, mancherlei zu verhindern und vor allem die persönliche Würde seines Trägers zu bewahren, hinderte mich indes, dieser eben nur kurz angedeuteten Wirkung meiner Schwarzwassertaufe übergebührlich nachzugeben, und ich setzte mich an den Rand des Oderdammes und griff in die Tasche, nicht nach der »Wunderblume von Woxindon«, die mir in diesem Augenblick so langweilig vorkam wie eine richtige Papierblume, sondern nach dem Evangelium.

Ich selbst saß auf der Anhöhe des Dammes wie Jesus auf dem Berge. Unter mir das horchende Volk. Nicht die Gräser und Blumen, sondern wenn ich hinsah, erschien es mir, als ob überall meine horchende Seele säße. Es kann die Seele manchmal wie ein ganzes Volk sein, so vielfältig ist sie.

Und Jesus lehrte das Volk, und das Volk horchte zu.

»Selig sind die Armen im Geiste, denn ihrer ist das Himmelreich!«

Da ich allen theologischen Reichtum abgetan hatte, muß der Kommentar, den ich hier gebe, ein armer Kommentar sein. Alles Theologische liegt im Schwarzwasser. Ich bemerke zuerst, daß die Predigt Jesu mit dem Worte »selig« beginnt. Das entspricht ganz der Technik des akademischen Unterrichtes. Der Professor für Chemie beginnt sein Kolleg mit dem Worte Chemie, der Professor für Pathologie mit dem Worte Pathologie, der Professor für Patrologie mit dem Worte Patrologie. Jesus war gekommen, um die Menschen selig zu machen. Darum kommt ihm dieses Wort zuerst auf die Lippen.

Als ich so im Grase lag und das Wort »selig« ansah, dachte ich bei mir: »Ich bin nur dann christlich, wenn ich selig bin. Sonst bin ich heidnisch oder jüdisch; wahrscheinlich jüdisch, da ich an einen und nicht, wie die Heiden, an viele Götter glaube.« Das macht mich immer verzagt, daß ich so viele Christen und so wenige Selige sehe. Ich möchte die Christen fragen: »Wo sind denn die

Seligen? Denn Jesus ist gekommen, um die Menschen selig zu machen. Ist es ihm nicht gelungen?«

»O ja«, antworten sie mir, »es ist ihm gelungen. Die Seligen sind im Himmel.«

»An euch ist es ihm also nicht gelungen?«

»Wir wollen auch einmal selig werden.«

»Warum denn jetzt nicht gleich selig sein?«

»Die Seligkeit kommt erst im Himmel.«

Nein, der Himmel kommt in der Seligkeit. Selig *sind* die Armen im Geiste, denn ihrer *ist* das Himmelreich. Der Heiland spricht nicht von einem künftigen Zustande, sondern von einem gegenwärtigen. Das schönste Glaubensbekenntnis ist der Widerschein des seligen Herzens auf dem Antlitz. Ich will selig sein im Christentum, nicht erst selig werden. Die Begriffe Christ und selig müssen so gefaßt werden, daß man sie gegenseitig vertauschen oder füreinander setzen kann. Nennst du dich Christ und bist noch nicht selig, so glaube ich nicht an dein Christentum, denn an die Seligkeit glaube ich.

Ach, sieh da, du sagst, man müsse doch unterscheiden zwischen Seligkeit und Seligkeit! Du bist ein sehr kluger und geistreicher Mensch. Aber desto weniger glaube ich an deine Seligkeit, denn wer sich so herausreden kann, der ist nicht arm im Geiste. Selig aber sind die Armen im Geiste. Die Armen im Geiste kennen keine Unterscheidungen. Sie nehmen die Worte, wie sie sind. Und darum sind sie selig.

Teufelsgeschenk aus Teufels Reichtum dieses Unterscheiden! »Ihr werdet Gott gleich sein und das Gute und Böse *unterscheiden«*, hatte der Verführer im Paradiese gesagt, und verschwunden war die erste Seligkeit der Menschen, bis Christus sie wiederbrachte und sagte: »Selig sind die Armen im Geiste«, die also auch nicht den ganzen Reichtum der philosophischen und theologischen Distinktionen kennen.

An den Kommentaren, die dieser Seligsprechung gewidmet sind, merkt man, daß sie vielen Christen peinlich ist. Arm im Geiste will niemand sein. Man redet von einer geistig aufzufassenden Armut, mit der sich ein ziemlich bedeutender Reichtum bequem vereinbaren läßt, oder von wirklich körperlicher Armut, die im rechten Geiste ertragen wird. Die geistreichsten

Erklärungen werden für die Armut im Geiste gefunden. Aber gerade diese Erklärungen zeigen, daß zu wenig Armut im Geiste vorhanden ist. Man muß so arm im Geiste sein, daß einem alles Wissen, aller geistige Besitz nicht mehr wert ist als dem Bettler der Staub auf seinen zerrissenen Schuhen. Man muß alles von sich tun, wie man die Kleider beim Baden von sich tut. Dann kommt das Himmelreich. Die Schriftgelehrten und Pharisäer vermochten das Himmelreich nicht zu erlangen, da sie sich nicht trennen konnten von ihrem Schulwissen, ihren Schulansichten.

Ich möchte beileibe nicht einer geistigen Unkultur das Wort reden. Aber Kultur ist nicht Anhäufung, sondern ist oft Ausräumung. Manches Wohnzimmer bekommt erst Kultur, wenn man drei Viertel aller angesammelten, aufgestellten und aufgehängten Kulturerzeugnisse hinauswirft. Kommt ein wirklich feiner Mieter, der wird um eine ganz leere Stube bitten, damit er sie einrichten kann, wie es ihm beliebt. Ein solch feiner Mieter ist das Himmelreich. –

»Selig sind die Sanftmütigen, denn sie werden das Erdreich besitzen!«

Mein Jesus, daß du das Himmelreich versprichst, erscheint mir in Ordnung. Aber seit wann versprichst du das Erdreich? Ist denn das Erdreich etwas so Begehrenswertes, daß du selig nennst den, der es dereinst besitzt? Sieh, unsere Theologen sagen von dir immer nur Himmlisches, darum überrascht es mich, daß du jetzt auf einmal so von der Erde sprichst. Da hat doch wohl der alte Prager Professor recht, der da sagt, daß die Erde dereinst der Wohnort der Seligen sein wird! Ja, die Erde ist gegründet als der Himmel für die Menschen. Selig ist, wer die Erde wieder zum Himmel macht.

Viele wissen gar nicht, was für ein Poltern und Lärmen in ihrer Seele ist. Ihre Seele macht immer mobil, bedroht mit ihrer Kriegsrüstung und Angriffslust und Verteidigungsbereitschaft alle anderen Wesen. Es ist ein Krieg gegen alle. An Seligkeit ist dabei gar nicht zu denken. Ein umstrittenes Land ist niemandes Land. Der Sanftmütige sucht sich nur jene Gebiete, um die niemand streitet. Dort siedelt er sich an, dort arbeitet und herrscht er.

Dem Sanftmütigen ist es zu verdanken, daß schier das letzte

Tal der Erde bewohnt und gepflügt ist. Er ging vorbei an den weitflächigen Besitztümern der anderen, bis er in das letzte Tal kam, das ihm niemand abstritt. Als Wälder und Felder, Berge und Täler verteilt waren, stand noch ein sanftmütiger Mensch hinter dem Throne Gottes und trat jetzt herfür.

»Was willst du?« sprach Gott.

»Ich will die Erde beherrschen und sie mir untertan machen, wie du befohlen«, antwortete der Sanftmütige.

»Das tun schon die anderen! Willst du ihnen die Berge und Täler, die Wälder und Felder abstreiten?«

»Nein«, sagte der Sanftmütige, »aber ich will doch Berge und Täler, Wälder und Felder unter meine Herrschaft bringen.«

Und er ging hin und bückte sich und bückte sich und pflückte Pflänzlein und Kräutlein, grub Würzelchen und pflückte Beeren. Und die Erde gab ihm wie eine willige Dienerin alles, was er begehrte. Das Erdreich der Heilkunde wurde ihm untertan.

Aber da hatte doch noch einer hinter dem Throne Gottes gesteckt. Er war zu sanft gewesen, um sich in das Gewimmel der Kaiser, Könige, Herzöge und Landgrafen, Gutsbesitzer und Bauern zu mengen. Dem Herrgott wurde schier bange. Nach dem Gesetze seiner Güte durfte er diesen seinen sanften Sohn nicht unversorgt lassen.

»Habe keine Sorge!« sagte der Sanftmütige lachend. »Siehe, es ist zwar alles verteilt, sogar die Berechtigungsscheine für die Beerensucher und Kräutersammler sind alle ausgegeben. Aber ich sehe schon: Dort zieht ein König sein zerrissenes Hemd aus, wirft es in den Winkel; dort läßt ein Bauernknecht seinen Schuh auf dem Felde stehen, weil die Sohle abgegangen und das Oberleder geplatzt ist; dort läßt einer, der gerade sein Frühstück ausgepackt hat, das ganze Papier auf der Promenadenbank liegen. Das will ich alles sammeln, denn es soll doch nichts unnütz sein, es soll alles dienen!«

»Gut«, sagte der Herrgott und wollte nun nach dem schwierigen Versorgungsgeschäft ein wenig spazierengehen. Da bemerkte er, daß sich ein ganz kleiner Professor, der übrigens nach dem Erdenmaß eine Autorität erster Größe war, auf seinen Thron gesetzt hatte. »Warum hast du dich denn nicht gemeldet, als ich die Herzogtümer verteilte?« fragte Gott.

»Ach«, antwortete der Professor, »es muß doch jemand da sein, der die Erde wissenschaftlich behandelt. Ich will mir schon mein Brot verdienen.«

Daß dann noch ein Dichter kam, der die Verteilung der Welt verpaßt hatte, das hat er selber beschrieben. Ich glaube, es war Schiller.

Beim Herrgott ist alles unendlich. Auch die Reihe der Sanftmütigen. Ich hatte vom Rande des Oderdammes aus alle die Sanftmütigen, unter denen das Erdreich verteilt ist, genau beobachtet. Nicht ohne Neid! Besonders tat es mir leid, daß alle Professorenstühle schon besetzt und alle Gebiete der Dichtkunst vergeben waren. Ich nahm mir aber vor, mich weder auf einen Professorenstuhl zu drängen, noch um einen Platz in der Literatur zu kämpfen. Da sprach der liebe Herrgott zu mir: »Dort zwischen dem Professorenacker und der Dichterwiese ist noch ein Rand; da kannst du grasen gehen.«

Und so habe ich mich, da ich es in der Sanftmut nicht bis zu dem Grade der Vollkommenheit brachte, erst ein wenig um den Professorenstuhl gerauft, bin aber dann an jenen Rand zwischen Wiese und Acker gegangen, habe dort Geschichten geschrieben, die halb Wissenschaft, halb Dichtung waren, und bin dabei in eine solche Freude geraten, daß ich meinen guten Teil am Besitz des Erdreiches habe. Ich fürchtete zwar, die Dichter würden von der Wiese her und die Professoren vom Acker her auf mich zu schimpfen beginnen. Allein sie waren alle sanftmütig und gütig.

»Selig sind die Trauernden, denn sie werden getröstet werden!«

Als ich diese Worte im Evangelium las, wollte mir alles Lachen vergehen. Ich war zwar manchmal in meinem Leben traurig gewesen, aber für diese Seligpreisung schien es doch nicht zu reichen. Und überhaupt, mein lieber Meister, meinst du wirklich, daß deine Jünger absichtlich traurig sein sollen, um getröstet zu werden? Ich glaube, daß auch diese deine Seligpreisung von vielen mißverstanden wird, als sei das irdische Leben der Christen ein Leben voll Trauer und der Trost käme erst in der Ewigkeit, wie man überhaupt einen zu großen Unterschied zwischen dem irdischen und dem überirdischen Leben macht. Erde und Himmel gehen durcheinander wie Regen und Sonnenschein. Bald dies, bald das. Es heißt den himmlischen Trost nicht mindern, wenn man beobachtet und sagt, daß seine Strahlen schon hier auf Erden die bekümmerten Menschenherzen öfter treffen. Gewiß hat deine Seligpreisung, o Meister, nicht den biedermeierlichen Sinn: »Auf Traurigkeit folgt Trost.« Du willst noch etwas Innigeres sagen. Du willst sogar die Traurigkeit zur Seligkeit machen.

Ach, jetzt weiß ich es! Ich kam einmal zum Strangfeld-Kirchvater. Der pfiff ein lustiges Lied. »Warum sind Sie denn so lustig?« fragte ich ihn.

»Ich bin nicht lustig, sondern sehr traurig. Ich habe heute keine Lust zum Beten und keine Lust zum Arbeiten. Sieh, dort habe ich mir ein großes Loch in mein Gewebe gemacht, und ich kann es kaum mehr ausbessern. Das Garn ist so schlecht, daß es in einem fort reißt. Und die Anna, meine Alte, ist auch nicht recht auszustehen, sie hat einen bösen Tag.«

»Warum pfeifen Sie denn da, wenn Sie traurig sind?«

»Weil ich mich schon darauf freue, wie mir der himmlische Vater helfen wird.« Er sah auf die Uhr. »Lange kann es nicht mehr dauern, da kommt die Freude.«

Ich setzte mich an den weißgescheuerten Tisch und las in einem Buche, denn ich mußte bis zur Geigenstunde nachmittags um drei Uhr warten.

Der Weber nestelte indes an der verdorbenen Stelle seines Gewebes, zog einen Faden nach dem anderen heraus, bis er die Kette an der verdorbenen Stelle freigelegt hatte, knüpfte sorgsam einige neue Fäden ein, war aber noch lange nicht fertig, als er plötzlich ausrief: »Anna, freu dich, es kommt!«

»Ja, Guste, es kommt«, erwiderte die Stranggusten.

Ich begriff damals noch nicht, was in diesen beiden Seelen vor sich ging. Es war mir nur, als ob die elfenbeinweißen Wangen des Kirchvaters mit einem leisen Hauch von Rot gefärbt würden und als ob die Rosinenaugen im breiten Gesicht der Stranggusten heller aufleuchteten.

»Nimm einmal deine Geige«, befahl der Kirchvater, »und spiel das Lied: Großer Gott, wir loben dich!« Sie sangen nicht dazu, sondern arbeiteten beide weiter, er am Webstuhl, sie am Wäscheschaff.

Strangfeldguste kannte seinen Herrgott.

Ich habe ihn im Laufe der Zeit auch kennengelernt. Was da Großes geschieht in der Welt, ist gewiß merkwürdig und des Studiums wert, denn es ist Wirken und Weben Gottes. Aber viel merkwürdiger ist die Geschichte der Traurigkeiten und Tröstungen im kleinen Leben. Gotteskinder sehen sie und lesen sie.

Ich habe mir damals vorgenommen, in Stunden der Freude immer ein Plätzlein des Herzens leer zu lassen. Da ist dann eine geheime Sehnsucht und Trauer. Es ist das Gastzimmer für den Heiligen Geist, den Tröster, den der Vater im Namen Jesu sendet. Ich habe gut daran getan. –

»Selig sind, die Hunger und Durst nach Gerechtigkeit haben, denn sie werden gesättigt werden!«

Auch in dieser Seligpreisung handelt es sich um etwas Fehlendes, was selig macht. Die Menschen schreien oft nach Gerechtigkeit, meinen damit aber, daß der Landrat oder der Richter oder der König oder gar der Herrgott gerechter sein sollte und vor allem ihnen selbst dieses oder jenes Gut verschaffen müßte. Sich selber meinen sie nicht, obwohl sie wissen, daß sehr viel Unrechtes in ihnen ist, vor allem dies, daß sie immer noch nicht verstehen wollen, daß sie Kinder des himmlischen Vaters sind und wie Kinder vertrauen und folgen sollen.

Da waren die Pharisäer und Schriftgelehrten gescheiter. Sie meinten mit der Gerechtigkeit ihr eigenes Gerechtsein. Die Pharisäer hielten sich schon für gerecht, wenn sie die alttestamentlichen Gesetze bis auf den letzten Punkt genau erfüllten, ohne dabei den Geist der kindlichen Liebe zum Vater und der erbarmenden Liebe zu ihren Mitmenschen zu haben.

Es gibt auch viele Christen, die es genug sein lassen, wenn sie die kirchlichen Gesetze erfüllen. Sie gehen alle Sonn- und Feiertage in die Kirche, empfangen die heiligen Sakramente, erziehen ihre Kinder zur Erfüllung aller Pflichten, reichen auch dem Bettler sein Stück Brot und lassen den Klingelbeutel nie an sich vorbeigehen, ohne etwas hineingetan zu haben. Der Pfarrer ist mit ihnen recht zufrieden. Sie sind eine Zierde der Gemeinde und des Kirchenvorstandes. Andere wieder sind schon ganz satt von Gerechtigkeit, wenn sie hier und da einmal in die Kirche gehen und treu zu einer bestimmten Partei halten, das Gemeindeblatt lesen und den Pfarrer und den Kaplan höflich grüßen.

Christ sein heißt: Leben aus Gott. Und dies ist christliche Gerechtigkeit, daß unsere Gottessohnschaft wiederhergestellt ist durch den einen von uns, Jesus Chrisuts, der zugleich auch von Gott ist. Dies ist unser seliger Hunger und Durst, der nun gesättigt ist und immer wieder selig gesättigt wird, so oft ein Atemzug des göttlichen Lebens durch unsere Seele geht. Es ist keine satte Selbstgerechtigkeit, sondern ein stetes Verlangen und Erlangen der Gerechtigkeit Jesu. Jesus ist das Brot für das Leben der Welt! –

»Selig sind die Barmherzigen, denn sie werden Barmherzigkeit erlangen!«

Unsere Gerechtigkeit ist die Wiederherstellung unserer wahren Gottessohnschaft. Die Offenbarung dieser Gottessohnschaft aber ist unsere Barmherzigkeit, denn wer das Leben aus Gott hat, muß auch die Liebe und das Erbarmen aus Gott haben. An unserer Barmherzigkeit erkennt uns Gott als seine Kinder, als Leben von seinem Leben.

Die Gerechtigkeit ist unsere Dogmatik, die Barmherzigkeit ist unsere Moral. Denn vor allen Glaubenswahrheiten müssen wir uns dieser einen inne werden, daß zwischen uns und Gott wieder das rechte Verhältnis geworden ist: Er unser Vater, wir seine Söhne durch den eingeborenen Sohn Jesus Christus, unseren Bruder. Und von allen Geboten müssen wir das eine erfüllen, daß wir barmherzig sind. Viele Christen glauben, daß uns die Gerechtigkeit Jesu einfach angerechnet werde und daß wir weiter nichts zu tun brauchen. Sie haben recht, wenn sie meinen, daß alles, was wir tun, uns nicht gerecht vor Gott machen kann, sondern nur das, was Christus getan hat. Nun aber, da wir durch Christus die ersehnte Gerechtigkeit erlangt haben, darf es keine tote Gerechtigkeit sein. Das rechte Verhältnis zwischen uns und dem Vater muß sich alsogleich zu einem rechten Verhältnis zwischen uns neugewordenen Gotteskindern und unseren Gottesgeschwistern, den Mitmenschen, ausgestalten. Das Leben der Gerechtigkeit ist die Barmherzigkeit.

»Ich bin ein gerechter Mann«, sagte der Bauer Schindler in der oberen Grafschaft, »denn ich habe noch keinen Menschen um einen Pfennig betrogen. Ich habe geradezu eine Leidenschaft, gerecht zu sein. Selig, die Hunger und Durst nach Gerechtigkeit haben.«

Beim Bauern Schindler hielt es kein Dienstbote aus. Die Dienstboten gingen lieber zu dem anderen großen Bauern am unteren Ende des Dorfes. Der dachte gar nicht daran, ob er gerecht sei oder nicht. Aber er ging mit seinen Dienstboten übers Feld wie der Herrgott mit seinen Engeln. Er konnte manchmal fluchen, daß es donnerte wie ein richtiges Gewitter in Herrgotts dunkelsten Wolken, aber wenn es vorüber war, leuchtete er wie der Mond und seine Frau wie die Sonne. Es kam auch mancher Ärger in Hof und Stube, aber am Abend betete der Bauer mit dem Gesinde:

»Deine Gnad' und Jesu Blut
machen allen Schaden gut.«

Dann war auch alles gut zwischen dem Bauern und seinem Gesinde, und am anderen Morgen gab es nur freundliche Gesichter, soweit eben ein Bauer und ein Knecht und eine Magd freundliche Gesichter machen. Wenn der Herrgott einmal Bauer würde, könnte er auch nicht immer lachen. Die Freundlichkeit und die Gottähnlichkeit stecken im Herzen.

Wenn zum Schindlerbauer ein Vagabund kam und um eine Gabe für einen armen Reisenden bettelte, sagte ihm der Bauer: »Lade eine Stunde Mist auf, dann will ich dir geben, was gerecht ist.« Und der Vagabund lud eine Stunde lang Mist auf, nahm den Lohn und ging. Wenn zu dem anderen Bauern ein Vagabund kam und um eine Gabe für einen armen Reisenden bettelte, gab ihm der Bauer das Geld und sagte: »Du könntest mir aber mal helfen, den Wagen da voll Mist zu laden.« Der Vagabund nahm die Gabel zur Hand und tat, was er konnte. –

»Selig sind, die ein reines Herz haben, denn sie werden Gott anschauen!«

Ich bin einmal abends durch eines der letzten Dörfer der Grafschaft gegangen – ich will es gleich offen sagen: es war das still und keusch versteckte Bielendorf, aber vor dreißig Jahren. Da waren alle Wohnstuben erleuchtet, aber kein einziges Fenster verhängt. Man sah die Leute bei ihren Abendarbeiten: beim Viehfüttern, beim Hosenflicken, beim Abendessen, beim Schnitzen und Künsteln oder auch bei Geigenspiel und Harmonika. Das war heimlich auf der Straße! Es war, als ob ganz Bielendorf eine einzige große Wohnstube wäre und Gottvater säße am Kachelofen und schaute zu.

So denke ich mir ein reines Herz: Es ist ganz durchsichtig; je dunkler es draußen ist, desto lichter ist es drinnen. Solch ein Herz hat nichts zu verstecken, weder Unehrenhaftes noch Ehrenhaftes.

Die Pädagogen, eine bestimmte Klasse von Erziehern, welche die Worte Jesu immer nur so weit gebrauchen, als sie ihren erzieherischen Absichten entsprechen, haben auch diese Seligpreisung verengt. Sie nennen wie die Juden, nur mit anderer Auswahl, gewisse Dinge und Verrichtungen rein und gewisse unrein. Wer nur an die reinen Dinge denkt, hat ein reines Herz; wer an die unreinen Dinge denkt, hat ein unreines Herz. Das ist bei diesen gewissen Dingen wohl im allgemeinen richtig, nämlich wenn eine häßliche Absicht hinzukommt, so daß es wirklich etwas zu verstecken gibt. Aber nicht nur dies, sondern alles, was man verstecken muß, macht das Herz unrein. Und wer jenes so bedenkt und so tut, daß er vor Gottes offenen Augen nichts zu verheimlichen braucht, dessen Herz bleibt rein.

»Sie werden Gott anschauen!«

»Gibt's erst in der Ewigkeit!« sagen die Theologen, »hier auf Erden nur secundum quid, indirecte, mittelbar, ganz mittelbar, fast gar nicht!«

Nein, ganz genau so sagen sie es gerade nicht, aber man hört es so heraus. Und da man meint, schauen könne man nur mit den Augen, die rechts und links von der auch ihrerseits wichtigen Nase sitzen, so gibt man sich mit dem harten Lose zufrieden, daß man hier auf Erden das Allerschönste und Allerbeste, nämlich Gott, nicht schauen kann.

Ich wäre elend daran, wenn ich Gott nur durch Schlußfolgerungen erkennen könnte. Schlußfolgerungen sind wie Eisschollen auf dem treibenden Strom. Man kann darauf treten, kann von einer auf die andere springen, kann vielleicht hinüber bis ans andere Ufer, aber sicher ist es nicht! Ich traue nur den allernächsten Schlußfolgerungen. Der Herrgott vesteckt sich nicht hinterm Busch. Er geht still, aber offen durch die Welt. Es ist richtig, daß ihn noch kein Naturwissenschaftler mit der Lupe gesehen. Solche große Dinge sucht man nicht mit der Lupe. Es ist auch richtig, daß viele Menschen Gott nicht sehen, aber das ist noch kein Beweis dafür, daß ich ihn nicht sehe. Sie sollen erst einmal ihr Herz und ihr Auge auswischen und hell und rein und einfältig machen, dann werden sie anders reden. Ich habe Menschen gekannt, denen ich nicht den Verstand für eine einzige Schlußfolgerung zutraue, aber sie wußten, daß Gott ist. »Sie haben es gehört«, wird man sagen. Aber sie haben ebenso gehört, daß Gott nicht ist. Sie sahen Gott, und das gab die Entscheidung. –

»Selig sind die Friedfertigen, denn sie werden Kinder Gottes genannt werden!«

Den Sanftmütigen hatte Jesus den Besitz des Erdreiches verheißen; den Friedfertigen gibt er jetzt den schönen Namen der Kinder Gottes. Es sind dieselben wie die Sanftmütigen. Jesus nennt sie noch einmal, weil er sie besonders liebt und weil er ihnen deshalb noch etwas Schönes sagen wollte. Es sind Kinder Gottes, denn Weltkinder sind sie nicht. Es sind nämlich die Dummen, die sich alles gefallen lassen. Die Welt wendet sich verächtlich von ihnen ab. Da nimmt sich der Herrgott ihrer an, und am Ende sind sie doch die Klugen und die Gesegneten. Mein Gott, ich gehöre noch nicht dazu! Aber gib mir noch diese Gnade! Anfänge habe ich schon gemacht.

Diese meine Exegese ist wieder gar nicht wissenschaftlich. Es wird schon so sein, daß auch die Klugen und Energischen, die ihr Recht und ihre Ellenbogen durchsetzen, zu den Friedfertigen gezählt werden können. Aber Jesus hat doch zunächst an die Dummen gedacht, die sich alles gefallen lassen. Denn in seinen Erklärungen zu den Acht Seligpreisungen sagt er: »Ihr habt gehört, daß gesagt worden ist: Auge um Auge, Zahn um Zahn. Ich aber sage euch: Ihr sollt nicht widerstreiten dem Bösen, sondern wenn jemand dir einen Streich gibt auf die rechte Wange, so biete ihm auch die linke dar. Und wenn jemand mit dir rechten will, um dir deinen Rock zu nehmen, dem laß auch den Mantel. Und wenn jemand dich zwingt, eine Meile mit ihm zu gehen, so gehe mit ihm zwei Meilen.« Und das Schlimmste: »Gib dem, der dich bittet, und wende dich nicht ab von dem, der dich anborgen will!« –

»Selig, die Verfolgung erleiden um der Gerechtigkeit willen, denn ihrer ist das Himmelreich!«

Man könnte meinen, wenn ein Richter wegen eines gerechten Urteils oder ein Kläger wegen einer gerechten Klage verfolgt würde, so träfe ihn diese Seligpreisung. Allein da würde man Jesus nicht so verstehen, wie er verstanden sein wollte. Gerechtigkeit ist in seiner Sprechweise nichts anderes als das rechte Verhältnis des Menschen zu Gott, also die Gotteskindschaft des Menschen. Und da die Gotteskindschaft in ihm nicht nur ihre Verwirklichung, sondern ihr ewiges Wesen hatte, war er selber die Gerechtigkeit. Darum sagt er im nächsten Satze nicht mehr: »um der Gerechtigkeit willen«, sondern »um meinetwillen«: »Selig seid ihr, wenn euch die Menschen schmähen und verfolgen um meinetwillen und wenn sie allerlei Übles reden. Freuet euch und frohlocket, groß ist euer Lohn im Himmel, denn also haben sie auch die Propheten verfolgt, die vor euch gewesen sind!«

Die Menschen verfolgen und schmähen schon einander, wenn einer nicht denselben Hut oder Rock trägt wie die anderen.

Und wenn Angehörige verschiedener christlicher Bekenntnisse einander verfolgen und schmähen, so bilden sie sich beiderseits ein, es sei um Christi willen. Es ist aber eher um verwundeter Liebe willen. Sie haben sich seit Jahrhunderten reichlich viel zugefügt. Wenn jetzt einer von ihnen verfolgt und geschmäht wird, so erleidet er es meist nicht um Christi willen, sondern weil einer oder viele seiner Glaubensgenossen zu irgendeiner Zeit eine Ungeschicklichkeit oder deren mehr begangen haben.

Dagegen gibt es eine geheime Verfolgung und Schmähung um Christi willen unter den Angehörigen desselben Bekenntnisses. Es sind die Prophetennaturen, die verfolgt und geschmäht werden. Auch in der Kirche vollzieht sich fast jegliche Erweiterung herkömmlicher Auffassung unter solchen Erscheinungen, da das

Menschliche an ihr ebenso echt ist wie das Göttliche. Es scheint ein Naturgesetz zu sein, daß alles, was aus Gott hervorwächst, von den Menschen verfolgt wird. Tun es nicht die Schlechten, so tun's die Guten. Alles, was aus Gott hervorwächst, also alles Gotteskindhafte, Gottessohnhafte. Einmal sagt Jesus nicht »um meinetwillen«, sondern »um des Sohnes des Menschen willen«. Menschensohn nennt sich Christus immer, wenn er sich als den erwarteten, von Gott kommenden Menschen bezeichnen wollte, als den Menschen, den Gott Sohn nennt. Nach ihm sind es alle jene geworden, die aus Gott geboren sind. »Um des Menschensohnes willen« braucht also nicht nur zu heißen »um Christi willen«, sondern es kann auch heißen »um der Gottessohnschaft willen«, also um der anderen Natur willen.

Als ich noch keine Hosen hatte, war ich von den vielen Mädchen, die in unserer Familie waren, schlecht zu unterscheiden. Da kam wieder einmal der Sonntag, an dem mir der Vater die Haare schnitt. »Was lachst du denn so?« fragte mein Vater. »Ist dir das Haarschneiden ein so großes Vergnügen?« – »Nein, aber da sieht man doch, daß ich ein Junge bin«, soll ich geantwortet haben. (Und im Mittelalter hatte die Kirche einen besonderen lateinischen Segen für den ersten Haarschnitt.)

Wie ich mich damals über meine Mannesnatur freute, so will ich mich jetzt wenigstens über meine »Natur aus Gott« freuen, wenn ich geschnitten werde. Denn das fehlt uns besonders trotz allen Christentums: der Glaube daran und die Freude darüber, daß wir aus Gott geboren sind. Was nützt uns der Glaube an den Gottessohn über uns, wenn wir nicht den Glauben an den Gottessohn in uns haben! Mädchenhafte Bescheidenheit oder sündhafte Demut hält uns davon ab, an unsere Gottessohnschaft in einem anderen als nur in einem ganz »übertragenen Sinne« zu glauben.

Gegenüber der schmählichen Einschätzung der Gotteskinder durch die Welt beginnt Jesus gleich nach den Seligsprechungen die Ehren und Würden der Gotteskinder aufzuzählen. Wir haben ja freilich auch diesen Teil seiner Predigt für uns entwertet, indem wir uns – wieder aus mädchenhafter Bescheidenheit oder sündhafter Demut – in die Annahme hineingelebt haben, es seien nur die Apostel gemeint. Nein, die ganze Bergpredigt gilt den

»Scharen«, die Jesus umgaben! Diesen, nicht den Aposteln, sagt Jesus: »Also haben sie auch die Propheten verfolgt, die vor euch gewesen sind.« –

»Ihr seid das Salz der Erde!«

Gotteskindschaft macht die Erde erst schmackhaft. Sie ist eine schmerzhafte und angreifende Sache, nicht für Schleckermündchen, die zufrieden wären, wenn sie den ganzen Tag Süßigkeiten bekämen, sondern für gesunde, robuste Naturen, die in jedem Essen etwas Angriff und Energie haben wollen. Sie bewirkt, daß die Erde nicht stinkend und faul wird. Es ist etwas ganz Schlimmes, daß man Gotteskindschaft für eine Konditorware hält und deshalb zum Konditor läuft und allerhand süße Brezeln kauft. Hausbrot ist sie, beim Dorfbäcker gebacken – ich meine: beim einfachsten Dorfpfarrer zu haben. Doch ich falle aus dem Bilde! Besser ist es, so zu sagen: Wo viel gezuckert wird, ist keine Gotteskindschaft. Gotteskindschaft darf nicht schal werden. Ein Verdruß packt die Menschen gegen das schale Salz. Ein Verdruß packt sie gegen das Christentum, das nicht mehr salzig genug ist. Wenn ein solches Christentum hinausgeworfen und von den Menschen zertreten wird, dann jammert ihr. Aber Gott jammert nicht mit. Er tritt mit auf das schale Salz. Wenn du getreten wirst, meine nicht gleich, es geschähe, weil du Christ bist. Denn es kann sein, daß du zertreten wirst wegen deiner Schalheit und Wertlosigkeit – weil dein Christentum nicht mehr das Salz der Gotteskindschaft hat.

»Ihr seid das Licht der Welt! Ihr seid die Stadt auf dem Berge! Eine Stadt, die auf dem Berge liegt, kann nicht verborgen sein. Ein Licht zündet man nicht an, um es unter den Kübel zu stellen, sondern in die Laterne, damit es allen leuchte, die im Hause sind. So leuchte euer Licht vor den Menschen, auf daß sie eure Werke sehen und euren Vater preisen, der im Himmel ist!«

»Ihr habt gehört, daß gesagt worden ist: Du sollst deinen Nächsten lieben und deinen Feind hassen. Ich aber sage euch: Liebet eure Feinde, tuet Gutes denen, die euch hassen, und betet für die, welche euch verfolgen und verleumden . . .!«

Ah, und jetzt kommt es! Jetzt kommt es, wozu dies alles; was eigentlich der tiefste Grund für das Wachstum der Gerechtigkeit ist: die Gotteskindschaft! Alles, was gesagt wurde, sind Einzelfälle, Einzelbeispiele, jetzt kommt das Grundgesetz: »... auf daß ihr Kinder seid eures Vaters, der im Himmel ist; der seine Sonne aufgehen läßt über Gute und Böse, der es regnen läßt über Gerechte und Ungerechte.«

Das ist es, was uns von den Heiden und Juden unterscheidet!

»Wenn ihr nur die liebet, die euch lieben, welchen Lohn werdet ihr haben? Tun dies nicht auch die Zöllner? Und wenn ihr nur eure Brüder grüßet, was tut ihr da mehr? Tun dies nicht auch die Heiden?«

O Johannes, du Liebling Jesu, was hast du geschrieben? Nicht einmal grüßen sollen wir den Häretiker? Wenn wir nur unsere Brüder grüßen, was tun wir da mehr? Tun dies nicht auch die Heiden?

Und Jesus hat seiner lieben Bergpredigt die erste Krone aufgesetzt, indem er sagte: »Seid also vollkommen, wie euer Vater im Himmel vollkommen ist!«

Oder hat er mit diesem seligen Worte den Moralisten und Pädagogen eine Peitsche in die Hand gegeben, damit sie uns immer weitertreiben auf dem Wege zur Vollkommenheit? Es ist oft ein großes Gerenne und Gehaste auf diesem Wege. Kaum denkt man, man hat's, da ist es weit, weit dort hinten, in den Nebelwolken. Das ist zum Verzagen. Man lacht ja zuerst und denkt, es wird schon werden. Aber allmählich wird es einem doch zuviel; man stirbt dabei ab.

Das ist sicher keine rechte Gotteskinderart! Ein einziges Wörtlein wird übersehen, das Wörtlein »also«. Das Wörtlein »also« kommt zu mir wie ein Apostel und spricht zu mir: »Hast du nicht gehört, daß Christus sagte: Liebe deine Feinde, grüße auch den, der nicht dein Bruder ist, sei *also* vollkommen wie der Vater im Himmel? *Das* ist ja die Vollkommenheit des Vaters, daß seine Kinder auch ihre Feinde lieben und grüßen!«

Ich habe einmal einen vollkommenen Mann gekannt. Es war der Schmidlerbauer in der Saftquetsche oder wie das kleine Tal zwischen der Heuscheuer und dem Glatzer Schneeberge hieß. Er war zunächst bekannt als vollkommen im Fluchen und Prügeln. Aber darauf kommt es nicht an. Es kommt vielmehr darauf an, daß er mit seinem Nachbarn seit sieben Jahren eine grimmige

Feindschaft hatte. Und es war an einem Tage, an dem der Herrgott von früh bis spät regnen ließ über Gerechte und Ungerechte, viel, viel mehr, als es den Gerechten wie den Ungerechten lieb war. Ich wanderte die Straße entlang und führte mit ihr allerhand theologische Gespräche. Die Straße aber sagte bei jedem Schritte, so oft ich den Stiefel aus dem dicken Kote herauszog: »Quatsch! Quatsch!«

Dieser andauernden Beleidigung eines Theologen machte der Schmidlerbauer, der gerade an mir vorüberfuhr, ein Ende, indem er mich aufforderte, ein Stück mitzufahren. Er fuhr zum Rechtsanwalt und erzählte mir die Sache mit seinem Nachbarn. Ich hatte damals zu wählen zwischen Rindvieh und Apostel; ich hätte den Bauern zum Frieden mahnen können, ließ es aber und tat nur wie das Rindvieh, das den Wagen zum Rechtsanwalt zog. Ich zog mit, indem ich dem Bauern recht gab. »Prinzipiell«, sagte ich, »muß ich Ihnen recht geben.«

»Was meinen Sie mit dem Prinzen?« fragte er, und es lag in seiner Stimme etwas Beginnendes, das wie Zorn aussah.

»Nun, ich meine . . .«

»Ah, sehen Sie«, unterbrach mich der Bauer, als wir gerade um eine Straßenbiegung herumfuhren, »dort geht der Kerl, der verfluchte Labander. Der läuft auch aufs Gericht!«

Da unsere beiden Ochsen nur langsam durch den Kot kamen, fuhren wir ziemlich lange hinter dem »bösen« Nachbarn. Da muß Jesus, der auch auf allen Wegen zu finden ist, hinten auf den Wagen geklettert sein, denn der Bauer rückte manchmal nervös mit den Schultern, wie es so die Bauern machen, wenn sie fühlen, daß sich hinten am Wagen jemand angehängt hat. Und auf einmal sagte der Bauer: »Es ist doch eine verteufelte Geschichte, daß man wegen so eines verfluchten Kerls durch Dreck und Speck in die Stadt fahren muß. Wir könnten doch wie Brüder miteinander leben.«

»Ja, ja«, sagte ich.

Der »böse« Nachbar ging immer langsamer. Er spürte ein Fuhrwerk hinter sich und hoffte, ein Stück mitfahren zu können. Aber er ging doch, wenn auch langsam, und überlegte sich, was er bei seinem Rechtsanwalt alles gegen den Schmidlerbauern vorbringen wollte.

»Quatsch! Quatsch!« sprach die Straße bei jedem Schritt und Gedanken. Und der Nachbar war so weit philologisch geschult, daß er diese Sprache verstand.

»Ja, es ist ein wirklicher Quatsch!« brummte er ungeduldig in den Bart.

Unterdes hatte Jesus die Zügel in die Hand genommen, an denen er das Herz des Schmidlerbauern leiten wollte. »Tschühü«, rief er dem Bauern zu, um ihm zu sagen, daß er seine Fahrtrichtung ein wenig ändern sollte.

Da zwinkerte mir der Bauer zu: »Ich will mir jetzt einen Spaß machen; ich will dem verdammten Kerl sagen, er soll ein Stück mitfahren!«

O Bauernherz, ich kenne dich! Mit dem Spaß willst du nur verhängen, was da in dir vorgeht.

»Guda Nochmetts!« rief der Bauer dem vor uns stapfenden Prozeßgegner zu, »mir sein zwor biese, ober a Steckla mitfohrn kenda Se ju woll!«

Die Straße hörte auf einmal auf, Quatsch, Quatsch zu sagen, denn der Nachbar blieb stehen und sah sich um, so langsam, wie sich manchmal unsere alte Kuh umsah. Und dann muhte er auf, auch ähnlich wie unsere alte Kuh, und sagte: »Nu ju, 's is ne schien ei dar Pontsche!«

Und er kletterte richtig herauf, und wir saßen dicht gedrängt zu dreien auf dem kurzen Kutscherbrett des Brettwagens.

»Tschühü!« sagte Jesus noch einmal zu seinem Pferde, dem Schmidlerbauern.

»Wu giehn S'n hie?« wieherte das Pferd, der Schmidlerbauer.

»I gieh ei de Stodt, ich wil meine Garschte verkeefa«, sagte der Nachbar.

»Tschühü, tschühü!« rief Jesus seinem Pferde, dem Schmidlerbauern, zu.

»On *iich* wil ei de Stodt on wil Garschte *keefa.*«

Hiermit war das Gespräch abgebrochen. Da stieß mich Jesus in die Seite und sagte: »Du könntest auch besser wissen, wohin ich fahren will. Tschühü!«

Endlich kam mir die Erleuchtung! »Da könnten Sie ja eigentlich das Gerstengeschäft schon hier abmachen oder daheim im Trockenen!«

Kaum hatten dies ein paar Engel gehört, da nahmen sie ihre Regenkannen und gossen sie einmal über uns drei aus. Das gab den Ausschlag.

»'s is eigentlich wohr«, sagte der Schmidlerbauer.

»'s is wohr«, sagte der Nachbar.

Der Schmidlerbauer ist vollkommen, wie auch unser Vater im Himmel vollkommen ist, denn er hat zu seinem Feinde gesagt: »Guda Nochmetts!« Sonst kein Wort von Versöhnung, sondern nur von der Gerste. Aber ich glaube, es ist zwischen beiden gut geworden. Der Schmidlerbauer drehte mit seinem Wagen um und fuhr Seite an Seite mit seinem Feinde heim wie Bruder mit Bruder. Ich stieg ab und stiefelte zur Stadt. Der Kot der Straße war zu lauter Pfütze geworden, und bei jedem Schritt sagte die Straße jetzt: »Siehste, siehste!«

Ich sollte sehen, daß das Streben nach Vollkommenheit nicht ein verzagtes Hasten nach unerreichbaren Höhen ist. Vollkommen wie der Vater im Himmel ist jeder, der seinen Feind ein Stück mitfahren läßt, auch wenn er, um sich auszureden, sagt: »Ich will mir bloß einen Spaß machen.« Aber ich weiß schon, ihr Eiferer konstruiert euch Gott so, daß ein armes Schindluder überhaupt nicht mehr an ihn herankann. Ihr sagt: Seid vollkommen, wie euer Vater im Himmel vollkommen ist, und meint: Wir sollen vollkommen sein, gerade wie ihr es euch einbildet. Nein, der Schmidlerbauer war an jenem Tag ein vollkommener Mann.

»Wenn ihr fastet, so machet nicht ein hohlwangiges Angesicht wie die Heuchler, denn diese verziehen ihr Gesicht, damit die Menschen sehen, daß sie fasten. Wahrlich, ich sage euch, sie haben ihren Lohn schon empfangen. Du aber, wenn du fastest, wasche dein Angesicht und salbe dein Haupt, damit du nicht den Menschen als fastend erscheinst, sondern deinem Vater, der im Verborgenen ist. Und dein Vater, der im Verborgenen ist, wird es dir vergelten.«

»Und wenn ihr betet, so seid nicht wie die Heuchler, die sich in den Synagogen, an den Straßenecken aufstellen und beten, um von den Menschen gesehen zu werden. Wahrlich, ich sage euch, sie haben ihren Lohn empfangen! Du aber, wenn du betest, geh in deine Kammer, schließ die Tür und bete zu deinem Vater im

Verborgenen. Und dein Vater, der im Verborgenen sieht, wird es dir vergelten.«

Ich ging an einem Oktoberabend mit einem Freunde an der Sandkirche vorbei. Da hörten wir die Leute Rosenkranz beten, und der Freund kam sich wie vom Heiligen Geiste erfüllt vor und sprach: »Siehst du, Wittig, das ist doch ein Unfug. So viele Worte, reine Gebetsmühle. Wirst du dies später als Geistlicher auch mitmachen?«

»Mache ich schon jetzt manchmal.«

»Aber Christus hat doch gesagt, daß wir beim Gebete nicht viel Worte machen sollen!«

»Wie viele Worte hast du denn heute schon beim Gebet gemacht?«

»Ehrlich gesagt, gar keins.«

»Da wollen wir einmal hineingehen, damit du Zeit hast, wenigstens die wenigen Worte zu machen, die ein ideales Gebet haben soll.«

Er war eine ehrliche Haut, mein Freund, er ging mit hinein – und blieb und blieb.

»Mach nicht zu viele Worte«, ich stieß ihn an.

»Stör mich nicht!« Er stieß mit dem Ellbogen wieder.

Und er blieb drei Gesetzlein des Rosenkranzes lang, blieb während der ganzen Laurentanischen Litanei.

Beim Tantum ergo griff ich nach meinem Hute, denn ich wurde daheim erwartet. Er blieb knien.

Ich ging zum Portal und blieb dort stehen, in der Hoffnung, der Freund werde nun doch mitkommen. Der aber dachte, er sei jetzt frei von mir, und blieb und sang sogar noch die drei Strophen des Marienliedes nach dem sakramentalen Segen mit. Erst als die Altarkerzen ausgelöscht wurden, nahm auch er seinen Hut.

»Nu?« sagte ich auf der Straße.

»Ich verfalle manchmal einem ästhetischen Katholizismus.«

»Sag's doch gleich ehrlich, daß du gebetet hast, ohne daran zu denken, ob du viel oder wenig Worte machst!«

So ist es wohl richtig. Beim Handeln und Beten findet man schon die richtige Auslegung der Bergpredigt Jesu – oder vielmehr, man hört die Bergpredigt richtig.

Richtig beten können, ich glaube, das ist ein Wunsch, der in allen Menschen sitzt. Ich traue es sogar den Männern zu, die von der Kirche gar nichts mehr wissen wollen, daß in manchen Augenblicken plötzlich der Gedanke über sie kommt: »Könnte ich einmal richtig beten!« Sie fangen wohl an, aber es ist alles die alte ausgeleierte Art; und was sie nun trotzig oder tiefdemütig vor dem Herrgott sagen, diese Verdrossenheit, diesen uneingestandenen Ärger über sich, dieses Armsein, das halten sie nicht für Gebet. Und doch ist alles darin, was Christus im »Vaterunser« eingeschlossen hat. Es müßte ihnen einer, der Macht hat, dies sagen.

Als ich zum ersten Male als kleiner Junge mit meinen Eltern nach Albendorf, dem Grafschafter Jerusalem, ging und die heiligen Vorstellungen besuchte, kamen wir zu einer Station, an der geschrieben stand: »Hier lehrte Jesus seine Jünger beten.« Und dann das Vaterunser. Da setzte sich mein Vater auf das Mauerwerk des Wegzauns, und wir alle blieben stehen und wollten nicht weitergehen. Keiner sagte es dem anderen, daß es so sehr schön sei an diesem Orte. Es wußten's ja alle selber. Obwohl doch hier gar nichts zu sehen war außer der Inschrifttafel mit ihren goldenen Lettern, während es an den anderen Stationen von sehenswürdigen Figuren, Aposteln und allerhand Volk wimmelte!

»Vater«, sagte ich einige Wochen darauf, als wir gerade in der Schule ein neues Gebet lernen mußten, »warum haben wir denn nicht genug an unserem Vaterunser? Das hat uns doch Jesus gelehrt, und die anderen Gebete sind ja nur von Menschen erfunden!«

»Woher weißt du denn«, antwortete der Vater, »daß die anderen Gebete von den Menschen erfunden sind? Sie können ja geboren sein wie du.«

»Wie denn?«

»Nu, Gott hat auch nur eine Familie geschaffen, den Vater Adam und die junge, schöne Mutter Eva. Alle anderen Menschen und Familien sind geboren worden.«

»Da ist wohl die Frau vom ›Vaterunser‹ das ›Gegrüßt seist du, Maria‹?«

»O nein! Das ›Gegrüßt seist du, Maria‹ ist ein Enkelkind

des ›Vaterunser‹. Es stammt ab von der Bitte: ›Dein Reich komme zu uns!‹«, antwortete der Vater lachend.

Noch heute meine ich, daß die sieben Bitten des Vaterunsers Ausstrahlungen aus dem Wesen des himmlischen Vaters sind und jedes andere Gebet müsse blutsverwandt sein mit irgendeiner der sieben Vaterunserbitten. Es ist gar nicht möglich, daß ein Gebet entsteht außerhalb der Familie der sieben Bitten des Vaterunsers, wie es nicht möglich ist, daß ein Mensch geboren wird außerhalb der Familie Adams oder ein Christ außerhalb der Kirche. Denn alles Wesen des Gebets ist im Vaterunser eingeschlossen.

Darum ist auch aller Glaube in das Vaterunser eingeschlossen. Das Vaterunser ist das Glaubensbekenntnis Christi; ich möchte freilich richtiger sagen: das Sehensbekenntnis, Wollensbekenntnis und Habensbekenntnis Christi, denn Christi Glauben ist Schau, Tat und Besitz.

Das Vaterunser ist das erste Kredo der Kirche. Wenn ich es bete, so bekenne ich:

Ich glaube an den Vater, der im Himmel ist und dessen Name heilig. Deshalb glaube ich auch an den Sohn. Dieser Sohn ist Jesus Christus und durch ihn der Mensch.

Ich glaube an das Reich des Vaters, daß es zu uns kommt. Deshalb glaube ich auch an die heilige katholische Kirche und an die Gemeinschaft der Heiligen. Ich glaube sie so groß und weit, daß sie alle Gotteskinder umfaßt aller Zeiten, aller Länder, und daß sie alle Wahrheit und alle Liebe umfaßt. Ich glaube, daß der Geist des Vaters der Geist seiner Kinder ist und das Reich regiert.

Ich glaube, daß der Wille Gottes geschieht im Himmel und auf Erden und daß die Menschen und die Engel in freier Wahl den Willen Gottes erfüllen sollen. Ich glaube aber auch, daß die Menschen, die ihn nicht erfüllen wollen, ihn letzten Endes doch erfüllen müssen, aber ohne Anteil an der Seligkeit der freien Gotteskinder.

Ich glaube, daß mir heute das tägliche Brot bereitet ist für den Leib wie für die Seele. Nichts wird mir mangeln, weder Brot noch Kraft, noch Liebe, noch Freude. Denn der Vater weiß, wessen ich bedarf.

Ich glaube, daß mir meine Schuld vergeben wird, wie auch ich vergebe meinen Schuldigern. Ich glaube an die Nachlassung der Sünden.

Ich glaube, daß es eine Versuchung der Gotteskinder gibt, aber ich glaube auch, daß der Vater seine Kinder an der Versuchung vorüberführen kann, so daß ich kein Unglück fürchte, auch wenn ich in Finsternis und Todesschatten wandle.

Ich glaube an die Erlösung von der Sünde, nicht bloß an die Vergebung der schon geschehenen Sünden. Ich glaube, daß mir das Leben gegeben wird für heute, aber auch, daß mir das ewige Leben gegeben wird. Ich glaube an ein ewiges Leben. Amen.

O Jesus, ich sehe, wie mild du bist. Du weißt, wie schwer es dem Menschen wird, eine Glaubensformel anzunehmen. Du weißt, daß das nicht immer Trotz und Bosheit ist, sondern ein inneres Widerstehen und eine innere Unfreiheit der um ihre königliche Freiheit beraubten Menschen. Darum führst du den Glauben ein als Gebet. Oh, ich verstehe! Glauben kann der Mensch nicht alles, aber wünschen kann er alles. So soll er wünschen und soll darum bitten, und er wird erlangen und wird es dann glauben.

Selig, wer das Vaterunser beten kann! Das Vaterunser ist die Knospe, die den ganzen Glauben umschließt. Das Vaterunser ist die himmlische Sprache der Gotteskinder.

Das Vaterunser steht am Ende der Bergpredigt. Jesus hebt nur noch einige Punkte heraus, die er besonders betonen will. Es ist zunächst, als ob er für die wichtigste aller sieben Bitten die um Vergebung unserer Schuld gehalten hätte, ja als ob das ganze Vaterunser davon abhinge. Jesus setzt nämlich gleich hinzu:

»Denn wenn ihr den Menschen ihre Schuld vergebet, so wird auch euer Vater im Himmel eure Sünden vergeben. Wenn ihr aber den Menschen nicht vergebet, so wird der Vater im Himmel auch euch nicht vergeben.«

Jesus hebt schließlich noch eine andere Bitte hervor und macht aus ihr eine Forderung an die Menschen: »Unser *tägliches* Brot gib uns *heute.«*

Aber das Heute ist der Geburtstag des ewigen Sohnes; das Heute ist der Geburtstag aller Kinder Gottes. Wer Gottes Kind sein will, muß es nicht gestern gewesen sein und heute etwa bloß bleiben – er muß es heute werden. Vater und Sohn sind gleich alt; die Theologen sagen »gleich ewig«; denn beider Geburtstag ist das Heute, in dem alle Ewigkeit liegt. Heute wird dir der Vater gegeben, indem du ihn erkennest, und siehe, da bist du als sein Kind geboren.

»Heute, da ihr seine Stimme hört . . .!«

Was ist mir Gestern, was ist mir Morgen? Heute bin ich Gottes Kind, und kein Gestern und Morgen kümmert mich. Ich habe genug zu schauen, was mir Gott heute ist. Gib uns heute unser tägliches Brot, gib uns heute unseren täglichen Wanderweg, gib uns heute unsere tägliche Rast, gib uns heute unsere tägliche Liebe! Gott kann nur heute geben, und er gibt alles. Das Heute steht im Herzen des Vaterunsers. Es ist das Zünglein der Waage seiner sieben Bitten. Das Heute ist bedürfnislos, das Morgen frißt. Das Heute macht keine Sorgen, es ist der Tag der Gotteskinder. Erst das Morgen quält, es ist der Tag der Weltkinder.

Das Heute verlangt nur, daß wir dankbar verkosten. Das Morgen verlangt, daß wir sammeln. »Sammelt nicht Schätze auf Erden«, spricht Christus, »wo Rost und Motten sie verzehren und wo die Diebe einbrechen und sie stehlen, sondern sammelt euch Schätze im Himmel, wo sie weder Rost noch Motten verzehren und wo die Diebe nicht einbrechen und sie stehlen. Denn wo dein Schatz, da ist auch dein Herz.«

»Niemand kann zwei Herren dienen, denn entweder wird er den einen verlassen und dem anderen anhangen, oder er wird dem einen dienen und den anderen verschmähen. Ihr könnt nicht Gott dienen und dem Reichtum.«

Jetzt wird das Vaterunser wieder himmelblau!

»Schauet auf die Vögel des Himmels! Sie säen nicht, sie ernten nicht, sie sammeln nicht in die Scheuern, und euer himmlischer Vater ernährt sie doch. Seid ihr nicht viel mehr als sie?«

»Betrachtet die Feldblumen, wie sie wachsen! Sie arbeiten nicht, sie spinnen nicht. Ich sage euch aber: Selbst Salomon in seiner Herrlichkeit war nicht gekleidet wie eine von ihnen.«

»Suchet zuerst das Reich Gottes und seine Gerechtigkeit. Alles übrige wird euch zugegeben werden.«

»Sorget also nicht für den morgigen Tag, denn der morgige Tag wird für sich selber sorgen. Jeder Tag hat genug an seiner Plage.«

»Unser tägliches Brot gib uns heute.«

Ich habe ein eigentümliches Herz.

Es wohnte schon früh ein kleiner Pharisäer drin, der hochmütig im Tempel stand und sprach: »Mein Herz ist rein. O Gott, ich danke dir, daß ich nicht so schmutzig bin wie die großen Menschen, besonders wie der Herden Bernhard, der immer ein schmutziges Hemd anhat!« Dieser kleine Pharisäer muß bald Kinder und Enkel bekommen haben, denn es dauerte nicht lange, so war eine ganze Sippschaft von Pharisäern in meinem Herzen. Auch ein paar solche Kerle von Sadduzäern, die nicht recht an die Auferstehung und das Himmelreich glauben wollten, kamen hinein, weiß Gott woher. Es war wie in Jerusalem. Jesus war eingeritten mit Palmzweig und Hosianna, aber er war nicht allein darin. Er bekam es sofort mit den Pharisäern und Sadduzäern zu tun.

Und sie nahmen alle zu: Jesus an Weisheit und Wachstum und Gnade bei Gott und den Menschen, die Pharisäer an Gerechtigkeit, Hochmut und Heuchelei, die Sadduzäer an Frechheit, Einbildung und Dummheit bei Gott und den Menschen. Noch in meiner Studentenzeit, wenn mir gesagt wurde, die Dirnen und – ach, Zöllner wenigstens gab es nicht mehr! – wüßten mehr von Gott und seinem Reich als ich und stünden dem Reiche Gottes näher als ich – so sagte doch Jesus! –, da zuckten die Pharisäer in mir so mit den Mundwinkeln und sagten: »Das stimmt denn doch nicht!«

Ich bemerke eine eigenartige Veränderung im Gebaren der Pharisäer, seitdem das jüdische Jerusalem zerstört ist und sie, die Unsterblichen, im christlichen Jerusalem, vor allem in meinem Herzen, Wohnung genommen haben: Sie berufen sich nicht mehr so sehr auf Moses und das Gesetz, sondern ausgerechnet auf Christus und sein Evangelium. Sie nehmen ganz die Miene echter Jünger an, wenn sie nicht gar so tun, als wären sie Jesus selber und wüßten ganz genau, was er gesagt und wie er es gemeint hat. Es ist natürlich immer alles fürchterlich streng, genau, pflichtbewußt bis aufs Tüpfelchen. Und wer so einen Pharisäer in sich groß werden läßt, allen Respekt, der gilt etwas! Der geht wie ein Heiliger in den Dom, und es erfüllt sich in eigentümlicher Weise das Wort des Herrn: »Wer das Gesetz bis aufs Tüpfelchen hält und es von anderen so verlangt, der gilt als ein Großer im Himmelreich.« Mit dem alttestamentlichen Gesetze können sie freilich nicht mehr viel anfangen, da wir von Christus wissen, daß es nur noch in seiner geistigen Ausdeutung dauernden Bestand hat. Deshalb destillieren sie aus dem Evangelium, das nach seinem Wesen eine frohe Botschaft von Gnade und Gotteskindschaft ist, eine Menge von Gesetzen heraus. Freilich können sie selber nicht alle halten, und das kommt auch immer wieder heraus. Das tut aber nichts. Sie machen trotzdem ein Gesicht, als ob sie alles hielten.

Und noch etwas Komisches habe ich an den Pharisäern, den unsterblichen, entdeckt: Sie reden sogar ziemlich viel von Gnade, Gotteskindschaft, Erlösung, und es ist oft, als wollte ihr Gesicht dabei ganz zerfließen in Süßigkeit; man fängt beinahe an, ihnen zu vertrauen und in der Aufwallung echter Kindhaftigkeit an ihre väterliche Brust zu sinken. Da kommt indes gleich so hart wie eine eiserne Fessel ihr »Aber«.

»Aber«, sagen sie, »es nützt euch alles nichts, wenn ihr nicht das Gesetz erfüllet, und zwar genau so, wie wir es auffassen! Nicht etwa dem Sinne nach, denn da könntet ihr Halunken allen möglichen Sinn im Gesetze sehen! Auch nicht dem Buchstaben nach, denn dies ist seit dem Apostel Paulus nun einmal verpönt. Aber unserer Auffassung nach!« Und sie berufen sich auf die Gesetze der Kirche, die ihrem Wesen nach heilige Führungen, freimachende Wahrheiten, aber nicht Vergewaltigungen des inneren, freien Menschen sind, geschrieben in der Fürsorge des himmlischen Vaters für seine Kinder; und sie machen daraus ein Gesetz, wie es das alttestamentliche Gesetz war, von dem Paulus sagte: »Das Gesetz gebiert die Sünde.«

Von mir muß ich sagen: Ich war noch nie von einem Teufel besessen, aber von einem solchen Pharisäer – ich muß mich heute noch vorsehen, daß ich nicht von einem solchen bösen Geiste besessen werde. Ich habe die Empfindung, daß ich in jungen Jahren ein tadelloser junger Pharisäer, freilich ein christlicher, hätte werden können, und in alten Jahren ein alter, wenn Jesus nicht immer wieder seinen heiligen Fluch gegen die Pharisäer in mir erneuert hätte. Übrigens besteht ein geheimer Bund zwischen den Pharisäern und dem Teufel, so daß es ziemlich gleich wäre, von wem man besessen ist. Sie brauchen den Teufel und seine Hölle, um dem Gesetze den nötigen Nachdruck zu verleihen. Sie sagen ungefähr so: »Du bist ein Kind Gottes, durch Christi Blut erlöst von der Sünde. Das ist nun einmal so kirchliche Lehre. Aber du bist nur dann ein Kind Gottes und von der Sünde erlöst, wenn du das Gesetz erfüllst, sonst . . .« Und da greifen sie schon mit der anderen Hand nach der Türklinke zur Hölle, um das Tor aufzumachen! Ich sprach einmal zu meinem Pharisäer: »Ich weiß zwar nicht, ob ich immer alle Gesetze genau erfüllen kann, aber ich glaube an Jesus Christus, der mich erlöst von der Sünde.« Da antwortete er mir: »Es wäre besser, wenn du mehr an den Teufel dächtest, denn die Liebe kann versagen; da muß die Furcht da sein!«

Wenn ein Sadduzäer in mir groß werden will, habe ich nicht so viel Angst, wie wenn ein Pharisäer in mir groß werden will. Den Pharisäern ruft Jesus ein achtfaches Wehe zu, den Sadduzäern gibt er eine Belehrung, so daß sie schweigen müssen. Meinem Sadduzäer antwortete er: »Wenn auch die Predigt des Teufels und der Hölle zu weit in den Mittelpunkt des christlichen Unterrichts gesetzt wird, so daß es scheint, der Teufel sei beinahe wichtiger und mächtiger als der Vater, der im Himmel ist, so hast du noch kein Recht, Teufel und Hölle zu leugnen. Denn auch ich habe manchmal von Teufel und Hölle gesprochen. Aber ich bin nicht gekommen, um die saure Botschaft vom Teufelsreich zu bringen, sondern die süße Botschaft vom Vater und seinem Reiche. Um an den Teufel und an die Hölle zu glauben, braucht man nicht Christ zu sein. Das taten auch die Juden und die Heiden. Um aber an den Vater und an sein Reich zu glauben, muß man Gotteskind und Erbe des Himmels sein. Das sollt ihr predigen, nicht mit sadduzäischer Kritik, aber auch nicht mit pharisäischer Selbstgerechtigkeit.«

Als nun die Pharisäer merkten, daß die Sadduzäer zum Schweigen gebracht waren, kamen sie zusammen und sprachen: »Jetzt wollen wir ihm eine Grube graben. Er wird sich verraten: Wenn das Volk merkt, daß er nichts wissen will von den heiligen Autoritäten des Altertums, dann wird es böse werden über ihn, und wir haben das Heft wieder in der Hand, wir getreuen Wächter der Heiligen Schrift.« Und einer von ihnen trat dann mit spitziger Nase und ehrfürchtig fragendem Antlitz zu Jesus und sprach: »Meister, welches ist das größte Gebot im Gesetz?«

Ich sah es dem Meister an, daß er gern gesagt hätte: »Der Sohn fragt den Vater nicht nach dem Gesetze, sondern er fragt, was er dem Vater zuliebe tun dürfe. Im Reiche Gottes gilt die Liebe, nicht das Gesetz.« Aber der Meister war klüger; er antwortete: »Du sollst den Herrn, deinen Gott, lieben aus deinem ganzen Herzen und mit deiner ganzen Seele und mit all deinem Gemüte. Dies ist das erste und größte Gebot. Ein zweites aber ist diesem ähnlich: Du sollst deinen Nächsten lieben wie dich selbst. An diesen beiden Geboten hängt das Gesetz mitsamt den Propheten.«

Als Jesus dies sagte, flammte auf seine ganze Liebe zu Gott, seinem Vater. Er konnte nun von gar nichts anderem mehr reden als von seinem ewigen Glücke, daß er der Sohn des Vaters im Himmel ist. Und er sah, daß darin aller Fragen Antwort, aller Rätsel Lösung liegt; er wußte, daß in der Gotteskindschaft alle Pharisäerhaftigkeit untergeht. Darum suchte er jetzt noch einmal die Pharisäer von seiner Gottessohnschaft zu überzeugen, nicht durch ein Wunder, nicht durch ein einfaches Ja seines Wortes, sondern indem er ihre eigene Methode annahm, die Methode, die gar zu leicht in Wortklauberei und Spitzfindigkeit ausartet.

»Was dünket euch von Christus? Wessen Sohn ist er?«

Sie sprachen: »Davids.« Denn das war alte Schultradition. Jesus fragte nun aber weiter: »Wenn Christus Davids Sohn ist, wie läßt es sich da erklären, daß ihn David seinen Herrn nennt, indem er singt:

> Es sprach der Herr zu meinem Herrn:
> Setze dich zu meiner Rechten,
> bis ich deine Feinde
> zum Schemel deiner Füße lege.

Wenn nun David ihn Herr nennt, wie ist er da sein Sohn?«

Oh, meine Herren! Jetzt bleibt euch keine andere Antwort, als daß Christus mehr ist als Davids Sohn und daß er sitzet zur

Rechten Gottes! Aber ihr schweigt? Ihr seid doch sonst in Schlußfolgerungen sehr gewandt!

Sie schwiegen alle. Niemand konnte ihm ein Wort entgegnen, und es wagte auch von diesem Tage an niemand mehr, eine Frage an ihn zu stellen.

Der wahre Glaube ist Leben aus Gott, täglich neues Leben, ein ewiges Geborenwerden aus Gott, ein ewiges Kindwerden aus Gott. Es ist ein echtes, wirkliches Leben, nicht etwa nur eine erzwungene Einbildung. Es ist ein wahres Sein. Man braucht nichts zu glauben, was nicht auch wirklich ist; man kann gar nichts glauben, was nicht auch wirklich lebt. Es ist töricht, Ungläubige zum Glauben zwingen zu wollen, so wie es auch töricht wäre, einen Toten zum Leben zwingen zu wollen. Es ist möglich, daß Gott das neue Leben erweckt; es ist sogar sicher, so wie die Liebe Gottes sicher ist. Aber wir können es nicht erzwingen. Wir müssen warten. Wir können vom Ungläubigen einstweilen nichts anderes erwarten, als daß er sagt, was wahr ist, nämlich daß er nichts glaubt. Die Sadduzäer glaubten nicht an die Auferstehung und an das ewige Leben. Sie sagten es ganz offen. Darum sprach Christus: »Ihr kennt nicht die Kraft Gottes.« Die Sadduzäer waren die Rationalisten jener Zeit. Sie sagen wenigstens die Wahrheit, wenn sie sagen, daß sie nichts glauben. Wenn sich einmal ein anderer Grund in ihnen auftut, dann werden sie ebenso ehrlich sagen, daß sie glauben. Sie müssen Christus feind sein. Denn alles, was Christus von Auferstehung, ewigem Leben und Gotteskindschaft redet, ist für sie keine Wahrheit. Nur schickt mir eure Kinder nicht zu ihnen in die Schule. Denn in euren Kindern ist Christus. Sie aber wollen Christus töten, da er in ihnen selber nicht lebt. Nennet sie auch nicht geistreich. Denn es geziemt sich nicht, daß jemand, der zwei Talente hat, den Verstand und den Glauben, einen anderen reich nennt, der nur ein Talent hat, den Verstand. Sie nennen sich selber die Freigeistigen oder Liberalen, wie wenn jemand, der ein Auge verloren hat, sagt: »Ich bin frei von meinem zweiten Auge, ich bin stolz auf diese Freiheit!«

Viele solcher Männer traf ich in meiner Studienzeit. Sie beschäftigten sich sonderbarerweise sehr viel mit christlicher Theologie und ließen sich, was noch sonderbarer ist, aber nicht weiter schadet, »christliche Theologen« nennen. Sie sehen das Christentum als eine wichtige geschichtliche Erscheinung an, die nicht übersehen werden kann. Laßt sie! Sie haben sich auch große Verdienste erworben in der Erforschung des Christentums, seiner schriftlichen Quellen, seiner Geschichte, seiner kulturellen Wirksamkeit. Sie sehen mit dem einen Auge schärfer als die Gläubigen mit zwei Augen; freilich sehen sie nur das Tote am Christentum, was einmal war. Wenn sich ihr anderes Auge öffnen wird, werden sie auch das Leben sehen und werden es ebenso ehrlich sagen, wie sie jetzt über das Tote reden. Christus ruft ihnen kein Wehe zu. Er geht nur in der Stille zu dem einen oder anderen hin und öffnet ihm das geschlossene Auge.

Überall, wo ein Amt ist und wo in seinen Vertretern das Leben des Glaubens zurückgeht, dort wachsen Pharisäer. Erst sind es kleine Blätter, dann Strünklein, dann Strünke. Immer härter wird das Kraut, immer hölzerner, immer ungenießbarer. Als Jesus die Pharisäer zum Schweigen gebracht hatte, wandte er sich von ihnen ab. Er dachte an seine Jünger und an sein Volk. Er dachte an seine Kirche.

Mein Jesus, du gibst zwar deinen Jüngern ganz wunderbare Gaben auf den Weg. Aber wenn ich es recht verstehe, willst du sie nicht dem allgemeinen Gesetz der Menschlichkeit entziehen. Vollende doch deine Apostelschule, indem du deinen Jüngern sagst, wie sie nicht werden sollen!

Da sah ich nun um den Tempelberg ein buntes Volk gelagert. Weithin, weithin dehnte sich die unübersehbare Schar. Aber es ließen sich auch einige Gruppen genauer erkennen. Dort beim Apostel Petrus begann eine Reihe sehr würdiger Männer. Die ersten waren noch schier ganz wie Petrus, trugen Tunika, Manteltuch und Stecken wie er. Dann aber wurden sie immer bunter, silberner und goldener. In der Ferne hatten sie schöne Mützen auf dem Haupt, noch weiter hinten Mützen mit einem Goldreif, dann mit zwei Goldreifen, dann gar mit dreien. Auch die Stäbe wurden immer schöner, und die alten Sandalen des Petrus wurden allmählich in der Reihe zu feinen brokatnen Seidenpantoffeln. Ähnliche Reihen schlossen sich an jeden der übrigen Apostel an. Nur waren diese Reihen viel mehr verzweigt. Auch hier ein Wachstum von apostolischer Armut zu patrizierartiger

Eleganz und endlich zu fürstlicher Pracht. Erst ganz hinten wieder Einfachheit und Schlichtheit. Auch mitten in der Reihe manchmal.

Gar nicht zu übersehen waren die Abertausende des Volkes und der Jüngerschar. Bei einzelnen behäbigen Bürgern und harten Bauern kam mir wieder der Gedanke an die Pharisäer, aber man darf nicht zu schnell urteilen. Weit hinten in der Jüngerschar erkannte ich den heiligen Franz von Assisi. Da wurde ich ordentlich ruhig, denn da konnte ich mir sagen: »Der ist gewiß kein Pharisäer!« Erst als ich weiter blickte, die Reihen seiner Brüder entlang, da verlor ich wieder meine Sicherheit ein wenig.

Geradeso erging es mir, als ich das Frauenvolk übersah, das auch unzählbar war. Ich staunte über die vielen Formen und Farben der Hauben und bemerkte auch manche kleine Eitelkeiten, zum Beispiel wie diese oder jene Krause gesteckt war, wie diese oder jene Medaille getragen wurde oder wie der Rosenkranz am Gürtel hing.

Weit hinten hatte ich mich auf einen Gartenzaun gesetzt, denn ich hatte kein reines Gewissen wegen des Pharisäers in meinem Herzen. Ich wollte ja alles anhören, aber ich wollte nicht gar zu nahe dabeistehen. Mein Gott, die ganze Natur empört sich über pharisäische Heuchelei. Überall ist ehrliches Wachstum, nur in diesen Menschen nicht. Es war mir, als ob die ganze Erde mit Jesus grollte gegen dieses Ungeheuerliche, daß das Gottesleben auf dieser Erde zur Maskerade geworden ist. Alle wußten es, die Abertausende. Aber kaum einer hatte seinen Mund aufgetan gegen die freche Tyrannei hohler Religiosität. Jetzt sprach jeglicher Mund mit, was Jesus sprach.

Und Jesus sprach:

»Auf den Lehrstuhl des Moses haben sich die Schriftgelehrten und Pharisäer gesetzt. Alles also, was immer sie euch sagen, das haltet und tuet. Aber richtet euch nicht nach ihren Werken, denn sie lehren, aber sie befolgen nicht.

Sie binden schwere und unerträgliche Lasten zusammen und legen sie auf die Schultern der Menschen. Sie selber aber rühren sie mit keinem Finger an. Und wenn sie etwas tun, so tun sie es, um von den Menschen gesehen zu werden. Sie machen ihre Gebetbücher weit auf und legen ihre Sonntagsschärpen breit. Sie lieben die ersten Plätze beim Festmahl und die vordersten Stühle in der Synagoge. Sie lassen sich gerne auf dem Markte grüßen und von den Leuten Rabbi nennen.

Ihr aber, lasset euch nicht Rabbi nennen, denn einer ist nur Lehrer, ihr aber seid Brüder. Auch nennt keinen auf Erden Vater, denn einer ist euer Vater, der im Himmel ist. Und lasset euch nicht Meister nennen, denn einer ist euer Meister, Christus.«

Da ging eine kleine Unruhe durch die Scharen. Einer sah den anderen an, bis der Präzeptor einer berühmten Schule Ruhe gebot und sprach: »Pst! Das ist ein Rat zur Vollkommenheit, kein göttliches Gebot!« Über das Antlitz des heiligen Franz ging ein Lächeln.

»Wer der Größere unter euch ist, wird euer Diener sein. Wer aber sich selbst erhöht, wird erniedrigt werden, und wer sich selbst erniedrigt, wird erhöht werden!«

»Item«, sagte der Präzeptor beruhigend. In der Reihe der Päpste schrieb einer: »Servus servorum Dei«, denn er wußte, daß er doch größer war als der Patriarch von Byzanz. Er tat es ehrlich, und seine Nachfolger fanden es schön und echt und christlich. Sankt Franziskus lächelte und blickte voll Verehrung zu dem großen Papste Innozenz hinüber. Da! Donnerte es? Nein, es sprach vielmehr Jesus, der einst gesagt: »Lernet von mir, denn ich bin sanftmütig und demütig von Herzen.«

Aber es war wie ein Donner: »Wehe euch, ihr Schriftgelehrten und Pharisäer, ihr Heuchler, weil ihr das Himmelreich vor den Menschen verschließet! Ihr wollet selbst nicht ins Himmelreich, und die hinein wollen, lasset ihr nicht hineingehen. Wehe euch, ihr Schriftgelehrten und Pharisäer, ihr Heuchler, weil ihr die Häuser der Witwen verzehret, indem ihr lange Gebete sprechet! Deshalb werdet ihr ein strengeres Gericht erfahren. Wehe euch, ihr Schriftgelehrten und Pharisäer, ihr Heuchler, die ihr Meer und Land durchziehet, um einen einzigen Menschen zu eurer Religion zu bekehren! Und wenn er sich bekehrt hat, so machet ihr ihn zum Kinde der Hölle, zweifach mehr, als ihr selber seid.«

»Ach, ach«, seufzte neben mir ein Konvertit auf, »da hat sich Pater Oderich mit mir so große Mühe gegeben, um mich katholisch zu machen. Und ich bin's geworden. Und jetzt droht er mir mit ewiger Höllenpein, da ich nicht alles befolgen konnte, was er mir vorschrieb!«

Ich konnte aber nicht weiter darauf hören, denn jetzt nahm Jesus die Kasuisten vor. Das interessierte mich. Und ich war doch selber ein so schrecklicher Kasuist!

»Wehe euch, ihr blinden Führer, die ihr saget: Wenn jemand beim Tempel geschworen hat, das ist nichtig. Wer aber beim Golde des Tempels geschworen hat, der ist verpflichtet. Ihr Toren und Verblendete! Was ist denn größer, das Gold oder der Tempel, der das Gold erst heilig macht?«

Die Kasuisten murmelten: »Das trifft uns nicht. Unsere Fälle sind entschieden ernster!«

»Und wenn einer beim Altare geschworen hat, so ist es nichtig; wer aber geschworen hat bei der Gabe, die auf dem Altare liegt, ist verpflichtet. Ihr Blinden! Was ist denn größer? Die Gabe oder der Altar, der sie heiligt? Wer also beim Altare schwört, schwört bei ihm und bei allem, was auf ihm ist. Und wer beim Tempel schwört, schwört bei diesem und bei dem, der in ihm wohnt. Und wer beim Himmel schwört, der schwört beim Throne Gottes und bei dem, der auf ihm thront.«

Da atmeten die Kasuisten erleichtert auf, denn jetzt hatte der Herr selber Kasuistik getrieben und alle echte Kasuistik geheiligt.

»Wehe euch, ihr Schriftgelehrten und Pharisäer, ihr Heuchler, die ihr Krauseminze und Kimmel verzehntet, aber was das Wichtigere des Gesetzes ist, die Gerechtigkeit, Barmherzigkeit und Treue, habt fallen lassen. Dieses hättet ihr üben und jenes nicht lassen sollen.«

Stolz und würdig standen die Lehrer des Kirchenrechts da und bemerkten lediglich, daß Barmherzigkeit eigentlich kein rechtlicher Begriff sei.

»Ihr blinden Führer, die ihr eine Mücke durchseiht, das Kamel aber verschluckt! Wehe euch, ihr Schriftgelehrten und Pharisäer, ihr Heuchler, weil ihr übertünchten Gräbern gleichet, die von außen her den Leuten schön erscheinen, innen aber voll sind von Totengebein und Moder. So erscheint auch ihr zwar von außen als Gerechte vor den Menschen, inwendig aber seid ihr voll Heuchelei und Schlechtigkeit. Sehet, ich sende zu euch Propheten und Weise und Schriftgelehrte, und ihr werdet einen Teil von ihnen töten und kreuzigen, und einen Teil werdet ihr in euren Synagogen geißeln und von Stadt zu Stadt verfolgen, damit alles gerechte Blut, das auf Erden vergossen ward, über euch komme!«

O ihr Pharisäer, das Gottesleben weicht aus dem Tempel, und ihr seid schuld. Denkt nicht, daß Jerusalem die einzige Stadt sein werde, der dies geschieht. Es ist das Schicksal aller Städte, in denen ihr herrscht. Ihr seid der Ruin der Religion!

Die Jünger waren voll Weh und Jammer. Sie wollten etwas Tröstendes sagen: »Siehe, Meister, wie schön die Quadern des Tempels gefügt sind. Sieh, wie stark und stolz und hoch der Bau!«

Da sprach Jesus: »Sehet ihr dies alles? Wahrlich, ich sage euch, kein Stein wird hier auf dem anderen bleiben, der nicht abgebrochen wird!«

Jesus hat den Tempel von Jerusalem niemals mehr betreten. Wenn er beten wollte, ging er fortan auf den Ölberg. Das Pharisäertum ist schuld, wenn ein Gott sein Haus verläßt.

Ich habe auch aus katholischen Kirchen manches Gottesleben auswandern sehen. Es ging auf den Ölberg und kam nur zurück, um Gehorsam zu üben, denn »was sie euch sagen, das tuet«!

»Warum erhebst du dich nicht wider die Pharisäer, die jetzt auf dem Lehrstuhl Christi sitzen?« fragt ihr mich. Wartet nur! Einstweilen habe ich es mit dem Pharisäer in meinem Herzen zu tun, da der hochmütig betet: Ich bin rein. Auch das kann Pharisäertum sein: in anderen Pharisäer zu sehen!

WELTENDE UND GERICHT

Eine große Sehnsucht ist in der Christenheit nach dem Ende der Welt. Erscheint ein Buch über den »Weltuntergang«, dann drängen sich die Leute im Laden, um es zu kaufen. Wer es gekauft hat, verbirgt es wie eine kostbare Perle und will es nicht sehen und bespötteln lassen. Ein junges Mädchen kann sich kaum mehr freuen über den Brief des Liebsten, daß er kommen wird, als die Gläubigen über solch ein Buch. Und wenn auch der Liebste schon zehnmal geschrieben hat, daß er kommen wolle, und ist immer noch nicht gekommen – wenn er es wieder schreibt, freut sich das Mädchen und bekommt rote Wangen und hofft. Es lachen andere Mädchen darüber, aber wenn sie einen Liebsten haben, machen sie es ebenso. Das Mädchen geht wohl in die Kammer und wendet sich eine Viertelstunde ab von ihrer Näharbeit. Sie kann vor lauter Hoffen nichts anderes tun. Und auch nach dieser Viertelstunde geht sie wohl einen ganzen Tag lang verträumt umher und macht bald dieses zu langsam, bald jenes falsch. Aber dann ist sie wie mit neuem Leben erfüllt. Geschwinder als sonst sind ihre Finger, kräftiger als sonst streckt sie ihre Arme.

Ach ja, mein lieber, nüchterner, kritischer Freund Paul Hornig! Du konntest gar nicht ernst und zornmütig genug tun über die falschen Weltuntergangsprophezeiungen, über diese verdammte Ketzerei der Adventisten, als wir damals zwischen Morgenau und Pirscham spazieren gingen: Was das für ein Wahn sei! Wie er zuzeiten die ganze Menschheit verwirrt habe! Was er für nachteilige volkswirtschaftliche Wirkungen gehabt! Alles um eines Wahnes willen! Nur Enttäuschungen, nur Enttäuschungen seien gekommen. Ich entgegnete dir zwar: »Ist denn die Volkswirtschaft das Höchste? War es für die Menschheit nicht doch vielleicht ein hohes Gut, daß sie für jene kurzen Zeiten die Arbeit einmal liegen ließ, um sich ganz in Gedanken zu versenken, die über diese Welt hinausgehen? Ist denn eine Hoffnung an sich, auch wenn sie noch nicht bald erfüllt wird, nicht auch etwas Wertvolles?« Aber du warst ein so trefflicher Diskussionsredner und hättest mich im Eifer beinahe angeredet: »Meine Damen und Herren!«, so daß ich dir schließlich recht geben mußte.

Weißt du jedoch noch, daß ich nachts um halb zwölf Uhr in dein Zimmer kam, um nachzusehen, warum noch so spät dein Licht brannte? Du sahst auf und hattest rote Wangen wie das Mädchen, dem sein Liebster geschrieben hat, daß er komme. Aber du gingst, wie du nun einmal bist, mit standhafter Ruhe zu deinem Schube und legtest das Heft hinein, das du eben gelesen hattest. Das war nicht dein Kollegheft mit den Vorlesungen über »praktische Pastoral« oder »Nationalökonomie«; es war das grüne Heft, das beim Buchhändler König in so hohen Stößen auf dem Ladentisch lag!

O ja, auch wer seine Hoffnung und Liebe verbirgt, hat sie.

Und hat sie dich nicht zu dem schweren Verbrechen verleitet, wider alle Hausordnung das Licht länger als bis elf Uhr zu brennen? Du weißt doch, daß der Direktor des Konvikts mit ebenso heiligem Eifer, wie er sonst das Evangelium von Johannes im Gefängnis predigte, öfters als einmal erklärt hatte, es dürfe kein Theologe nach elf Uhr seine Flamme brennen lassen!

Gerade wenn man einmal alle schulgemäße Religion satt hat, da kommt die Sehnsucht nach etwas anderem, nach dem Letzten! Wohl ist das Letzte auch in der schulgemäßen Religion enthalten, aber man möchte es anders, nicht wesentlich anders, aber man möchte es näher. Es braucht sich niemand dessen zu schämen. Die dümmsten und oberflächlichsten Menschen waren das nicht, die nach der Vollendung der Welt fragten. Fast alle großen Kirchenväter sind mit Jesus auf den Ölberg gegangen und haben ihn gefragt, wie es die Jünger nach der Verwerfung der Pharisäer und nach der Ankündigung der Zerstörung Jerusalems taten: »Jesus, sag uns, wann wird dies geschehen? Und was wird das Zeichen von deiner Ankunft und vom Ende der Welt sein?« Heimlich taten es die Jünger, erzählt der Evangelist. Ja ja, lieber Paul Hornig! Ich will's euch auch nicht verraten, wie viele Bücher ich schon darüber gelesen habe und wie oft meine Wangen schon rot geworden sind.

Nein, es waren nicht etwa die letzten und dümmsten der Apostel, die so heimlich fragten, sondern es waren Petrus, Jakobus und Johannes, dieselben, die auf dem Berge der Verklärung schon ein Vorspiel der Vollendung gesehen und Geschmack dafür bekommen hatten.

Jesus war nie für neugierige Fragen. Neugierige Fragen sind wie leere Becher, die man dem anderen hinreicht, der doch lieber aus vollem Becher den Wein der Liebe trinken möchte. Jesus goß gleich heilsamen Wermut in den leeren Becher. »Sorget«, so sprach er, »für euch selbst, daß euch niemand verführe! Denn es werden viele unter meinem Namen kommen und sagen: ›Ich bin es!‹ Und sie werden viele verführen.«

Ich hatte mir die Weltgeschichte von Professor Doktor Johannes Baptista von Weiß mit auf den Ölberg genommen, um zu prüfen, ob sich die Prophezeiungen Jesu verwirklicht haben. Und ich fand darin die Mitteilung des Geschichtsschreibers Flavius Josephus: »Es waren dies Verführer und Betrüger, die unter dem Schein göttlicher Begeisterung auf Neuerungen und Umwälzungen hinarbeiteten, das Volk zur Schwärmerei verleiteten und es in einsame Örtlichkeiten hinauslockten, wo ihnen Gott Wunderzeichen der Befreiung erscheinen lassen werde.« Ich war einstweilen damit zufrieden, obwohl nirgend überliefert ist, daß diese Betrüger im Namen Jesu gekommen seien. Denn dies kann auch heißen, daß sie sich Erretter oder Befreier nannten, die von Gott gesandt seien. »Ich bin es«, mögen sie wohl oft gesagt haben, denn dies sagt ja jeder neue Staatsmann und jeder neue Generalfeldmarschall.

Die Weltgeschichte des Johannes Baptista von Weiß sagte wieder: »Ja, so war es.« Aber wann wäre dies nicht so gewesen? Kriege und Kriegsgerüchte, Erdbeben und Hungersnot gehören zum Schicksal der Erde. Jesus wollte nur sagen, daß sich seine Jünger durch solche Dinge nicht beunruhigen sollten, denn solche Dinge müssen kommen und gehören zu der Vaterunserbitte: »Dein Wille geschehe wie im Himmel so auf Erden!«

Was Jesus wollte, sagte er nun deutlicher: »Habet acht auf euch selbst!« Das klingt wie: »Der Zeitpunkt des Weltunterganges geht euch nichts an.«

»– denn sie werden euch dem Stadtrat übergeben. Ihr werdet in den Synagogen gegeißelt werden. Ihr werdet vor Landräte und Könige gestellt werden um meinetwillen, ihnen zum Zeugnisse. Wenn sie euch nun hinführen und überliefern, so bedenket nicht zuvor, was ihr reden sollt; sondern was euch eingegeben wird in jener Stunde, das redet, denn nicht ihr seid es, die da reden, sondern der Heilige Geist.«

O Jesus, das habe ich mir schon oft gedacht, daß wir viel zuviel überlegen und viel zu klug sein wollen. Sieh, wir glauben doch recht wenig daran, daß dein Leben und dein Geist in uns ist. Und wenn wir dann etwas so ganz Überlegtes sagen, dann sieht es so zurechtgelegt aus, daß uns niemand mehr vertraut.

»Wenn ihr nun den Greuel der Verwüstung da stehen sehet, wo er nicht stehen soll ...«

Die Evangelisten Matthäus und Markus fügen hier ein: »Wenn dann jemand zu euch sagt: Siehe, hier ist Christus, siehe dort! – so glaubet es nicht. Denn es werden falsche Christi und falsche Propheten aufstehen und Zeichen und Wunder tun, um womöglich auch die Auserwählten zu verführen. Nehmet euch also in acht! Sehet, ich habe es euch vorhergesagt!«

»So war es«, spricht das gelehrte Buch, in dem ich studiere. »Bis in die Einzelheiten hinein war es so.« Und doch, es ist mir, als ob Christus keine Einzelheiten prophezeien wollte, sondern das Wesen. Der Neugierige wird mit seinen Prophezeiungen nichts anzufangen wissen. Noch viel weniger der Historiker, dem es einkommt, festzustellen, ob die Geschichte eine erfüllte Prophetie ist. Geschichte und Prophetie sind nur in ihrem Wesen eins, nicht aber in der Äußerung. Sie sind zueinander wie Melodie und Text.

Spricht nicht Jesus sogleich: »In denselben Tagen nach dieser Trübsal wird die Sonne verfinstert werden und der Mond seinen Schein nicht mehr geben. Die Sterne des Himmels werden herabfallen, und die Kräfte, die am Himmel sind, werden erschüttert werden«?

»Ja, so war es«, möchte ich sagen, obwohl »in denselben Tagen nach der Trübsal« kein einziger Stern vom Himmel gefallen ist. Man kann nicht einmal annehmen, daß die Sonne damals auch nur anfing, sich zu verfinstern. Und eine der gewöhnlichen Sonnenfinsternisse zu prophezeien, ist nicht Jesu Art. Jesu Art aber ist es, seine Jünger zu heiligem Warten zu erziehen. Er kündet große und ernste Dinge an. Als sein eigener heiliger Leib, den er selbst »diesen Tempel« nennt, am Kreuze starb, da verfinsterte sich die Sonne und der Mond gab keinen Schein mehr.

»Dann werden sie den Menschensohn in den Wolken kommen sehen mit großer Macht und Herrlichkeit. Und dann wird er seine Engel aussenden und seine Auserwählten aus den vier Windrichtungen versammeln, vom Ende der Erde bis zum Ende des Himmels. Vom Feigenbaum aber lernet das Gleichnis: Wenn seine Zweige schon zart und die Blätter hervorgesprossen sind, so wisset ihr, daß der Sommer nahe ist. So also auch, wenn ihr sehen werdet, daß diese Dinge geschehen, so wisset, daß es nahe vor der Tür ist. Wahrlich, ich sage euch, dies Geschlecht wird nicht vergehen, bis alles dies geschieht. Denselben Tag aber und die Stunde weiß niemand, weder die Engel im Himmel noch der Sohn, sondern der Vater.«

So ist es gewesen. Ein Handwerksbursch hat es mir erzählt. Es war gerade zehn Jahre vor diesem meinem dritten Studentenjahre. Ich war damals noch beim Pfarrer in Neu-Gersdorf, oder vielmehr ich war vom Pfarrer beurlaubt worden, um mitten durch den kalten Winter aus den hohen Bergen in das tiefer gelegene Neuroder Land hinunterzuwandern und bei meinen Eltern Weihnachten zu feiern. Bei der Brettmühle im untersten Teil von Neu-Gersdorf holte ich den Handwerksburschen ein und wollte ihn überlaufen. Der aber rief mich an und sprach: »Jüngel, du lauftst ja, als ob du dafür bezahlt bekämst. Man muß immer langsam laufen.«

»Warum denn?«

»Weil man sonst nicht reden kann.«

»Ich rede ja mit niemandem.«

»Bist du noch ein Schuljunge?«

»Ja.«

»Das ist nicht wahr. Du bist ein Apostel.«

»Wieso denn?«

»Ich bin auch einer.«

»Ach je, das habe ich Ihnen aber nicht angesehen!«

»Siehst du nicht, daß ich keinen Mantel habe und kein zweites Paar Schuhe? Sonst würde ich doch nicht in diesen zerrissenen Tretern durch den Schnee waten. Du hast auch nur ein Paar Stiefel und noch keinen Überzieher.«

»Denken Sie, daß dies alles Apostel sind?«

»Ja, denn wir sind gesandt, um den Armen das Evangelium zu predigen. Und wir sollen immer zwei und zwei gehen, damit wir miteinander reden können.«

»Wie machen Sie denn das, wenn Sie den Armen das Evangelium predigen?«

»Nun, ich gehe an die Tür und klopfe an. Und wenn mir aufgetan wird, spreche ich: Gelobt sei Jesus Christus! Seid gebeten um eine kleine Gabe für einen armen Reisenden.«

»Das ist doch keine Predigt!«

»Aber es ist das Evangelium. Wenn die Leute etwas geben,

so erfüllen sie das Evangelium. Und ich sage: Gott vergelt's viele tausend Male! Und wenn die Leute gut sind, dann ist es so, als ob sie sagten: Hochgelobt, der da kommt im Namen des Herrn! Und damit sie daran denken, sage ich: In Gottes Namen, Gott vergelt's!«

Der Vagabund schwieg eine Weile, und wir stapften nebeneinander durch den Schnee. Damals war die neue Straße noch nicht gelegt, über die der Schnee einfach hinwegweht; er kann die Straßen nicht leiden; auf die niest er bloß, oder wenn er einmal einen Spaß haben will, legt er sich in mannshoher Wehe darüber und spricht: »Siehst du, da hast du's! Jetzt kannst du nicht mehr so stolz weiterlaufen. Über diese Schneewehe zieht kein Hengst seinen Wagen.« Aber in die Bauernwege legt er sich ganz weich und artig, nimmt die Leute bloß ein wenig bei den Füßen, streichelt sie und sagt: »Setzt euch doch ein wenig, ich gebe euch einen schönen Traum und dann das Himmelreich.« Denn die solche Wege gehen und müde werden, so daß sie sich setzen und den Traum haben, sind von Gott schon so vielfach geprüft, daß sie das Himmelreich bekommen.

»Ich bin nämlich der Richter der Lebendigen und der Toten. Wenn ich wohin komme und sie geben mir, dann weiß ich es: diese werden eingehen in das ewige Leben. Wenn sie mir aber nichts geben, Junge, kannst du dir denken, was das für eine Pein ist für ihre Seele? Ich möchte ja nicht an ihrer Stelle sein.«

»Das ist für die gar keine ewige Pein. Die freuen sich bloß, daß sie wieder einmal einen Faulenzer hinausgeschmissen haben.«

»Wer kann es wissen, ob ich ein Faulenzer bin oder nicht? Ich habe als Holzhauer viele Jahre gearbeitet. Wenn ich jetzt den Beruf habe, als ein Bettler durch die Dörfer zu ziehen, und wenn ich es tue, wie es Gott bis heute gefügt hat, dann bin ich einer der Geringsten, aber ich bin ein Bruder in Not. Und wenn ich komme, so ist es wie beim Gericht: Die Menschen stellen sich von allein auf die rechte oder auf die linke Seite. Die auf der rechten gehen ein ins ewige Leben, wenn sie nicht schon darin sind; die auf der linken gehen ein in die ewige Pein. Oh, sie gehen lachend ein, sie lachen über den armen Vagabunden. Aber, Junge, Junge, so ohne ewiges Leben herumlaufen zu müssen! Ich möchte ja nicht an ihrer Stelle sein.«

Wieder eine Weile stillen Wanderns. Dann fuhr der Geselle fort: »Ich gehe durchs Land, um die Erde zu messen. Ich messe den Himmel und messe die Hölle. Ich weiß genau, welche Häuser zum Himmel gehören und welche zur Hölle. Ich bin einer von den Engeln, die da gesandt sind, die Erde zu messen.«

»Nein, was Sie nicht alles sind!«

Die Menschen meinen, daß Handwerksburschen und Vagabunden an nichts anderes denken als ans Fechten, Stehlen und Trinken. Wenn sie aber an etwas anderes denken und es ist nicht ganz genau so, wie die anderen Menschen darüber denken, so sagen diese, sie seien ein wenig geistesschwach. Ich dachte damals auch so, begann mich aber schon zu wundern, daß so viele Vagabunden geistesschwach seien. Jetzt bin ich überzeugt, daß sie auf ihren weiten Wegen, in ihren vielen Einsamkeiten doch viel öfter in der Nähe Gottes sind als andere Menschen. Wenn so einer an einem Herbstabend in den Strohschober kriecht, um dort zu übernachten, da kann er nicht immerfort ans Fechten, Stehlen und Trinken denken. Auch bekommt er dort nicht das Abendblatt zugestellt, um die neuesten Nachrichten aus Welt und Kirche zu lesen. Da fallen ihm manche Worte und Sätze ein; das heißt, manche Worte setzen sich zu ihm, und er beginnt sich mit ihnen zu unterhalten. Darunter wird wohl hin und wieder auch das Wort sein, von dem Johannes geschrieben hat: »Und das Wort ist Fleisch geworden und hat unter uns gewohnt.« Wenn ihr sagt, daß euch nicht so viele Handwerksburschen begegnet sind, die solche eigentümliche Gedanken hatten, so denke ich mir, das kam wohl daher, daß ihr eben nicht ganz richtig Theologie studiert habt.

Als wir in der Nähe der Alt-Gersdorfer Schule waren, sagte mein Begleiter: »Ich muß mich jetzt wieder meinem Berufe widmen. Kommst du mit in die Häuser?«

»Ach nein, ich muß dort über den Wolfsberg gehen, um heute noch nach Landeck zu kommen. Morgen will ich mit dem Omnibus nach Glatz.«

»Dann gehe und denke daran, daß du heute bei dem Richter der Lebendigen und Toten warst. Siehe, ich bin allein gegangen und du bist mit mir gegangen. Gott vergelt's! Das ist dein Gericht.«

Auf dem einsamen Wege über den Wolfsberg ging immer einer neben mir.

Es gibt ein letztes Gericht. Es kann sein, daß das Vergelt's Gott des Handwerksburschen mein letztes Gericht war. Denn ich bin doch eingegangen zum ewigen Leben.

DER KÖNIG REITET IN SEIN REICH

Um holde Frauen und um Königreiche zu streiten, waren schier all die Ritter ausgezogen, von denen mir Kunde gekommen war auf irgendeinem verwehten Blatt, das auf der Straße lag, oder in den vielen Buchtiteln der Weihnachtskataloge, die mir Tante Agnes, die Pfarrwirtin, aus Pfarrers Papierkorb heimbrachte. Ganze Geschichten von solchen Fahrten um holde Frauen und Königreiche bekam ich erst während der letzten Schuljahre aus der Wanderbibliothek. Sie waren schön, aber sie waren auf den letzten Seiten auch immer zu Ende. Entweder hatten die Ritter ihre Frauen und die Königreiche bekommen, dann war nichts mehr zu machen, oder sie hatten sie nicht bekommen, weil sie im Kampfe starben. In beiden Fällen waren solche Geschichten nur schön bis zur letzten Seite, dann nicht mehr. Die verstreuten Nachrichten aber, die ich durch den Wind zugestellt bekam, die kleinen, geheimen Andeutungen, die in den Buchtiteln oder in beigefügten kurzen Besprechungen und Anpreisungen versteckt waren, hei, die waren schön ohne Ende! Da war ich mit hineinverwickelt in das Schicksal, da mußte ich mitdenken, wie nun alles werden solle. Da konnte ich meist selber entscheiden, ob der Drache getötet, die herrliche Jungfrau befreit und das Königreich erobert werden solle.

Was nun die holden Frauen anbelangt, so bekümmerte ich mich um sie nur für andere. Für mich wollte ich keine, denn für mich hatte ich mir ja schon eines unserer Schulmädchen ausgesucht, und die rechnete ich nicht zu den holden Frauen. Aber ein Reich! Ein Reich möchte ich finden! Ich dachte mir lichtblaue Berge ringsum, blumige Wiesen mitten drin, Springbrunnen, Zitronenbäume, Königsschlösser.

Auch war ich nicht gerade für Kampf und Blutvergießen. Einmal einem eine runterhauen und dreie wiederkriegen, so rein aus Idealismus, dafür war auch ich. Aber das Reich hätte ich lieber im Frieden bekommen, ohne es jemandem wegzunehmen. So wie Kaiser Karl über die Alpen zog und in Rom die Kaiserkrone erhielt, mitten unter schneeweißen Schimmeln, oder wie Kaiser Otto das Heilige Römische Reich Deutscher Nation begründete. Pferde müßten dabei sein, aber nur zum Reiten, nicht zum Kämpfen.

Pferde! Solche, die vorn aufspringen und auf den Hinterbeinen stehen, mit den Nüstern schnauben, mit den Augen sprühen! Wenn Kirmes in Schlegel war, kamen drei Karusselle, das eine nur mit Bänken, das andere mit sehr zahmen Pferden, das dritte aber, hei! das waren Pferde! Schimmel so weiß wie der Schnee, Rappen so schwarz wie die Nacht! Das letzte Karussell war sehr teuer, und es war keine andere Hoffnung, als hinter dem kassierenden Mann mitten in rasender Fahrt aufzuspringen. Ich saß schon drauf mit springendem Herzen und ritt und ritt ins neue Reich hinein. Ich wollte nicht König werden, ich wollte nur reiten im neuen Reich. Das war ein Sturm! Das war ein Singen und Klingen! Tausend Lichter glitzerten in den tausend Spiegelchen und Glasbehängen des Karussells. Ein Rauschen ringsum wie von vielen Völkern. Der Platz an Gottschlichfleischers Hause war wie das Kapitol von Rom und ich wie der Kaiser Marc Aurel, der dort auf hohem Pferde sitzt und reitet, immer reitet, wohl schon mehr als tausend, tausend Jahre.

Nach sechs Ritten um die Runde mußte ich rasch herunter vom Pferde, und als ich bei der nächsten Fahrt hinter dem Kassierer wieder aufspringen wollte, drehte der sich gerade um und versetzte mir eine Ohrfeige, von der man sagen konnte, daß sie saß. Ich mußte das Reiten sein lassen für diesen Tag. Aber am nächsten Tage beschloß ich, mir selbst ein solches Pferd zu machen. Wir hatten daheim dicke Balken, ausgediente Kuhstalldielen, sicherlich zu brauchen für den Rumpf meines Pferdes. Und im Winter hatten wir Kinder im weißen Schnee der Straße alle Pferdehaare gesammelt. Die sollten schon reichen für Mähne und Schweif.

Ich war eben darüber her, eine Kuhstalldiele in rechter Länge mit der Bügelsäge zu zerschneiden, da kam meine kleine Schwester aus der Wiese. Sie hatte sich einen Blumenkranz geflochten und um das Haar gewunden.

»Du siehst aus wie eine Königin! Wo ist denn dein Königreich?«

»Ich habe kein Königreich, aber ich komme aus dem Blumenreich.«

»Ist's dort hübsch?«

»Ja, im Blumenreich ist's am hübschesten. Da tragen alle Blumen Kronen: weiße, goldene, himmelblaue, rosarote, ganz genau, wie es einer jeden gut steht.«

»Ach je!«

»Und früh, wenn noch niemand in der Wiese ist, da gehen alle an den Brunnen, wo man sich sieht. Da gucken alle hinein und sehen, daß sie so hübsch sind. Und dann lachen sie den ganzen Tag!«

»Ja, ich mache mir schon ein Pferd. Da will ich dann ins Blumenreich reiten.«

»Da würde ich dir raten, erst im Frühjahr zu reiten. Denn jetzt ist den Blumen allen nicht gut. Sie haben sich in den letzten Nächten eine Erkältung geholt. Die letzten, die noch frisch waren, habe ich mir hier in den Kranz geflochten.«

Das Pferd wurde nicht fertig. Ja, nicht einmal der erste Schnitt wurde fertig. Die Stalldiele war so gut imprägniert, daß sie der von meiner noch sehr kleinen Hand geführten Säge widerstand. Außerdem mußte ich mit meiner Schwester eingehend über die Verhältnisse im Blumenreich reden. Wir beschlossen, im nächsten Frühjahr zusammen in die Wiese zu gehen und einen ganzen Tag mitsammen im Blumenreiche zu verweilen.

Aber eben, wie es so ist, es kam nicht dazu. Meine Schwester wurde von Tante Agnes mit nach Breslau genommen, wo sie unter lauter Klosterkindern erzogen werden sollte. Als die Blumen wieder blühten, schrieb sie mir: »Wir wollten jetzt eigentlich mitsammen ins Blumenreich gehen. Nun bin ich aber weit weg von der schönen Wiese. Dafür bin ich jetzt im Himmelreiche. Du mußt auch einmal herkommen.«

Da ging ich daran, mir ein Veloziped zu machen – wie man damals die ersten Fahrräder nannte. Ich schnitt mit der Schweifsäge aus einem harten Brett die Felgen aus und hoffte bestimmt, schon in den Sommerferien in das Himmelreich des Breslauer Klosters fahren zu können.

Das war aber nicht nötig, denn abgesehen davon, daß die Felgen nicht zueinander passen wollten, kam zu Beginn der Sommerferien meine Schwester heim nach Neusorge und brachte das ganze Himmelreich mit. Als einfaches Neusorger Mädchen war sie zu Ostern von uns gegangen, und jetzt kam sie als ein Engel zurück, so fein und zart, so selig und fröhlich. Sie sprach Hochdeutsch wie die Engel und konnte schon einige französische Worte. Und ihr Gummiball – einen so großen duftenden, roten, blauen hatte ich noch nie gesehen. Alles, alles war fein, was sie hatte. Sie hatte sogar Taschentüchlein. Und wie sie ging und schritt! Ich merkte in der Gegend zwischen meinem Herzen und meinem Magen ein solches Glück und war den ganzen Tag nicht von ihrer Seite loszukriegen. Am liebsten wäre ich auch in der Nacht an ihrem Bett sitzen geblieben. Immerfort hätte ich sie sehen mögen.

Denn als die angebetete Schwester wieder fort war, da träumte mir armem blöden Jungen von ihr die ganze Nacht, sie sei wieder da, und es war unendlich schön. Und beim Erwachen tat es zwischen Herz und Magen so unendlich weh, und ich wäre am liebsten gestorben. Das besserte sich indessen nach einigen Tagen, und es blieb nur eine Sehnsucht in mir nach einem fernen Reiche, in dem alles so süß und selig und zart und duftig wäre wie meine Schwester, das Klostermädchen.

Es ist in den Menschen eine uralte Hoffnung auf ein wunderbares Reich. Kommt einer, der ganz lieb und gut ist und sich in Rede und Handlung von den Menschen unterscheidet, dann leuchtet die Hoffnung auf: Das Reich ist nahe.

Den Aposteln Jesu war es licht und klar, daß ihr Meister das Reich Gottes bringen werde. Wenn sie ausgesandt wurden, riefen sie überall, wohin sie kamen: »Das Reich ist nahe.« Sie dachten wohl auch an Schimmel und Rappen, an Trompetenschall und fliegende Fahnen, und daß es hinter blauen Bergen läge. Aber sie wagten nicht zu fragen.

Auch die Pharisäer dachten so, und sie wagten zu fragen: »Wann kommt das Reich Gottes?« Jesus antwortete: »Das Reich

Gottes kommt nicht mit Schauspiel. Ihr sollt auch nicht sagen: Hier ist es oder dort! Denn sehet, das Reich Gottes ist in euch.«

Als ich auf die Universität kam, kaufte ich mir ein Lehrbuch der Kirchengeschichte und las gleich auf einer der ersten Seiten: »Die christliche Kirche ist das in die äußere Erscheinung tretende, von Christus gestiftete, vom Heiligen Geist geleitete Reich Gottes auf Erden.« Ich hatte dies wohl schon als Volksschüler und Gymnasiast mehr als einmal gehört und als selbstverständlich hingenommen. Jetzt aber klang es wie ein Hall von ferne: »Das Reich ist nahe!« Schon wollte ich meinen, die Kirche sei das Reich Gottes. Aber hier las ich: »Die Kirche ist die äußere Erscheinung des Reiches Gottes auf Erden.« Das Reich Gottes muß also etwas Innerlicheres sein als die Kirche.

Ich studierte nun fleißig die Geschichte der Kirche, denn ich wollte wissen, wie das Reich Gottes in allen Jahrhunderten ausgesehen habe. Oft sah alles gar nicht nach dem Reiche Gottes aus. Zuerst sah es aus wie eine Herde Schafe, die unter die Wölfe gerieten. Da mußte ich manch zerrissenes Lämmlein im Sande liegen sehen. Dann sah es wieder aus wie eine Herde von Ziegen, die einander in die Hörner gerieten, dann wieder wie ein mächtiges Weltreich, das von einem Kaiser mit drei Kronen regiert wurde, dann wie ein zerborstenes Haus, von dem mehrere Wände einstürzten, dann wie ein Gottesdienst, bei dem alle Völker sangen: »Großer Gott, wir loben dich«, dann wie eine Schule, in der es gute und schlechte Zensuren gab, dann wie eine Turnhalle mit vielen geistigen Übungen und Anstrengungen, dann wie der Himmel mit vielen Heiligen, oft nacheinander, oft durcheinander. Manchmal war es, als ob Jesus wiedergekommen wäre und mit all seiner Wahrheit und Liebe regiere, manchmal aber, als ob er weit, weit fort wäre. Manchmal war es, wie Jesus prophezeit hat: »Es werden Tage kommen, an denen ihr wünschen werdet, einen einzigen Tag des Menschensohnes zu sehen, und ihr werdet ihn nicht sehen. Und man wird euch sagen: Siehe, hier ist er! oder: Siehe dort! O gehet nicht dahin und folget nicht nach!«

Aber, Jesus, wie soll man denn wissen, wo du bist und wo du regierst? Jesus antwortet: »Muß ich euch sagen, wann ein Blitz leuchtet? Wenn er aufzuckt, dann sehet ihr ihn! Denn wie der unter dem Himmel aufstrahlende Blitz alles beleuchtet, was unter dem Himmel ist, so wird es auch mit dem Menschensohne sein an seinem Tage. Zuvor aber muß er vieles leiden und von diesem Geschlechte verworfen werden!«

Ja, so wird die Kirche aufleuchten, wenn ihr Tag kommt. Aber an den vielen anderen Tagen?

»Gleichwie es zuging in den Tagen des Noah, so wird es auch in den Tagen des Menschensohnes sein: Sie aßen und tranken, sie freiten und ließen sich freien bis auf den Tag, an dem Noah in die Arche ging. Und es kam die Flut und vertilgte alle. Oder auch, wie es in den Tagen des Lot geschah: Sie aßen und tranken, kauften und verkauften, pflanzten und bauten. An dem Tage aber, da Lot aus Sodoma ging, regnete es Feuer und Schwefel vom Himmel und vertilgte alle. Auf gleiche Weise wird es zugehen an dem Tage, an dem sich der Menschensohn offenbaren wird.«

Jesus, meinst du nur den Jüngsten Tag, an dem dies geschehen wird? Oder sind nicht alle Tage dein Tag? Ich sehe das Bild der Tage Noahs und Lots in unseren Tagen erfüllt. Da erblicke ich dich, und nun muß ich dich wählen, muß eingehen in dein Reich. Bin ich auf dem Dache, so darf ich nicht erst hinabsteigen, um mir mein Gerät zu holen, ich muß sogleich eingehen in dein Reich. Ach, ich komme, aber siehe, mein Bruder, mein Freund, der bei mir steht, hat den Blitz nicht gesehen unter dem Himmel, er bleibt zurück!

Jesus antwortet: »Wer in jener Stunde auf dem Dache ist und sein Gerät im Hause hat, steige nicht hinab, um es zu holen, und wer auf dem Felde ist, kehre nicht zurück. Gedenket an Lots Weib! Ich sage euch: In jener Nacht werden zwei auf einem Lager sein; der eine wird angenommen, der andere zurückgelassen werden. Zwei werden miteinander die Mühle drehen; die eine wird angenommen, die andere zurückgelassen. Zwei werden auf dem Felde sein; der eine wird angenommen, der andere zurückgelassen werden.«

»Wo, o Herr?« fragen die Jünger.

»Wo das Aas ist, da versammeln sich die Adler.«

Das war aber unverständlich, mein geliebter Meister!

»Ja, du willst nun auch noch die Erklärungen erklärt haben!

Fingst du im Winter eine Maus mit deiner Falle und legtest das tote Tier auf den Schnee, riefst du da den Krähen zu, wo es sei? Und doch kamen sie und fragten nicht: ›Wo?‹ sondern schrien: ›Da, da.‹ So sicher und ungefragt erkennst du das Reich Gottes an dem Tage, an dem es sich dir offenbart. Und siehe, du hast es erkannt und bist aufgenommen worden!«

»Das ist aber bedauerlich, mein geliebter Meister, daß viele Menschen deine Worte nur auf den Jüngsten Tag beziehen und gar nicht daran denken, daß der Jüngste Tag für sie schon vorbei sein könnte!«

»Für dich ist er schon da, und dies sei dir genug. Nun sei im Reiche!«

»O Jesus, das ist ein seliges Glück! Ich sehe dein Reich auf der ganzen Erde. Wo dein heiliger Name genannt und dein Gebot erfüllt wird, da ist dein Reich. Und es kommen die Menschen. Wie meine lieben Krähen in Neusorge zu dem toten Mäuslein, so kommen sie. Niemand ruft sie, sie kommen wie von selbst. Sie wissen noch gar nicht, daß sie schon in deinem Reiche sind; sie denken: ›Wir sind in der Kirche und werden einst in den Himmel kommen.‹ Aber sie sind schon im Reiche. Was sie hoffen, wird sich ihnen erfüllen, denn dein Reich, das ohne Aufsehen gekommen ist, wird der Himmel sein. Aber, o mein Jesus, viele warten noch auf den Jüngsten Tag, auf deine Ankunft, auf dein Gericht. Muß ich es ihnen sagen, daß schon alles vorbei ist, daß du schon wieder gekommen bist in deiner Kirche, daß du schon gerichtet hast die Lebendigen und die Toten? Denn das ist doch das Gericht, das in die Welt gekommen ist, daß sie den Vater erkennen und dich, den der Vater gesandt. Und wer glaubt, der wird nicht gerichtet; wer aber nicht glaubt, der ist schon gerichtet!«

Die Kirchengeschichte ist die Geschichte des kommenden Herrn, und sie ist der Vorgang seines Gerichtes. Nicht umsonst werden ihre ersten und gläubigsten Tage durchbraust von dem Rufe der Syrer: »Maranatha! Der Herr kommt!« O daß wir immer noch denken, es sei Zukunft, die uns noch nicht viel angeht, was doch Gegenwart ist und uns gar sehr angeht! Es ist ja auch in der Zukunft, aber für uns ist es Gegenwart, das Kommen des Herrn, das Gericht des Herrn, das Reich Gottes!

Wie sagst du doch, mein Meister? »Das Reich Gottes kommt ohne Aufsehen; man bemerkt es kaum; es ist kein Schauspiel. Denn das Reich Gottes ist in euch. Wo das Aas ist, da versammeln sich die Adler. So selbstverständlich seid ihr im Reiche Gottes versammelt.«

Einer meiner Mitstudenten, wenn er in heiligen Eifer kam, sprach mit besonderem Pathos von »unserer heiligen Mutter, der Kirche«, sprach so oft davon, daß es mir über wurde. »Ich kann mich schlecht an diese Vorstellung gewöhnen«, sagte ich ihm, »eine Mutter, die aus lauter Männern besteht, aus lauter Bischöfen und Priestern! Der Heiland hat das kommende Reich Gottes meist mit Männern verglichen, hat gesagt: Das Himmelreich ist gleich einem Sämann, einem Kaufmann, einem Hausherrn, einem Familienvater. Das klingt gleich männlicher!«

»Aber es ist doch so schön: Gott als Vater, die Kirche als Mutter, die ihm Kinder gebiert! Sagte nicht schon Cyprian, der Bischof von Karthago: Wer die Kirche nicht zur Mutter hat, kann Gott nicht zum Vater haben?«

»Was schön ist, kann ein richtiges Gleichnis sein. Es kommt aber darauf an, was wirklich ist. Gleichnisweise gebiert die Kirche dem Vater, der im Himmel ist, Kinder in großer Zahl. Aber in Wirklichkeit sind eben diese Kinder in ihrer Gesamtheit die Kirche. In Wirklichkeit braucht jener Vater keine Mutter, die ihm Kinder gebiert, denn er erweckt die Kinder. Er gibt ihnen göttliches Leben, und alsogleich sind sie seine Kinder. Sie sind seine Söhne, in denen sein eingeborener Sohn, nachdem er viel gelitten hat und von diesem Geschlechte verworfen worden ist, wiederkommt in großer Macht und Herrlichkeit. Die Kirche ist die Erscheinung des wiederkommenden Herrn.«

Als ich dann allein in meiner Stube saß, hatte ich das unbehagliche Gefühl, das mich nach jedem Disput beschleicht, aber auch ein unbeschreibliches Verlangen, die Kirche oder das Reich Gottes so zu erfassen, daß mir die Vorstellungen Jesu ganz zu eigen würden.

Und ich horchte und horchte. Es war wie ein Keimen, Wachsen und Blühen um mich, wie zwischen Wald und Wiese und Weizenfeld. Hoch wuchs es über mich hinaus, volle Ähren klangen aneinander. Es war wie ein Schimmern im Sande und wie ein

Knistern und Aufgehen im gesäuerten Brotteig. Es war wie das Gewudel im Fischnetz und wie das Geheimnis eines neuentdeckten Schatzes. Nur eine Begriffserklärung war es nicht und auch keine juristische Formulierung, wie wir sie heutzutage so nötig zu haben meinen. Und ich horchte und horchte.

Jesus saß am Vorderbug eines Fischerkahns, der in einer kleinen Bucht des Sees lag und leise und andächtig schaukelte. Vor ihm am Ufer stand viel Volk. Und Jesus begann zu lehren:

»Siehe, ein Sämann ging aus zu säen ...«

»Und das Himmelreich ist gleich einem Sauerteige, den ein Weib unter drei Maß Mehl mischte, bis alles durchsäuert war.«

»Das Himmelreich ist gleich einem Schatze, der im Acker verborgen ist. Wenn ihn ein Mensch findet, hält er es geheim, geht voll Freude und verkauft alles, was er hat, und kauft den Acker.«

»Wiederum ist das Himmelreich gleich einem Kaufmann, der gute Perlen sucht. Wenn er eine kostbare Perle gefunden hat, geht er hin, verkauft alles, was er hat, und kauft die Perle.«

»Wiederum ist das Himmelreich gleich einem Netze, das ins Meer geworfen wird und Fische einfängt aller Art. Ist es voll, so zieht man es heraus, setzt sich ans Ufer und sammelt die guten Fische in Behälter. Die schlechten aber wirft man weg.«

»Das Himmelreich ist einem Könige gleich, der seinem Sohne Hochzeit machte.«

»Und das Himmelreich ist gleich einem Manne, der zwei Söhne hatte. Er ging zum ersten und sprach: ›Sohn, gehe heut in meinen Weinberg und arbeite.‹ Der aber antwortete: ›Ich will nicht!‹ Nachher reute es ihn, und er ging in den Weinberg. Der Vater aber wandte sich an den zweiten Sohn in gleicher Weise. Dieser antwortete: ›Ja, Herr, ich gehe.‹ Und er ging nicht. – Welcher von den beiden hat den Willen des Vaters getan?«

Die Pharisäer antworteten: »Der erste!«

Da sagte ihnen Jesus: »Wahrlich, die Zöllner und Buhlerinnen werden eher in das Reich Gottes kommen als ihr! Denn Johannes kam zu euch auf dem Wege der Gerechtigkeit, und ihr habt ihm nicht geglaubt. Die Zöllner und Buhlerinnen aber haben ihm geglaubt. Und obwohl ihr dies sahet, wurdet ihr auch dann nicht reumütig und glaubtet ihm nicht!

Habt ihr niemals in der Schrift gelesen: Der Stein, den die

Bauleute verworfen haben, dieser ist zum Eckstein geworden. Der Herr ließ dies geschehen, und es ist wunderbar in unseren Augen. Darum sage ich euch: Das Reich Gottes wird von euch hinweggenommen und einem Volke gegeben werden, das die Früchte des Weinbergs hervorbringt. Und wer auf jenen Stein fällt, wird zerschmettert werden, und auf wen der Stein fällt, den wird er zermalmen!«

Als nun die Pharisäer und Hohenpriester seine Gleichnisse hörten, erkannten sie, daß er von ihnen rede, und sie hätten ihn gern ergriffen, aber sie fürchteten das Volk, weil es ihn für einen Propheten hielt.

Als sich der Schwarm verlaufen hatte, blieb ich mit Jesus allein und fragte ihn: »Meinst du mit dem Himmelreich die Kirche?«

»Ja.«

»Mein Jesus, verzeihe mir! Es fällt uns gar zu schwer, in der Kirche dich, den Wiederkommenden, zu sehen. Als Reich kann ich mir die Kirche denken. Ein solches Reich war Davids Reich, ein solches Reich war das Römische Reich. Beiden sieht die Kirche ähnlicher als dir.«

»Ist nicht die Ähre das vom Tode erwachte Samenkorn, und birgt sie nicht hundert Samenkörner? Wenn der Gottessohn aus dem Erdengrabe aufersteht, ist er nicht mehr einer, sondern er ist eine Ähre mit hundert Körnern, die gleich ihm sind, wie er war. Und wenn es tausend sind und viele Tausende, so sind sie doch das wiederkommende Samenkorn.«

Es hilft schon nichts; wer Jesum und die Kirche und alles, alles ein wenig verstehen will, muß sehr weit über die Grenzen kleinbürgerlicher Auffassung von Gott und seinem Leben hinausgehen. Es genügt nicht, seine Begriffe auf das Schachbrett zu stellen: dort Gott, hier die Menschen, dazwischen Jesus, die Kirche, die Bischöfe, alle artig auf ihrem kleinen Quadrat eingeschränkt und nur von großem Verlangen erfüllt, einander zu schlagen und zu gewinnen. Es ist vielmehr ein Ineinander des Lebens. Das Leben hat merkwürdige Geheimnisse. Es kriecht ein Stücklein Leben in Form einer Raupe an der Wand des Hauses empor. »Ich komme wieder in großer Pracht und Herrlichkeit«, so ruft es dem welkenden Grase drunten auf dem Rasen zu. Kein

Hälmlein möchte es glauben. Aber das Leben weiß es. Droben unter dem überhängenden Schindeldache stirbt seine Gestalt und vergeht im Gespinst der Puppe. Wenn aber die Maiensonne kommt, löst sich eine Farbenpracht sondergleichen aus dem Gespinst. Das Leben hat das Geheimnis, daß es wiederkommt in großer Pracht und Herrlichkeit. Aber es geht durch den Tod.

Aber es kommt einmal eine neue Zeit in der Erkenntnis. Sie wird die Erkenntnisse der alten Zeit nicht leugnen, aber sie wird neue Erkenntnisse suchen und finden, in denen die alten »wiederkommen in großer Pracht und Herrlichkeit«. Jetzt ist es erst so weit, daß viele Menschen der alten Erkenntnisse überdrüssig sind. Sie reden von einer Geisteswissenschaft, die alle Lebensgeheimnisse enthüllen wird. Es ist einstweilen nur ein Stürmen und Drängen. Aber einmal wird man einsehen, wie die Raupe stirbt, um Schmetterling zu werden, – wie Jesus ans Sterben denken muß, wenn er spricht: »Meine Kirche.«

Der Ritt ins neue Reich geht über Golgatha.

Selbst der Papst kann daran nichts ändern. Er hat's versucht! Als nämlich Jesus so vom Leiden, Sterben und Auferstehen redete, überhörte Petrus das Wort vom Auferstehen und hörte nur vom Leiden und Sterben. Da tat er so, als ob er schon alles binden und lösen, alles loben und tadeln, befehlen und verweisen dürfte, – sogar seinem Meister. Er fing an, es ihm zu verweisen, und sprach: »Das sei ferne von dir! Das darf nicht geschehen!« O Petrus! Wem Gott ein Amt gibt, dem gibt der Teufel auch gleich die Lust, es zu mißbrauchen! Aber man muß dich recht verstehen: Der Heilige Geist war noch nicht über dich gekommen.

Als Petrus den Heiland so am Ärmel faßte, um ihn für einen Augenblick allein zu sprechen, wandte sich Jesus und sprach zu ihm: »Scher dich weg, Satan!«

Das war allerdings eine Wendung! Vorher »Fels der Kirche, Schlüsselverwalter des Himmelreiches« und jetzt: »Scher dich weg, Satan! Du bist mir zum Ärgernisse, denn du hast nicht Sinn für das, was Gottes ist, sondern für das, was der Menschen ist!«

Ich war ganz erschüttert, als ich dies hörte. Es war wie Donner und Blitz mitten in die Kirchweih hinein. Petrus, höre, wie man ins neue Reich reitet! Jesus sagt es:

»Wenn mir jemand nachfolgen will, verleugne er sich selbst, nehme sein Kreuz auf sich und folge mir. Wer sein Leben retten will, wird es verlieren. Wenn die Raupe nicht sterben will, wird sie kein Schmetterling. Wer aber sein Leben verliert um meinetwillen, um mein Leben zu gewinnen, der wird es finden. Denn was nützet es dem Menschen, wenn er die ganze Welt gewänne, aber Schaden litte an seinem Leben? Oder womit könnte ein Mensch sein Leben aufwägen? Der Menschensohn kann es. Denn der Menschensohn wird in der Herrlichkeit des Vaters kommen mit seinen Engeln und wird dann einem jeglichen vergelten nach seinen Werken.«

O Jesus, als ich in das Land der Ritter reiten wollte, da wußte ich, daß dort die Erde verklärt sein würde. Gerechtigkeit und Liebe wohnt in ihren Tälern und thront auf ihren Bergen, und der Drache vor der Höhle wird besiegt. Könige werden alle, die da streiten und leiden. O gib mir wieder den Sinn, der hoffen kann! O Jesus, als ich zum ersten Male die weiße Hostie sah, da wußte ich, daß du es bist. Ich hatte den Sinn, zu sehen und zu hoffen. Ich sah, daß du es bist! O Jesus, das ist dein Reich, wo du bist ohne menschliche Gestalt. Lehre uns sehen!

Du hattest diese wunderbaren Dinge kaum gesagt, als du die Apostel sehen lehrtest. Nach sechs Tagen nahmst du den Petrus, Jakobus und Johannes und mich zu dir und führtest uns allein auf einen hohen Berg. Und du wardst vor uns verklärt. Wir sahen nur noch Licht. Denn dein Angesicht leuchtete wie die Sonne, und deine Kleider wurden weiß wie der Schnee. Und siehe, es erschienen auch Moses und Elias und redeten mit uns. Und wenn wir genauer zugesehen hätten, wären uns wohl alle erschienen, die dein Leben in sich haben. Und siehe, da überschattete dich eine lichte Wolke. Eine Stimme aus der Wolke sprach: »Dieser ist mein geliebter Sohn, an dem ich mein Wohlgefallen habe. Ihn sollt ihr hören.« Als wir dies vernahmen, fielen wir auf unser Angesicht und fürchteten uns sehr. Da tratst du zu uns und sprachst: »Stehet auf und fürchtet euch nicht!«

Und dann sprachst du wieder von deinem Leiden und Sterben und von deinem Reiche. Und du begannst, uns daran zu gewöhnen, daß wir freie Königskinder in deinem Reiche sind.

O Jesus, Königssohn, laß uns reiten!

Als wir in die Nähe Jerusalems kamen, gerade vor Bethphage am Ölberg, da sandte Jesus zwei Jünger aus und sprach zu ihnen: »Gehet in den Flecken, der vor euch liegt, und ihr werdet alsbald eine Eselin finden und ein Füllen bei ihr. Bindet sie los und führet sie zu mir. Und wenn euch jemand etwas sagt, so sprechet: Der Herr bedarf ihrer. Und er wird euch sofort ziehen lassen.«

Dies alles aber geschah, damit erfüllt würde, was durch den Propheten gesagt ist, der da spricht: »Saget der Tochter Zion: Siehe, ein König kommt zu dir, sanftmütig, reitend auf einer Eselin und auf einem Füllen, dem Jungen eines Lasttiers.«

Die Jünger gingen hin und taten, was ihnen Jesus befohlen hatte. Und sie führten die Eselin und das Füllen herbei, legten ihre Kleider auf das Reittier und halfen ihrem Meister aufsteigen. Sehr viel Volk breitete seine Kleider auf den Weg. Andere hieben Zweige von den Bäumen und streuten sie auf den Weg. Die Scharen aber, welche vorauszogen und welche nachfolgten, schrien: »Hosianna dem Sohne Davids! Gesegnet sei, der da kommt im Namen des Herrn! Hosianna in der Höhe!«

So zogen wir in Jerusalem ein. Die ganze Stadt geriet in Bewegung und sprach: »Wer ist dieser?« Die Scharen aber riefen: »Dies ist Jesus, der Prophet von Nazareth in Galiläa.« Bis in den Tempel hinein riefen die Knaben: »Hosianna dem Sohne Davids!«

Da wurden die Hohenpriester und Schriftgelehrten unwillig und sprachen zu Jesus: »Hörst du, was diese sagen?«

»Ja«, antwortete Jesus. »Habt ihr niemals gelesen: Aus dem Munde der Unmündigen und Säuglinge hast du dir Lob bereitet?«

O Jesus, da stehen nun die gestrengen Herren. Auf ihren Lippen liegt die Frage, was denn dies für ein Unfug sei. Dorfjungen blicken ihnen keck ins Auge und schreien aus voller Lunge: »Hosianna dem Sohne Davids!« Dorfjungen erfüllen die Schrift, und die Schriftgelehrten und Priester stehen verwundert. Siehe, ich bin auch einer von diesen geworden und muß zu meinen Kollegen halten.

So sprach ich zu Jesus. Der aber blickte mich an und sagte: »Es kommt eine Zeit, in der du es wieder mit den Dorfjungen hältst.«

»Aber, mein Jesus, wir müssen doch ganz objektiv und unparteiisch denken! Die Hohenpriester und Schriftgelehrten waren nun einmal die derzeitigen rechtmäßigen Inhaber der geistigen Gewalt und insbesondere des Lehramtes. Sie sollten nun plötzlich umlernen, was sie seit ihrer Jugend in den Schulen gelernt und seit ihrem Mannesalter gelehrt hatten. Mein Jesus, wenn man schon im pensionsberechtigten Alter steht, glaube ich, kann man dies nicht mehr.«

»Du redest genau so, wie ich es von dir erwarte«, antwortete Jesus. »Man soll auf solche alte Herren Rücksicht nehmen. Aber du sagst auch mit Recht, daß sie pensionsberechtigt waren. Sie wußten genau, daß sie mit ihrer Gesetzesauffassung und all ihren Schuldoktrinen kein neues Gottesleben geben und vermitteln konnten. Sie wußten genau, daß ihre Gerechtigkeit nur eine Vortäuschung war. Im geheimen lachten sie selber darüber. Sie waren Heuchler!«

»Meinst du?« antwortete ich, denn ich darf Jesus jegliche Antwort geben, die mir von Herzen kommt.

»Ich sehe«, sagte Jesus.

O ihr Jungen von Bethphage! Ihr durftet mit dem Königssohne reiten! Wohl nicht auf weißen Schimmeln und aufbäumenden Rappen, aber doch so, wie ein Junge am besten reitet: barfüßig und begeistert, auf Bäume kletternd, vorauslaufend, nachrennend und voller Lust rufend: »Hosianna dem Sohne Davids!« – wie es euch der Herrgott ins Jungenherz gegeben. Ich hätte mich aufs Karussell gesetzt und hätte mitten in die Kirmes hineingeschrien: »Hosianna dem Sohne Davids! Wir reiten ins neue Reich!«

DAS REICH UM DEN TISCH

Wenn einmal einer der Apostel einen schönen Traum hatte, dann war es ein Traum von dem neuen Reiche. Hei, ein Thron wird in der Mitte stehen! Wer wird zur Rechten, wer wird zur Linken sitzen? Es war ein Traum von Größe und Macht.

Doch als die Stunde des Verrats gekommen war, setzte sich Jesus zu Tische und die zwölf Apostel mit ihm. Ich selbst war dabei, aber nur als Aushilfsministrant in der kleinen Antoniuskirche, die mitten im Judenviertel von Breslau liegt. Ich konnte alles gut beobachten.

Da begann Jesus zu reden: »Mit großer Sehnsucht habe ich mich danach gesehnt, dieses Ostermahl mit euch zu essen, ehe denn ich leide. Denn ich sage euch, ich werde es von nun an nicht mehr essen, bis es seine Erfüllung hat im Reiche Gottes!«

Die Apostel dachten: »Wie lange wird dies noch dauern?« und sie dachten, es könne eine ganze Zeitlang dauern. Aber ich wußte aus der Dogmatik, daß die Erfüllung nahe bevorstände. Dort die Brote auf dem Tische warteten schon darauf, das Ostermahl des neuen Reiches zu werden.

Und Jesus nahm den Kelch, hob ihn danksagend empor und sprach: »Nehmet hin und teilet ihn unter euch. Denn ich sage euch: Ich werde nicht mehr trinken von dem Gewächse des Weinstockes, bis das Reich Gottes kommt!«

Jetzt wurden die Apostel darauf aufmerksam, daß Jesus so deutlich von dem kommenden Reiche sprach. Da hielten sie es nicht mehr aus. Was sie schon lange mit sich herumgetragen und wohl auch hinter dem Rücken des Meisters besprochen hatten, das mußte nun heraus. Sie fragten nicht: »Wie wird sich denn das Ostermahl im neuen Reiche erfüllen?«, sondern: »Wer von uns wird im neuen Reiche der Größere sein?«

»Natürlich Petrus!« sagte Andreas, der Bruder des Petrus. »Der Meister hat doch gesagt: Auf diesen Petrus will ich meine Kirche bauen.« – »Aber sehet doch«, sprachen andere, »dieser Johannes setzt sich immer gleich zum Meister hin!« Judas aber sagte: »Ich habe doch die Kasse!« Und schlug mit der Hand auf den Tisch.

Kaum daß sie hörten, was Jesus sprach: »Wahrlich, ich sage euch, einer von euch wird mich verraten. Sehet, die Hand des Verräters ist mit mir auf dem Tische!«

Judas zog rasch die Hand vom Tische weg. Ein großes Schweigen begann. Jesus aber sprach weiter: »Der Menschensohn geht zwar hin, wie es beschlossen ist. Aber wehe jenem Menschen, durch den er verraten wird!«

Die Apostel wußten gut genug, daß es ein Verrat an Jesus ist, der Größte und Erste sein zu wollen. Wie ein Schrecken kam es über sie, und einer nach dem anderen begann zu fragen: »Bin ich es, Meister?« Nein, sie sahen nur einander an, und alle hatten im Gesicht die Frage: »Bin ich es?«

Nur Johannes nicht. Er blieb ruhig an des Meisters Brust gelehnt. Ihm nun winkte Petrus und sprach zu ihm: »Wer ist's, von dem er redet?«

Johannes, der sich aufhorchend dem fragenden Petrus zugewandt hatte, lehnte sich nun wieder an die Brust des Meisters, schaute auf in sein Antlitz und fragte: »Wer ist es?«

Jesus antwortete: »Der ist es, dem ich das Brot, das ich eintunke, reichen werde.« Und schon tauchte er ein Stück Brot in die Schüssel und reichte es unversehens dem Judas, sprach dazu: »Was du tun willst, das tue bald.« Es war aber so, als ob er dem Judas nur einen Auftrag gäbe, vielleicht, daß er noch etwas einkaufe, was zum Feste notwendig wäre, oder daß er den Armen draußen vor dem Tore eine Gabe reiche. Nur Johannes und Judas hatten das von dem Bissen gehört.

Judas sah sich erkannt. Jetzt heißt es klug sein, dachte er, sonst fällt die ganze Rotte über mich her. Das nächste Wort Jesu enthüllt alles, was schon geschehen. Aber vielleicht – vielleicht ist es doch nicht so! »Bin ich es, Meister?« fragte er rasch, um sich zu vergewissern. »Du hast's gesagt«, kam es als leise Antwort aus dem Munde Jesu.

Und mit der ganzen Ruhe, die einem überlegten Manne eigen ist, nahm er den Bissen in den Mund, nickte zustimmend, erhob sich, als ob weiter gar nichts wäre, und ging zur Tür. Die Apostel merkten es kaum. Es wurde nun rasch finster, wie es eben dort im Osten ist. Und wenn einer noch hätte fragen wollen, er kam nicht dazu, denn Jesus schaute auf einmal zum Himmel empor und sagte mit lauter Stimme: »Nun ist der Menschensohn verherrlicht, und Gott ist in ihm verherrlicht. Wenn Gott in ihm verherrlicht worden ist, so wird ihn Gott auch in sich verherrlichen, und er wird ihn alsbald verherrlichen!«

Wie Kinder waren die Apostel. Über diesem Jubelruf des Meisters vergaßen sie das sonderbare Reden über die Hand auf dem Tisch. Nur wer der Größte im Reiche sein werde, hätten sie gern gewußt. Sie waren wie die Kirchenrechtler, die über der Frage nach der Rechtsordnung alles, aber auch alles, vergessen.

Nach dem Ostermahle, als schon der Teufel dem Judas Ischariot ins Herz gegeben hatte, Jesus zu verraten, da war es. Und als die Apostel immer noch wissen wollten, wer der Größere von ihnen sei, natürlich auch wer der Zweitgrößere, wer der Drittgrößere, der Viertgrößere, da war es.

Da war es, daß Jesus alle seine Würde niederlegte. Er wußte, daß ihm der Vater alle Würde und Macht in die Hände gegeben hatte und daß er von Gott ausgegangen ist und zu ihm zurückkehren wird. Da war es, als er seine Kleider ablegte. Und er nahm ein Linnentuch und umgürtete sich damit. So daß er wie einer von den Dienern war, die als einziges Kleid ein Tuch um die Lenden trugen. Dann goß er Wasser in ein Becken und fing an, die Füße seiner Jünger zu waschen und mit dem Linnen abzutrocknen, mit dem er umgürtet war.

Und er kam in der Reihe zu Simon Petrus. Die anderen hatten es sich gefallen lassen.

Petrus aber zog die Füße zurück und rief abwehrend: »Herr, du willst mir die Füße waschen?«

Jesus antwortete und sprach zu ihm: »Was ich tue, verstehst du jetzt nicht. Du wirst es aber nachher verstehen!«

Petrus wollte indes auch von dem »Nachherverstehen« nichts wissen. »In Ewigkeit sollst du mir nicht die Füße waschen!« rief er.

Jesus antwortete ihm: »Wenn ich dir die Füße nicht wasche, hast du keinen Teil an mir!«

Nein, das wollte Petrus nicht. Keinen Teil an Jesus, seinem treu geliebten Meister, wollte er verlieren; alles wollte er von ihm haben! Und er streckte beide Füße vor und auch die Hände und das Haupt und sprach: »Herr, nicht allein die Füße, sondern auch die Hände und das Haupt!«

Jesus aber erwiderte: »Wer gewaschen ist, bedarf nicht mehr, als daß er die Füße wasche. Dann ist er ganz rein. Auch ihr seid rein – aber nicht alle!« Denn er dachte an den Judas, den die Apostel immer noch zu den Ihrigen rechneten.

Nachdem nun Jesus die Füße der Apostel gewaschen hatte, legte er seine Kleider wieder an und setzte sich zu Tische und sprach: »Wisset ihr, was ich euch getan habe? Ihr nennt mich Meister und Herr, und ihr sprechet recht, denn ich bin es. Wenn nun ich, der Herr, euch die Füße gewaschen habe, so sollet auch ihr einer dem anderen die Füße waschen. Denn ich habe euch ein Beispiel gegeben, damit ihr so tuet, wie ich euch getan habe. Wahrlich, wahrlich, sage ich euch, der Knecht ist nicht größer als sein Herr, und der Gesandte ist nicht größer als der, welcher ihn gesandt hat. Wenn ihr dies verstehet, selig seid ihr, wenn ihr danach handelt!«

Da verkroch sich der Traum von Größe und Macht, von Überordnung und Unterordnung in die Ecke des Speisesaales. Obwohl er an diesem Abend keine Nahrung mehr bekam, starb er nicht. Er schlich in die kleinen Stuben, in denen junge Geistliche wohnen; er ging in alle kirchlichen Amtsstuben, er setzte sich in alle bischöflichen Vorzimmer, er ritt durch die Tore der Kurien. Er ist ein lästiger und aufdringlicher Geselle.

Diese erste und ursprüngliche Verfassung des Reiches Gottes auf Erden hat später mannigfache Weiterbildungen erfahren. Man erkannte, daß die Fußwaschung nur ein Bild und Gleichnis war, der Sinn aber: gegenseitige Dienstleistung. Manche Diener des Reiches Gottes freilich glauben, daß es zwar nicht mehr notwendig sei, dem Mitbruder die Füße zu waschen, wohl aber, wenigstens manchmal, den Kopf. Indessen sprach der Heiland nach sicherer und eindeutiger Textüberlieferung, es genüge, die Füße zu waschen.

Wir hatten im Konvikt noch die erste und ursprüngliche Verfassung des Reiches Gottes. Wenn einer von uns der Größte sein wollte, galt er als der Mindeste. Daneben anerkannten wir aber die von oben kommende Anordnung, daß einer von uns Obersenior, drei von uns Senioren, sechs von uns Tischmagister, einer Wäschemagister, einer Zeitungsmagister, einer Biermagister sei. Diese Anordnung hatte den Zweck, daß wir langsam zu dem Verständnis emporreiften für die Notwendigkeit von Dienstämtern innerhalb des Gottesreiches. Nur einer erlag der darin verborgenen Versuchung. Mit großer Sehnsucht hatte der Wäschemagister sich nach seinem Amt gesehnt, und als er es erlangt hatte, ließ er seinen Namen und seinen neuen Titel in ein Täfelchen aus echtem Zinkblech stanzen und nagelte das Täfelchen an den von ihm begründeten und angeschafften Wäscheschrank. Als ich später die stolzen Inschriften an bestimmten Gebäuden Roms las, kam es mir ein, daß hier wissenschaftlich bedeutsame Zusammenhänge vorlägen.

Der Evangelist Johannes nannte diese erste und ursprüngliche Kirchenverfassung die »Liebe bis ans Ende«. Denn er leitet sie mit den Worten ein: »Da Jesus die Seinigen, die in dieser Welt waren, lieb hatte, so liebte er sie bis ans Ende.«

Aber nicht die Verfassung ist das Wesen eines Reiches. Das Wesen eines Reiches ist der Tisch. Auf den vier Beinen des Tisches steht das Reich, auf seiner Platte liegen die Gaben des Reiches. Was rund um den Tisch herum ist, das ist die Keimzelle des Reiches. Der Ostgotenkönig Theoderich hat diese Reichstheorie feierlich erklärt, indem er sagte: »Denn dann ist ein Volk wahrhaft glücklich, wenn sein Tisch gedeckt ist.« Und Jesus sprach: »Sehet, ich bereite euch das Reich, damit ihr esset und trinket im Reiche Gottes.« Und im Vaterunser knüpft sich an die Bitte: »Zu uns komme dein Reich«, nicht nur die aus dem Reichsgedanken unmittelbar hervorgehende Bitte: »Dein Wille geschehe wie im Himmel so auf Erden«, sondern auch die Bitte: »Unser tägliches Brot gib uns heute.«

Darum nahm Jesus das Brot, segnete und brach es, gab es seinen Jüngern und sprach: »Nehmet hin und esset, das ist mein Leib.« Und er nahm den Kelch, dankte und reichte ihn den Jüngern und sprach: »Trinket alle daraus, denn dies ist mein Blut des Neuen Bundes, das für viele vergossen werden wird zur Vergebung der Sünden.«

Die alten Evangelisten erzählen von diesem Geschehnis, ohne ein Wort dazu zu sagen. Ich möchte auch still sein. Es ist immer ganz still in den Kirchen, wenn die Priester über Brot und Wein die Worte sprechen: »Dies ist mein Leib.« »Dies ist der Kelch meines Blutes des Neuen und ewigen Bundes, das Mysterium des Glaubens, das für euch und für viele wird vergossen werden zur Vergebung der Sünden. So oft ihr dies tut, so tut es zu meinem Gedächtnis!«

Ganz still ist es in den Kirchen. Das Reich ist bereitet, und wir essen und trinken im Reiche Gottes. Ganz still ist es, bis in den Höhen wundersame Worte erklingen: »Benedictus qui venit in nomine Domini! Hosanna in excelsis! (Gepriesen sei, der da kommt im Namen des Herrn; Hosianna in der Höhe!)« Und über Brot und Kelch schweben die Worte: »Durch ihn und mit ihm und in ihm ist dir, Gott, dem allmächtigen Vater, in Einheit mit dem Heiligen Geiste alle Ehre und Herrlichkeit!«

Nun aber wird das stille Wort zum lauten Gesang: »Von Ewigkeit zu Ewigkeit, Amen! Lasset uns beten! Laßt uns wagen, nun zu sagen: Vater unser, der du bist im Himmel, geheiligt werde dein Name, zukomme uns dein Reich, dein Wille geschehe wie im Himmel so auf Erden. Unser tägliches Brot gib uns heute, und vergib uns unsere Schulden, wie auch wir vergeben unseren Schuldigern, führe uns nicht in Versuchung, sondern erlöse uns vom Übel!«

Die Apostel aßen das Brot und tranken den Wein. Und dann hieß es: Ite missa est. Der Heiland sprach: »Ich muß jetzt gehen!«

Er sprach: »Kindlein, nur noch eine kleine Weile bin ich bei euch. Ich muß jetzt gehen. Aber wohin ich gehe, dahin könnet ihr nicht mitkommen. Ein neues Gebot gebe ich euch: Daß ihr einander liebet, wie ich euch geliebt habe. Daran werden alle erkennen, daß ihr meine Jünger seid, wenn ihr euch lieb habt untereinander.«

Simon Petrus gab nicht die rechte Antwort. Er sprach nicht wie wir Ministranten in der Antonius-Kirche: »Deo gratias«; er sprach vielmehr: »Herr, wohin gehst du?«

Daher wandte sich der Herr noch nicht zum letzten Evangelium, sondern antwortete: »Wohin ich gehe, dahin kannst du mir jetzt nicht folgen; du wirst mir aber später folgen.«

Das Reich Gottes auf Erden macht Fortschritte. Erst bekam es seine Verfassung, die Verfassung der gegenseitigen Dienstleistung, dann sein Leben, sein tägliches Brot, den Tisch mit Hostie und Kelch, jetzt sein neues Gesetz und jetzt – seinen Petrus, dessen Glaube nicht wanken solle.

»Simon, Simon«, sprach Jesus, »siehe, der Satan hat verlangt, euch zu sieben, wie man den Weizen siebt. Ich aber habe für dich gebeten, daß dein Glaube nicht wanke. Du aber, wenn du von deiner Schwäche bekehrt sein wirst, stärke deine Brüder!«

Das verstand Petrus recht gut, und weder er noch seine Nachfolger haben es je vergessen. Er scheint sich auch in dieser Stunde an das ehrenvolle Wort vom Felsen der Kirche erinnert zu haben. Damals hatte er die Dummheit gemacht, dem Meister das Leiden und Sterben ausreden zu wollen, wofür ihn Jesus wie einen Verführer weggewiesen hatte. Dies wollte er jetzt wieder gutmachen. »Herr«, sprach er, »ich bin bereit, mit dir in Kerker und Tod zu gehen!«

Du guter und treuer Petrus! Aber wenn du glaubst, das Richtige gesagt zu haben, so hast du dich wieder getäuscht. Hör doch, was der Meister zu dir spricht! Jetzt nennt er dich nicht mehr Satan, aber es ist auch nicht gerade viel ehrenvoller; es ist schier wie damals.

»Du willst dein Leben für mich geben?« sprach Jesus. »Wahrlich, wahrlich, sage ich dir, ehe der Hahn kräht, wirst du mich dreimal verleugnen!«

Armer Petrus! Du mußt deinen Mund nie zu voll nehmen! Du bist zwar zu Großem bestimmt, zum Fundament der Kirche, zur Säule der Wahrheit, aber der Meister weiß doch, was an dir ist. Siehe, ich bin nichts gegen dich, aber wenn ich einmal meinen Mund zu voll nehme mit Vorsätzen und Beteuerungen, da kann ich auch ganz sicher sein, daß ich in wenigen Tagen oder Jahren gerade das getan habe, was ich nie tun zu wollen beteuert habe. Es ist ein Gesetz, Petrus!

Jetzt aber folgte etwas, das ich bisher noch nie recht verstehen konnte, obwohl ich schon die allergelehrtesten Bibelforscher danach gefragt habe.

Jesus sprach: »Als ich euch aussandte ohne Beutel, ohne Tasche, ohne Schuhe, hat euch da etwas gemangelt?«

Die Apostel antworteten: »Nichts!«

»Nun aber«, fuhr Jesus fort, »wer einen Beutel hat, nehme ihn, desgleichen auch die Tasche; und wer es nicht hat, der verkaufe seinen Rock und kaufe sich ein Schwert. Denn ich sage euch, es muß an mir erfüllt werden, was geschrieben steht: Er ist unter die Übeltäter gerechnet worden. Denn was von mir geschrieben steht, geht seiner Erfüllung entgegen.«

O Jesus, ist ein menschliches Rittertum in deinem Blute wach geworden? Rufst du deine Gesellen zur Waffe? Bei Gott, das gefällt mir beinahe. Rasch fuhr unser Arm zu Wehr und Waffe, als wir noch jung waren. Nicht Unrecht und nicht Unehr wollten wir dulden. Und es war eine schöne Zeit. Mein Jesus, ist in diesem Augenblick einmal aufgeblitzt in dir, was in der Menschheit edelstem Blut bis heute noch nicht erblichen ist, die Liebe zum Schwert, wenn Unrecht droht und Unehr? In allem wolltest du uns gleich sein außer in der Sünde!

Die Apostel verstanden es so. Ich sehe den greisen Papst Julius mit dem Schwerte in der Hand die feindliche Stadtmauer erklettern als ersten der kühnen Streiter, die für das alte Recht der Gottesstadt Rom stritten!

Die Apostel sprachen: »Herr, siehe, hier sind zwei Schwerter!«

Und Jesus sprach: »Es sind genug.«

Es waren dir genug, um dem tapferen Petrus sagen zu können: »Stecke dein Schwert in die Scheide, denn wer mit dem Schwerte streitet, wird durch das Schwert umkommen.«

»Ite missa est«, sang der Priester von Sankt Antonius, und Jesus ging zum letzten Evangelium.

»Im Anfang war das Wort, und das Wort war bei Gott, und Gott war das Wort ... In ihm war das Leben, und das Leben war das Licht der Menschen ... Er war das wahre Licht, das in die Welt gekommen ist ... Die ihn aufnahmen, denen gab er Macht, Kinder Gottes zu werden, denen, die an seinen Namen glauben – die aus Gott geboren sind ... Und wir sahen seine Herrlichkeit, eine Herrlichkeit wie die des Eingeborenen vom Vater, voll der Gnade und Wahrheit.«

Jesus sprach: »Euer Herz betrübe sich nicht! Ihr glaubet an Gott, glaubet auch an mich! Ich bin der Weg, die Wahrheit und das Leben. Niemand kommt zum Vater außer durch mich. Wenn ihr mich känntet, so würdet ihr auch den Vater kennen. Aber von nun an werdet ihr ihn kennen – und ihr habt ihn gesehen!«

»Herr, zeige uns den Vater, und es genügt uns!« rief Philippus.

»Philippus«, antwortete Jesus, »so lange Zeit bin ich bei euch, und ihr kennet mich noch nicht? Wer mich sieht, der sieht auch den Vater. Wie kannst du denn sagen: Zeige uns den Vater? Glaubt ihr denn nicht, daß ich im Vater bin und daß der Vater in mir ist? Was ich rede und tue, redet und tut der Vater, der in mir wohnt. Und um was immer ihr den Vater in meinem Namen bitten werdet, daß er es tue, das werde ich tun, damit der Vater im Sohne verherrlicht werde!«

O Jesus, so ist unser armes Leben nicht wie ein Wassertropfen, der auf dem heißen Stein dieser Erde verdunstet, sondern ist wie ein Bach, der den Weg finden kann zu dem Strome deines Gotteslebens – und in diesem Strome fließt es in die Seligkeit des Meeres, in die unendliche Gottheit! O Jesus, ich habe immer ein unaussprechliches Sehnen gespürt, daß ich in etwas Wundersames kommen müsse, in die Fülle eines seligen Glückes, in ein lichtes, lichtes Meer. Ich suchte es an meiner Mutter Brust und grub mein Kinderköpflein in ihre süße Weichheit; ich suchte es an der Seite meines Freundes und barg meine Hand ganz in seiner Hand; ich meinte wohl auch, es sei die Schönheit und Güte einer Braut; ich ließ mich weihen, um zu sein in der Liebe deiner Jünger. O laß das Bächlein nicht stocken und vertrocknen – nein, es rinnt schon in den Strom deines Lebens; es ist schon in dem Meere, es ist schon in dem Meere!

»Ite missa est«, »Ich muß jetzt gehen!« – »Wohin ich aber gehe, das wisset ihr; auch den Weg wisset ihr. Und ich will den Vater bitten, daß er euch einen anderen Tröster sende, damit er in Ewigkeit bei euch bleibe – den Geist der Wahrheit. Ihr werdet ihn erkennen, und er wird bei euch bleiben und in euch sein. Ich will euch nicht als Waisen zurücklassen; ich will zu euch kommen.«

Das Reich um den Tisch war gegründet, die »Agape«, das »Liebesmahl«, das Liebesreich um den Tisch, von dem Sankt Ignatius spricht. Es hatte seine Verfassung, die Verfassung gegenseitiger Dienstleistung; es hatte sein Brot und seinen Wein; es hatte sein neues Gebot; es hatte einen König, den Vater, der in seinem Sohne sichtbar und in seinem Geiste, dem Tröster, wirksam wird; es hatte seinen Glauben an die selige Einheit: der Vater ist eins mit dem Sohn, und der Geist lehrt, was der Sohn gesagt. Und der Sohn ist mit dem ganzen Leben des Vaters in den Jüngern, und diese sind eins, wie auch der Vater und der Sohn eins sind.

Jesus erhob seine Augen zum Himmel und sprach: »Vater, die Stunde ist gekommen. Verherrliche deinen Sohn, damit dein Sohn dich verherrliche! So wie du ihm die Macht über alles Fleisch gegeben hast, damit er allen, die du ihm gegeben, das ewige Leben gebe. Das ist das ewige Leben, daß sie dich, den allein wahren Gott, erkennen, und den du gesandt hast, Jesum Christum.«

Das Leben eines Breslauer Studenten ist, wie es zunächst scheint, gar nicht zu vergleichen mit dem Leben der Apostel, die Jesus nachfolgten. Und doch, wenn ich jetzt auf jene drei Jahre zurückschaue, möchte ich auch wieder sagen: Es war dasselbe. Denn wenn ich nachweisen sollte, was nun eigentlich verschieden war, könnte ich nur lauter unwesentliche Dinge nennen. Die Zeit, der Ort, die Kleidung, die Tagesordnung, die Bewegung, dieser Umstand, jener Umstand! Aber es wird niemand behaupten wollen, daß auch nur eines von den genannten Dingen zum Wesen des Lebens gehöre. Alle sind reine Zufälligkeiten oder, wie mein Freund Paul Hornig gesagt hätte, accidentia. Das Leben selber muß etwas anderes sein als seine Zufälligkeiten.

Mein Studentenleben war ein fortwährendes Hinter-Jesus-her und Um-Jesus-herum, manchmal ziemlich weit hinter ihm her, manchmal sehr nahe um ihn herum. Aber auch dies scheint eine reine Zufälligkeit zu sein. Es wäre eine reine Zufälligkeit, wenn dieser Jesus nur ein vorgestelltes Ziel, eine eingebildete Nähe gewesen wäre und nicht etwas, das mein Leben zu etwas anderem machte, als sonst ein Menschenleben ist. Ich meine zunächst nicht, zu etwas Besserem oder Schlechterem, Größerem oder Kleinerem, sondern zu etwas wesentlich anderem. Denn das Gute oder Böse, das Große oder Kleine bestimmt nur den Wert und das Maß, aber nicht das Wesen. Wenn Jesus nicht etwas war, was mein Leben innerlich zu etwas ganz anderem machte, dann war auch er eine von den vielen Zufälligkeiten meines Lebens, wenn auch vielleicht die wichtigste und wertvollste. Aber dieser Jesus sagte: »Ich bin das Leben.« Wofern ich also Leben hatte, mußte es Jesus sein, also nicht nur ein fortwährendes Hinter-Jesus-her und Um-Jesus-herum, sondern Jesus selbst, eben das Leben. Dasselbe aber war bei den Aposteln. Wenn ich also an meine Studentenjahre zurückdenke und mein damaliges Leben mit dem Leben der Jünger in ihrer dreijährigen irdischen Nachfolge Jesu vergleiche, so kann ich sagen: Es war dasselbe. Denn Jesus sagte: »Wer an mich glaubt, der hat das Leben.« Die Apostel glaubten, ich glaubte.

Jesus war nicht bloß Person; er war etwas viel Reicheres und

Weiteres, er war das Leben, so zwar, daß es gar kein Leben gibt außer ihm. Wer dennoch meint, er lebe außer ihm, der täuscht sich entweder, denn es kann sein, daß ohne sein Wissen und ohne sein Eingeständnis Jesus in ihm ist, oder er verwechselt die Begriffe, er nennt gewisse Bewegungen seiner Beine, seiner Arme, seiner Augen, seines Mundes, seines Herzens Leben. Aber Bewegungen sind noch nicht Leben. Sie gehen von einem Leben aus, sind aber deshalb noch nicht selber Leben.

Weiter weiß ich nichts davon. Christus selber unterscheidet das wahre Leben von einem anderen Leben, das mithin kein wahres, sondern nur ein falsches oder nur scheinbares sein kann. Das wahre Leben, sagt er, sei er selber, und wer glaubt, der habe es. Alles andere sei Spreu, Unkraut, und werde verbrannt werden, fauler Fisch, und werde weggeworfen werden.

Ich begleitete nun das wahre Leben, vom Abendmahlssaale auf den Ölberg. Jesus sagte, er müsse so hingehen, so und nicht anders. Es kann also keine Zufälligkeit sein, daß er so hinging, so und nicht anders. Es muß zum Wesen gehören. Das wahre Leben geht so hin; es ist sein Gesetz, oder wie Christus sagt: »Es ist befohlen, daß der Menschensohn so dahingehe.«

Ölberg und Golgatha gehören zum wahren Leben wie der Abend und die Nacht zum Tage. Auch sie sind zufällig Berge in der Nähe von Jerusalem, aber sie sind im wahren Leben nicht etwas Zufälliges, sondern etwas Wesentliches. Was sie in ihrem Wesen sind, das gehört zum wahren Leben.

Ach, ich weiß, man kann seinen Ölberg auch an seinem Schreibtisch erleben. Es kann einmal, zweimal, dreimal, viermal sein; die Zahl ist Zufälligkeit; *daß* es sein kann, ist Wesen.

Es gab eine Zeit, in der man schier in allen Städten und Dörfern Ölberge baute. Das heißt: die Berge waren meist da, und wenn keine da waren, begnügte man sich mit einem hohen Wegrand, oder auch mit irgendeinem ebenen kleinen Platz; es wurde doch ein Ölberg. Aus lauter Jubilatio und Halleluja sind diese Ölberge nicht gebaut worden. Da hat einer Todesangst ausgestanden, und er hat gar nicht anders können, er mußte einen Ölberg bauen. Und wenn dann die Angst über einen anderen kam, so war der Ölberg schon da, aber seine Angst baute ihn wiederum. Keiner sieht es einem solchen Ölberg an, wie oft er schon gebaut worden ist, wie man es auch keiner Straße ansieht, wie oft sie schon die Straße zum Glück oder Verderb geworden ist.

Viele Ölberge sind schon verfallen, viele sind Sehenswürdigkeiten geworden, an vielen gehen die Menschen vorüber, ohne ihrer zu achten. Es sieht aus, als ob die Christenheit über die Zeit des Ölbergleidens hinaus wäre. Jetzt bauen sie Grotten mit dem Bilde der Unbefleckten Empfängnis. Es ist ein anderes Spiel der christlichen Seele.

Aber in meinem Heimatdorfe steht noch der Ölberg, steht hart an der Straße. Er muß dort stehen. Ich glaube, das ganze Dorf wäre nicht da, wenn der Ölberg nicht wäre. Wird draußen vor dem Dorfe, in einer der vielen Kolonien, ein Knabe geboren und lernt er das Laufen und kommt er zum ersten Male mit seiner Mutter ins Dorf, da sagt die Mutter: »Das ist der Ölberg.« Weiter nichts. Der Grafschafter Junge denkt, das gehöre zum Leben; er hat es bei seiner Mutter oder auch bei seinem Vater gesehen. Und wenn er dann das Gebetbuch der Mutter durchblättert, findet er ein Morgengebet und ein Abendgebet, eine Beichtandacht, eine Kommunionandacht, aber auch eine Andacht zur Todesangst Christi auf dem Ölberg. Das gehört eben alles zum Leben. So gehört der Ölberg zu einem richtigen Dorfe.

Unser Ölberg war durch Bäume und Zaunwerk in drei Teile geteilt. Zwischen den ersten beiden Bäumen, von Neusorge aus gerechnet, sah man das Kreuz mit dem gekreuzigten Heiland und den beiden Kreuzestreuen, Maria und Johannes. Das war nicht etwa Golgatha, das war der Ölberg. Das war die Vision, die Christus sah. Im zweiten Teile kniete Jesus in Todesangst. Dahinter war der Giebel eines Hauses, das mit seinen Fenstern immerfort auf den Ölberg schaute. Im dritten Teile waren die Jünger zu sehen, die auf ihren Steinen schliefen. Der eine hatte ein grasgrünes, der andere ein rosarotes und der dritte ein himmelblaues Gewand.

Der Ölberg hatte uns Schuljungen immer so gut gefallen, daß wir ganz vergaßen, beim Vorübergehen die Mützen abzunehmen. Bei der Statue der Immakulata am Bittnerhause nahmen wir sie ab. Auch bei dem Kreuze ein Stück weiter unten im Dorfe. Aber am Ölberg nicht. Es war uns wohl auch, als ob sich Jesus nicht darum dort niedergekniet hätte, um von den Schuljungen gegrüßt zu werden. Wir sahen es ihm an, daß er anderes zu denken hatte. Wir redeten gar manches beim Vorübergehen, aber nicht von Jesus. Auch die Jünger hatten sich nicht an den Steinen niedergekauert, um gegrüßt zu werden. Ihnen war es überhaupt gleichgültig, ob jemand sie sähe oder nicht sähe, ob Schuljungen oder große Leute an ihnen vorübergingen. Der Schulze oder der Pfarrer hätte ja vorübergehen können, aber sie blieben auf den Steinen liegen und waren eingenickt. Obwohl ihr Benehmen in der Heiligen Schrift getadelt wird, obwohl es alljährlich von der Kanzel verkündet wird, daß sie doch hätten wenigstens eine Stunde mit Jesus wachen sollen, sie schliefen weiter. Aber dies hatte ihnen gerade bei den Schleglern eine gewisse Sympathie verschafft. Die Schlegler sind alle arbeitsame Leute. Sie wissen es zu achten, wenn einer plötzlich vor Müdigkeit einnickt und nicht mehr munterzukriegen ist. Das achten sie, wie wenn einer nach langem, mühevollem Leben gar nicht mehr anders kann als sterben. Trotzdem glaubten wir angesichts dieses Schlummers nicht so sehr zum Stillschweigen verpflichtet zu sein wie angesichts der Todesangst Jesu. Vor den schlafenden Jüngern blieben wir gern stehen.

»Sieh ock«, sagte ich zur Niesel Berta, als ich einmal mit ihr am Ölberg vorüberging, »sieh ock, wie die drei Männer gut schlafen!«

Die Mädchen sind nicht wie die Jungen. Sie können hundertmal an einem Ölberg vorübergehen und sehen weiter nichts. Niesel Berta blieb jetzt stehen und sah auf die schlafenden Apostel. Ich hatte sie an der Hand gefaßt und blieb deshalb auch stehen, sah aber nicht auf die Apostel, sondern auf ihr immer sehr ernstes Gesicht. Sie machte erst ein ganz andächtiges Gesicht. Dann war es so, als ob sie aus der Tiefe ihrer Seele einen Gedanken heraufholen wollte. Auch war es, als ob sie meine Hand ein wenig fester umfaßte. Und sie sagte: »Ach, das ist aber sehr schön!« Sie war ergriffen. Das muß ich jetzt sagen, wenn ich es auch damals noch nicht hätte sagen können.

Hinter dem Giebel, der mit seinen Fenstern immerfort auf den Ölberg schaute, wohnte damals der gute alte Pater Hermann. Der hatte es wohl mit Freuden gemerkt, daß wir Schuljungen am Ölberg stehen blieben, aber mit Bedauern, daß wir nicht die Mützen abnahmen. Es genügt doch eben nicht, daß die Religion bloß bis zum Herzen reicht, sie muß auch nach der Mütze greifen.

»Wenn ihr am Ölberg vorübergeht«, sagte uns eines Tages der Lehrer, »so müßt ihr hübsch die Mütze runternehmen!« Da es schon nach Schluß des Unterrichts war, gerade als wir unsere Schulranzen über die Schultern schnallen wollten, also in einer Zeit, in der sich die Spannung zwischen Schuljunge und Schullehrer angenehm zu lösen beginnt, riefen wir: »Mir haben se ja!«

»Was habt ihr ja?« fragte der Lehrer unter einem leichten Rückfall in die Gewohnheiten der eigentlichen Schulstunde.

»Runtergenommen!« antworteten wir, wohl wissend, daß wir einen ganzen Satz bilden sollten. Aber gerade durch diese unterrichtsmethodisch angeforderte Vollendung des Satzes wurde die Lüge perfekt – wenn es eine gewesen wäre. Denn wir waren in dem Augenblick überzeugt, daß wir, was das Mützenabnehmen anbelangt, überall und jederzeit unsere Pflicht getan hätten. Es war uns gar nicht bewußt, daß wir am Ölberg mit bedecktem Haupte gestanden hätten oder vorübergegangen wären. Es war auch schier ausgeschlossen, da wir den Ölberg viel lieber hatten als die anderen Heiligtümer des Ortes. Keines war so schön angestrichen.

Der Lehrer sah uns eine kleine Weile an und sprach: »Ja, ihr habt sie immer runtergenommen – von jetzt an.«

Am anderen Morgen, als wir auf dem Wege zur Schule an den Ölberg kamen, griff ich gleich beim ersten Baume nach der Mütze, nahm sie ab und setzte sie wieder auf. Der Herden Bernhard fuhr mir aber dazwischen: »Das ist nicht richtig. Jetzt ist immer noch Ölberg, und du hast die Mütze schon wieder auf dem Kopfe. Ich nehme sie erst in der Mitte ab; da gilt es für den ganzen Ölberg.«

Und da wir gerade bei der Mitte angelangt waren, nahm er die Mütze herunter und setzte sie wieder auf. Der Stiller Paul behielt sie noch auf dem Kopfe und sprach: »Hier sind sie 'reingekommen. Da fängt der Ölberg richtig an. Das ist die richtige Stelle!« Er griff, da wir gerade an dieser Stelle vorbeikamen, nach seiner Mütze.

In der Schule legten wir drei Neusorger den anderen Jungen

die Frage vor, wo man am Ölberg die Mütze herunternehmen solle. Die einen ergriffen meine Partei, die anderen teilten sich zwischen Herden Bernhard und Stiller Paul. Auch die Mädchen zeigten sich sehr lebhaft interessiert, denn für sie lautete die Frage ähnlich, wo sie nämlich den Kopf verneigen, das Kreuzlein machen und an die Brust schlagen sollten. Sie beschlossen, das »Fräulein« zu fragen, das gute Fräulein Maria Berger, eine Lehrerin ohnegleichen, die zuerst die Mädchen fromm machte und dann durch die Mädchen auch die Jungen.

Das Fräulein sagte, die Mädchen sollen nur alles recht andächtig machen, dann dauere es gerade so lange, als man am Ölberge vorüberschreite.

»Und die Jungen sollen doch gleich am Anfange, beim Kreuze, den Hut abnehmen und können ihn dann sofort wieder aufsetzen?« fragte die Niesel Berta und setzte gleich hinzu: »Ach, Fräulein, das ist so schön, wie die Apostel schlafen!«

»Freilich ist das schön«, erwiderte die Lehrerin, »sie waren sehr müde und konnten nicht anders. Sie haben dann drei Nächte lang nicht geschlafen.«

»Aber schöner wäre es doch gewesen, wenn sie wenigstens eine Stunde lang mit Jesus aufgeblieben wären!« behauptete eine von den älteren Schülerinnen.

»Sie haben sich ja immer wieder Mühe gegeben«, verteidigte Niesel Berta die Apostel. »Es war eben für Jesus bestimmt, daß er in seiner Todesangst allein sein sollte. Sonst wäre doch der Engel mit dem Kelche nicht gekommen. Siehst du!«

»Aber wie sollen es nun die Jungen machen?« lenkte ein anderes Mädchen die Verhandlungen wieder in die Tagesordnung.

Da gab die Lehrerin den klugen Bescheid: »Den Jungen soll man nicht zu viele Vorschriften machen.«

Das erfüllte uns Jungen mit großer Freude, daß wir den Ölberg grüßen dürften, wo wir wollten.

So oft ich später in die Ferien kam und am Ölberg vorbei in die heilige Messe ging, mußte ich an diese Ölbergerlebnisse denken. Am Kreuze zog ich meinen Hut; bei den schlafenden Jüngern kam es über mich wie eine unverstehbare Ergriffenheit, und bei der Todesangst Christi schwiegen sogar meine Gedanken still.

Ich hatte den Entschluß gefaßt, Priester zu werden. »Du mußt es aber freiwillig werden!« hatte mir Tante Agnes, meine treue Pflegerin, immer wieder gesagt, und ich hatte ihr immer wieder geantwortet: »Ja, ich werde es ganz freiwillig.« Und ich war auch wirklich von Herzen fröhlich, daß ich diesen Weg gehen durfte. So oft ich aber am Ölberg vorüberkam, wußte ich gewiß, daß es ein tiefes Leiden war. Ich wollte es mir nur nicht eingestehen, ich wollte doch ganz freiwillig und froh den Weg zum Priestertum gehen.

Der Zwang der inneren Führung, sonst immer wie eine notwendige Disharmonie oder ein notwendiger Grundakkord in Harmonie aufgelöst durch die freiwillige Zustimmung, die Angst vor dem heiligen Kelche, – nein, wenn ich es so niederschreibe, liest es sich nicht so, wie es war. Es war aber, als ob der Ölberg nicht etwas wäre, an dem ich nur grüßend, betrachtend, beherzigend vorüberzugehen brauchte, sondern etwas, das immer in mir war und immer in mir bleiben werde. Ich hatte es nur in mir noch immer nicht erreicht, dachte aber, ich sei schon längst daran vorüber.

Nein, ähnlich waren meine letzten akademischen Ferien dem Gang des Herrn auf den Ölberg nicht. Alle Welt mußte glauben, daß ich mit Kling, Klang, Gloria dem Priesterseminar und der Priesterweihe entgegengehe. Lachend sah sie mich ihre Straßen ziehen. Vorher hatte sie mich schier überhaupt nicht gesehen. Jetzt sah sie mich.

Wenn ein reicher Junge anfängt zu studieren, dann halten ihn die Dorfleute gleich für einen großen Gelehrten. Sie haben Respekt vor allem, was er tut, wie er so dahinschreitet, wie er seine bunte Mütze trägt, wie er nach seinem Augenglas faßt. Es liegt in allem etwas Großartiges. Und die Dorfleute, sonst stolz genug, fühlen nun auf einmal alle ihre Bescheidenheit und Dörflichkeit.

Wenn aber ein armer Junge zu studieren anfängt, dann wird es ihnen unbehaglich. Es ist ihnen, als ob ihr nächster Fünfböhmer in Gefahr wäre. Denn daß er auf Kosten des Dorfes studiere, ist ihnen eine ausgemachte Sache. Wenn der Junge nicht ganz frech und hochmütig auftritt, dann heißt es bald, es gehe ihm wohl nicht gut mit dem Studieren, er werde es wohl kaum durchmachen. Oder vielleicht haben die Herren in Breslau Mitleid mit seiner Armut? Ja sicher, sonst wäre er schon längst wieder heimgekommen.

»Hanne, du bist wohl nicht recht gescheit! Das kostet mehr, als deine kleine Wirtschaft wert ist«, sprachen meine Verwandten zu meiner Mutter.

Und die Mutter lachte!

Wenn es in modernen Büchern über das Leben Jesu heißt, daß selbst die Verwandten Jesu und seine eigene Mutter an ihm irre wurden, so glaube ich dies von den Verwandten. Aber von der Mutter? Nein!

Meine Mutter lachte.

Ich war schon Primaner, schon Universitätsstudent, als meine Verwandten sprachen: »Hanne, wie hältst du denn das aus?«

Die Mutter lachte und sprach: »Bis jetzt hat mich der Joseph noch keinen Pfennig Geld gekostet.«

»Da muß er sich wohl sehr herumbetteln, der arme Junge!«

Es blieb also dabei. Ein Bettelstudent blieb ich. Und sie wußten nicht, daß ich einen so reichen Vater im Himmel hatte.

»Hat euch etwas gefehlt?« fragte Jesus die Apostel, als sie zum ersten Male auf Ferien zu ihm kamen.

»Nichts«, antworteten die Apostel.

»Da fehlt es Ihnen wohl manchmal recht sehr?« fragten mich mitleidig die Dorfleute.

»Was denn?«

»Nu, halt das Geld.«

Einmal während der vielen Jahre hatte mir ein Fünfpfennig gefehlt. Ich wollte meinem brütenden Kanarienvogel ein Hühnerei kochen. Aber ich hatte kein Geld dazu. Ich weiß jetzt noch nicht, warum mich mein reicher Vater im Himmel gerade in dieser einmaligen Verlegenheit im Stich ließ. Doch nein, ich weiß es! Für seine Vögel will er selber sorgen.

Ich kam selten ins Dorf, fast nur zur Kirche. Da ging ich mit meinem Vater. Der wußte von allen stillen Freuden und dem verborgenen Stolze. Aber keiner im Dorfe wußte davon.

Der Vater starb mir am selben Tage, an dem ich die letzte Seite meiner Doktorarbeit schrieb. Jetzt war kein einziger Mann mehr, der auch nur einen Fünfpfennig auf meine Nummer gesetzt hätte. Meine Mutter und meine Schwestern wußten nicht recht, was es eigentlich um eine Doktorarbeit wäre. Ich mußte auch noch ein ganzes Jahr warten, ehe ich zum Doktorexamen zugelassen wurde, da ich noch ein zu junges Semester war.

Da ging ich manchmal durchs Dorf und sah erleuchtete Fenster. Wäre wohl gern dabei gewesen, denn ich war doch jung, und ich wußte, wie die Jugend Feste feiert. Aber ich war nicht eingeladen. Um alles in der Welt hätte ich dabei sein mögen, wenn die Frau des Hauptlehrers die Jugend des Dorfes um sich scharte, selber noch so jung im Herzen, daß sie es ohne Jugend nicht aushielt. Aber es sollte nicht sein.

Kam der Pfarrer in die Schule mit einem leuchtend roten Buche. Frau Hauptlehrer grüßte ihn, sah aber gleich wieder zum Fenster hinunter. Sie sah gern zum Fenster hinunter.

Sprach der Pfarrer scherzend zum Hauptlehrer, der Latein verstand, die Worte des Ekklesiastikus wandelnd: »Stulta e fenestra respiciet e domo (die Törin sieht zum Fenster hinaus).«

»Aber, Herr Pfarrer! Dort unten kommt der arme Student aus Neusorge. Dem muß es wohl nicht gut gehen im Studieren. Man hört gar nichts von ihm.«

»Nun, ich bringe hier gerade die schöne Doktorarbeit von ihm. Ihr Mann wird sich freuen, denn er hat ihn doch lieb. Vor einem Monate hat er das Doktorexamen mit großem Lobe, magna cum laude, gemacht.«

Da drehte sich die Erde auf einmal um ihre Achse. Frau Hauptlehrer war die Frau Welt, von der alle Lieder und Spiele sagen. In diesem Augenblicke hatte ich die Welt gewonnen.

Und nun ging es Kling, Klang, Gloria. Es kam ein Fest nach dem anderen, und immer war ich dabei.

Und Fräulein Berta Niesel war dabei. Ich hatte sie seit der Schulzeit nicht mehr gesehen. Jetzt konnte sie Englisch und Französisch und war auch zu den Ferien gekommen, und da sie singen konnte, sang sie in der Kirche beim Hochamt und gehörte zu der Jugend der Frau Hauptlehrer. Und sie war schön geworden! Ich hätte sie wohl nicht mehr erkannt; ich wußte kaum mehr ihren Namen.

Acht Jahre in der Jugendzeit sind eine lange, lange Zeit.

»Ich wohne jetzt bei meinen Verwandten in dem Hause, das

mit seinen Fenstern zum Ölberge herniederschaut. Da sehe ich wieder die schlafenden Apostel. Denken Sie noch daran?«

Da merkte ich, daß in ihrem reichen Lockengeflecht eine einzige Flechte weiß geworden war; sie barg sich scheu unter die dunklen Flechten und war wie ein Wunder unter den dunkleren Flechten.

»Sie sind jetzt ein so gelehrter Mann geworden, und dazu noch Theologe. Da werden Sie nicht mehr erkennen, wie schön das ist, daß die drei Männer auf dem Ölberg so süß schlafen; sie waren doch so sehr müde.«

»Ja, ich muß Ihnen gestehen, gnädiges Fräulein, daß ich nicht recht weiß, warum Sie immer sagen, die schlummernden Apostel seien doch so schön. Wissen Sie es denn selber, warum Sie so reden?«

»Nein, ich weiß es selber nicht.«

»Es ist vielleicht eine große Versuchung.«

»War nicht auch Jesus so schön, als er todmüde auf dem Ruderbrett schlief, mitten im Sturm, mitten in der Todesangst der Apostel?«

»Aber was haben Sie denn davon? Jesus selbst weckte die Apostel und sprach: Wachet und betet, damit ihr nicht in Versuchung fallet!«

»Und da kam der Vater im Himmel und drückte ihnen wieder die Augen zu, bis da der Herr selber sagte: Schlafet nun und ruhet!«

Es war aber so: Nachdem Jesus und die Jünger den vorgeschriebenen Lobgesang gesprochen hatten, gingen sie hinaus auf den Ölberg. Da sprach Jesus zu ihnen: »In dieser Nacht werdet ihr alle an mir verzweifeln, denn es steht geschrieben: Ich will den Hirten schlagen, und die Schafe der Herde werden zerstreut werden. Wenn ich aber auferstanden bin, will ich euch vorausgehen nach Galiläa!« Da antwortete Petrus: »Wenn auch alle an dir verzweifeln, so werde ich niemals an dir verzweifeln!« Jesus aber sagte zu ihm: »Wahrlich, wahrlich, ich sage dir, in dieser Nacht, ehe der Hahn kräht, wirst du mich dreimal verleugnen!« Petrus sprach zu ihm: »Wenn ich auch mit dir sterben müßte, so würde ich dich doch nicht verleugnen!« So sagten auch alle Jünger. Und als sie in den Meierhof, der Gethsemane hieß, gekommen waren, sprach Jesus zu ihnen: »Setzet euch hier, während ich dorthin gehe und bete.« Und er nahm Petrus, Jakobus und Johannes mit sich. Und er fing an zu zittern und sich zu entsetzen. Und er sprach zu ihnen: »Meine Seele ist betrübt bis in den Tod. Bleibet hier und betet!« Und er ging ein wenig weiter, fiel auf die Erde nieder und betete: »Vater, dir ist alles möglich. Nimm diesen Kelch weg von mir! Doch nicht, was ich will, sondern was du willst.« Und er kam und fand sie schlafend. Und er sprach zu Petrus: »Simon, du schläfst? Nicht eine Stunde konntest du wachen? Wachet nun und betet, damit ihr nicht in Versuchung fallet. Der Geist ist zwar willig, aber das Fleisch ist schwach.« Und er ging wieder hin und sprach dieselben Worte. Und da er wiederkam, fand er sie abermals schlafend, denn ihre Augen waren beschwert, und sie wußten nicht, was sie ihm antworten sollten. Und er kam zum dritten Male und sprach zu ihnen: »Schlafet nun und ruhet. Es ist genug, die Stunde ist gekommen. Siehe, der Menschensohn wird in die Hände der Sünder überliefert.«

Wäre ich ein Königssohn gewesen und Berta Niesel meine Braut und wäre das ganze Dorf unser Königshof gewesen, es hätte nicht anders sein können. Wir blieben in ehrerbietiger Entfernung voneinander. Es fiel kein Wort auf den klaren Spiegel des Sees. Selbst der Übermut der Jugend wagte nicht, ein Wort zu sagen von uns. Aber alle umgaben uns in Fröhlichkeit, als ob es unsere Hochzeit wäre. Wir zogen hinaus auf die Berge und Hügel ringsum; wir spielten auf grünen Wiesen; wir sangen auf sonnigen Wegen. Das ganze Dorf umgab uns. Die Kinder zogen in bunten Scharen auf die Berge und Hügel und spielten auf grünen Wiesen. Wir mußten bei ihnen sein, und sie nahmen uns an den Händen und führten uns im Reigen. Der Sängerchor der Kirche zog mit uns auf die Berge und Hügel und sang auf grünen Wiesen von Gottes Schönheit und Güte. Und wenn die Alten des Abends noch auf ein langes Stündlein zusammen waren, wir mußten bei ihnen sein. Und es war, als ob es nur Freude und Liebe gäbe auf der ganzen Erde.

Es flochten die Mädchen und Frauen Kränze. Abgeblüht waren schon die Sommerblumen. Aber der Klee blühte noch und manche Kornblume am Rain, wo die Sense nicht hingekommen war. Und ein jegliches Mädchen und eine jegliche Frau wußte, wem sie den Kranz reichen wollte. Auch Berta Niesel flocht einen Kranz und bat mich, ihn anzunehmen. Und die Männer legten die Kränze um ihren Hut, und ich legte den Kranz um meinen Hut.

Und es vereinten sich die Paare zum Tanz, und es kam auch die Stunde, da die Frauen aufforderten zum Tanz. Es wußte ein jegliches Mädchen und eine jegliche Frau, zu welchem Manne sie gehen sollte. Da kam Berta Niesel zu mir. Aber wir schritten nicht in die Reihen der Tanzenden. Im Kinderreigen waren wir mitgegangen.

Wir stiegen den Berg hinab ins Dorf, denn es war Abend geworden. Und es wußte eine jede Hand eine andere, die sie erfassen konnte. Und Berta Niesel legte ihre Hand in meine Hand.

Es war, als ob es nur Liebe und Freude gäbe auf der ganzen Erde. Frau Hauptlehrer lachte am Arm ihres fröhlichen Mannes. »Singt, Kinder, singt!« rief sie uns zu.

Und wir sangen.

»Das ist ja beinahe so schön wie ...«, sprach, sich selbst einhaltend, meine Begleiterin.

»Wie was denn?«

»Wie die Apostel auf dem Ölberg.«

Da kam mir der Gedanke, das Mädchen wolle geistreich sein, denn ich verstand nicht, was sie meinte. Ich sah sie an und wollte irgend etwas sagen, um von ihr loszukommen. Da sah ich wieder ihre Ergriffenheit.

»Sagen Sie mir doch, was Sie eigentlich wollen!«

»Ich weiß doch selber nicht. Wissen Sie, was Sie eigentlich wollen?«

»Es war eine Zeit, wir waren noch Kinder, da wollte ich durchaus die Niesel Berta heiraten.«

»Und es war eine Zeit, ich war schon über die Kinderjahre hinaus, da wollte ich durchaus den Wittig Joseph heiraten.«

»Und es war so schön, so schön.«

»Ja, es war so schön, so schön! So schön, wie es um die schlafenden Jünger am Ölberg ist. Aber dann kam Jesus und weckte mich auf. Seine Stirne war mit Schweißtropfen bedeckt. An meiner Stirn war ein einziges weißes Haar. Und als er wiederum kam, war's eine weiße Flechte. Und jetzt, jetzt wohne ich am

Ölberg, und wenn es ganz still ist in der Nacht, da höre ich reden: Vater, wenn es möglich ist, daß dieser Kelch an mir vorübergehe ... aber nicht mein, sondern dein Wille geschehe!«

Wir waren an der Schule angelangt und wollten uns verabschieden, um uns nach allen Seiten hin zu verteilen. Aber es war noch ein Tröpflein im Kelch der Freuden. Frau Hauptlehrer bat die ganze Gesellschaft zu Gaste für den Abend. »Es ist das letztemal, daß wir so jung beieinander sind«, sprach sie, und diese Wechselmünze scherzender Liebe tat ihren Zauber, und wir waren jung miteinander den ganzen Abend. Und dann, es wußte jegliche Frau ihren Mann, der sie heimgeleite, und es blieben nur zwei, die Berta Niesel und ich. Es fand sich niemand, der zum Ölberg ging.

Da nahm mich der Hauptlehrer beiseite und sprach: »Ich weiß, wie es ist, aber tun Sie es in meinem Auftrag.«

Sie gingen alle Arm in Arm von dannen. Ich faßte Berta Niesel an der Hand und sagte: »Wir wollen noch einmal wie in der Kinderzeit zum Ölberg gehen.«

»Es ist mir aber angst!«

»Meinen Sie, daß wir Unrecht tun oder daß die Leute von uns reden werden?«

Ich hatte nämlich gerade diese Angst.

»Nein! Unrecht werden wir niemals tun, und die Leute reden über das Rechte mehr als über das Unrechte. Aber – ich muß allein in das finstere Haus und in die schwarze Wohnung unter dem Dach. Meine Verwandten sind zu einer Hochzeit gefahren und kommen erst morgen wieder. Ich kann nicht allein in das finstere Haus gehen.«

Da stieg mir das Blut. Verborgenste Gedanken sprangen auf und wirbelten um meine Seele. »Weg, Versucherin!« wollte ich rufen, aber meine Kehle war wie zugeschnürt. Und ich wußte auch, daß es ein Unrecht gewesen wäre, so zu sagen. Was konnte das Mädchen dafür, daß sie sich fürchtete, das leere Haus in finsterer Nacht allein zu betreten? Und was war es für eine Schuld, daß sie es mir offen bekannte? Oh, gern wäre ich mit ihr gegangen in das dunkle Haus! Wir hätten uns ein Licht angezündet und hätten uns ans Fenster gesetzt und hätten zum Ölberg hinabgeschaut und wären wohl müde geworden wie die drei Jünger.

Was spricht man von Sünde und Schmach und Schande? Wenn andere sich verschuldet haben, warum tragen sie die Schuld in unsere Kammer und machen ein Gesetz für uns daraus?

Ich sagte nichts, aber meine Hand entglitt der Hand meiner Begleiterin.

»Sie denken, daß ich etwas Schlimmes von Ihnen will! Ich will nie etwas Schlimmes; ich will, daß Gottes Wille an mir geschehe.«

»Meinen Sie, es könnte Gottes Wille sein, daß ich mit Ihnen komme?«

»Das kann ich Ihnen erst morgen sagen. Heute weiß ich nur, daß es Gottes Wille ist, seinen Kelch zu trinken, was auch immer in seinem Kelche sei.«

Wir waren unterdes an den Ölberg gekommen und blieben an einem Pfeiler der Umfriedung stehen. Oder es war vielleicht der Stamm eines seiner Bäume. »Vater, dir ist alles möglich«, das war der einzige Gedanke, den ich fassen konnte; aber ich war froh, daß es ein betender Gedanke war. Berta Niesel ließ sich ermüdet auf einer der Stufen nieder.

War nicht mein ganzes bisheriges Streben, alles, was ich bisher als meinen Beruf aufgefaßt hatte, mein eigener Wille gewesen? Ich wollte Priester werden. Das bedeutete für mich Erhöhung, Ehre, Glück. Erhöhung, Ehre, Glück wollte ich – und hatte noch kein einziges Mal meine Seele für andere hingegeben, meine Ehre für andere geopfert. Woher hatte ich das Recht, mir einzubilden, daß dies der Wille Gottes sei? Konnte es nicht der Wille Gottes sein, daß ich in Unehre und Schmach käme, daß ich als Sünder von den Menschen verachtet würde, nur weil ich ein einziges Mal nicht an mich gedacht, sondern nur an den Wunsch und die unausgesprochene Bitte eines anderen?

Eine kurze, dunkle Seitengasse führte zu der Tür des Hauses, in dem Berta Niesel wohnte. »Gehen Sie jetzt«, sprach ich, »ich bleibe hier stehen und horche. Da brauchen Sie keine Furcht zu haben, denn ich höre bei dieser Stille den leisesten Hilferuf. Und ich bleibe, bis in Ihrem Zimmer das Licht aufleuchtet.«

»So können Sie den Egoismus nicht überwinden? Diese häßliche Sorge um das eigene Wohl! Kommen Sie wenigstens bis zur Haustür mit!«

»Nein, ich bleibe auf der offenen Straße. Es soll mich niemand auf versteckten Wegen treffen.«

»Verzeihen Sie! Ich mußte Sie bitten. Nun will ich gehen. Wenn es Egoismus von Ihnen ist, so ist es doch für mich der Wille Gottes, daß Sie mich allein lassen.« Sie war aufgestanden und reichte mir die Hand. »Ich weiß, daß Sie mir sagen möchten, es könne kein Egoismus sein, das zu unterlassen, was man mit seinem ganzen Herzen so gern täte. Aber es kann auch Egoismus sein.«

»Ich muß mich erhalten für die vielen, die mir Gott geben wird, damit ich ihnen in selbstloser Liebe diene. Ich muß mir meinen guten Ruf erhalten.«

»Die vielen sind fern, und Sie wissen gar nicht, ob Sie ihnen einmal dienen können. Aber ich bin nahe. Jetzt, jetzt! Jetzt können Sie beweisen, daß Sie Leben und Ehre und eigene Unverletztheit opfern können aus Liebe.«

»Kommen Sie! Ich gehe mit Ihnen und bleibe bei Ihnen, solange ich Ihnen dienen kann. Kommen Sie!«

Nichts bedeutete mir auf einmal Ehre, Ruf, geistliche Laufbahn, Grundsatz und Vorsatz, Rücksicht und Vorsicht gegen das eine: einem einzigen Menschen zu vertrauen und in einer kleinen, aber nahen Not zu dienen. Als ob ich so viele Jahre gehofft und studiert, gebetet und gedarbt hätte für diesen einen kleinen Dienst, für diesen einzigen Menschen, für dieses Mädchen, das nicht das geringste Recht auf mich hatte!

Es war in alten Zeiten ein junger Meister Goldschmied am Rhein, der schmiedete einen Becher für Kaiser Karl; und er schmiedete an dem Zierat des Bechers wohl zwanzig Jahre; und er goß in die Zellen des Zierats bunten Schmelz und Bildereien an Fuß und Knauf und Schale, wohl wieder zwanzig Jahre; und es kam ein wissendes Weib und weissagte: »Der Kelch wird des Kaisers Lippen nicht berühren, er liegt in der Tiefe des Rheins«; und sprach der Meister: »Ich will ihn wohl bewahren vor den Fluten des Rheins«; und als er am Rhein entlang nach Aachen wanderte, schrie ein Kindlein am Ufer des Rheins; es dürstete. Der Meister eilte geschwind vorbei; seinen Becher könne er nicht tauchen in die Fluten des Rheins, sein Becher sei für den Kaiser; er wird ihn trinken und den Großen des Reiches reichen und der

Königin und dem mächtigen Bischof von Mainz und dem Alkuin, dem Wisser aller Künste. Aber das Kindlein schrie, und der Meister tauchte den Becher in die Fluten des Rheins, und der Becher entglitt seiner zitternden Hand und sank in die Tiefe. Ach! Verschwunden war auch das Kindlein; und als der Meister zum Sterben kam und zum Gericht, da konnte ihn weder des Kaisers Fürsprache retten, noch konnte ihm des Kaisers Streitmacht Verteidigung sein; jetzt kommt der Richter der Lebendigen und der Toten. Er wird schrecklich sein, ein Schwert aus seinem Munde! Die Wolken teilen sich. Wo ist der Richter? Ein Kindlein kommt gegangen und spricht also: »Ich war durstig, und du hast mich getränkt; siehe hier deinen Becher, er ist voll der ewigen Seligkeit! Trink, Meister Goldschmied!«

Berta Niesel hielt mich zurück: »Bleibe, ich will allein gehen. Wohl sagte ich dir, ich hätte Angst vor dem finsteren Hause; ich log nicht. Aber ich wollte dir mit dieser Angst eine andere verbergen, die Angst um dich, daß du das große Opfer, worin auch das Opfer meiner Liebe beschlossen ist, darbringen möchtest auf deinem eigenen Altar, vor dem Götzen deines eigenen Willens, deines starren Vorsatzes, deiner Einbildungen. Daß du diesem Götzen dich und mich opferst samt dem heiligen Brot und Wein, davor hatte ich Angst. Nun aber ist die Angst vorbei. Ich danke dir, daß du mir helfen wolltest.« Und sie löste ihre Hand von der meinigen. »Komm gut nach Neusorge und schlafe dich recht aus, so schön, wie die Jünger auf dem Ölberg schlafen. Gute Nacht!«

Sprach's und bog in die dunkle Seitengasse ein. Ich hörte den Schlüssel kreischen im Schloß, einmal, ein zweites Mal; ich hörte schnelle Schritte empor; ein Licht brannte auf in dem Giebelfenster, das nach dem Ölberg herunterschaut.

Ich stützte den Stecken scharf gegen das Basaltpflaster der Straße und schritt das Dorf hinauf und den Weg nach Neusorge hinaus.

»Vater, nicht mein Wille geschehe, sondern der deinige! Mein Wille war Priesterglück und fleckenlose Priesterehre, dein Wille aber ist, daß ich meiner eigenen Seele nicht achte, nicht meiner Ehre und nicht meines Glückes, sondern nur der kleinsten Not des allernächsten Menschenkindes!«

Berta Niesel ging längst schon durch die dunkle Seitengasse des Todes in das finstere Haus. Sie nahm die Kerze mit, die dort aufflammte in dem Fenster. Und schreite ich einmal selber durch die Finsternisse, da soll es ähnlich mit mir sein wie mit dem Meister Goldschmied am Rhein.

Es war eine Todesangst am Ölberge.

DAS GÖTTLICHE EINGEFANGEN

Der Himmel war blau von Osten bis Westen, von Süden bis Norden, war blau von Morgen bis Abend, solange die Sonne wandelte vom Oberberg her bis zum Annaberg hin. Denn der Himmel ist ihr Gewand, ihr blaues, blaues Gewand am Tag. Und dunkelgrün war der Himmel bei Nacht, dunkelgrün vom Abend bis zum Morgen. Denn er ist der Mantel der Sonne bei Nacht. Leuchten und blitzen tausend Demanten, leuchten und blitzen tausend Sterne bei Nacht am dunkelgrünen Mantel des Himmels. Fährt doch die Erde im Kreise umher. Stolz geschirrt stehen die Berge umher und ziehen die Erde, seltsame Tiere. Sieh diese Buckel, sieh diese Mähnen! Ist's, als ob sie sich duckten, ist's, als ob sie sich aufbäumten, ist's, als ob sie sich lagerten, um zu ruhen während der Nacht? Wenn ich wanderte Tag und Nacht, dann zogen die Berge in weitem Bogen.

O lichte, schöne Welt! Dunkelgrün standen die Wälder in deinem hellen Lichte, hellgrün glitten die Wiesen vom Berg hinab nach dem Langen Grunde. Weizen und Korn lösten die Füßlein vom Boden, sprangen über den Silberrand der Sense, legten sich nieder zur Erde, sprangen wieder auf, tanzten als Garben über das Feld, standen wie Kinder beim Spiel in Ringelreihe, immer fünf oder sechs oder sieben, und umarmten sich und steckten die Köpfe zusammen. Hei, es kommt ein Wagen mit Pferden, und sie dürfen fahren den ganzen Weg entlang bis zum Hofe. O wie schön wird es sein! Und die Gerstenfelder und die Haferfelder werden goldener von Tag zu Tag. Und es ist ein Neigen und ein Schweben in den Halmen, in den Ähren, in den Rispen! O du lichte, schöne Welt!

Und die Menschen sind froh. Gesegnet ist ihre Arbeit, gebräunt ihr Antlitz und stark ihr Arm. Es leuchten die Augen, es leuchten die Augen. Die Erde ist wert, der Anfang des Himmels zu sein. Ist ja der Himmel, denn Gott ist in ihr! Es war wohl einmal anders, aber jetzt ist es so, denn als Jesus starb am Kreuze, nahm Gottvater die Weltkugel wieder in seine Hand. Es war wohl einmal anders, aber jetzt ist Gott gegenwärtig auf der Erde, jetzt ist der Vater daheim auf der Erde. Mit dem Sohne und mit dem Heiligen Geiste. Es war wohl einmal anders, aber jetzt sind die Menschen der Erde Gottes Kinder. Er segnet den Schoß, aus dem sie geboren werden, mit heiligem Sakrament. Aus dem Sakrament heraus werden die Menschen geboren. Und sind sie geboren, so empfangen sie das Zeichen des dreieinigen Gottes, des Vaters, des Sohnes und des Heiligen Geistes, und sie genießen das Brot, das vom Himmel gekommen ist, überreich an Süßigkeit. Und Gott legt ihre Hände ineinander, Mann und Weib, und er baut ihre Häuser. O lichte, schöne Welt!

Was in Taufe und Glaube geboren ward in meiner Seele, hatte eine irdische Heimat, licht und schön. Es kannte den Vater und mußte immer in dem sein, was des Vaters ist. Es sah den Vater wirken, und es wirkte auch. Ich war mit ihm gegangen gar manchen Weg und manchen Steig, frei, frei, wie ein junger Student nun einmal ist. Ein kurzer Rock und ein wasserfester Hut und ein Stecken und ganz ohne Amt und Würde. Da wuchs Gott in mir, frei wie das Gras am Rain und wie der Weizen auf dem Felde, frei wie der Kiefernbaum drüben an Schneiderbauers Wege. Dem tat niemand ein Leid, weil er gar so schön dastand und mit seinen Ästen bis zum Wald auf der einen Seite des Weges und schier bis zu den Erlen des Langen Grundes auf der anderen Seite hinlangte.

So kann das Göttliche wachsen im Menschen – aber wenn es dienen soll zur Speise der Seelen, zur Erlösung von der Sünde, dann muß es sich binden lassen, dann muß es sich ausliefern lassen den Hohenpriestern, dann muß es in Vorhöfe, dann muß es in die Stätten des Amtes. Da muß es seine freien Lenden umzingeln lassen, da muß es »König« mit sich spielen lassen. Einen bunten Mantel hängt man ihm um, ein Zepter gibt man ihm in die Hand, eine Krone setzt man ihm auf.

Sie mußten Jesus gefangennehmen und binden, mußten Geißel und Kreuz ihm antun. Der Hohepriester, der die Gewalt hatte zu opfern, mußte seinen Spruch tun, auf daß Jesus das Sühn- und Dankopfer der Menschheit wurde. Das Göttliche, eingefangen, gebunden, gegeißelt, gekreuzigt, geschlachtet, wurde das Brot, das für die Menschen hingegeben, der Wein, der für sie vergossen wurde.

Siehe, jetzt fangen sie mich, siehe, jetzt binden sie mich, siehe, jetzt bringen sie Geißel und Joch! Das vollzieht sich nun in sehr angemessenen Formen und ist ein rein innerlicher Vorgang geworden. Jesus begann zu zittern und sich zu entsetzen, als er es kommen sah, daß er gebunden und vor den Hohenpriester geführt werden sollte, daß er die Geißel spüren, das Joch tragen sollte, daß er zum Opfer des Altars werden sollte.

Mir brachte der Briefträger an einem Nachmittag der letzten Studentenferien, mitten in die lichte, schöne, freie Welt von Neusorge hinein, ein Paket von meinem Schneider, von dem guten, alten Meister Pradel, der schon manchen Priesterrock genäht hatte und ernst davon sprechen konnte. Nein, es ist gar nicht zu denken an den Kuß des Judas, aber ich dachte: »Jetzt ist es da!« Ich wollte nichts wissen von Furcht und Gewalt, aber was bebten meine Hände, als ich die Umschnürung des Pakets löste? Mein erster geistlicher Talar lag darin, das Birett für meinen Kopf, das Zingulum für meine Lenden und zwei Silberschnallen für meine Schuhe – denn auch meine Füße, die mich auf all den freien Wanderwegen getragen, sollten fortan die Zeichen des Amtes haben. O du lichte, schöne, freie Welt!

Meine Mutter mähte Grummet auf der Wiese. Ich dachte an sie. Ich legte meinen Studentenrock ab und warf mir den schwarzen Talar über und knöpfte seine dreiunddreißig Knöpfe zu, die dreiunddreißig Lebensjahre Jesu. Und ich setzte das Birett auf mein borstiges Haar und band das Zingulum um die Hüften und knüpfte die Schnallen in meine Schuhe. So wollte ich in die Wiese gehen, in die schöne, duftende Wiese am Wasserbach, an den Erlen. Da kam die Mutter schon den Steig herum.

»Mutter!«

Weiß Gott, ich lachte wohl über das ganze Gesicht, und auch über Mutters Antlitz ging ein Lächeln. »Du bist ja hübsch drin!«

sagte die Mutter. Aber sonst wußten wir gar nichts zu sagen. Wir konnten doch nicht sagen, daß wir hätten heulen mögen, wenn wir nicht so gut diszipliniert gewesen wären. Wohl, wohl, wir hätten sagen können, wie schön es sei, daß jetzt das Ziel so nahe war, wie dankbar wir sein müßten für die wunderbare Auserwählung und Führung Gottes. Es wäre beides wahr gewesen. Aber Jesus sagte auch nicht: »Gott sei Dank, daß sie jetzt kommen und mich binden!« In solchen Fällen will Gott keinen anderen Dank, als daß man seine Hände hinhält.

Als Jesus noch mit den schlaftrunkenen Aposteln auf dem Ölberge redete, kam Judas Ischariot und mit ihm eine große Schar mit Schwertern und Prügeln von den Hohenpriestern und Schriftgelehrten und Ältesten. Diesen hatte Judas ein Zeichen gegeben, damit sie nicht etwa einen anderen ergriffen und Jesus fliehen ließen, und hatte ihnen gesagt: »Den ich küssen werde, der ist es. Den greifet und führet weg. Aber seht euch vor!« Nun kam er herbei, trat rasch zu Jesus und sprach: »Sei gegrüßt, Meister!« Und er küßte ihn. Jesus aber sprach zu ihm: »Freund, wozu bist du gekommen?« Schon huschten jetzt die Häscher herbei. Jesus trat ihnen entgegen und sprach zu ihnen: »Wen suchet ihr?« Sie antworteten ihm: »Jesum von Nazareth.« Jesus sprach zu ihnen: »Ich bin es.« Da wichen sie zurück und fielen zu Boden. Jesus fragte sie wiederum: »Wen suchet ihr?« Und wieder antworteten sie: »Jesum von Nazareth.« Da sprach Jesus: »Ich habe es euch gesagt, daß ich es bin. Wenn ihr also mich suchet, so lasset diese hier gehen!« Simon Petrus aber zog das Schwert, das er hatte, schlug den Knecht des Hohenpriesters und hieb ihm das rechte Ohr ab. Da sprach Jesus zu ihm: »Stecke dein Schwert in die Scheide! Soll ich den Kelch, den mir der Vater gegeben hat, nicht trinken?« Die Wache aber, der Oberhauptmann und die Diener der Juden ergriffen Jesum und banden ihn.

Hätten die Bewohner von Jerusalem gewußt, daß Jesus bestimmt war, als Opferlamm zu sterben, dann wären sie noch am selben Abend, da er gebunden und fortgeführt wurde, auf den Ölberg gegangen, um ihn anzusehen. Nach Kapernaum wären sie gegangen, um seine Mutter zu sehen. Denn da wird alles interessant, was damit zusammenhängt. Man interessiert sich auch für die Mutter.

In meinen letzten Studentenferien, vor meinem Eintritt in das Priesteralumnat, kamen die Schlegler gern nach Neusorge. Es sei gar so schön da. Ja, der Kaffee, den meine Mutter koche, und das Brot, das sie backe, sei so sehr gut. Und erst die Eberesche, von der sie manchmal ein Gläslein schenkte. Und es sei so schön, daß wieder einmal ein Schlegler Priester werde. Und alles wurde bewundert, das kleine, gebrechliche Haus, die lichte Stube mit Balken und Rispe, die letzten Rosen draußen im Gärtlein, die roten Malven, die sich reckten, bis sie zum Fenster hereinschauen konnten, möglichst durch die obersten Scheiben der kleinen, schiefen Fenster. Alles sei so schön. Und die Mutter! Außer der Frau Hauptlehrer gab es keine berühmtere Frau mehr im ganzen Dorfe als meine Mutter in jenen frühherbstlichen Tagen. Bisher hatten die Schlegler kaum recht gewußt, wo Neusorge liegt. Meine Mutter hatten sie zwar gekannt, und die Schlegler hatten im Dorf viel schärfere Sachen, als unsere Eberesche war, aber das alles wurde eben jetzt erst richtig eingeschätzt.

Wenn bei uns daheim ein Kalb verkauft werden soll, der Schlächter wird für nachmittag erwartet, dann geht alles noch einmal in den Stall. Noch einmal? Nein, zweimal, dreimal. Manchmal zusammen, manchmal jeder für sich. Man will das Kalb noch einmal sehen. Man will noch mehr, weiß nur nicht was. Daß das muntere Tier nun am Strange fortgeführt und geschlachtet werden soll, daß es nicht aufwachsen soll wie sein Vater, der Stier, und seine Mutter, die Kuh, das will man noch einmal bedenken und sich zu Herzen gehen lassen. Es ist so traurig, und doch lebt man davon. Das jährliche Kalb gehört mit zu den Erträgnissen der Wirtschaft, zum Einkommen, zum Lebensunterhalt. Es ist tragisch und doch eine sehr erfreuliche Sache, wenn ein kleiner Stallbesitzer jährlich sein Kalb zum Schlachten verkaufen kann. Ja, wenn der Schlächter kommt, um das Kalb zu holen, da geht alles noch einmal in den Stall.

Meistens kam Fräulein Berta Niesel mit. Sie sagte auch wieder Sie zu mir. Und wenn sie kam, waren wir alle froh darüber. Es war eine Selbstverständlichkeit, daß sie kam. Sie wußte wohl, daß die Leute zu reden begannen, sie wolle bloß meine Wirtin werden, wenn ich einmal Pfarrer wäre, oder sie wolle mich vom Geistlichwerden abbringen. Aber sie kam, schüttelte nur manchmal mit den Locken, als ob sie das Gerede abschütteln wollte. Tiefer ging es ihr nicht. Sie kam, auch wenn sie wußte, daß ich irgendwo auf Wanderung sei. Es lag ihr nicht soviel daran, mich zu treffen, obwohl sie es nie verleugnete, daß sie mich gern träfe. Sie setzte sich eine Viertelstunde zu meiner Mutter oder ging mit ihr aufs Feld oder in die Wiese und sah ihr bei der Arbeit zu oder plauderte mit ihr, wenn sie die Arbeit eine kleine Weile unterbrach. Eine tiefe Freundschaft wurde zwischen den zwei Frauen.

Oft gingen wir beiden die Feldraine entlang, die unsere Wirtschaft von den Nachbarwirtschaften trennten, gingen ganz nahe beieinander, denn die Raine waren schmal. Es hatte aber keines von beiden Mühe, den anderen nicht in die Furche zu drängen oder selbst hineinzutreten.

»Es ist schön von Ihnen«, sagte sie mir einmal, »daß Sie den Kranz vom Theresienfelde um Ihr Kreuz geschlungen haben, drinnen im Stübel, an Ihrem kleinen Schreibtische. Ich habe es am Donnerstag gesehen, als Sie nicht da waren.«

Sie meinte den Kranz aus Buchsbaum, Klee und Kornblumen.

»Er hängt nicht mehr dort – denn ich habe zu sehr an ihm gehangen.«

»Wieso?«

»Ich wollte am Sonnabend zur heiligen Beichte gehen und alles in Ordnung bringen. Da habe ich den Kranz in den Ofen gesteckt.«

»Das war ja eine große Tapferkeit von Ihnen! Sie sind schon ein richtiger Theologe.«

»Freilich bin ich ein richtiger Theologe.«

»Ja freilich, als Sie den ganz kleinen Mann suchten und ihn am Fronleichnamstag fanden, als Sie das Riesengebirge am Wasserloch bauten und mit Gottes Hilfe fertig brachten und als Sie beim Pfarrer Niesel beichteten, um endlich das Tauwetter herbeizuziehen, da waren Sie ein richtiger Theolge. Aber jetzt verbrannten Sie einen unschuldigen Kranz! Weiß Gott, was Sie damit verbrannt haben!«

Ich hatte ihr einige von jenen Geschichten erzählt, die ich später selber als mein eigentliches Herrgottswissen, als meine eigentliche Theologie erkannt habe.

»Sie werden«, fuhr Berta Niesel fort, »jetzt vielleicht auch denken, was die Leute denken, nämlich daß ich Sie vom Geistlichwerden abbringen will. Aber ich muß Ihnen doch noch etwas sagen; es ist ja auch Torheit, jenes Gerede. Denn wie könnte ich Sie von etwas abbringen, daß Sie es nicht werden sollen, da Sie es doch schon sind.«

»Geistlich?«

»Ja.«

»Wie meinen Sie dies?«

»Sie sind in Ihrem ganzen Wesen, in Ihrem Sinne, in Ihrem Reden, in Ihrem Tun geistlich. Was Sie jetzt noch dazu werden wollen, ist vielleicht etwas ganz anderes.«

»Es ist wohl dasselbe, aber es wird Form und Farben bekommen. Es wird wirksamer und mittelbarer werden. Es wird Autorität bekommen oder wenigstens Anteilnahme an Autorität. Das ändert aber am Wesen nichts, sondern macht es nur deutlich und stark.«

»Da haben Sie eine ganze Anzahl schöner Töpfe genannt, in die Sie das Geistliche, das Sie haben, hineingießen wollen. Sie werden mir auch gleich noch sagen, daß Sie hoffen, diese Gefäße wohlangefüllt zu bekommen; Sie brauchen dann nicht zu fürchten, daß Ihr eigener Einguß nicht reicht und der Topf leer oder halbleer durch die Welt laufen müßte, Form ohne Inhalt, Autorität und Macht ohne Geist. Ich glaube aber, daß viele diese Hoffnung hatten«, sagte ich.

»... Und sind enttäuscht worden, meinen Sie?« fragte mich Berta Niesel.

»Nein! Wenn ehrliche Hoffnung da ist, solche Hoffnung auf den Geist, so ist auch schon der Geist da. Aber die Hoffnung kann sterben, wenn sie nicht bei jedem Atemzug erneuert wird. Darum habe ich Sorgen um Sie. Es scheint mir, daß dies gar nicht so selten ist: Form ohne Inhalt, Autorität ohne Geist. Aber dies ist vielleicht erst die zweitgrößte Sorge. Die größte ist, daß sich das Geistliche, das Sie haben, nicht in die alten Töpfe füllen läßt, daß wenigstens die Mischung nicht gut sein könnte, daß die Formen gesprengt, die Töpfe überfüllt werden könnten.«

»Sie meinen, daß es so sein könnte wie bei Christus, dessen Geist die Formen des alttestamentlichen Geistes sprengte, der die jüdischen Töpfe zum Überlaufen brachte, dessen Opfer die alten Opfer beseitigte?«

»Den Unterschied zwischen Ihnen und Christus bedenke ich schon, aber ich sehe doch etwas Gleiches.«

»Christus hat sich freiwillig der alten Ordnung unterworfen, dem Spruch des Richters, dem Opferamte des Hohenpriesters.«

»Freiwillig, ja! Und doch war Verrat dabei.«

»Bei mir spielt aber wahrhaftig kein Verrat mit. Wer sollte der Verräter sein? Sie etwa?«

»Nein, ich spiele den Petrus, dem Jesus gesagt hat: Scher dich, Verführer! Aber Sie spielen vielleicht den Judas an sich selber.«

»Na, endlich kommt der Judas auf meinen Ölberg. Der fehlte immer noch!« So begann ich zu spotten und bewies damit, daß ich mich getroffen fühlte. Einen ziemlich großen Teil von mir verriet ich. Das ist wahr. Aber ich meinte, es sei nicht gerade der beste Teil von mir, nicht das Jesusgleiche.

»Ich glaube doch, im Sinne Jesu zu handeln, der gesagt hat: Wer mir nachfolgen will, der verleugne sich selbst, nehme sein Kreuz auf sich und folge mir nach.«

»Oh, wie Sie die Heilige Schrift zu gebrauchen verstehen! Ihr Sichselbstverleugnen ist ein ganz offenbares Sichselbstsuchen. Ich höre schon die dreißig Silberlinge klirren, die Sie in einem Jahre als Kaplansgehalt einkassieren werden.«

»Sie böses Mädchen! Da spielen Sie doch den Petrus und hauen Sie mich heraus! Denn sie kommen schon, um mich zu binden. Ich habe die Schärpe schon da.«

»Ach, ich würde nur dem Knecht des Hohenpriesters das Ohr abhauen, und da würde der arme Kerl noch viel weniger hören, als er schon immer hört.«

»Also, Simon Petrus, stecke dein Schwert in die Scheide! Soll ich den Kelch, den der Vater mir gegeben, nicht trinken?«

Wir waren unterdessen wieder in die Nähe des Hauses gekommen. Die Mutter hatte für den Besuch ein Glas Milch und einige Butterschnitten bereitgestellt und winkte uns, daß wir kämen.

»Seien Sie mir nicht böse«, sagte Berta Niesel noch zu mir, »aber ich mußte mir diese Dinge einmal vom Herzen reden. Es wird ja die letzte Lektion sein, die ich Ihnen gebe, denn in drei

Tagen müssen Sie schon nach Breslau fahren. Und ich fahre einen Tag später, auch meine Ferien sind zu Ende. Ach, ich bin ja auch gebunden.«

»Da wird sich also auch erfüllen, was geschrieben steht: Petrus aber folgte ihm von ferne.«

»Ja, er möchte mit Ihnen in den Tod gehen.«

DAS »GEHEIME LEIDEN«

»Wer geistlich werden will«, hatte mir meine Mutter einmal, als bei mir noch kein Gedanke daran war, gesagt, »muß dreizehn Schulen durchmachen; die letzte ist die Geheime Schule.« – »Was ist denn das, die Geheime Schule?« hatte ich gefragt. – »Das weiß ich nicht, aber man sagt so«, war Mutters Antwort gewesen, und sie hatte hinzugesetzt: »Früher gab es noch eine Andacht zum Geheimen Leiden, aber davon weiß man auch nichts weiter mehr. Droben auf dem Annaberge ist eine Kapelle; da sitzt Jesus ganz allein und stützt seinen Arm aufs Knie und denkt nach; er hat die Dornenkrone auf dem Kopfe und das Schilfrohr in der anderen Hand und einen Mantel um die Schultern, aber man sieht den ganzen Leib, und der ist voller Blut und Wunden.«

Ich dachte später, daß wohl die neun Gymnasialjahre, die drei Universitätsjahre und das eine Alumnatsjahr gemeint seien und daß letzteres die Geheimschule genannt werde, weil die zukünftigen Priester im Alumnat die Weihe des Exorzistats und die Vollmacht, Teufel auszutreiben, bekommen; mußte aber, so oft ich an das Alumnat dachte, auch immer an die Kapelle auf dem Annaberg denken: »Da sitzt Jesus ganz allein und stützt den Arm aufs Knie und denkt nach.«

Von außen gesehen, ist das Alumnat gar keine geheime Schule, und es haben schon viele so äußerlich darinnen gewohnt, daß sie nicht das geringste Geheimnisvolle, nichts Unheimliches, aber auch nichts Heimliches gespürt haben. Es ist äußerlich wie eine gewöhnliche Schule geistlicher Wissenschaften, Übungen und Praktiken. Die Alumnen sehen zwar plötzlich wie durch ein Wunder ganz geistlich aus. Aber da erkennt man eben, was die

Kleider für Wunder wirken können. Sonst ist doch nichts Geheimnisvolles dabei. Manche von ihnen werden nach einigen Monaten so bleich und hager, als ginge es zum Tode, aber der große Durchschnitt ist nachher ebenso munter wie vorher, und es ist so wie mit den Täuflingen: Man bringt sie in die Kirche und dann wieder heim und merkt gar keine Veränderung an ihnen; und doch ist in ihnen ein wirklicher Lebensprozeß vor sich gegangen; sie sind in der Taufe mit Christus begraben worden und mit Christus zum Leben wieder auferstanden, neugeboren aus dem Leben Gottes, aber sie sehen weiter nicht angegriffen aus, haben auch nichts Königliches in ihrer Erscheinung, obwohl sie doch wahrhaftig Königskinder geworden sind. So wie mit diesen Täuflingen ist es auch mit den Alumnen, nur mit dem einzigen Unterschiede, daß die neue Kleidung eine gewisse Staffage abgibt.

Nein, doch nicht! Auch unter der Kleidung vollzieht sich manches. Der tägliche Gebetsverkehr mit Gott, die Einsamkeiten der geistlichen Übungen vor Empfang der heiligen Weihen, die zahlreichen Besuchungen des allerheiligsten Sakramentes, das ernstliche Studium der praktischen Seelsorge, der Predigtkunst, der Amtsverwaltung, der oftmals erneuerte rührend gute Wille, ein anständiger Priester zu werden, das alles hämmert auch ganz beträchtlich das Material des werdenden Geistlichen. Ja, noch mehr! Vielen wird das Alumnatsjahr nicht bloß eine Klempner- oder Drechslerwerkstatt, sondern ein Schmelzofen. Alle Schlacke sondert sich aus, das Edelmetall beginnt zu blinken. Es ist oft erstaunlich wenig, aber es ist, und es läßt sich schon etwas damit anfangen. Der Alumnus ist zwar erstaunt: Einen ganzen Klumpen brauchbares Material an Tugend, Wissen und Können glaubt er zum Priesterwerden mitgebracht zu haben, und zum Schluß sind es nur einige Tröpflein und Bröcklein, doch Gott sei Dank, sie sind rein und echt. Aber dies alles ist noch nicht das Wesen der Geheimen Schule, denn dies alles kommt auch anderswo vor, wenngleich nicht in so konzentrierter Methode. Ich denke zum Beispiel daran, welche Veränderungen in einem Schusterjungen in seinen Lehrjahren vor sich gehen, oder in einem Ehemanne während eines einzigen Jahres seines glückseligen Ehestandes. – Ich kannte einen, der war schon nach einem halben Jahre ein

Meister der Geduld und jeglicher Ergebung, wozu kaum sieben Alumnatsjahre ausreichen würden.

Was unterscheidet also das Alumnatsjahr von anderen geheimen Schulen des Lebens? Etwa dies, daß der Alumnus am Schluß dieser Schulzeit Priester wird? Ja, diese Antwort wäre richtig, sie muß nur noch ein wenig ausgeschmolzen werden. Es gibt ein allgemeines Priestertum, zu dem ein jeder Christ Zutritt hat, nicht bloß der Alumnus, und dieses allgemeine Priestertum ist nicht nur ein schönes Gerede, sondern wahrhaftige Wirklichkeit. Die ganze Christenheit, nicht nur der amtierende Priester, bringt das tägliche Opfer des Neuen Bundes dar. Die ganze Christenheit hat darum das Priestertum. Und wenn das Priestertum nicht allein Opfertum, sondern auch Sakramentenspendung ist, wenn also Sakramentenspendung den priesterlichen Charakter des Spenders voraussetzt, dann ist es ganz sicher, daß das Priestertum nicht auf die amtierenden Priester eingeschränkt ist. Das erste und notwendigste Sakrament, die Taufe, kann jeder Mensch gültig spenden, wofern er nur den Namen des dreieinigen Gottes kennt und nennt. Das Sakrament des Altars spendet in unseren Tagen wohl der Diakon oder der amtierende Priester, aber es gab eine Zeit, in der dieses Sakrament dem einfachen Gläubigen auf die Hand gelegt wurde. Er führte es zum Munde oder brachte es den Kranken und Gebrechlichen daheim. Und ein Sakrament wird tausendmal öfter von einfachen Gläubigen gespendet als von Priestern und Bischöfen, das Sakrament der Ehe, das sich nach der Lehre der Kirche die Eheleute gegenseitig spenden. Wohl, wohl, es ist ein vergessenes Priestertum, aber es ist ein Priestertum, das Priestertum ohne Tonsur und Talar. Es ist ein herrliches Priestertum.

Mein Gott, nun bin ich ganz in Angst, wie ich das besondere Priestertum der beamteten Priester erklären soll, nachdem ich das allgemeine Priestertum so sehr gepriesen. Ist es nur Stellvertretung oder Symbol des allgemeinen Priestertums? Ich weiß nur, daß schon Christus aus der Zahl seiner Jünger ihrer zwölf auserwählt hat, die dann an seiner Seite blieben und ihm halfen, wenn es galt, die großen Volksscharen zu leiten, zu lehren, zu heilen; weiß nur, daß er ihnen einen besonderen Unterricht gab und sie zu besonderer Teilnahme an seinem Leben und Leiden berief; weiß nur, daß es die Apostel im Herrn erkannt haben, daß sie durch Handauflegung und Gebet ihre geistliche Gewalt weiter gaben an Männer, die sie sich erwählt, wie Klemens, der Römer, sagt; weiß nur, daß die Kirche allezeit gelehrt hat, es sei mitten im allgemeinen Priestertum ein besonderes Priestertum, ein priesterlicher Stand, ein priesterliches Amt, und sieben heilige Weihen führen dazu.

Sprach einst Petrus zum Christenvolke: »Zu Christus tretet hin, dem lebendigen Steine, der zwar von den Menschen verworfen, von Gott aber aufgehoben und geehrt ist. Werdet auch ihr als lebendige Steine gebaut auf ihn als eine geistige Kirche, eine heilige Priesterschaft, geistige Opfer darzubringen, die Gott wohlgefällig sind durch Jesus Christus. Ihr seid ein auserwähltes Geschlecht, ein königliches Priestertum, ein heiliges Volk.«

Ich sah schon manchmal einen Stein, der war wie lebendig, es wuchsen wundersame Kristalle an ihm, in funkelnden Flächen, in feingeschliffenen Kanten, in wohlberechneten Winkeln. Das sei ein besonderer Zustand der Materie, las ich in einem gelehrten Buche; es müsse so sein. Aus dem ungeformten Stoffe, der weder Ordnung noch Rechnung zu kennen scheint, wächst eine Ordnung heraus und eine Rechnung, die von den scharfsinnigsten Rechnern erst nach langer Bemühung nachgerechnet werden konnte. Aus dem ungeformten, kunstlosen Stoffe wächst ein Kunstwerk heraus, das von der kunstfertigen Menschenhand kaum jemals in gleicher Schönheit nachgebildet werden kann.

Jetzt weiß ich es: Das priesterliche Geschlecht des Christenvolkes ist ein lebendiger Stoff, ist eine ganze Kirche von lebendigen Steinen. Christus ist das innerliche Leben, ist die innerliche Ordnung, Rechnung und Kunst, das innerliche Priestertum im Christenvolke. Und siehe, es kristallisiert sich heraus das wohlgeordnete, nach innerlichsten Gesetzen errechnete, von der Künstlerhand der Kirche geformte priesterliche Amt.

Nicht spricht der Stoff zum Kristall: »Du bist mir fremd, du bist ein Schmarotzer und Prahler.« Er spricht zum Kristall: »Du bist mein eigen, du bist mein Feinstes und Bestes, hervorgegangen aus meinem innersten, gottgeschaffenen Wesen; du bist meine schönste Struktur, mein geordnetster, leuchtendster Zustand.« Und es erfreut sich der Kristall. Man sieht es ihm an.

Was ist das für ein Geheimnis in der Natur! Innere, tiefverborgene Ordnungen treten hervor, und es ist der Unterschied zwischen dem alten Gebilde und dem neuen Gebilde meistens so groß, daß man schier glauben möchte, es sei jedesmal ein neuer Wunderspruch Gottes geschehen.

Und überall, und überall! Ein schwarzes Ästlein wippt da unten im Garten, knorrig, unscheinbar, ganz dumme, kunstlose Materie, hoffnungslos unschön. Nicht einmal zum Korbe ließe es sich flechten. Kein Bildner könnte etwas daraus schnitzen. Nicht einmal zur Rute oder zum Besen könnte man es binden. Aber so kurz vor Pfingsten sitzen auf einmal zehn bis zwanzig schneeweiße, wunderbar geformte Blüten daran, genau abgezählt die Blättlein und die Fädchen in ihrer Mitte. Sind die Blüten irgendwoher herbeigeflattert und haben sich an den Ast gesetzt? Kein Kind fragt so dumm. Die Materie des Astes hat ihre ganze innere Ordnung, Rechnung und Kunst aus sich heraus gesetzt. Und die Leute sagen: »Dieser kleine Ast da oben blüht aber schön.«

Der Heilige Geist aber, wenn er zu Pfingsten kommt, der weiß, der weiß! Wenn die Alumnen nach einem Jahre das Alumnat verlassen, dann sind sie auf einmal Priester geworden, nicht wie sie es waren im allgemeinen Priestertum der Christenheit, sondern ganz anders. Wie der Bergkristall ganz anders ist als der Quarz, die Pfirsichblüte ganz anders als der Zweig.

Das ist doch in Wahrheit eine geheime Schule, in der solches geschieht!

»Diese Benediktion«, so hat der ganz geistige Bischof Gregor von Nyssa gesagt, »trennt den Priester von der Gemeinschaft des Volkes« – wohl wie der Kristall aus dem Steine, die Blüte aus dem Aste hervorgeht und sich absondert, lebendig verbunden bleibend und doch ganz sichtbarlich geschieden –; »er bleibt derselbe, der er war, aber die unsichtbare Kraft der Gnade verändert die unsichtbare Seele.«

Und was tut der junge Priester alsogleich, um sein neues Wesen auszuwirken? Die Leute sagen: »Er liest jetzt seine erste heilige Messe.« Und sie sagen gar und wissen es ganz genau: »Dies ist ein und dasselbe wie der Opfertod Christi auf Golgatha.«

O wie muß man sehen lernen, um dies zu sehen!

Wir sind durch die geheime Schule des Alumnats gegangen und sind dann die vielen Stufen zur Kreuzkirche hinaufgestiegen und sind Priester geworden, indem wir mit dem Bischof zum ersten Male das heilige Meßopfer darbrachten.

Und Christus ist Priester geworden, indem er durch das heilige Leiden ging, von Gerichtssaal zu Gerichtssaal, und hinaufstieg auf den Berg Golgatha und sein Blut vergoß am Kreuze.

Wir haben nur studiert und gebetet, dazwischen wohl manchmal gelacht und manchmal geweint. Da ist es in uns geworden unter Handauflegung des Bischofs. Christus hat gelitten und geblutet und geschrien: »Mein Gott, mein Gott, warum hast du mich verlassen?« Und gebetet hat er: »Vater, in deine Hände empfehle ich meinen Geist.« Dann aber sprach er: »Es ist vollbracht!« Und so ward er der ewige Priester.

Kein Wort vom Priesterwerden Christi sagen die alten heiligen Evangelisten. Sie erzählen nur, daß der Vorhang im Tempel zerriß. Das Allerheiligste stand offen. Der ewige Priester schritt zum Altare Gottes. Da sah es einer, Paulus.

»Es hatte auch der erste Bund Vorschriften für den Gottesdienst und das irdische Heiligtum. Es war nämlich ein Gezelt errichtet, das vordere, in dem der Leuchter und der Tisch und die Schaubrote waren. Das Heilige heißt es. Hinter dem zweiten Vorhange aber war das Zelt, das Allerheiligstes genannt wird. Da stand das goldene Rauchfaß und die Bundeslade, ringsum golden. Darinnen die goldene Urne mit dem Manna, der Stab Aarons, der einst gesproßt hatte, und die Tafeln des Bundes. Cherubim der Herrlichkeit überschatteten den Gnadenthron Gottes. Und die Priester traten, wenn sie den Opferdienst verrichteten, in das vordere Zelt, zu jeder Tageszeit. Aber in das hintere Gezelt ging nur einmal im Jahre der Hohepriester allein, mit Blut, das er für seine und des Volkes Unwissenheit darbrachte. So weist der Heilige Geist darauf hin, daß der Weg in das Allerheiligste noch nicht offensteht, solange das vordere Gezelt besteht. Da werden Gaben und Opfer dargebracht, die nicht vermögen, den Opfernden in der Seele vollkommen zu machen, Speisen und Getränke und Waschungen mancher Art, körperliche Dinge, die bis zur Zeit der Erlösung auferlegt waren.

Christus aber erschien als Hoherpriester der zukünftigen Güter und ging durch das höhere und vollkommenere Gezelt, das nicht mit Händen gemacht ist; ging auch nicht durch Blut von Böcken und Kälbern, er ging durch sein eigenes Blut ein für allemal in das Allerheiligste ein. Ewige Erlösung hat er gefunden. Nicht oftmals ging er ein, wie der Hohepriester alle Jahre in das Allerheiligste eingeht, sondern einmal in der Vollendung der Zeiten.«

Wenn jetzt viele Priester im Namen Christi in das Allerheiligste eingehen, wenn sie an jedem Frühmorgen eingehen, da das Meßglöcklein läutet, da müssen die vielen Priester sein der eine Priester Christus, da müssen viele Male sein ein einziges Mal. Da muß mein Weg zum Priestertum und zum Allerheiligsten im Innerlichsten und Geheimsten derselbe sein wie der Weg Christi, da er vom Ölberg ging, um auf Golgatha sein Blut zu vergießen und mit diesem seinem eigenen Blut in das Allerheiligste einzutreten.

Das ist das Geheimnis der Schule, die zum Priestertum führt. Alles, was dort gelehrt, geübt, gewirkt wird, muß diesen tiefverborgenen Sinn haben. Und wenn ich das Tiefste von dem erzählen will, was in mir geworden ist, als ich im Glauben der Kirche den Weg zum Priestertum ging, so muß ich vom Leiden und Sterben Jesu erzählen.

DAS WORT DES KAIPHAS

Priester werden ist ein Schicksal. Wer dies liest, soll nicht denken, daß es etwas Unwürdiges für den freien Menschen sei, als ständen Schicksal und freier Wille im Widerspruch zueinander. Denn Schicksal ist Schickung, und der Schickende ist ein ganz großer, freier, alles wissender und alles verstehender Wille. Es ist der einzige Wille, der einzig reine Wille. Wo irgend auf der Welt Wille ist, der muß zu dem großen Willen hinstreben und muß mit ihm zusammenfließen, sobald er frei genug ist. Ein Wille, der dies nicht tut, von dem kann man sagen: Er ist nicht frei genug, sonst täte er es.

Ich ging einmal mit meinem Vater in den Wiesengrund, um Wasser zu holen. Als wir unsere volle Fahrt an die Hocke hängten, um sie mit kräftiger Schulter hochzuheben und heimzutragen, floß das Wasser über den Rand der Kanne. Da sagte der Vater: »Das Wasser kommt ganz unfreiwillig mit uns. Wenn es kann, springt es aus der Kanne und fließt in die Wiese zurück; und dann sucht es sich einen kleinen Graben und einen Weg, um wieder zum fließenden Wasser zu kommen.« Das hat mich tief ergriffen, und ich hätte am liebsten meine Kanne wieder ausgegossen. Wir hatten schon den hohen Wiesenrand erklommen. Hei, wie das Wasser über den Rand hinabgeflossen wäre, durch Gras und Blumen, durch Moos und Erdkrume, vielleicht auch durch manchen Hummelgang und Maulwurfskanal hindurch, bis es irgendwo wieder mit dem Wasser des Bächleins zusammengekommen wäre, wenn auch erst im fernen, fernen Meere!

So ist der Wille der Christenmenschen: Sie schöpfen im Taufbecken ein Kännlein voll des echten, reinen Willens für ihre Lebensfahrt. Dieser will immer über den Rand des irdischen Lebens hinaus zu dem großen Strom des göttlichen Willens. Er ist nur frei, wenn er zum Willen Gottes hinfließen kann. Wenn er mit dem Willen Gottes vereint ist oder von ihm mit fortgerissen wird, dann sprechen die Menschen wohl von religiöser Gebundenheit und Unfreiheit. Aber es ist die Freiheit des Stromes und des Meeres; es ist die Freiheit Gottes und der Ewigkeit.

Wo ein Mensch vom göttlichen Leben ergriffen ist, so daß er wahrhaftig Leben aus Leben, Kind Gottes, Sohn Gottes geworden ist, da ging der Weg durch das Priestertum. Sobald ein Mensch vom göttlichen Leben ergriffen ist, muß er ganz und gar für die anderen sein. Das göttliche Leben ist ohne Egoismus. Gott ist ein Quell, der nicht in sich zurückfließen kann. Gottes Sein ist ewige Zeugung und ewiger Ausgang. Wenn Christus sprach: »Für euch«, so enthüllte er sein göttliches Wesen. Nie sprach er: »Für mich«, außer in dem Falle, in dem er seinen Gefährten gebot, die schuldige Steuer für ihn zu bezahlen.

Das Priestertum ist der Menschheit immer ein Mysterium gewesen. Es muß sich immer erfüllen. Als Christus lebte, war das alttestamentliche Priestertum wohl schier ganz in Sitten, Gebräuchen, Gewohnheiten erstorben. Seine Verpflichtungen wurden Jahr für Jahr und Tag für Tag erfüllt, aber sein Leben war dem Sterben nahe. Seinen letzten Atemzug gebrauchte Gott, um durch den Hohenpriester Kaiphas das eine Wort sagen zu lassen, durch das Jesus auch von seiten des bisherigen, gesetzlichen Priestertums zu dem ewigen Priesterwerke bestimmt wurde.

Als Jesus gefangen war, hielten die Juden Beratungen ab, was mit ihm geschehen sollte. Da gab die Stimme des Hohenpriesters Kaiphas den Ausschlag. »Es ist besser«, so sprach er, »daß *ein* Mensch sterbe für das ganze Volk.« Ein ganz sonderbares, geheimnisvolles Wort! Es läßt sich nur verstehen als eine schier unwillkürliche Äußerung des Priestertums, das in Kaiphas war. Der Priester, der das Opfertier auswählte, damit es für die Sünden des ganzen Volkes stürbe, sprach hier von Jesus, daß er für das ganze Volk sterben solle. Wohl mag Kaiphas aus politischen Beweggründen so gesprochen haben. Es war bei den Priestern und Pharisäern eine feststehende Parteimeinung geworden, daß Jesus ein Aufwiegler sei und daß er das Volk in den Untergang treiben werde. Keiner glaubte im Ernst daran; aber Parteimeinungen sind immer unabhängig von der persönlichen Überzeugung des einzelnen Parteigängers. Sie schweben in der Luft wie böse Geister; aus Irrtum oder Lüge geboren, kommen sie zu starker geistiger Herrschaft und drängen sich als leitende Beweggründe in das Reden und Handeln der Partei ein. Trotzdem wurde jenes Wort ein wahrhaft priesterliches Wort: »Das Lamm Gottes muß für das ganze Volk sterben.« Das Wort war aus dem Gesetzestum hervorgegangen. Es gab ein Gesetz, das hieß: »Wer sich zum Sohne Gottes macht, muß sterben.« Kaiphas kannte das Gesetz. Auch Gesetze, ursprünglich aus dem göttlichen Geiste der Ordnung geboren, schweben, wenn sie nicht mehr im göttlichen Geiste verstanden werden, in der Luft wie unheimliche Mächte und beherrschen sinnlos das Reden und Handeln der Menschen. Dieses Gesetz führte zu dem Verbrechen, daß der Gottessohn ans Kreuz geschlagen wurde. Und Jesus, der die Kraft bewiesen hatte, allen vorzeitigen Todesdrohungen seiner Feinde zu entgehen, beugte sich dem Gesetze, das, von Priestermund ausgesprochen, trotz aller politischen und nationalen Beweggründe doch die Wahrheit enthielt, daß, wer göttliches Leben in sich trägt, sein Leben hingibt für das Volk.

Wir waren im Alumnat alle guter Dinge. Keiner machte ein Gesicht, als ob es nun zum Sterben ginge. Nur mühsam bändigten wir während der zehntägigen Vorbereitungs-Exerzitien unseren Frohsinn, und mancher gute Witz, der uns einfiel, mußte zwar einstweilen an die Kette des heiligen Stillschweigens gelegt werden, versuchte aber wenigstens aus den Augen herauszuleuchten, so daß sogar die Braveren unter uns über diese die Falltür ihrer Augenlider fallen lassen mußten. Und doch wußten wir alle, daß es uns ans Leben ging, freilich nicht in der groben Weise, wie es dem Gottessohn Jesus geschehen war, aber doch in einer wesentlichen Art. Es muß zwar ein jeder Mensch, der vom göttlichen Leben ergriffen ist – wäre es auch nur in einem einfachen Glaubensakt –, von seinem Leben lassen, indem er es nicht mehr für sich hat, sondern nur noch für andere, immer bereit, es ganz für andere hinzugeben, weil jeder getaufte Mensch in seinem innersten Wesen Priester ist. Aber in uns, die wir amtlich, vor aller Welt, sichtbarlich Priester werden sollten, mußte dies auch amtlich, vor aller Welt und sichtbarlich geschehen. Dies eben war es, was mit unsichtbaren Händen nach unserem Halse griff und unsere Herzbewegungen nicht wenig beeinflußte. Es wäre nun zwar denkbar, und in manchen Landgebieten des Gottesreiches ist es auch wirklich so, daß auch der amtliche Priester sein Leben für die anderen so führt, daß er es innerlich nicht mehr als sein eigenes betrachtet, daß er es aber äußerlich ohne besondere Einschränkungen und Opfer behalten kann. Aber in der abendländischen Kirche ist es zur Gewohnheit und nach und nach auch zum allgemeinen Kirchengesetz geworden, daß der Amtspriester wenigstens auf einen Teil seines Lebens auch äußerlich verzichtet. Es ist dies nicht ein Teil von der Peripherie des Lebens, sondern etwas aus der Mitte, wo das Verzichten und Absterben ziemlich stark auf die Nerven geht und schmerzlich werden kann. Ein Opfer von der Peripherie des Lebens und seines Wachstums war es zum Beispiel, als die Kirche in ihren ersten Lebenszeiten von ihren priesterlichen Dienern verlangte, daß sie auf ihren schönen Haarwuchs verzichteten und geschoren gingen. Da aber unterdes die gesamte Männerwelt freiwillig diesen Brauch angenommen hatte, so daß sich der Amtspriester nicht mehr unterschied von den anderen Männern, so wurde uns dieses Opfer nur noch symbolhaft auferlegt in der kleinen Tonsur, die an jungen geistlichen Köpfen mehr wie ein Schmuck als ein schmerzliches Opfer wirkt. Ein wenig mehr nach der Mitte des Lebens ging ein anderer Verzicht, den die Kirche von ihren amtlichen Dienern zeitweise erwartet: der Verzicht auf Reichtum, Wohlleben und Bequemlichkeit. Theoretisch wurde diese Erwartung auch auf uns angewendet, und an manchen von uns hat sie sich praktisch ziemlich stark erfüllt. Aber im Alumnatsjahre dachten wir uns unsere spätere Kaplansstube und erst recht unsere dereinstige Pfarrei recht hübsch aus. Es war mancher, der ohne weiteres mit einer schwarzeichenen Einrichtung, mit Sofa und Liegestuhl rechnete, ohne durch den Gedanken beunruhigt zu werden, daß dies mit dem Geist des Priestertums unvereinbar sein könnte. Richtig aufgefaßt, ist es ja auch nicht unvereinbar, und alle verständigen Menschen sehen es ein, daß eine gewisse Kultur im priesterlichen Leben notwendig ist, ja unser armes Volk will sogar, daß seine Priester nicht in Höhlen wohnen sollen. Diese Opfer an der Peripherie des Lebens und seines Wachstums berühren ja auch nicht den Lebensnerv. Anders das Opfer in der Mitte des Lebens! Es wurde eigentlich gar nicht davon gesprochen, aber wir waren doch alle erfüllt von dem bangen Gedanken daran.

Wir waren etwa achtzig gesunde junge Männer, alle voll Lebenskraft und Lebensdrang. Wäre eine Glaubensverfolgung ausgebrochen, wir hätten wohl alle unser Leben für den katholischen Glauben hingegeben, unbedenklich und ohne Bangen. Einen einmaligen Verzicht auf das ganze Leben bringt ein Christ ohne Bangen zustande. Aber von dem Lebensverzicht, den wir auf uns nehmen sollten und wollten, wußten wir gut genug, daß es ein immerwährender, immer wieder neu zu vollziehender Verzicht auf das Leben sein würde.

Wunderbar ist das Leben des Einzelwesens. Aber viel wunderbarer ist das Leben, wenn es übergeht in Blüte und Frucht. Da offenbart sich seine ganze Rüstigkeit, Schönheit und schöpferische Kraft. Die Liebe macht den Jüngling und das Mädchen schön und stark, übergießt sie mit Lieblichkeit, erfüllt sie mit Väterlichkeit und Mütterlichkeit, neigt sie süß einander zu, so daß die Menschen miteinander verflochten werden, überwindet den ungöttlichen Egoismus des Einzelwesens und bahnt naturhaft das Für- und Miteinandersein an, die menschliche Familie, die Knospe der großen Menschengemeinschaft im Staate, das Samenkorn der seligen Vereinigung der Menschheit mit Gott, dem Vater aller.

Es scheint ein Verbrechen zu sein, dieses Leben dort zu unterbrechen, wo es nach der Reife des Einzelwesens zu seinem schönsten Werke übergehen will. Muß es um Gottes willen geschehen? Zum Leben gehört nicht nur das wilde Weiterleben. Da es von dem ewig freien Schöpfer dem freien Menschen übergeben worden ist, gehört der freie Lebensentschluß zum Leben. Sobald der freie Entschluß das Leben nicht regelt, muß es sich in seiner Wildheit überstürzen und muß sich selbst vernichten. Wäre keiner, der dem Lebensdrang Einhalt und Ordnung geböte; wäre keiner, der den Menschen mit Wort und Beispiel lehrte, daß das Leben nie seiner Wildheit überlassen werden muß, so würde die Menschheit am Leben sterben. Ungehemmtes Leben reißt Mensch und Volk in den Tod. In ganz neuer Bedeutung erhebt sich das alte hohepriesterliche Wort: »Es ist besser, daß einer sterbe für das ganze Volk.« Wenn nicht immer wieder einer wäre, der freiwillig auf das blühende und weiterwachsende Leben verzichten möchte, müßte das Volk sterben, weil es kein Beispiel und keine Kraft hätte, das ungehemmt todbringende Leben zu hemmen und in das rechte Bett zu leiten. Und wenn die gnadenhafte Freiheit nicht mehr dazu reicht, unter einer Volksschar diesen einen Mann zu erwecken, auf daß er in dauernder Freiwilligkeit dieses Lebensopfer brächte, dann muß Gewohnheit, Sitte, allgemeine Meinung und schließlich gesetzliche Bindung zu Hilfe kommen.

Das wäre aber immer noch ein Lebensopfer um des Menschenreiches willen, während doch der Hohepriester Christus das Wort ausspricht: »Manche enthalten sich des fruchttragenden Lebens um des Gottesreiches willen.« Aber ist nicht alles um des Gottesreiches willen, was in helfender, rettender Liebe für das Menschenreich getan wird? Jawohl! Gott braucht unsere Keuschheit als körperliche Unfruchtbarkeit nicht, aber seine Menschen brauchen sie, um ein nach Gott geordnetes Menschenreich, also eben das Gottesreich, zu begründen. »Wer es fassen kann, der fasse es«, sprach Christus.

Aber was schreibe ich da von Unfruchtbarkeit! Es ist nur Verzicht auf körperliche Fruchtbarkeit, die sogleich von starker geistiger Fruchtbarkeit abgelöst wird. Körperlich unfruchtbar war der Tod Christi am Kreuz, aber wie geistig fruchtbar! Eine ganz neue geistige Welt wuchs aus dem Sterben Christi. Und der Tod der Märtyrer! »Eine Saat ist das Blut der Märtyrer«, sagt ein Geistesmann der Christenkirche Afrikas. Eine wunderbare Vaterschaft empfängt der Mann, der jenes Lebensopfer bringt, so daß er seinem eigenen Blut nicht Vater werden kann.

VOR FALSCHEN UND RECHTEN ÄMTERN

Die Rotte führte Jesus zuerst zu Annas, dem Schwiegervater des Hohenpriesters Kaiphas. Jesus ließ sich führen. Das ist so leicht hingeschrieben und leicht gelesen, als wäre es weiter nichts. Aber als ich in das Priesterseminar eintrat, da wußte ich, daß es wie eine Wesensveränderung war, daß nun mein ganzes Leben ein Geführtwerden sein sollte. Ich spürte es wie einen inneren Schlag, wie eine Vernichtung, daß ich jetzt einer Anzahl Menschen ausgeliefert war, von denen ich wohl glaubte, daß sie mich im Heiligen Geiste führen wollten, die aber doch wiederum Menschen blieben. Ich war damals überzeugt, daß es eine Anzahl väterlich gesinnter Menschen sei, und ich habe mich darin auch nicht getäuscht. Aber es war doch eine Auslieferung an die Willkür von Menschen. Ich war so fröhlich wie ein Vogel, der ins Garn geht, um eine schöne Beere pflücken zu können. Aber in den innersten Schichten meiner Seele war ein tiefes Leiden. Zwar sah ich schon damals ein, daß der Bereich der Selbstbestimmung für alle Menschen sehr eng ist. Trotzdem war es mir, als ob ich auf Selbstbestimmung verzichten müßte. Aufenthaltsort, Kleidung, Haltung, Tagesordnung, Beschäftigung, sogar das Allerfreieste, der Gebetsverkehr mit Gott, und das allerstärkste Recht des Menschen, sein Leben wachsen zu lassen über die weite Erde hin, alles verfiel der Führung. Menschen, die Tausende von Meilen und Hunderte von Jahrzehnten fern von mir waren, sollten fortan mein Leben bestimmen. Ich mochte damals niemandem sagen, wie ich darunter litt. Es wäre mir dasselbe gesagt worden, was ich mir selbst bei meiner geringen Erkenntnis des Göttlichen in mir sagen mußte, nämlich es sei ein ganz verwerflicher Stolz, eine Nachwirkung des Geistes, den der stolze Luzifer den ersten Menschen eingegeben habe. Aber es war etwas anderes. Es war das geheimnisvolle Leben des Göttlichen, das darin besteht, daß es aus höchster Freiheit heraus alle endliche Gebundenheit auf sich nimmt, um sie zu höchster Freiheit aufzulösen. Ein jeder Mensch wird vor tausend harte Verhältnisse gestellt, so wie der Bildhauer vor den Steinblock, nicht zum bloßen Spiel, nicht, weil etwa eine höhere Macht, Gott oder ein Widergott, Freude daran hat, den freien Fluß des Menschenlebens aufzuhalten, nicht, damit sich die Menschen ihre Köpfe einrennen sollen an den Felsen der Dinge, sondern damit ein göttliches Werk werden könne. So stand Gott dem Nichts gegenüber und zwang es, etwas zu werden. »Er kann aus Steinen Kinder erwecken«, sagt die Schrift. Und wer sein Leben hat, kann aus harten Notwendigkeiten königliche Freiheiten schaffen. Alle Führungen der Kirche wurden mir ebenso wie die vielen Beschränkungen, Armut und Not der Jugendzeit allmählich zu der großen inneren Freiheit, die mich jetzt, obwohl sie erst in den Anfängen ihres Wachstums steht, so sehr erfreut. Alle Verzagtheit, alle Flucht vor den Notwendigkeiten und Härten des weltlichen und geistlichen Lebens, aller Ungehorsam und Trotz wurden zu Mängeln, Unfähigkeiten und Unfreiheiten im Bereich des Gotteslebens in mir.

Annas schickte Jesus gebunden zu Kaiphas, wo sich der Hohe Rat versammelt hatte. Diese Behörde war ganz beherrscht von dem Opferwort des Kaiphas: »Es ist besser, er stirbt anstatt des Volkes.« Dieses aus urpriesterlichen Tiefen emporsteigende Wort wagten die hohen Herren aber nicht priesterlich zu erfüllen, sondern auf dem Wege des Rechtes. Sie versuchten, den Gotteswagen auf die Gleise der menschlichen Dinge zu schieben. Sie sollten priesterliches Werk vollbringen und probierten statt dessen armselige Juristerei. Während der schlaue Annas noch auf eine Selbstbeschuldigung Christi spekuliert hatte, suchte Kaiphas Zeugen gegen Jesus. Das Ziel stand ihm fest: Er wollte Jesus dem Tode überliefern. Da mißbraucht er nun das Recht als Mittel, während doch das Recht immer nur Ziel sein darf. Für den Priester darf es nicht einmal Ziel sein. Denn Priesterziel ist Gnade, und Gnade ist Überwindung alles Rechts. Wenn der Priester Recht sucht, sucht er Unrecht; wenn er Recht spricht, spricht er Unrecht. Als ich mich auf den Empfang der Priesterweihe vorbereitete, mußte ich mich ziemlich viel mit Recht beschäftigen. Nicht nur, daß das Kirchenrecht streng nach den Grundsätzen und Methoden des weltlichen Rechtes behandelt wurde, auch die Moral und die Beichtstuhlpraxis waren wie rechtswissenschaftliche Vorlesungen. Ich war noch jung genug, um daran meine helle Freude zu haben. Denn es ging mitunter so knifflich dabei zu, daß meine Lust an scharfsinnigen Dingen auf ihre volle Rechnung kam. Aber priesterlich war mir dabei nie zumute. Ich hatte die Empfindung, als habe das Kirchenrecht die Aufgabe, jene Menschen, die noch nicht zur Gnade kommen können, vorläufig anderswie zu beschäftigen und zu binden. Denn der Mensch in der Gnade, so schien es mir, braucht das Recht nicht. Freilich sah ich ein, daß auch das Kirchenrecht im Evangelium wurzelte, aber ich vermochte nicht zu entscheiden, ob es Kraut oder Unkraut auf dem Boden des Evangeliums sei. Wir Alumnen wurden Schritt für Schritt in eine feste Rechtsordnung eingeführt und eingegliedert. Tonsur, niedere und höhere Weihen, alles lautere Gnadenbeziehungen unseres körperlichen und geistigen Lebens zu Gott, waren zugleich rechtliche Bindungen. Und das rechtliche Wesen dieser Erlebnisse wurde ziemlich stark betont, so daß wir wohl zumeist die Rechtsordnung stärker verspürten als die Gnadenordnung. Aber es gab doch heilige Stunden, in denen die Gnadenordnung so hell aufleuchtete und die Rechtsordnung überstrahlte, daß wir uns wie im Himmel fühlten. Das katholische Volk, das an dem stillen Geschehen im Alumnat sehr regen Anteil nimmt, erblickt fast nur die Gnadenordnung. Es behandelte uns wie ganz verwandelte, verklärte, in eine andere Welt erhobene Wesen, von denen es wieder, sobald sie erst die Höhe des Weihepriestertums erreicht hätten, Wunder der Gnade erwartete. Man hat gesagt, daß in der abendländischen, römisch-katholischen Kirche die Gnadenordnung, oder wie man sich ausdrückt, das charismatische Element, von der Rechtsordnung, dem juristischen Element, ganz überwuchert sei, während in der morgenländischen Kirche die

Gnadenordnung viel deutlicher im Vordergrund stehe. So sei zum Beispiel die Kirche selbst dem Abendländer mehr eine Rechtsanstalt, dem Morgenländer eine Gnadenanstalt, und ich muß gestehen, daß ich in der abendländischen Kirche, im gesamten kirchlichen Leben bis ins Gebetsleben hinein, viel Juristerei getroffen habe; es wird viel öfter nach Recht und Gesetz, nach rechtlicher Gültigkeit oder Ungültigkeit gefragt als nach Liebe. Aber die Gnadenordnung, wenn sie auch von Annas zu Kaiphas, von Pilatus zu Herodes gezerrt wird, bleibt doch unser eigentliches katholisches Wesen, oft schweigend, aber doch, wenn es notwendig ist, in aller Klarheit Zeugnis gebend, gegeißelt, mit Dornen gekrönt, gekreuzigt, gestorben, begraben, aber doch wieder auferstanden und zum Himmel emporsteigend. Das Volk will Priester in bestimmtem Rechtsstand, will juristisch scharfe Bestimmungen, um genau zu wissen, unter welchen Bedingungen es an der Gnadenordnung teil hat. Was wäre es, wenn Jesus an einem verborgenen Orte sein Leben vielleicht gar in mystischer Weise seinem Vater geopfert hätte? Er hat es getan und tut es in Ewigkeit. Aber wenn es nicht jenes eine Mal vor dem geistlichen und weltlichen Gericht geschehen wäre, dann wüßten davon wohl die Dogmatiker und Mystiker, aber das Volk hätte keine Vorstellung und keine Sicherheit. Es bleibt freilich die Gefahr, daß die Rechtsordnung für sich allein erfaßt und erfüllt wird. Die Räder laufen leer; es ist viel Betrieb und nichts dahinter. Manche finden schmerzlich bewegte Worte dafür. Aber es ist auch bei ihnen nichts dahinter. Ich selbst muß gestehen, daß ich dort, wo ich eine starke kirchliche Rechtsordnung fand, auch ein starkes religiöses Leben beobachtete, nicht gerade immer in den amtlichen Vertretern der Rechtsordnung, aber rings um sie, beim kirchlich gut geleiteten Volke, das oft unter der Rechtsordnung leidet, so aber, daß in diesem Leiden sein Opfer wird und die Gnadenordnung sich aufbaut. Man darf nur nicht in der Rechtsordnung schon die volle Religion sehen. Die Religion wird erst, indem sich die Gnadenordnung aus der Rechtsordnung emporringt.

Die Vertreter der jüdischen Rechtsordnung suchten dem göttlichen Leben mit ihren gewöhnlichen Mittelchen beizukommen. Sie suchten Zeugen gegen Jesus, um ihn auf Grund ihrer Aussagen zum Tode verurteilen zu können. Das, was geschehen mußte, suchten sie als rechtlich notwendig zu erweisen. Es war etwa so, wie wenn ein Bauer, um seine Familie und sein Gesinde zu ernähren, ein Kalb oder einen Bock schlachten muß und nun, weil auf seinem Hofe nichts anderes mehr gilt als das Recht, dem Tiere einen richtigen Prozeß machen will. Er wird, so genau er auch seine Knechte und Mägde nach der Schuld des Tieres befragt, keine Schuld finden, wird es aber dann doch schlachten, weil es eben ein Schlachttier ist. Aber kein Bauer tut so unnötige Dinge, ehe er ein Tier schlachtet. Die Hohenpriester taten sie, weil sie nur noch dunkel empfanden, aber nicht mehr wußten, daß der Gottessohn seinem Wesen nach das Opfer des Lebens bringen muß.

Seltsamerweise erneuerten sie nicht jene Anklagen, für die sie selber genügend Beweise erbringen konnten, nämlich daß Jesus das Sabbatgebot gebrochen oder daß er die auf frischer Tat ertappte Ehebrecherin vor der Volksjustiz gerettet hatte. Sie wollten nur Beweise dafür, daß Jesus sich als den Sohn Gottes bezeichnet habe. Wir wissen, daß Jesus nie ausdrücklich gesagt hatte: Ich bin Gottes Sohn. Denen, die seine Gottessohnschaft aus seinen Werken erkannt, hatte er stets Stillschweigen geboten. Darum fand der Hohe Rat keine Zeugen. Es meldeten sich zwar einige Zeugen; sie machten aber so widerspruchsvolle Aussagen, daß sie abgewiesen werden mußten. Zuletzt kamen ihrer noch zwei und sprachen: »Dieser hat gesagt: Ich kann den Tempel Gottes niederreißen und nach drei Tagen wieder aufbauen.« Obwohl auch diese beiden Zeugenaussagen nicht genügend übereinstimmten, schienen sie dem Hohenpriester doch so weit auszureichen, daß sie durch ein Selbstgeständnis Jesu genügend ergänzt werden könnten. Er erhob sich und fragte Jesus: »Antwortest du nichts auf das, was diese gegen dich vorbringen?«

Jesus schwieg. Er hatte jene Worte gesagt. Es waren Worte, deren göttlicher Inhalt vielleicht bis in unsere Zeit noch nicht ausgeschöpft ist. Seine Jünger sagten später, er habe mit dem Worte »Tempel« seinen eigenen Leib gemeint, den er wirklich am dritten Tage nach dem Kreuzestode wieder lebendig aufgebaut hat. Es ist möglich, daß einige von den allerbeschränktesten Zuhörern nur an ein Bauwunder gedacht haben. Der

Hohepriester aber scheint den vollen Sinn geahnt zu haben, daß nämlich nur Gottes Sohn so reden könne. Gottes Wesen ist eine Kraft, die in gewaltiger Vernichtung den Aufbau vollzieht, die aus dem Nichts das Sein, aus dem Tode das Leben hervorruft, die auch – die große, weite, herrliche katholische Kirche niederreißen und in drei Tagen wieder aufbauen könnte, die katholische Kirche, die sich gerade deswegen als ein Gotteswerk erweist, weil sie in Tod und Vernichtung wächst. Ich weiß nicht, ob ich hier die Wahrheit, die ich aufschimmern sehe, in rechte Worte fassen kann, – ob ich sie überhaupt richtig denken kann, denn vernichtend aufbauen, das ist aus dem Bereich des göttlichen Denkens und unserem Denken zwar nicht entgegengesetzt, aber doch ganz fremd und unmöglich. Es kommt in unser Denken, aber nicht, um sich auf seinen Wagen zu setzen und mit ihm zu fahren, sondern wie ein Blitzschlag, von oben zündend und das menschliche Denken verbrennend.

Jesus schwieg. Das Wort war wahr. Es loderte von Gottesnähe. Nur ein Schritt war noch zur vollen Offenbarung Gottes. Jetzt *mußte* der Hohepriester in der Fülle seines Amtes reden. Jetzt durfte er nicht weiter den armseligen Inquisitor spielen, der auf einige lumpige Zeugen angewiesen war. Er nahm jetzt Gott zum Zeugen, und unter feierlichem Schwur stellte er die Frage, die der Menschheit fortan zur ewigen Entscheidung wurde: »Ich beschwöre dich bei dem lebendigen Gott, daß du uns sagest, ob du bist Christus, der Sohn Gottes, des Hochgebenedeiten!«

Und Jesus sprach: »Ja, ich bin es. Ich sage euch aber, von nun an werdet ihr den Menschensohn zur Rechten Gottes sitzen und auf den Wolken kommen sehen.«

Da zerriß der Hohepriester seine Kleider und sprach: »Er hat Gott gelästert! Was brauchen wir noch Zeugen? Ihr habt selbst die Gotteslästerung gehört. Was dünkt euch? Sprecht das Urteil!«

Sie riefen alle: »Er ist des Todes schuldig.«

Das menschliche Denken reichte nicht aus, um das Selbstzeugnis Jesu in seiner göttlichen Wirklichkeit zu erfassen. Keiner kam darauf, daß zwei Fälle möglich waren: Entweder ist das Bekenntnis wahr, dann ist es keine Blasphemie, sondern eine Anbetung Gottes in der Wahrheit, oder es ist eine Lüge, und nur in diesem Falle ist es eine todeswürdige Lästerung. Sie riefen alle: »Er ist des Todes schuldig.«

Das menschliche Denken reicht überhaupt nicht aus, um bis zur Tatsache der Gottessohnschaft vorzudringen. Wenn niemand sagen kann: »Vater«, außer im Heiligen Geiste, so kann auch niemand denken: »Gottes Sohn«, außer im Heiligen Geiste. Im menschlichen Denken hat die Gottessohnschaft keinen Platz. Es kann nur dieses oder jenes Bild davon erfassen, diese oder jene menschliche Vorstellung auf Gott übertragen, muß aber sogleich gestehen, daß Bild und Vorstellung die Wirklichkeit nie erreichen. Das menschliche Denken kann Gott nur in starrer Einheit erfassen. Jede Zweiheit in Gott muß es, wenn es nicht vom Heiligen Geiste in ein neues Denken verwandelt wird, als todeswürdige Blasphemie beurteilen. Als in Israel der Heilige Geist noch wirksam war, in der Zeit der Psalmendichter und der Propheten, hatte man wohl gar manchmal das Wort *Sohn* in Verbindung mit dem Worte *Gott* ausgesprochen; man sang im Liede das Wort des Herrn: »Mein Sohn bist du, heute habe ich dich gezeugt.« Man verstand es sogar, daß es in Heiliger Schrift heißt: »Götter seid ihr, Söhne des Allerhöchsten.« Zur Zeit Christi war aber die Religion so eng geworden und so sehr dem ganz gemeinen Rationalismus verfallen, daß man jene Worte zwar nicht aus der Schrift zu tilgen wagte, daß sie aber geistentleerte Buchstaben waren. Man verfiel in den amtlichen Kreisen gar nicht mehr auf den Gedanken, Gottessohn, das könne jemals Wahrheit und Wirklichkeit sein. In der christlichen Zeit wurde dies wesentlich besser. Die starre Auffassung von dem Einssein Gottes löste sich in Leben. Man erkannte in Gott eine ewige Zeugung, also eine ewige Sohnschaft, und einen ewigen Ausgang des Geistes. In jahrhundertelangem Ringen enthüllte sich das Geheimnis der Dreieinigkeit so weit, daß nunmehr jedes Schulkind weiß, es gibt einen Gottessohn. Nun scheint aber auch hier das im Heiligen Geiste erkannte Unvernünftige durch Vernünftelei, durch Rationalismus, ziemlich bald eingeengt und eingetrocknet worden zu sein. Denn in der ersten Zeit des Christentums drängte der Geist sogleich, nicht nur von der wahren Gottessohnschaft Jesu, sondern auch von Gottessohnschaft, Teilnahme an der göttlichen Natur aller derer, die an ihn glauben, zu predigen und zu schreiben. Die Kirche hat diese Erkenntnis im Geiste, dieses Glaubenswissen um das neue Sein der Menschen, immer bewahrt, aber im Gemüt der Menschen vermochte diese Wahrheit vor lauter Vernünftigkeit nicht recht zu wachsen und zu wuchern. Hie und da brannte sie ein Loch in die Sperre der Vernünftigkeit, so daß sie zum Beispiel in den Zeiten der mittelalterlichen Mystiker manchmal hoch auflohte. Die alte, immer wachsame Schule hat aber einen starken Riegel vorgeschoben durch die Unterscheidung zwischen eigentlicher und uneigentlicher, physischer und bloß moralischer oder naturhafter und bloß rechtlicher, bloß übertragener Gottessohnschaft. Das war notwendig, um die reine Erkenntnis der wahren Gottessohnschaft Jesu Christi zu schützen, hemmte aber das Wachstum der Erkenntnis, daß auch die Gottessohnschaft derer, die an ihn glauben, eine ganz wahre und eigentliche ist, begründet in dem wahren Leben, das im Glauben zeugungskräftig aus Gott in den glaubenden Menschen übergeht. Diese Hemmung führte zur Vertrocknung, zu schulgemäßer Formulierung, nicht in der lebendigen Kirche, in der immer wieder in lieblicher Frische wahrhaftige Gotteskinder, Jesus ganz ähnlich, aus dem Boden der überlieferten Kraft emporwachsen, wie zum Beispiel der heilige Franz von Assisi oder das alte Fräulein auf dem Schöntaler Schlosse oder der Schlegler Kirchvater August Strangfeld und seine Frau oder der Großknecht vom Frankenhainer Hofe, aber doch in dem, was wir meist Kirche nennen, in dem Geschriebenen, Studierten, Ausgedachten, Berechneten, wo mitten darin der Hohe Rat sitzt, nicht der Rat ehrwürdiger Geistesmänner, die gesetzt sind, die lebendige Kirche Gottes zu regieren, sondern die in jedem Menschen verbliebenen Überreste der jüdischen Gesetzesreligion. Dieser Rat gestattet es jetzt zwar und verpflichtet sogar dazu, den jüdischen Gottesbegriff mit der starren Einzigkeit Gottes zu überwinden und an die Gottessohnschaft Jesu von Nazareth zu glauben, verweist aber die Gottessohnschaft derer, die an Jesus glauben, streng in den Bereich des Moralischen, des Uneigentlichen. Aber sie ist doch mehr, sie ist jener Gottessohnschaft des Eingeborenen aus Gott so gleich, wie der Saft der Rebe gleich ist dem Saft des Weinstocks.

Wir wurden im Alumnat zu Dienern und Beamten der Kirche

erzogen. Wir waren bereit, für die Würde des Hohenpriesters ebenso energisch einzutreten wie der Knecht des Annas, wenn auch vielleicht mit geistigeren Mitteln. Aber unser alter Rektor sagte uns einmal: »Die treueste Erfüllung aller kirchlichen Gesetze und Vorschriften, die peinlichste Beobachtung der Regeln für standesgemäßes Verhalten nützt nichts und weckt kein Leben, sondern kann es sogar töten, wenn nicht in Ihnen etwas ist, das aus dem Urquell Gottes stammt und alle Gesetze und Vorschriften überwindet und übertrifft, etwas unendlich Freies, Starkes, Selbständiges: wahres, göttliches Leben! Aber im Alumnat und in der Kirche haben Sie zu parieren. Komme mir niemand mit eigenen Erleuchtungen!« Das war richtig. Das Gottesleben *muß* gebunden, gegeißelt, verspottet, gekreuzigt und begraben werden, denn es wirkt immer aus unendlicher Spannung heraus, es ist unendliche Spannung. Der Bogen muß zusammengezogen werden, bis er knistert; die Sehne muß aus der geraden, bequemen Linie heraus, bis sie zu zerreißen droht, dann erst bekommt der Pfeil seine durchbohrende Kraft.

O MENSCH!

Als Jesus auf dem Ölberge ergriffen worden war, liefen alle seine Jünger geschwind davon. Das ist das erste, was die Menschen tun, wenn sie das göttliche Stehenbleiben und Abwarten noch nicht gelernt haben. Schön ist das Leuchten des Göttlichen im Evangelium, aber ich kann nicht anders, ich muß es sagen: Dort, wo das echt Menschliche einmal durchbricht, dort verweile ich gern einige Augenblicke. Das richtige, kecke Ausreißen ist dem echten Menschen immer eine kleine Heldentat; Hauptsache, er ist dabei gewesen. Petrus und Johannes, die in der Vorsicht den besten Teil der Tapferkeit gesehen hatten, hielten mit der Zeit auch im Laufen inne, und wie zwei echte Jungen oder, ich möchte sagen, wie es auch die älteren Männer in meiner Heimat machen, wollten sie der Gefahr nicht ganz entgehen. Sie drehten um und folgten dem Zuge von ferne. Als sie merkten, daß es zu Kaiphas ging, da sagte Johannes: »Du, dort können wir hinein!« Denn er hatte Beziehungen, vielleicht zu dem Dienstpersonal, oder, wie er selbst schreibt, er war »mit dem Hohenpriester bekannt«.

Er ging auf den Hof hinaus und sprach mit der Türhüterin, sie solle doch den da draußen auch noch hereinlassen. Das war, wie man es so nennt, Protektion. Petrus trat gleich durch die Tür. Später sind die Päpste vorsichtiger geworden. Auf solchen Höfen ist es für sie immer gefährlich gewesen. Die Dienstmagd, die Johannes als Jünger Jesu offenbar kannte, redete Petrus an: »Du bist wohl auch einer von den Jüngern dieses Menschen?« Das war ihr doch hochinteressant, und sie konnte es auch gleich ihrem Liebsten dort bei der Wache sagen.

»Gerade nicht«, dachte Petrus. »Ein Mann bindet nicht dem ersten besten Dienstmädchen alle Wahrheit auf die Nase.« Und er sprach: »Ich bin es nicht.« Und um recht sicher und mutig zu tun, schritt er zur Wache hin, die um ein Kohlenfeuer lag und sich wärmte; schritt hin und hielt auch seine erstarrten Hände an das schwelende Feuer.

Die Magd aber zischelte dem einen Knechte ins Ohr: »Das ist auch einer von ihnen!«

Jetzt mußte tapfer weitergelogen werden: »Weib, ich kenne ihn nicht, ich weiß nicht, was du für ein Gerede hast!«

Die Kriegsleute kannten ja auch das Weibervolk ganz genau und ließen den Mann stehen, wohl eine ganze Stunde lang, bis einer sagte: »Ja freilich bist du einer von denen, du sprichst ja ganz galiläisch!«

Da fing Petrus an zu fluchen und zu schwören: »Ich kenne diesen Menschen nicht!«

Jetzt krähte der verdammte Hahn, und es war wie ein Kichern und Hohnlachen des Satans. Hatte nicht Jesus gesagt: »Simon, der Satan hat verlangt, euch zu sieben, wie man den Weizen siebt!«? Und hatte er nicht gesagt: »Ehe der Hahn kräht, wirst du mich dreimal verleugnet haben!«?

Die Dienergesellschaft hatte keine Zeit mehr, die Tür des hohenpriesterlichen Verhandlungssaales ging auf: Man führte Jesus ab – zum Tode verurteilt. Und Jesus wandte sich zu Petrus und blickte ihn an. Da ging Petrus hinaus und weinte bitterlich. –

Wie es scheint, ist es ein Gesetz des religiösen Lebens, daß der Mensch erst einmal vor dem Blicke Jesu ganz zuschanden werden muß, ehe das religiöse Leben überhaupt beginnt. Bei vielen Menschen vollzieht sich dies in der Stille und Verborgenheit, so daß niemand etwas von der Katastrophe merkt, vielleicht der Mensch selber nicht, weil das nun anhebende Gottesleben, die Flut der Reue, die Gewißheit der Gnade so stark wird, daß die oft nur einen Augenblick währende Katastrophe der Erinnerung entschwindet. Bei manchen Menschen aber wird es offenbar; es geschieht vor den Augen der ganzen Welt und der ganzen Kirche. Das sind die Auserlesenen, an denen Gottes Gnade vor Welt und Kirche offenbar werden soll. Wir freilich warten nicht auf die Gnade, sondern krähen: »Er ist abgefallen«, während der nur hinausgegangen ist und bitterlich weint.

Dieses Zuschandenwerden vor dem Blicke Jesu war für uns Alumnen wohl der tiefste Inhalt der ersten Alumnatsmonate. Im Hofe, am Kohlenfeuer, taten wir freilich mächtig männlich, steckten uns keck die Zigarette in den Mund – und wenn wir an den Dienstagen und Donnerstagen Ausgang in die Stadt hatten, trugen wir mit beträchtlicher Würde Zylinderhut, Talar, Zingulum, Beffchen – die allerliebsten Beffchen – und Schnallenschuhe, so daß wir uns fast genierten, wenn ein gewöhnlicher Pfarrer mit Gehrock und dem einfachen »Steifen« ein Stück neben uns ging. Mein Gott, war das ein Glanz um uns! Aszese, Menschenfreundlichkeit, Heiligkeit schimmerten um unsere ganze Figur, Kinder und alte Weiblein küßten uns die Hände – und doch waren wir alle zuschanden geworden vor dem Blicke Jesu. Ich gab es schon in der ersten Woche auf, von mir aus Geistlicher werden zu wollen, und sagte meinem Oberen, der schon zehn Jahre lang mein Beichtvater war: »Wenn Sie mich trotzdem zur Priesterweihe führen wollen, so tun Sie es auf eigene Verantwortung!«

Petrus hatte genug. Er verzog sich und ließ geschehen, was geschehen sollte. Nicht einmal daran dachte er, daß er eigentlich seine Lüge wieder gutmachen müsse, wie ihm doch jeder Moraltheologe nachweisen könnte. Er war völlig vor sich selbst zuschanden. Da war Judas, der seinen Meister um dreißig Silberstücke verraten hatte, ein ganz anderer Kerl. Er dachte gleich an die Restitution des ungerecht erworbenen Geldes. Als er sah, daß Jesus zum Tode verurteilt war, reute es ihn, und er brachte die dreißig Silberstücke den Hohenpriestern und Ältesten zurück und sprach: »Ich habe gesündigt, denn ich habe unschuldiges Blut verraten.«

Das war eine richtige Beichte. Alle »fünf notwendigen Stücke« waren vorhanden, nur das sechste fehlte. Was aber dieses sechste Stück sei, ist gar nicht einfach zu sagen. Ihr sprecht: »Es fehlte das hoffende Vertrauen, das mit der Reue verbunden sein muß«, und dies ist vielleicht tatsächlich der einzig mögliche Ausdruck. Mir scheint aber auch, daß Judas zuviel getan hat. Hätte er zu sich gesprochen: »Ich bin ein schlechter Kerl gewesen«, und hätte sich wie Petrus verzogen, wer weiß, was noch aus ihm geworden wäre. So aber dachte er weniger an seine Schlechtigkeit als an das, was infolge seiner Schlechtigkeit geschehen war, und wollte nun dies nach Möglichkeit abändern. Das sieht nur äußerlich so aus wie das vom Katechismus geforderte »fünfte notwendige Stück«. Innerlich aber ist es voll der Anmaßung, als könne ein Mensch überhaupt am Geschehen etwas ändern, während er doch nichts anderes kann, als gut oder schlecht sein wollen. Judas tat äußerlich viel mehr als Petrus, so daß er gar nicht zum innerlichen Zuschandenwerden und zum bitterlichen Weinen kam. Anstatt in sein Herz zu greifen, griff er in die Räder des ins Rollen gekommenen Schicksals, und da er hier nichts erreichte, verzweifelte er.

»Ich habe mich durch Jugendsünden des Priestertums unwürdig gemacht, ich will das Alumnat verlassen«, sagte einer meiner Mitalumnen unserem Pater Rektor.

»Sie wollen sich also des Priestertums noch unwürdiger machen?«. Diese Antwort, die dem zweifelnden Alumnus eine merkwürdige Kraft gab zu bleiben, wo er war, und von diesem festen Punkte des göttlichen Willens aus den Weg zu einem wahrhaft priesterlichen Leben zu finden, ist mir erst viel später klar geworden. Was man getan hat, dem muß man klar und mutig ins Auge sehen, auch wenn es Sünde und Verrat war. Man muß es als geschehen anerkennen. Gott läßt nichts mehr ungeschehen machen, was geschehen ist. Ist die Seele von der Sünde verdorben, so wird sie nicht davon gesund, daß man jetzt mit dem Fuße gegen den Stein stößt, den man für alle Zeiten unverrückbar gesetzt hat, oder daß man den Folgen nachjagt, die aus der geöffneten Tür einer Tat nach allen Richtungen hin entflattern. Die Seele, die an der Tat verdarb, kann nur gesund werden, wenn sie sich selbst als zuschanden geworden erkennt und erst einmal ordentlich ausweint. Da gibt ihr Gott neues Leben und läßt sie Dinge tun, über deren Schönheit sie selber die tödliche Tat vergißt. Sie bekommt dann genug zu tun und kann Genugtuung leisten ihr Leben lang.

Was gibt es doch für falsche Genugtuung und falsche Sühne! Und die falscheste ist, wenn man sich für unwürdig hält, überhaupt etwas zu tun oder überhaupt noch zu leben. Die wahre Sühne ist, nach der Sünde das, was noch übriggeblieben ist, also vor allem das Leben, den Beruf, die Verhältnisse, in denen man lebt, fest anzupacken, damit nicht noch etwas verlorengeht, und nun mit den letzten Resten des alten Lebens und mit der Kraft des neuen Lebens, das Gott dem Sühnenden gibt, ganz neu anzufangen, wenn man sich erst einmal richtig ausgeweint hat.

Judas hoffte, mit seinem Geständnis und mit der Rückgabe des Verräterlohnes das eben gefällte Todesurteil rückgängig machen zu können. Als ob seine Tat allein das Todesurteil vollbracht hätte! Als ob dieses Todesurteil nicht noch tausend andere Wurzeln gehabt hätte! Es ist etwas Rührendes, wenn ein Sünder die ganze Schuld an einem Geschehen auf sich nimmt, aber es ist nicht immer etwas Wahres. Es ist vor allem ein Unglaube, denn alles Geschehen wurzelt mit seiner stärksten Wurzel im Willen Gottes. Aus Unwahrheit und Unglaube heraus kann aber nie der rechte Weg führen. Der Sünder muß auch demütig von seiner Sünde denken. Sie hat nur einen geringen Anteil am Geschehen, wie auch die gute Tat nur einen geringen Anteil am Geschehen hat.

Judas ging also zu den Hohenpriestern und Ältesten und sprach: »Ich habe gesündigt, daß ich unschuldiges Blut verraten habe!« Da sprachen sie: »Was geht das uns an? Da sieh du zu!«

Ich habe noch nie ein eisigeres Wort gehört als dieses, vielleicht nur eines, das mir ebenso eisig klang: »Dixi et salvavi animam meam (Ich habe gesprochen und meine Seele gerettet; ich bin salviert)!« Es war das letzte Wort einer Unterredung zwischen einem geistlichen Oberen und einem verluderten Kerl, der aus seiner Studentenzeit wohl alles wußte, was der geistliche Herr ihm sagen konnte, und der doch nicht den Weg nach oben fand. Es schnitt mir durch die Seele wie ein letztes Gericht: ich sah die gerettete Seele des Geistlichen in ihrer Sicherheit und sah den armen Kerl nun ganz verzweifeln. Der Geistliche hatte seine Pflicht getan, ich kann es nicht anders sagen, und doch erschien mir der Vorgang wie eine Brutalität sondergleichen. Ich ging mit dem verzweifelnden Menschen durch die Straßen Breslaus und hörte ihm in innerlicher Verwirrung zu, wie er davon redete, daß er ja noch eine Kugel im Revolver habe. Da kam vom Hauptbahnhof her ein Dienstmädchen mit einem schweren Koffer, den sie immer nur einige zwanzig Schritt vorwärtsschleppen konte. »Dummer Kerl mit deinem Revolver«, fuhr es mir da aus dem Munde, »hilf lieber mal dem Mädchen ihren Koffer tragen. Dein Laster wirst du auch mit der Kugel nicht los!« Und er tat's, und – lacht nicht! – nach zwei Jahren mußte er das Mädchen heiraten. Jetzt ist er ein anständiger Familienvater mit guter Aussicht, einmal in den Himmel zu kommen. Gottes Erlösung wird nicht gewirkt mit einer kristallklaren Entscheidung, sondern mit ganz anderen Mitteln.

»Was geht das uns an? Da sieh du zu!«

Letzten Endes ist der Mensch, auch wenn er von allen Seiten beseelsorgert wird, auf sich selbst angewiesen und auf die heiligen Zufälle Gottes. Davon spürt er aber nur das erste, daß er ganz auf sich selbst angewiesen ist; zum zweiten braucht er, um es zu wissen, schon eine beträchtliche Glaubenserfahrung. Es ist eine ungeheure Einsamkeit, in welcher der Mensch vor Gott steht, wenn er nicht erkennt, daß Gott in diesem Augenblick aus sich heraustritt, sich neben den Menschen stellt und alle seine Schuld und Verantwortung auf sich nimmt.

Ich lebte in meiner Jugendzeit ständig im Bewußtsein eines treuen Geführtseins, dachte: Wenn ich selber nicht mehr weiter kann, wird sich schon ein Arm finden, der mich über den Graben trägt. Ich fühlte mich wohl im Schutze meiner frommen Eltern und Tanten, auch der heiligen Frauen im Kloster, besonders aber meines treuen Beichtvaters, und war überzeugt, daß ich nach meinem Eintritt in den Klerus am Bischof und seinen Stellvertretern wahre geistliche Väter und Führer finden würde. Keiner sagte mir: »Da sieh du zu.« Es war wunderbar schön, daß mir alle mehr vertrauten als ich selbst. Es handelte sich auch immer um Dinge, in denen sie, wie ich jetzt einsehe, vertrauen konnten. Erst bei Beginn meiner Mannesjahre merkte ich jene ungeheure Einsamkeit des Menschen vor Gott. Ich mußte Entscheidungen treffen, für die niemand eine Verantwortung übernehmen konnte. Da hörte auch ich das Wort: »Dixi et salvavi animam meam – sieh du zu.« Es kam mich an wie ein eisiger Wind, eine allerbitterste Verlassenheit. Da war kein Getragenwerden mehr; ich mußte den Sprung wagen oder zugrunde gehen. Da trat Gott aus sich selbst heraus und stellte sich an meine Seite – vor und gegen sich selbst. Soviel ich auch von dem Geheimnis der Dreieinigkeit und der Erlösung durch die zweite Person in Gott wußte, jetzt erfuhr ich zum ersten Male die Wahrheit dieses ewigen Vorganges. Aus der drohenden Verzweiflung wurde eine Vereinigung. Ich war vor dem Judasschicksal gerettet.

In einer späteren, aber ähnlichen Zeit stand ein Priester bei mir, der nicht das Wort sagte: »Dixi et salvavi animam meam, jetzt sieh du zu!« Er sah mit mir zu, was Gott an mir täte. Und er bewahrte mir alle seine Liebe, ist aber kurz darauf verstorben. Nun glaube ich, daß der wahre Priester mit dem Menschen bis zum Letzten geht, weit über Lehrbuch und Gesetz hinaus, und daß er dann an Gottes Statt steht, der allein die Sünden der Welt tragen kann. Und er spricht: »Wenn du nicht anders kannst, so tue es, ich will die Verantwortung und Schuld auf mich nehmen.« Unendliche Tiefe und Weite hat das Wort, das Jesus an seine Apostel richtete: »Was ihr auf Erden binden werdet, wird auch im Himmel gebunden sein, und was ihr auf Erden lösen werdet, wird auch im Himmel gelöst sein. Wem ihr die Sünden nachlasset, dem sind sie nachgelassen; wem ihr sie vorbehaltet, dem sind sie vorbehalten.«

Nach dem Verhör vor dem Hohenpriester Kaiphas wurde Jesus in die Gesindestube gebracht und von den Leuten bewacht bis zum Tagesanbruch. Was ist's, daß nun gerade, da ich dies schreibe, unsere junge Katze über die Dielen unserer Neusorger Wirtschaftsstube huscht und meine Blicke vom Leben Jesu ablenkt? Sie hat eine kleine Maus gefangen und spielt mit ihr, läßt sie laufen, holt sie wieder ein, umfängt und streichelt sie mit ihrem Tätzlein; und das Tierchen ist ganz in ihrem Banne, erhebt sich vor ihr und, auf den Hinterbeinen sitzend, macht es allerliebste Bewegungen mit den Vorderpfoten. Ich weiß, daß mitten im Spiel der entscheidende Todesbiß kommt, aber ich selbst bin wie gebannt.

Die Gesindeleute des Kaiphas begannen, wohl um sich die letzten Stunden der Nacht zu vertreiben, mit ihrem gefangenen Mäuslein Jesus das Prophetenspiel zu spielen, wie einige Stunden später die Gesindeleute des Pilatus das Königsspiel mit ihm spielten. Sie banden ihm die Augen zu, schlugen ihm dann ins Gesicht und sprachen: »Weissage uns: wer ist's, der dich geschlagen hat?«

Das machte den Leuten großen Spaß. Dieselbe Menschennatur, die einst bei den Wundern und Lehren Jesu ausgerufen hatte: »Ein großer Prophet ist unter uns erstanden«, war bis ins Innerste vergnügt, da sie nun diesen Propheten ganz in ihrer Gewalt hatte und mit ihm spielen konnte. Seht nicht mit Verachtung und Ekel weg! Es ist auch seitdem immer so geblieben, wenigstens etwas davon. Jesus muß das Ärgste in uns erleiden, ehe er in uns zu seiner Herrlichkeit kommt. Die Menschennatur kann erst an ihrem Äußersten in das Göttliche hinein umbrechen. Wundert euch nicht, daß ihr erst von Sünde zu Sünde gegangen seid, daß in euch immer Unerhörteres geschah, das Allerschmählichste und Allerletzte – bis es endlich über euch kam!

Die Juden hatten von alters her nur eine Todesstrafe, die Steinigung. Diese wäre Jesu Schicksal gewesen, wenn den Juden nicht von den Römern das Recht auf Vollziehung der Todesstrafe genommen worden wäre. Der fromme Evangelist Johannes sieht darin eine besondere Fügung Gottes. Er wußte doch, daß Jesus seinen Kreuzestod vorausgesagt hatte. Und damit diese Weissagung erfüllt werde, hätte, so sagt er, das Judenvolk das Recht verloren, die Todesstrafe zu vollziehen. Wenn es Jesus töten wollte, mußte es ihn zum römischen Landpfleger führen, und nach dem römischen Rechte stand auf das Verbrechen des Aufruhrs die Kreuzesstrafe. In anderen Fällen, wie bei der Tötung des Stephanus, kümmerten sich die Juden keineswegs um das Verbot der Römer. Hier taten sie es! Warum? »Damit das Wort Jesu erfüllt würde«, sagt eben der fromme Evangelist. Sie standen also im Banne einer Führung.

Das Kreuz, nicht der Steinhaufen, sollte das Zeichen des Christentums werden.

Wir waren einmal mehrere Studenten bei unserem Einsiedler auf dem Schlegler Berge und wollten noch nach dem Annaberge bei Neurode. Da zog ein schweres Gewitter auf, und wir mußten den Plan aufgeben. Einer von uns wurde über die Maßen zornig und rief aus: »Mir geht aber alles quer!« Da spielte der Einsiedler am Kreuz seines Rosenkranzes und sagte: »Ja, der göttliche Heiland ist am Querholz gehangen.« Sonst nichts. Später fragte ich den Einsiedler, warum er so gesprochen habe. »Das weiß ich nicht mehr«, antwortete er. Aber gleich nachher sprach er davon, daß das Leben nicht eine Kugel sei und auch keine gerade Linie, sondern daß es im Leben immer quer gehen müsse. Um ihn zu einer genauen Erklärung zu drängen, sagte ich ihm, es wäre für unsere Erlösung gleichgültig, ob Jesus gekreuzigt oder gesteinigt worden wäre. Ich glaube, er antwortete darauf: »Um einen runden Teich kann man keine gerade Straße legen, und ins Leben gehört das Kreuz.« Weiter war aus ihm nichts herauszubringen. Damals hoffte ich noch, auf geraden Straßen durchs Leben gehen zu können. Ich mußte aber immer Kreuzwinkel abschreiten.

In der Morgenfrühe führten die Juden Jesus aus dem Hause des Kaiphas in das römische Gerichtshaus. Sie selber blieben freilich draußen stehen, denn sie wollten sich nicht durch das Betreten eines heidnischen Hauses unwürdig machen für den Genuß des Osterlammes. Dabei lieferten sie das wahre Osterlamm Christus den heidnischen Soldaten aus, die am Gerichtshaus Wache hielten! Der ganze Widersinn dieses Tages schreit aus der eingebildeten Frömmigkeit der Juden heraus.

Es gehörte zu den politischen Rücksichten des römischen Landpflegers, daß er die jüdischen Ankläger nicht vor seinen Richterstuhl ins Haus rief, sondern daß er zu ihnen heraustrat und sie fragte: »Welche Anklage erhebt ihr wider diesen Menschen?«

Die Juden aber wollten dem Römer nicht noch das Recht einräumen, eine Begründung der Anklage und des Urteils zu verlangen, und antworteten trotzig: »Wenn dieser kein Verbrecher wäre, so würden wir ihn dir nicht überliefert haben.« Es klang wohl etwas aus diesen Worten wie: »Ihr Römer seid nur gut genug für Scharfrichterdienste!«

Pilatus merkte den Trotz und die Bosheit und versetzte auch ihnen einen Stich, indem er sprach: »So nehmet ihr ihn hin und richtet ihn nach eurem Gesetze.«

Mit diesem Worte erhielten sie eigentlich ihre volle Gerichtshoheit wenigsten in dem einen Falle zurück. Sie hätten jetzt Jesus abführen und steinigen können. Aber es war am Tage des Osterlammes; ihr ganzer Plan kam in Gefahr. Darum besannen sie sich plötzlich auf das fünfte Gebot Gottes und sprachen: »Es ist uns nicht erlaubt, jemanden zu töten.« Und um ihr Ziel zu erreichen, zogen sie gleich aus dem Bekenntnis Jesu, daß er Gottes Sohn und Messias sei, die politischen Folgerungen, formten ihre Urteilsbegründung diplomatisch um und sprachen: »Wir haben diesen als Revolutionär befunden, als einen, der verbietet, dem Kaiser Zins zu geben, indem er sagt, er sei Christus, der König.«

Da hielt es Pilatus für seine Beamtenpflicht, Jesus zu verhören. Er ging hinein in den Gerichtssaal, ließ Jesus rufen und fragte ihn: »Bist du der König der Juden?«

Jesus liebte treue Beamte und stand ihm Rede und Antwort. Noch mehr! Er liebte die Seele des Pilatus; er wußte, daß in dieser Seele eine Ahnung seines Königtums aufgeleuchtet war. Er wollte diese Ahnung zur vollen Erkenntnis erwecken, indem er sprach: »Sagst du dies von dir selbst, oder haben dir es andere von mir gesagt?«

Pilatus fühlte die werbende Gnade; es war ihm, wie es den Männern immer ist, wenn etwas Gutes und Göttliches über ihr Herz kommt. Er mußte mit einer gewissen Schroffheit erwidern, mußte sich gegen etwas wehren. Darum sprach er: »Bin ich denn ein Jude?« Er wußte von der uralten Sehnsucht der Juden nach dem messianischen König. Nur ihnen, so wollte er sich überreden, könne es gegeben sein, diesen König, wenn er käme, zu erkennen. »Dein Volk«, so sprach er weiter, das Zeugnis seines eigenen Herzens in männlicher Scheu ablehnend, »und die Hohenpriester haben dich mir überliefert.« Und er wagte nicht mehr zu fragen: »Bist du ein König?«, sondern fragte: »Was hast du getan?«

Jesus, der Kenner des in religiösen Dingen sehr scheuen Mannesherzens, hatte keinen Tadel für diese Politik des Pilatus, tat, als ob doch jene Frage gestellt und schon mit Ja beantwortet wäre und als ob die Antwort noch einer Erläuterung bedürfte, und sprach: »Mein Königtum ist nicht von dieser Welt. Wenn mein Königtum von dieser Welt wäre, so würden wohl meine Diener in Wehr und Waffen stehen, damit ich den Juden nicht überliefert werde. Nun aber ist mein Königtum nicht von hier.« Er sprach von den Juden so, daß Pilatus aus seinen Worten heraushören mußte: »Auch ich bin kein Jude«, und er öffnete den Blick in ein Reich, in dem nicht Wehr und Waffen sind. Pilatus folgt ihm in dieses Reich und anerkennt dieses Königtum. Denn er spricht: »Also bist du ein König?«

Es hat niemand ein Recht, an Pilatus zu mäkeln. Er folgt der Gnadenführung in ganz richtiger Schlußfolgerung. Jesus selbst bestätigt dies, indem er spricht: »Du sagst es, ich bin ein König«, und er fährt weiter: »Ich bin dazu geboren und dazu in die Welt gekommen, daß ich der Wahrheit Zeugnis gebe. Wer immer aus der Wahrheit ist, der hört meine Stimme.«

Da hub das Wehren in der Seele des Pilatus von neuem an. »Was ist Wahrheit?« sprach er und suchte Schutz vor der Erkenntnis hinter dem Schirm des beliebten Zweifelwortes. Er ging zu den Juden hinaus und sagte zu ihnen: »Ich finde keine Schuld an ihm.«

Pilatus wollte Jesus vor den Juden retten. Es war aber schwer, einen Rettungsweg zu finden. Pilatus nahm zunächst alles wahr, was ihm Zufall, Gnade, Diplomatie in die Hände spielten. Es fiel zuerst das Wort Galiläa. Da hakte Pilatus sofort ein. »Ah, Galiläa«, kam es dem Landpfleger, »dort ist Herodes König, wenn auch nur zum Schein. Vielleicht findet dieser einen Ausweg!« Aber Jesu Landesherr, Herodes, schickte ihn wieder zu Pilatus zurück. Er hatte viel von Jesus gehört und wünschte ein Zeichen von ihm zu sehen. Aber Jesus gab ihm nicht einmal ein einziges Wort.

Da stellte Pilatus das Volk vor die Wahl zwischen Barrabas und Jesus. Die Abgeordneten brachten diese Nachricht den Hohenpriestern und Vorstehern. Damit hatte Pilatus das Schicksal Jesu der Volksmasse überantwortet und sein Spiel an die Feinde Jesu verloren. Denn die Hohenpriester und Ältesten hatten es leicht, das Volk zu bereden, den Barrabas zu begehren und die Tötung Jesu zu verlangen.

O wie sich nun Pilatus wehrte! Er mußte hinaustreten vor das Volk und fragen: »Welchen wollt ihr, daß ich ihn losgebe, den Barrabas oder Jesus, der Christus genannt wird, den Mörder oder den ihr selbst den Gesalbten Gottes genannt habt?«

Das Volk rief: »Den Barrabas!«

Der Landpfleger: »Was soll ich denn mit Jesus machen, der Christus genannt wird?«

Das Volk wie mit einer Stimme: »Er soll gekreuzigt werden.«

»Was hat er denn Böses getan?«

Ach, ein wilder Lärm war die Antwort. Kein vernünftiges Wort konnte den Lärm durchbrechen! Da ließ sich Pilatus einen Wasserkrug bringen, wusch seine Hände vor dem Volk, und da dieses im Zuschauen zu verstummen begann, sprach er feierlich: »Ich bin unschuldig an dem Blute dieses Gerechten; sehet ihr zu!«

Das ganze Volk antwortete: »Sein Blut komme über uns und unsere Kinder.«

Da gab Pilatus den Kampf auf und versuchte, durch kluges, landesväterliches Zureden und durch einige Nachgiebigkeit das Schlimmste von Jesus fernzuhalten. Auf Jesus weisend, sprach er zu den Hohenpriestern und Ältesten und zum Volke: »Ihr habt diesen Menschen zu mir gebracht als einen Volksaufwiegler. Seht, ich habe ihn in eurer Gegenwart verhört und an ihm nichts von dem gefunden, wessen ihr ihn anklagt. Aber auch Herodes nicht, denn ich habe euch zu ihm geschickt, und es ergab sich nichts, was ihn des Todes schuldig zeigte. Ich will ihn also –«

O Pilatus, was willst du sagen! Willst du sagen: »Ich will ihn also freigeben und durch meine Soldaten vor euch beschützen lassen?« Das wäre doch das einzig richtige »Also« nach deinem und des Herodes Verhör! Nein, du sprichst: »Ich will ihn also mit der Zuchtrute schlagen lassen und dann losgeben.« O weh mir armen Menschen, daß ein solches »Also« in meiner Natur steckt, deren Träger und Sprecher damals Pilatus war! O Mensch, in deinem Leben verkehrt sich deine eigene Logik! Was ist dies für ein »Also«, das hier in erschreckend geheimnisvoller Gewalt blutfordernd zwischen des Menschen Denken und Tun tritt? Ist es jenes »Also«, das vom Anfang der sündigen Menschheit an gewitterschwer am Horizont des Himmels aus unverstehbaren Tiefen heraufzog? Ist es der Schlußsatz eines ewigen Syllogismus: »Er ist unschuldig, also muß er geschlagen werden, daß er blute«? Pilatus, nicht du willst, daß er gegeißelt werde, sondern dort oben will es einer, aber wehe dir, daß du jenen Willen an dich reißest! Gott will manche Dinge, die der Mensch nicht mitwollen darf. Er will, daß das Blut des Gerechten für die Sünder fließe, aber kein Mensch darf es vergießen. O Pilatus, denkender Mensch, halt ein! Du machst dich schuldig, da du noch denken kannst. Überlasse das Werk den blinden, gedankenlosen Gewalten, aber du als denkender Mensch halte dich frei und wahre dich dagegen. Oder bist du von Gott oder vom Teufel besessen, ist dein Denken von Gott umdunkelt oder vom Teufel verkehrt, daß du wirklich sprichst: »Ich will«? Wohl bist du frei in deinen Entscheidungen, aber warst du es auch in diesem Augenblicke, in dem du solches sprachst? O Pilatus, sieh, es verurteilen dich alle Getreuen Jesu; sie geben deinen Namen ihren Hunden und sehen dich verzweifelnd von hohem Alpenfels in die Tiefe stürzen, nur – Jesus verurteilt dich nicht.

Da stand Jesus an der Geißelsäule, die Ruten schlugen auf ihn ein, die Riemen zerpeitschten sein Fleisch, die Eisenhäkchen pickten, und das Blut floß, ein Tröpflein nach dem anderen. Laßt mich! Ich bin zu sinnenweich, um mehr davon zu sagen. Es ist eine Welt, in der zur selben Stunde Rubinen aufleuchten und Rosen erblühen. Und es schlug eine Uhr, und es war die Stunde der Erlösung. Tore gingen weit auf: »Der König, der König!«

Als Jesus gegeißelt worden war, nahmen ihn die Soldaten des Landpflegers zu sich in das Richthaus und versammelten sich um ihn, die ganze Schar. Und sie zogen ihn aus und legten ihm einen Purpurmantel um und flochten eine Krone von Dornen und setzten sie auf sein Haupt und gaben ihm ein Rohr in seine rechte Hand. Und sie bogen das Knie vor ihm, verspotteten ihn und sprachen: »Sei gegrüßt, du König der Juden!« Sie spien ihn auch an, nahmen das Rohr und schlugen ihn auf das Haupt. Sie, die Diener des Königs, spielten das Königsspiel mit ihm, wie die Gesindeleute des Hohenpriesters das Prophetenspiel mit ihm gespielt hatten. Es hatte auch dieses Spiel zwei äußerste Enden, den Königsgedanken und seine Verneinung. Es maß dieselbe

Weite der Gegensätze aus, die das Leben ausmißt und die der Mensch als Spannung seiner Natur in sich hat. Das Leben wirft dem König, sei er eines weltlichen oder eines geistigen Reiches König, den roten Mantel um – auf daß sich seine Nacktheit greller offenbare; es krönt ihn, um die Stirn mit spitzem Dorn zu stechen; es beugt vor ihm das Knie, um ihn zu bespeien; es reicht ihm ein Rohr und nimmt es dann, um ihn zu schlagen; es spricht den Königsgruß und kann ihn doch nur sprechen zum Spott. Das Wesen des Lebens, das sich uns sonst nur in sorgfältiger Toilette zeigt, enthüllt sich hier zur vollen Nacktheit: es ist nicht Wesen, sondern Verwesung, es ist eine Formel mit lauter verneinenden Vorzeichen, es ist ein Königsspiel, in dem der König angespien werden muß.

Ich sage: Die Dornenkrönung ist nicht ein zufälliges Zwischenereignis, sondern ein notwendiges Glied in der großen Passion. Leider sind selbst unsere Worte Teile dieses Lebens, für seinen Dienst geprägt, so daß wir, auch wenn wir uns außerhalb des Lebens stellten, um es von außen und ganz parteilos beurteilen zu können, doch nicht Worte hätten, die uns zur Schilderung seines wahren Wesens befähigten. Wir können uns nur helfen, wenn wir unseren Worten heimlich verneinende Vorzeichen geben: Königsmantel über Nacktheit, Krone aus Dornen, Zepter aus Rohr, Huldigung mit verschlucktem oder ausgespucktem Speichel – Ecce homo!, siehe, der Mensch!

Da ging Pilatus wieder hinaus und sprach zu den Juden: »Sehet, ich führe ihn hinaus zu euch, damit ihr erkennet, daß ich keine Schuld an ihm finde.« Das »damit« ist ein ebenso rätselhaftes Wort wie jenes »Also«. Denn aus der Tatsache der Geißelung mußte doch jedermann den Schluß ziehen, daß eine Schuld vorläge. Welcher Unschuldige wird gegeißelt! Aber nein! Das Gegenteil sollten die blutigen Schwielen und all der spöttische Königsfirlefanz beweisen. Oh, das Leben sprach damals seine echte Sprache!

»Ich führe ihn heraus«, sagte Pilatus. Aber der Evangelist setzt hinzu: »Jesus also ging hinaus.« Ein König läßt sich nicht führen, ein König geht. In dem Augenblicke, da das Leben alles Königstum verspottet und bespien hatte, in dem Augenblicke der Verneinung ward Christus wahrhaftiger König. Und Pilatus sah, wie Christus vor dem Volke stand. Und er fand kein anderes Wort als dieses: »Ecce homo!«

Wer kann es übersetzen? Wer kann die tausend Stimmen wiederklingen lassen, die in ihm reden? Steht in tausend Büchern soviel wie in diesem Worte? Stellet alle Spiegel auf und schaut darein, keiner gibt euch klarer euer inneres Antlitz wider! Die Menschwerdung des Gottessohnes ward in diesem Augenblick vollendet, da nichts Menschengleiches mehr an der Elendsgestalt war; denn der Mensch wird aus seiner Vernichtung heraus.

Das versteht ihr doch alle nicht, die ihr noch in einiger Ehre, einigem Besitz, einiger Schönheit und einiger Liebe stehet. Aber könnt ihr euch vielleicht erinnern an die Zeit, in der einmal alles in euch vernichtet war? Ich ging einmal in einer solchen Zeit fort aus meinem Zimmer; ich wollte auf den Friedhof gehen, meinte, noch immer schlank und stattlich und mit einem einigermaßen anständigen Gesicht daherzuschreiten. Da kamen auf der Auenstraße zwei Kinder, wichen aber schreckhaft aus, und ich hörte nur ängstlich flüstern: »Du, was war das für ein Mann!« Ich erinnere mich und weiß ...

Man darf das alles nicht fliehen, meiden oder leugnen wollen, wenn man zum Vollmenschentum kommen will, oder mit anderen Worten, wenn man zum ewigen Leben kommen will, das nicht etwa nur ewig ist nach dem Zeitgedanken, sondern in der ganzen Fülle, in der Höhe, Breite und Tiefe. Man darf solche Dinge nicht als unglückliche Zufälligkeiten, verdiente Strafen, willkürliche Prüfungen ansehen, sondern als wesensnotwendige Entwicklungsvorgänge oder wie man etwa den Gegensatz zur allgemeinen Auffassung benennen sollte – ich bin zu arm an Worten! Christus war der erste, der auch hierzu ja gesagt hat: »Jesus also ging hinaus.« Dadurch hat er uns von dem elenden, feigen Menschentum erlöst, das nur auf ebenen Bahnen, unter Rosen und Lilien, ohne Katastrophe, ohne Unglück, dahinfließen will. Spürst du die wachsende Kraft in dir, wenn du einmal zu Unglück, Unehre und Vernichtung ja sagst?

»Kreuzige, kreuzige ihn!« schrien die Juden in das »Ecce homo!« des Pilatus hinein.

Da sprach Pilatus: »Da nehmt *ihr* ihn hin und kreuzigt *ihr* ihn, *ich* finde keine Schuld an ihm!«

Und die Juden wieder: »Wir haben ein Gesetz, und nach diesem Gesetze muß er sterben; denn er hat sich selbst zum Sohne Gottes gemacht!«

Jetzt endlich lassen sie davon ab, mit politischen Anklagen ihr Ziel erreichen zu wollen, hüllen sich aber in ihren Gesetzeseifer ein, anstatt ganz nackt zu sagen: »Er hat uns elende, armselige Tröpfe nicht beachtet; er hat unsere Bosheit und Geistesenge verurteilt, darum soll er sterben.« Sie wollten der lebensnotwendigen Vernichtung ihrer eigenen Art aus dem Wege gehen, darum wurden sie Mörder am Leben.

Pilatus aber hatte von neuem der Wahrheit Zeugnis gegeben, indem er sagte: »Ich finde keine Schuld an ihm!« Darum begann die Wahrheit wieder heller in ihm aufzuleuchten. Er hörte das vom »Sohn Gottes«, und der Evangelist sagt: »Er fürchtete sich noch mehr.« Er begann in heiliger Furcht an die Gottessohnschaft Jesu, an seine ewige Herkunft zu glauben! Darum nahm er Jesus noch einmal ins Gerichtshaus und sprach zu ihm: »Woher bist du?« Daß Jesus aus Galiläa war, wußte er: er wollte jetzt etwas anderes wissen, und – es wußte es schon genügend, denn Jesus gab ihm keine Antwort. Es soll der Mensch nicht äußere Bestätigung der innerlich erwachenden Erkenntnis suchen, sondern soll der Erkenntnis folgen. Wohl mehr staunend als zornig über das Schweigen Jesu rief nun Pilatus aus: »Mit mir redest du nicht? Weißt du nicht, daß ich Macht habe, dich zu kreuzigen, und Macht habe, dich loszugeben?«

Macht ist das Unseligste, was dem Menschen gegeben werden kann. Ich muß dies sagen, obwohl es all eurem Streben vor die Stirn schlägt und obwohl ich weiß, daß all euer Streben auf Macht und Einfluß gerichtet ist. Das Unselige daran ist, daß der Mensch sogleich seinen Willen ausdehnt bis an die Grenzen seiner Macht. Seine Macht wird sein Mögen. Und doch geht jegliche Macht weit über die Grenzen des Guten hinaus und ermöglicht auch das Böse.

Da sprach Jesus zu Pilatus: »Du hättest keine Macht über mich, wenn sie dir nicht von oben herab gegeben wäre. Darum hat der, der mich dir überlieferte, eine größere Sünde.«

Ich weiß nicht, ob ich recht höre, aber ich höre aus diesen Worten eine unendliche Liebe Jesu zu Pilatus heraus, als ob Jesus spräche: »Von dir allein würdest du mich nicht kreuzigen. Wirf deine Macht von dir und sei ein einfacher Mensch!« Und es ist gleichgültig, ob das »von oben herab« bedeutet: »Vom Kaiser« oder »Vom Himmel« oder »Vom Hohen Rat«; es bedeutet vielleicht alle drei zusammen, bedeutet die ganz amtliche Stellung des Pilatus.

Pilatus wollte schon seinen Soldaten befehlen, Jesus loszulassen. Da fanden die Juden das entscheidend verführende Wort: »Wenn du diesen losläßt, so bist du des Kaisers Freund nicht; denn jeder, der sich zum König macht, ist ein Empörer wider den Kaiser!«

Es ist merkwürdig, daß drinnen im Gerichtshaus und draußen unter dem Volk derselbe Gedanke rege wurde, der Gedanke an Amt und Macht von oben. In schrecklichem Zwiespalt standen der einfache Mensch Pilatus und der Beamte Pilatus. Es erwies sich, daß das Amt eine unpersönliche Macht ist, ähnlich wie das Gesetz, und daß es den Menschen zwingt und verführt, ganz anders zu handeln, als er als einfacher Mensch handeln würde, und zwar, wie wir deutlich erkennen, schlechter zu handeln. Es kann seine Abstammung aus der Sünde nicht verleugnen; denn nur die Sünde hat Amt wie Gesetz notwendig gemacht. Weder Amt noch Gesetz konnten von der Sünde erlösen, sondern mußten selber zur Sünde werden.

Pilatus verfiel dem Amte. Er führte Jesus hinaus und setzte sich auf den Richterstuhl an dem Orte, der Lithostroton, auf hebräisch aber Gabbatha genannt wird. Es war eine mit Steinen gepflasterte und erhöhte Stelle auf dem Marktplatz. Und Pilatus tat, als ob alles Geschehene nicht geschehen wäre, übernahm nur die letzte Anklage der Juden und sprach, auf Jesus deutend: »Sehet da, euer König!«

Das Volk wiederholte seine Forderung: »Hinweg mit ihm, hinweg! Kreuzige ihn!«

War es nun ein Hohn auf das politische Elend des jüdischen Volkes oder war es ein Versuch, das Königtum Jesu zu einer Schuld des Volkes zu machen, das ja tatsächlich den messianischen König erwartete, oder war es eine letzte Mahnung an das Volk – Pilatus sprach: »Euren König soll ich kreuzigen?«

Da verleugneten die Hohenpriester des Volkes Heiligstes,

seine messianische Hoffnung, und bezeugten, daß die Geschichte des jüdischen Volkes zu Ende war, indem sie riefen: »Wir haben keinen König; wir haben nur den Kaiser!«

Und es war wie ein mechanisches Spiel, daß Pilatus den Angeklagten dem Volke übergab, auf daß er gekreuzigt werde.

O Pilatus!

DAS KREUZ

Pilatus ging in sein Haus und befahl seinem Schreiber, die Schuldtafel zu schreiben, die dem verurteilten Angeklagten auf dem Wege zur Richtstätte vorangetragen werden mußte. Und er befahl, darauf zu schreiben in Hebräisch, Griechisch und Lateinisch: »Jesus von Nazareth, König der Juden.« Gelehrte und fromme Bibelerklärer sagen: Er tat dies erstens wohl, weil die Inschrift ziemlich den Inbegriff der Anklage zusammenfaßt und den Hauptgegenstand der Verhandlung bezeichnet; zweitens, um von sich selbst den Verdacht der Teilnahme am Hochverrat abzuwälzen; drittens, um die Juden zu ärgern, weil sie ihn wider Willen und wider seine bessere Erkenntnis zur Verurteilung Jesu gezwungen hatten; viertens – waltete dabei der Finger Gottes. Der Finger Gottes waltet immer *erstens,* ihr Herren! Und es waltet auch die Macht der Wahrheit. Zur äußeren Tat konnten die Juden den Beamten Pilatus zwingen. Aber der innere Mensch erhob sich aus dem Zwange zum freien Bekenntnis dessen, was er erkannt hatte.

Die Kreuzesinschrift ist das erste, wenn auch kürzeste Evangelium. Geschrieben hat es Pilatus.

Als die Hohenpriester der Juden die Inschrift sahen, machten sie den ersten Versuch einer Textkorrektur im Evangelium und sprachen zu Pilatus: »Schreibe nicht: König der Juden, sondern daß er gesagt hat: Ich bin der König der Juden.«

Pilatus aber antwortete: »Was ich geschrieben habe, habe ich geschrieben!«

Auch Jesus sah die Inschrift. Er las seinen Namen, der da hieß: »Erlöser«, und er las den Titel, der da bedeutete: »Der von den

Juden erwartete messianische König.« Und er nahm das Kreuz auf seine Schultern und ließ sich zur Richtstätte führen.

Er nahm das Kreuz. O Leser, denke nicht allein an die Holzbalken, die ihm auf die Schultern gelegt wurden! Denke an das, was der Schlegler Einsiedler vom Kreuz gesagt hat! Jesus nahm die Kreuzform des Lebens auf sich, die sich während der ganzen Leidensgeschichte, besonders aber in dem Todesurteil gezeigt hat: Von Pilatus als König der Juden erkannt und doch zur Vernichtung verurteilt – siehe die gerade Linie des Lebens und die verneinende Querlinie! Wir verwenden unser ganzes Denken auf die moralische Frage, ob und wieweit Pilatus sich versündigt habe. Oh, das werden wir nie wissen, und es geht uns auch nichts an! Und wir verschwenden unser ganzes Gefühl auf den Versuch, nachzuempfinden, wie schwer und hart die kantigen oder knorrigen Holzbalken auf die liebe Schulter Jesu drückten. Oh, ein Zimmermann wie Jesus trägt schwere Balken und hat eine geheime Lust an ihrer Last, auch wenn sie ihm manche Quetschung und manche Wunde macht! Aber das Holzkreuz war doch nur die Äußerung und für die Augen das letzte und deutlichste Zeichen der Durchkreuzung des ganzen Lebens und aller seiner Atemzüge durch Vernichtung, Schande und Tod – ich weiß nicht, wie ich es genauer sagen soll!

Ich lernte im Alumnat das Priestertum kennen in seiner ganzen, geraden, zum Himmel strebenden Linie. Wie oft schweifte mein Auge über die lange Reihe meiner Mitalumnen. Was konnten und wollten wir für herrliche Priester werden! Aber ich begann auch schon zu sehen, wie diese schöne Linie auf ihrer ganzen Strecke durchkreuzt war von der in diesem Leben unsterblichen Linie des unpriesterlichen Wesens, für das die unkirchliche Sprache das Wort Pfaffentum geprägt hat. Doch das Sehen war noch nicht das Kreuz. Aber daß es mir passierte, schon im Alumnat! Daß in mir alles Priesterliche den Querbalken des Pfaffentums hatte! Und daß es gar nicht anders möglich war!

Ich hatte ja noch nicht viel Priesterliches im Alumnat. Von den Hunderten geistlicher Ämter, die im Domdienst bei den feierlichen Messen, den Metten und Vespern von uns Alumnen verrichtet wurden, hatte ich nur das Amt eines Bugiaträgers in den heiligen Funktionen des Weihbischofs bekommen, weil bei der leiblichen Länge dieses auch sonst vorzüglichen Mannes nur Grenadierfiguren zum Dienst gewählt wurden. Der Bugiaträger muß bei allen Lesungen des Bischofs die Bugia, eine Kerze auf einer silbernen Schiene, durch alle umstehenden höheren Beamten in die Nähe des Buches schieben, obwohl schon genug für Beleuchtung gesorgt ist. O meine liebe, liebe Bugia, Licht für den Bischof, Licht für die heiligen Gebete und Lesungen, wie oft habe ich deine Größe betrachtet – und deine Zwecklosigkeit!

Das ist aber nur ein dummes Beispiel für das, was ich überhaupt nicht richtig sagen, ihr aber richtig verstehen könnt. Und das ganze Leben war doch so. Ich habe es aber auf mich genommen und trage es immer noch, und ich will, daß es so ist; denn anders könnte ich es nicht tragen. Jesus, der das Kreuz auf seine Schultern nimmt, hat mich vom Fluch des falschen Idealismus und allem »So soll es sein« erlöst. Wie es *ist*, so habe ich es lieb, und darum bin ich glücklich. Jesus hätte König sein *sollen,* nicht aber der Gekreuzigte, aber er *ward* gekreuzigt, und gerade deshalb mein König – und dein König.

Das Gerede von Kreuz und Kreuztragen hat einen frömmelnden Beiklang oder gar Hauptklang bekommen. Wir verwenden es als Trost, wo wir nichts mehr anderes zu sagen wissen, möchten aber viel lieber etwas anderes sagen. Und wir sagen es mehr mit schwächlichem Bedauern als mit bejahender, führender und aufbauender Kraft. »Auf dem Querweg allein kommst du in die Heimat! Triffst du auf deiner Straße keinen Querweg, so ist es überhaupt nicht die richtige Straße!« So müßten wir reden. Ist eine Lebenslinie gebrochen, so sprechen die Menschen von verfehltem Leben. Dabei ist die gebrochene Linie gerade die richtige. Es ist eine falsche Übersetzung des Weisheitswortes: »Den Gerechten führt Gott gerade Straßen«. »*Rechte* Straßen« muß es heißen. Die geraden Straßen sind aber nicht die rechten, sondern die Kreuzstraßen. Das Kreuz ist das Vorzeichen und Wesenszeichen aller rechten und wahren Dinge. Sind nur jene Ehen die rechten, die glücklich sind? Dann müßte das Wesen einer Sache aus den Ausnahmen bestimmt werden! Das Kreuz steht im Wesen der Ehe, und nur unverheiratete Phantasten sehen es nicht. Wird die Freundschaft nicht erst echt, wenn sie zum Kreuze kommt?

Wer dem Kreuze ausweicht, trifft nie das Wesen der Dinge. Ihr denkt, ich sei Pessimist! O nein, ich bin Christ. Kreuzweg und Kreuzigung Christi haben mich von der Lüge des Lebens erlöst. Es ist eine Völkerweisheit, daß der Mensch am Leben verderben muß, und wer solch alter Weisheit nicht glaubt, der gehe auf die Straße; da zeigt sich ihm das Leben. Das Leben erhält sich nur, wenn es immerfort im Kreuzwinkel läuft – wenn immer wieder etwas gegen das Leben da ist und den Lauf abbiegt.

In scharfem Kreuzeswinkel wird das Leben vom Priestertum getroffen. Das Priestertum kommt von außen auf die Linie des Lebens zu, wie sich ein von Arbeitern gegrabenes Flußbett dem Naturbett des Stromes nähert. Einmal geschieht es, daß die letzte Wand durchbrochen wird. Dann reißt es den Strom aus dem alten Naturbett heraus und stürzt es in den neuen Lauf. Wehe den Tropfen, die im alten Laufe bleiben! Sie müssen vertrocknen oder versumpfen.

Aber es ist nicht so, als ob das Priestertum nur an der einen oder anderen Stelle auf das Leben träfe; es trifft auf das Leben in seiner ganzen Laufeslänge. Denn das Priestertum strömt breiter, als das Leben lang ist.

Wenn Priestertum und Leben physikalische Dinge wären, müßte das Leben von Natur dem Lauf des Priestertums folgen. Aber es sind Dinge, die außerhalb des Naturbereiches liegen oder darüber hinausgehen. Darum heißt es hier nicht *müssen*, sondern *wollen* – oder *dürfen*. Es ist der Bereich der Freiheit und der Gnade. Der es uns gab, in Freiheit und Gnade das Kreuz im Leben zu sehen, zu bejahen, zu lieben, der hat uns erlöst. Im scharfen Kreuzeswinkel bog unser Leben ab von seinem alten Lauf, und jubelnd rief der Apostel: »Die Welt ist mir gekreuzigt worden und ich der Welt.«

In der Elementarschule wurden uns die ersten Buchstaben in großen, schönen Figuren gezeigt. Ich freue mich jetzt noch in der Erinnerung dieser prächtigen weißen Täfelchen mit den stolzen schwarzen Buchstaben. Ganze Wörter wurden aus ihnen zusammengesetzt. Sie leuchteten über die Klasse. Aber wie anders begegneten mir diese Buchstaben auf meinem Lebenswege, in Zeitungen und Büchern, in griechischen und lateinischen Texten, in fast unleserlichen Handschriften! Ich habe niemals mehr so große, schöne Buchstaben gesehen. Aber ich brauche sie auch nicht mehr, denn ich kann jetzt lesen. Ich könnte es wohl nicht, wenn ich sie nie gesehen hätte.

In elementarer Dramatik wurde das Kreuz auf Golgatha errichtet und das Ewige Leben darangeheftet, ein Buchstabenbild von einfachster Deutlichkeit und Schönheit, einprägsam für alle, auch für die auf den hintersten Bänken der Menschheit, die unter dem Schulzwang des Gottesstaates steht. Aber auch dieser Buchstabe des Lebens war nur so deutlich und schön zum Lernen. Die Menschen sollten ihn später, wenn sie ihn erst lesen gelernt hätten, in tausend anderen, in griechischen, lateinischen, arabischen, koptischen, in romanischen, byzantinischen und gotischen, in leserlichen und schier unleserlichen Formen wiedererkennen.

»Er kam in sein Eigentum« – siehe, das ist die gerade Linie!

»Aber die Seinigen nahmen ihn nicht auf« – siehe die Querlinie!

Und als der Kreuzesbote Paulus sah, daß er nicht den Lauf der Welt gehen dürfe, sondern am Kreuzweg abbiegen müsse, da schrieb er: »Mir ist die Welt gekreuzigt worden und ich der Welt.« Und er predigte Christus, aber nicht den Christus, den die Juden wollten und der auf der geraden Linie des Lebens das Judenvolk zum Herrschervolk der Erde machen sollte, sondern, wie er schreibt, »Christus den *Gekreuzigten*«. Johannes und Paulus waren weit über die Anfangsgründe des göttlichen Leseunterrichts hinaus; sie fanden schon in ihrem apostolischen Alltagsleben das Kreuz. Und mit ihnen beginnt die Reihe der Schüler Jesu, die auch im unleserlichsten Lebenstexte das Kreuz sehen und die geheimnisvolle Schrift des Lebens verstehen.

Zwar war der Himmel nicht mehr so weit und blau vom Osten bis Westen, vom Süden bis Norden, wie er einst in Neusorge war. Ach, ich sah den ganzen Winter nur ein Stücklein vom Himmel über dem viereckigen, engen Alumnatshofe, in den das Fenster meines kleinen Zimmers ging. Und das goldene Gestirn, das lange über dem Hofe stand, alle Nächte, der Orion, zeigte mir seine fünf leuchtendsten Sterne immer in der Form des Kreuzes. Aber es kam auch der Frühling, und das Fenster der Alumnatskapelle blieb manchmal ein wenig offenstehen, so daß wir das ganze Wunder des Frühlings drüben am Oderufer und an der Holteihöhe sehen konnten, auch den Menschenfrühling, der dort in bunten Kleidern und lieblichster Bewegung einherging. Und drunten im Garten die Ziegelmauer war nicht so hoch, daß wir nicht hätten hinüberschauen können zum Oderufer und zur Holteihöhe. An manchem Tag zur Vesperzeit durften wir Besuche von draußen empfangen. Was kam da für Welt in unseren düsteren Speisesaal! Wir durften auch zweimal in der Woche ausgehen, durften auch wohl eine Stunde am Kaffeetisch freundlicher Familien sitzen. Viel lichter und schöner erschien uns die Welt in solchen kleinen, besonders geschmückten Dosen, als sie uns früher erschienen war, wenn wir sie den ganzen Tag über, in des Tages Last und Hitze, in Not und Werktagskleid gesehen hatten. Oh, keiner mochte dem anderen sagen, wie schön und licht die Welt sei. Keiner mochte es sich selber sagen. Denn es schob sich darüber der Querbalken des Priestertums, dessen Schönheit wir nur in weltabgewandter Betrachtung erkennen konnten. Das war das Kreuz, das für uns bereitet war, daran wir geheftet sein sollten, weil wir nicht mehr Kinder der Welt, für uns, sein wollten, sondern Kinder Gottes, lebend, leidend und sterbend für andere – Priester.

Es folgte ihm aber eine große Menge Volkes und Weiber, die ihn beklagten und beweinten. Jesus wandte sich zu ihnen und sprach: »Ihr Töchter von Jerusalem, weinet nicht über mich, sondern weinet über euch selbst und über eure Kinder! Denn siehe, es werden Tage kommen, an denen man sagen wird: Selig sind die Unfruchtbaren und die nicht geboren und die Brüste, die nicht gesäugt haben. Dann werden sie anfangen zu den Bergen zu sagen: Fallet über uns! – und zu den Hügeln: Bedecket uns! Denn wenn man dies am grünen Holze tut, was wird mit dem dürren geschehen?«

Sie führten aber auch zwei andere, die Missetäter waren, mit ihm hinaus, auf daß sie getötet würden.

Und als die Soldaten an den Ort kamen, den man Schädelstätte heißt, kreuzigten sie Jesus daselbst samt den Straßenräubern, den einen zur Rechten, den anderen zur Linken.

Als die Soldaten Jesus gekreuzigt hatten, teilten sie seine Kleider und warfen das Los darüber, damit erfüllt würde, was durch den Propheten gesagt wurde, der da sprach: »Sie haben meine Kleider unter sich geteilt und über mein Gewand das Los geworfen.«

Was kümmert mich das kleine Geschäft, das die Soldaten da unten in der Ecke des zwölften Kreuzwegbildes vornehmen! Das haben sie wohl bei jeder Hinrichtung getan. Mir ist, als hätten die Evangelisten von diesen Vorkommnissen nur deshalb erzählen müssen, weil sie in ihrer Zartheit gar nicht anders sagen konnten, daß Jesus so ganz nackt am Kreuze hängen mußte! Die Christenheit vermochte es, freilich erst nach Jahrhunderten, das Kreuz aufzumalen oder in Holz zu schnitzen. Aber *das* vermochte sie nie in Wort oder Bild zu sagen. Es ist das Äußerste und geht über das Kreuz hinaus. Darum gab der Maler des Kruzifixes in der alten Marienkirche Roms dem Gekreuzigten ein langes Gewand. Und auch die Maler und Bildner des früheren Mittelalters bekleideten ihn, und später gab man ihm den Lendenschurz. Die Evangelisten taten dasselbe mit jenen Worten. Und auch der Prophet, der schon von ferner Vergangenheit her schaute, wie es sein werde, wenn das Ewige Leben am Kreuze hängt. Es ist etwas, was kaum gesagt werden kann. Es ist eine Wirklichkeit, die kaum gedacht werden kann – siehe, wir eilen schon und decken sie zu in Wort und Bild. Aber sie *ist* – und Jesus hat sie geduldet, freiwillig geduldet – gewollt!

Es ist eine Minute vor zwölf; es ist beinahe das Letzte und Äußerste der Menschwerdung. Es konnte nicht anders sein, denn es ist ein Buchstabe, der zum vollen Worte gehört.

Es ist auch, wie es damals geschah, ein weithin sichtbarer Lernbuchstabe in der Elementarschule Gottes. Jetzt, im Leben, ist der Buchstabe oft und wohl immer ganz anders gestaltet, aber es ist doch derselbe Buchstabe. Es kommt im Leben, wenn es an das ewige Kreuz geheftet wird, zu der vollen Entblößung, selbst wenn das Bettlergewand oder der Königsmantel oder der Prälatenschmuck am Körper hängen bleibt. Aber laßt mich davon schweigen.

Die es selbst erlebt haben, wissen, wie es ihnen geschah, und die es noch nicht erlebt haben, denen kann ich es nicht sagen, wie es ihnen geschehen wird, denn der Buchstabe hat immer andere Gestalt, je nach der Handschrift.

Als ich die Diakonatsweihe empfangen hatte und nun wußte, daß ich ans Kreuz geheftet war – »dulce lignum« (süßes Kreuzholz), singt die Kirche –, bin ich zu meinem Kleiderschrank gegangen und habe meinen Studentenrock, mit dem ich ins Alumnat gekommen war, noch einmal mit Blick und Hand gestreift.

Vielleicht ist die geistliche Kleidung mehr eine Entblößung als eine Bekleidung. Sie deckt nicht den Körper auf, aber die Seele. Und die rechte Seele ist doch viel schamhafter als der Körper. Sie ist immer das feinere Element, also auch dort, wo es sich um die Geheimnisse des Lebens handelt. Sie zeigt sich gern vor aller Welt in Willenstat und Wort, wie sich der Körper wohl zeigen mag in Bewegung und Arbeit. Aber ihr nacktes Leben verbirgt sie noch tausendmal sorgsamer als der Körper. Wie sollte sie ihr priesterliches Sein freiwillig zur Welt zeigen, da sich der bräutliche Körper mit Schleiern umhüllt?

Aber es muß sein! Wenn die letzte Stunde kommt, die priesterliche Stunde, und wenn alles so entschieden wird wie auf der Höhe von Golgatha, wenn das Leben seinen höchsten Akt vollbringt, daß es sich hingibt auf Gnade und Erbarmen, dann muß es so sein. Dann ist es ja auch im körperlichen Leben so, und dieses ist doch nur das Schattenspiel der Seele.

O Jesus, du Bräutigam der von dir bis in den Tod geliebten Welt! – Kleider der Seele sind, während die Bekleidung des Körpers meist eine Enthüllung der Seele bedeutet, wohl alle jene geistigen Dinge, mit denen sich die Seele vor der Welt zeigt oder in denen sie sich gegen die Welt schützt und verteidigt, zum Beispiel logisches Denken, erfolgreiches Wollen, ja wohl alles, was man von der Seele merkt, vielleicht sogar das, was man oft Religion oder Gottverbundenheit nennt. Denn die Seele kann aller dieser Dinge beraubt werden und bleibt dennoch Seele; sie muß vielleicht erst aller dieser Dinge verlustig gehen, wenn ihre größte Stunde kommt. Da wird alle Logik zuschanden, aller Erfolg zerrinnt. Spott und Schande, Einsamkeit und Gottverlassenheit – ach, nichts mehr hat die Seele, womit sie sich bedecken und wärmen könnte! Sie selber ist vor der Welt ein Nichts geworden.

Ich kann dies nicht richtig sagen. Ich denke nur daran, wie es mir ist, wenn ich mich einmal bloßgestellt habe. Da ahne ich, was es um die Entkleidung, um die Nacktheit der Seele ist. Und das war doch immer nur eine teilweise Entblößung der Seele.

Auch die heiligen Evangelisten konnten es nicht mit einem Worte sagen. Sie konnten nur etwas erzählen, woraus ihre Leser und Hörer schließen mochten, wie arm und bloß Jesus am Kreuze hing. Erst Paulus hat ein Wort für dieses Nichtswerden gefunden, aber wir können es kaum richtig ins Deutsche übersetzen. Und später hat man darüber am liebsten gar nicht gesprochen, und wie man den Körper des Kruzifixus mit Tunika, Königsmantel oder Lendenschurz bekleidete, obwohl er so ganz arm und nackt am Kreuze hing, so hat man auch die Seele des Kruzifixus umkleidet mit den schönsten Gedanken und Anmutungen, obwohl sie doch nichts mehr hatte als die Logik des Kreuzes, den Erfolg des Kreuzes, Einsamkeit und Gottverlassenheit.

Die Soldaten hatten die Kleider Jesu zertrennt und verteilt. Die Hohenpriester und Schriftgelehrten rissen die Worte Jesu aus ihrem Zusammenhang mit seinem Wesen und flickten sie in ihre Syllogismen ein. Die größten und stärksten Worte Jesu, die Worte vom Neubau des Tempels, vom Königtum Israels, von der Gottessohnschaft, rissen sie von der Seele Jesu, auf daß diese nackt dastehe wie eine Narrenseele oder eine Betrügerseele. Es war eine vorzügliche Logik in ihren Reden, die sich in jenem Augenblick glänzend bewährte. Und sie war doch falsch bis in ihr Innerstes hinein. Jesus konnte nicht vom Kreuze herabsteigen, eben weil er der Sohn Gottes war, denn es gehört zum Wesen des Gottessohnes, daß er am Kreuze bleibe bis zuletzt. Jesus konnte sich nicht selber helfen, da er ganz aus dem Vater lebte und wirkte. Jesus konnte den Tempel nicht aufbauen, wenn er nicht am Kreuz hing, da der Grundriß des Neubaues eben das Kreuz war. Aber das ist die Logik des Kreuzes, die nur in der von aller weltlichen Logik entkleideten und entblößten Seele zur vollen Freiheit und Macht kommen kann.

Am Kreuze ist ein anderes Denken als in der Welt. Es verhält sich zum Denken der Welt so, daß es ihm gegenüber eine wahrhaftige Torheit ist, wie wiederum Paulus erkannt und mit dem rechten Wort gesagt hat – eine wahrhaftige Torheit, deren sich der Mensch wirklich schämt, eine Entblößung von dem in der Welt anerkannten Denken, deren sich der Mensch von Natur aus schämt, wie er sich einer körperlichen Blöße schämt. Es ist derartig, daß es vor aller Welt als widerspruchsvolles, törichtes, dummes Denken gilt und gelten muß, weil es im Kreuzwinkel abbiegt vom geradlinig erscheinenden Denken der Welt.

Ausgestoßene, Sünder, Vagabunden, Verbrecher, aber nur jene, die nicht mit der Welt, sondern gegen die Welt Verbrecher geworden sind, haben mit der Welt gebrochen. Es ist ihnen alles entzweigegangen. Es ist ihnen alles gleichgültig geworden, was die Welt über sie denkt. Da stehen sie auf einmal ganz nahe an dem anderen Denken. Ich muß es sagen, so stark und wohl ich mich auch einstweilen noch in bürgerlicher Ehre fühle, denn Jesus hat gesagt, daß die Dirnen dem Himmelreiche näher stehen als die Pharisäer in ihrer bürgerlichen Ehre und Tugend. Aber es packt mich etwas am Herzen, ich werde ängstlich, ich überprüfe noch einmal die Zeilen, die ich hier geschrieben habe.

Die alten heiligen Evangelisten waren klüger als ich. Sie schrieben solche mißverständliche Sätze nicht nieder, sondern sie erzählten etwas, woraus die Wahrheit viel deutlicher leuchtet als aus solchen thematischen Ausführungen. Sie taten es dem Herrgott nach, der auch nicht viel darüber redete, sondern einfach etwas geschehen ließ.

Und was geschah?

Auch einer von den Übeltätern, die mit Jesus gekreuzigt waren, lästerte ihn und sprach: »Wenn du der Christus bist, so hilf dir selbst und uns!« Da antwortete der andere Übeltäter, verwies es ihm und sprach: »Fürchtest auch du Gott nicht, da du doch dieselbe Strafe erleidest? Wir leiden zwar mit Recht, denn wir empfangen, was wir durch unsere Taten verdient haben. Dieser aber hat nichts Böses getan.« Und er sprach zu Jesus: »Herr, gedenke meiner, wenn du in dein Reich kommst!« Und Jesus sprach zu ihm: »Wahrlich sage ich dir, heute noch wirst du mit mir im Paradiese sein.«

Oh, noch ein Kleid hatte Jesu! Das Fetzlein vom Apostelmantel, den jungen Johannes, und noch ein Kleid, das erste, das ihn schützend umgeben, seit er Mensch geworden war, neun Monate lang: seine Mutter! Sie stand mit Johannes am Kreuze.

Ganz lind tat Jesus dieses zarteste der Kleider, das er je um sein armes, nacktes Leben gefühlt, von sich. Aber keiner sollte es haben von den harten Menschen ringsum. Johannes sollte es haben.

»Es war aber ungefähr die sechste Stunde«, erzählt der Evangelist. Es war also zur Zeit des Mittags, da das Tageslicht mit seinem hellsten Schein Mensch und Tier und Pflanze und Stein umwebt, ein Kleid, viel feiner als Gold und Silber, als weißes Linnen und Seide. Es hatte den Meister von Nazareth vieltausend Male umwoben, wenn er über die hellen Berge ging. Es begann auch jetzt den heiligen Leib zu umwallen. Da zerriß eine unsichtbare Hand auch dieses Kleid.

Und es ward eine Finsternis über die ganze Erde bis zur neunten Stunde.

Was wird noch alles von Jesus losgerissen, auf daß er nichts mehr habe, was von der Erde ist? Auf daß er nichts mehr sei, als was er von Ewigkeit her war: nichts als Gottessohn! Es ist alles Irdische Verneinung und Umkehr des Himmlischen, und es muß darum Jesus von allem Irdischen entblößt werden; es muß ein jeder Mensch von allem Irdischen entblößt werden, wenn das Himmlische geschehen soll, sogar von – oh, ich mag es nicht sagen, aber es geht wie ein Schrei durch die Welt –: sogar von Gott, wie wir ihn auf Erden denken und fühlen ...

Und um die neunte Stunde schrie Jesus mit lauter Stimme: »Eli! Eli! Lamma sabachthani?« Das ist: »Mein Gott, mein Gott, warum hast du mich verlassen?«

Wer kennt das Verdürsten des Menschen in der Gottverlassenheit! Viele Menschen wissen gar nicht, wie zart und warm sie auf dieser Erde von Gott umkleidet sind. Sie meinen, es sei selbstverständlich, daß sie Gott wenigstens als letzten Trost haben. Bis es ihnen kommt, daß sie aufschreien: »Mein Gott, mein Gott, warum hast du mich verlassen?« Aber erst von diesem Augenblicke an sind sie fähig, Gott im Geiste und in der Wahrheit anzubeten. Im Geiste, der sie lehrt, »Vater« zu ihm zu sagen, aber so, daß es nicht nur eine schöne Anwendung dieses Namens, sondern volle Wahrheit ist. Sie mögen nicht mehr sagen: »Mein Gott!« Denn alle Hoffnung, die sie auf ihn unter dem Namen »Gott« gesetzt, ist zuschanden geworden. In diesem schrecklichen Zustande müssen sie zugrunde gehen oder müssen das rechte Wort finden: »Vater!«

Ich glaube, es ist so. Wer es an sich erfahren hat, mag es nicht auf allen Gassen sagen. Nur manchem wird das Geheiß: »Sag es!«

Als Jesus so entkleidet war, daß er sogar rufen mußte: »Mein Gott, mein Gott, warum hast du mich verlassen?«, da – war es geschehen; da zerriß der Vorhang des Tempels, der bis dahin das Allerheiligste verhüllt hatte, zerriß in zwei Stücke von oben bis unten! Alle Jahre einmal hatte ihn der Hohepriester beiseiteschieben dürfen, er allein, um im Allerheiligsten zu opfern. Jetzt zerriß der Vorhang, öffnete den freien Zutritt zum Allerheiligsten. Jetzt war Jesus Hoherpriester in Ewigkeit. Jetzt ging er ein, um mit seinem eigenen Blute, nicht mehr mit dem Blute von Stieren und Widdern, dem Allerheiligsten Sühne zu bringen. Und er rief nicht mehr: »Mein Gott, mein Gott!«, sondern er rief: »*Vater.*«

Die Sonne war verfinstert, und der Vorhang des Tempels riß mitten entzwei. Und Jesus rief mit lauter Stimme: »Vater, in deine Hände befehle ich meinen Geist.« Und da er dies sagte, verschied er.

Gott ist Vater, es ist vollbracht. Das allerletzte Kleid fällt von Jesus, sein irdisches Leben. Jetzt ist der Gottessohn frei, jetzt ist ungehemmt der heilige Strom des ewigen Lebens. Jetzt hebt es an, daß das Leben Gottes wieder in den Menschen pulsen kann. Jetzt können sie aus Gott geboren werden, jetzt haben sie Macht, Kinder Gottes zu werden.

Sieh, es beginnt schon!

Als der Hauptmann, der gegenüberstand, sah, daß Jesus so laut rufend den Geist aufgab, sprach er: »Wahrlich, dieser Mensch war der Sohn Gottes!«

Ich hatte während des ganzen Alumnatsjahres eine starke Mißstimmung gegen das viele Gerede über Beruf und Priesterideal. Gar nicht leiden konnte ich das Gerede vom »unglücklichen Priester«. Wohl habe ich selbst solche Worte in mein Tagebuch geschrieben, denn ich war ja noch ein Kind und meinte, so ziemlich alles nachsprechen zu müssen, was in der katholischen Welt vom Priestertum gesprochen wurde, und hatte ein starkes Mißtrauen gegen alle andersartigen Regungen meines ehrlicheren Herzens. Bis mir einmal vor dem kleinen Porzellankreuze meiner Zellenwand der Einfall kam: »Wollte Jesus ein glücklicher Heiland, ein glücklicher Erlöser werden?« Es gab auch zu Zeiten Jesu ein Messiasideal. Alle frommen Israeliten glaubten daran. Aber das Ideal verblendete die Israeliten so, daß sie kaum den wirklichen Messias erkannten. Ja, wenn sie einmal an Jesus ein Brinklein ihres Messiasideals zu erkennen vermeinten, da riefen sie begeistert: »Ein großer Prophet ist unter uns auferstanden!« Aber als Jesus am Kreuze hing, hätte selbst der tapfere Petrus sein Wort nicht wiederholen mögen: »Du bist der Messias, der Sohn des lebendigen Gottes.« Und doch war es Christus niemals so deutlich wie in den Stunden, da er am Kreuze hing. Ich habe einen starken Argwohn gegen jedes Ideal, ob es auch der Wille Gottes ist oder vielmehr der unerfüllbare Wunsch der Menschen. Der Wille Gottes ist die Wirklichkeit, aber nicht so, als ob sie ein Ideal wäre, sondern so, daß sie unser Kreuz ist.

Glücklich werden, freilich wollte ich es mit dem ganzen Begehren meines jungen Lebens, aber ich erkannte, daß dies nicht ein priesterliches Begehren sei. Priesterliches Begehren ging quer darüber. An jenem sollten meine Füße sein, angeheftet und doch zum Weiterwandern geboren; nach diesem aber sollten meine Arme langen, und meine Hände sollten nur mit ihm verheftet sein.

Ich hörte auf zu fragen, ob ich berufen sei. Ich war da, und Gott konnte immer noch machen, was er wollte. Das war mir mehr als irgendwie fromm eingebildete oder zusammengedachte Berufung. Und ich ließ mit mir geschehen, was Gott geschehen ließ.

Wohl sah dies nicht so aus wie das Kreuz auf Golgatha, und ich muß auch dankbar anerkennen, daß man mich bedeutend milder behandelte, als die Juden Jesus und die Griechen den Andreas und die Römer den Petrus behandelt haben. Das Wesen hängt von den Umständen nicht ab.

Als ich bei meiner Priesterweihe in der Kreuzkirche meine Kasel nahm und an ihrer Rückseite das Kreuz sah – ach, ganz lächerlich weich und biegsam, seiden und in Goldborte eingefaßt –, da dachte ich wohl, es wäre idealer, ein »wirkliches« Kreuz auf sich zu nehmen, aber gerade dies wäre in diesem Augenblicke eine Narrheit gewesen, ein falsches Ideal. Wirklichkeit war für mich das, was geschah. Ich hob die Kasel über meine Schultern und sprach das vorgeschriebene Gebet: »Herr, du hast gesagt: Mein Joch ist sanft und meine Bürde leicht. Mache, daß ich dies so zu tragen vermag, daß ich deine Gnade erlange.«

Wenn aber mein Vater am dunklen kalten Wintermorgen, noch lange bevor sich die erste Wolke rötlich färbte, unter der Haustür meiner Mutter die Hand gab und sprach: »Hanne, es ist so schwer, wieder eine lange Woche von dir und den Kindern getrennt zu leben, aber es muß halt sein«, und meine Mutter: »Ja, Eduard, es muß sein«, so jeden Montag nach dem kurzen, hellen Sonntagsglück, über dreißig Jahre lang – dann war dies eine wahre Kreuztragung und Kreuzigung.

Und wenn ein Mann sich der Anordnung Gottes fügt, daß er Vater und Mutter verläßt und seinem Weibe anhängt, so kann alle Hochzeitslust und alles Aufjauchzen der Sinne nicht ganz das Wesen des Vorgangs verdecken, daß dieser Mann die Wirklichkeit auf sich genommen hat wie Christus das Kreuz. Es ist nur unter anderen Umständen und Zeichen.

Ich nahm die kreuzgeschmückte Kasel und betete das vorgeschriebene Gebet.

Kaum war der nächste Tag angebrochen, da versammelten sich die Hohenpriester und Pharisäer bei Pilatus und sprachen: »Herr, wir denken eben daran, daß jener Verführer, als er noch lebte, gesagt hat: Nach drei Tagen werde ich wieder auferstehen. Befiehl also, daß man das Grab bis auf den dritten Tag bewache, damit nicht etwa seine Jünger kommen, ihn stehlen und dem Volke sagen: ›Er ist von den Toten auferstanden‹, denn dann wäre die letzte Wirrnis ärger als die erste!« Pilatus sprach zu ihnen: »Ihr sollt eine Wache haben: Gehet und haltet Wache, wie es euch gut dünkt.« Sie aber gingen hin, verwahrten das Grab mit Wächtern und versiegelten den Stein.

Der Welt entkleidet sein, der Welt gekreuzigt sein, der Welt gestorben sein, dies alles gehört sicher so sehr zum Leben Jesu, des eingeborenen Sohnes Gottes, daß keine Gottessohnschaft ohne dies gedacht werden kann. Es braucht nicht immer ein so grelles Schaubild zu haben; es kann sich unmerklich vollziehen; das Schaubild kann sogar ganz fröhlich sein, kann eine Hochzeit sein oder eine so wunderbare Feier wie die Priesterweihe. Es kommt nur darauf an, ob man dem Vater den Rücken oder das Gesicht zuwendet. Danach richtet es sich, ob man der Welt das Gesicht oder den Rücken zuwendet. Es gibt auch eine Entblößung, eine Kreuzigung, ein Sterben für die Welt. Das sind aber nicht Lebensakte der Gottessohnschaft, sondern der Weltkindschaft; da ist das Gesicht der Welt zugewendet.

All dies ist alte christliche Weisheit. Wir kennen sie aus tausend Heiligenleben, die nichts anderes waren als Jesusleben; wir sehen sie auf allen Straßen und in allen Hütten echt christlichen Lebens, überall, wo die Wirklichkeit als Kreuz erkannt und, mit dem Gesicht dem Vater zu, aufgenommen und getragen wird.

Aber, der Welt begraben sein, so zwar, daß die Welt das Grab eifrig bewacht und jedes Gerücht von neuem Leben als Trug und Lüge erklärt – ist dies mit eingeschlossen in dem Abgestorbensein der Welt, oder ist es ein neues, für die Erkenntnis des in allen Christen pulsierenden Gotteslebens wichtiges Geheimnis? Ein besonderer Vorgang, ein weiterer Atemzug?

Der Gottessohn begraben, das Grab mit Wächtern umstellt – ich glaube, es gibt gar keine traurigere und richtigere Benennung für das, was der Gottessohn in unseren Zeiten auf der Erde erlebt. Begraben in der abgeschlossenen Geschichte, begraben in dem meilenhohen Himmel, begraben im Tabernakel oder – nach der heiligen Kommunion – »in unseren Herzen!« Oh, wie ist es bezeichnend, daß in jenen modernen Meßandachten, in denen das Leiden und Sterben Jesu über die ganze Meßfeier hin verteilt wird, gerade auf die heilige Kommunion die – Grablegung fällt! Jesus im Grabe – nur seinen Geist glauben wir bei uns zu haben;

seinen Leib nur hinter den verschlossenen Türen des Tabernakels und in der Monstranz und – ach, nur in den wenigen Minuten, in denen »die Gestalten unaufgelöst sind« – in unseren Herzen. Daß er in einem jeden von uns auferstanden ist und in unserer Sichtbarkeit leibhaftig fühlbar wird; daß seine menschgewordene Gottessohnschaft in unserer Gottessohnschaft weiterlebt, *ist* dies nicht, oder erkennen wir dies nicht, oder, ach, »wer wird uns den Stein von der Tür des Grabes wegwälzen«?

Wir verfolgen die Lebensgeschichte Jesu in denen, die sein Leben durch die heilige Taufe empfangen haben, fast immer nur bis zur Kreuzigung – bis sie sagen: »Ich bin der Welt gekreuzigt worden.« Weiter reichen unsere Augen nicht, reichen nicht einmal bis zur Grablegung. Darum wissen wir so wenig zu sagen von der Schicksalsspanne zwischen der Kreuzigung und dem Auferstehungsleben in uns. Wenn die Katastrophe eingetreten ist, in der wir der Welt gekreuzigt werden und die Welt uns, dann tritt eine Art Todesstarre ein. Wie getrennt sind Leib und Seele. Wir lassen mit unserem Leibe geschehen, was nach der Sitte der Welt geschehen soll. Unsere Seele aber, wo irrt sie umher? Sie trinkt wohl an den Quellen des Paradieses das neue Leben, mit dem sie zurückkehrend den starren Körper neu erfüllt, so daß Ostern kommen muß – Ostern!

Jetzt verstehe ich erst, warum ich manchmal so tot und starr war, ehe das neue Leben begann. Ein Grab war mir die Welt, ein dunkles Grab ringsum! Ich kann aber wirklich nicht sagen, ob dies einmal oder zweimal oder vielmal in meinem Leben gewesen ist. Es zieht sich wohl durch das ganze Christenleben hindurch und kann gar nicht mit Zahlen bezeichnet werden, da es nicht eine Aufeinanderfolge, sondern eine Struktur des Christenlebens ist.

War es auch an jenen Montagfrühstunden, wenn mein Vater meiner Mutter die Hand zum Abschied reichte? Er hatte nichts von der Welt, da er nur dem Willen Gottes lebte. Es war wohl so. Aber wenn er in der Walditzer Fabrik angekommen war und sich beim Wächter meldete, war das neue Leben wieder da, und der zwerghafte Wächter sah ihn an und sagte: »Eduard, du siehst so verklärt aus!« Auch die anderen Walditzer sahen es und hatten ihn immer gern, all die dreißig Jahre lang. Die Welt aber belügt sich selbst mit ihren natürlichen Erklärungen des Christenlebens. Sie will es nicht zugeben, daß das Auferstehungswunder der Gottessohnschaft offenbar werde. Der kleine Wächter von der Walditzer Tuchfabrik aber ließ sich nicht bestechen. »Der Eduard«, sagte er, »ist eben ein rechter Christ.«

OSTERN

Die Osternacht war wie Weihnachten eine ganz stille, heilige Nacht. Selbst von dem Erdbeben, das die Grabeswächter spürten, und von der blitzartigen Erscheinung der helleuchtenden weißen Gestalt, die sie auf dem weggerückten Grabsteine sitzen sahen, sagt die Heilige Schrift mit keinem Wort, daß sie die Stille der Osternacht durchbrachen; sie sagt nur von leisen Frauenschritten und leisem Frauenklagen. Ostern ist etwas ganz Leises und Stilles. Abseits von der Stadt, am Bergabhang, im einsamen Garten geht es vor sich.

Ostern geschieht ohne notarielle Beglaubigung. Als junger Kaplan hätte ich viel darum gegeben, wenn mir der Nachweis für die geschichtliche Tatsächlichkeit der Auferstehung Jesu so gelungen wäre, daß sich alle Welt beugen müßte vor meinem Nachweis. Gestorben ist Jesus so, daß es in die Akten der Welt kam. Auferstanden ist er so, daß es in die Akten des Glaubens kam. Aber mit allen Mitteln eines juristischen Verhörs der Quellenzeugen suchte ich zu erreichen, daß es auch die Welt zu den Akten nehmen müßte. Ich nahm sogar eine Lokalinspektion vor, wog den Stein, ob er ohne Geräusch weggehoben werden konnte, prüfte das zusammengelegte Leinentuch, ob es nicht ein sicheres Zeugnis gegen eine heilige Entführung des Leichnams Christi wäre, verhörte die Wächter und wies triumphierend auf die Widersprüche und Unwahrscheinlichkeiten ihrer Aussagen hin, zitierte die heiligen Frauen, deren Aussagen zuerst sogar von den Aposteln in Zweifel gezogen worden waren, dann die Apostel selber. Und mein Mut hob sich beträchtlich, als ich hörte, daß die Einzelergebnisse einer solchen Untersuchung nach der Meinung eines Richters genügten, um in ihrer Summe den gerichtlichen Tatbestand der Auferstehung festzustellen. Aber Jesus hat nichts dazu getan, das Bedürfnis der heutigen Welt nach notarieller Sicherheit dieser Tatsache zu befriedigen, von der schon Paulus sagte: »Ist Christus nicht auferstanden, dann ist eitel unser Glaube und töricht unsere Hoffnung.« Er sorgte nur dafür, daß seine Apostel und Jünger an seine wahrhaftige, leibliche Auferstehung glauben konnten. Er, der gesagt hat: »Wo ein Aas, da versammeln sich die Adler«, hätte aufwachend die ganze Apostel- und Jüngerschar, das ganze Priesterkollegium von Jerusalem samt der römischen Beamtenschaft um das Grab versammeln können, um vor allen Augen die Tür zu sprengen und glorreich aus dem Grabe hervorzugehen. Er tat es nicht! Er hat immer etwas an sich von dem »Diebe in der Nacht«, mit dem er sich in seinen Parabeln vergleicht – auch bei seiner Auferstehung: Wie ein Dieb bricht er aus dem Gefängnis des Grabes, blendet und betäubt die Wächter. Er ist nun einmal so, und ich freue mich jetzt darüber. Denn so kann nur einer sein, der wirklich nicht von dieser Welt ist, so unbekümmert um weltliche Legitimierung, so allein zufrieden mit dem Wesen der Tatsache, gleichviel, ob sie bewiesen oder nicht bewiesen werden kann – wenn sie nur mit gutem Herzen geglaubt werden kann. Ich zum Beispiel, da ich noch so sehr von dieser Welt bin, hätte mir gleich eine polizeiliche oder wenigstens pfarramtliche Bescheinigung verschafft, schon um meinen späteren Verteidigern ihre großen Mühen zu erleichtern und ihre rhetorischen Kunststücke zu ersparen. Ich höre, wenn ein Kronerbe, ein königlicher oder gräflicher Prinz geboren werden soll, da wird die junge Mutter schon wochenlang vorher von vereidigten Beauftragten umlauert, und wenn das freudenreiche Ereignis eintritt, ist ein großes amtliches Getue, damit nur ja jede Gefahr einer Unterschiebung ausgeschlossen wird. Es gibt Menschen, die solches bei Chrsiti Geburt und Auferstehung zwar nicht wünschen mögen, die aber alles nachzuholen versuchen und es freudig begrüßen würden, wenn da etwas mehr amtliches Material vorläge. O glaubt mir, ich gehörte einige Zeit zu diesen Menschen, die sogar die heiligen Evangelien wie Aktenmaterial gebrauchen. Aber von heute ab, das verspreche ich, will ich es nicht mehr tun. Christus wollte es nicht. Er vertraute es keinem Bureauschrank, sondern sprach:

»Der Geist wird von mir Zeugnis geben.« Wer das Zeugnis dieses Geistes nicht hört oder nicht versteht, dem nützt alle Bezeugung durch die geschichtlichen Dokumente nichts, außer etwa gerade zu dem Nachweis, daß das Grab am Morgen des dritten Tages leer war.

Die ganze Nacht von Freitagabend bis Samstag und den ganzen Samstag war niemand am Grabe Jesu außer den Wächtern, die von den Hohenpriestern und Ältesten des jüdischen Volkes mit der Überwachung des Grabes betraut waren. Niemand aus dem jüdischen Volke wagte es, wohl des Ruhetages wegen, den Weg von Jerusalem bis zum Garten des Joseph von Arimathäa zu gehen. Kaum aber war der Ruhetag zu Ende, also in der Nacht vom Samstag zum ersten Wochentage, da verließ Maria Magdalena die Stadt und eilte zum Grabe. »Da es noch finster war«, sagt der Evangelist Johannes. Als sie zum Grabe kam, sah sie, daß der Stein von der Grabtür weggewälzt war. Da lief sie in das Quartier des Petrus und des Johannes und sprach zu ihnen: »Sie haben den Herrn aus dem Grabe genommen, und wir können nicht wissen, wo sie ihn hingelegt haben.« Petrus und Johannes machten sich sofort auf den Weg nach dem Grabe; der junge Johannes voraus. Dort angekommen, neigte sich Johannes hinein in die offene Grabkammer und sah die Leinentücher daliegen. Hinein ging er nicht. Da kam auch Petrus nach, ging in das Grab hinein und sah die Leinentücher, aber auch das Tuch, das um das Haupt des Leichnams gewesen war, das aber nicht bei den Leinentüchern, sondern abseits zusammengefaltet dalag.

Als ich die Auferstehung Jesu noch ganz nach Art eines Untersuchungsrichters behandelte, hörte ich den klugen Petrus ordentlich reden: »Das sieht hier nicht nach Diebstahl aus! Diebe hätten das kostbare Linnen mitgenommen oder wenigstens keine Zeit gehabt, dieses Kopftuch so sorgfältig zusammenzulegen.« Ein echter Untersuchungsbeamter, der nicht bloß mit zwei, sondern mit tausend Möglichkeiten rechnen muß, hätte sich dieser Erwägung des Petrus nicht ohne weiteres angeschlossen. Aber Johannes, der nun auch die Grabkammer betrat – sah und glaubte. Petrus selbst begab sich, verwundert über das, was geschehen war, auf den Rückweg.

Maria Magdalena war wohl unterdes zu den anderen Aposteln gegangen und hatte ihnen die Nachricht von dem offenen Grabe gebracht, aber keinen Glauben bei ihnen gefunden. Weinend eilte sie zu dem Grabe zurück, wollte noch einmal den Ort sehen, wo er geruht hatte. Da sie nun gebückt ins Grab hineinblickte, sah sie zwei Engel in weißen Kleidern sitzen, da wo der Leichnam Jesu hingelegt war, einen zu Häupten, den anderen zu Füßen. Diese sprachen zu ihr: »Weib, was weinst du?« Sie gab zur Antwort: »Weil sie meinen Herrn weggenommen und ich nicht weiß, wo sie ihn hingelegt haben.« Als sie dies gesagt hatte, wandte sie sich um und sah Jesus dastehen, wußte aber nicht, daß er es sei. Jesus sprach zu ihr: »Weib, was weinst du? Wen suchst du?« Da meinte sie, es wäre der Gärtner, und sprach zu ihm: »Herr, wenn du ihn weggetragen hast, so sage mir, wo du ihn hingelegt hast, damit ich ihn holen kann!« Jesus sprach zu ihr: *»Maria!«* Da wandte sie sich und sprach zu ihm: *»Meister!«* Jesus sprach zu ihr: »Rühre mich nicht an, denn ich bin noch nicht hinaufgefahren zu meinem Vater! Gehe aber hin zu meinen Brüdern und sage ihnen: Ich fahre hinauf zu meinem Vater und zu eurem Vater, zu meinem Gott und zu eurem Gott.« Da kam Maria Magdalena zu den Jüngern und verkündigte ihnen: »Ich habe den Herrn gesehen, und dies hat er mir gesagt.«

Nein, Jesus hat nicht dafür gesorgt, daß die Vorgänge am Ostermorgen nach dem Sinn der Welt, also auch nach unseren historischen und juristischen Sinn genügend und durchschlagend beweishaltig und beweiskräftig waren. Nicht aus Vergeßlichkeit oder Nachlässigkeit, sondern weil er dieser Welt fremd war und weil es seinem Wesen entsprach. Seine Auferstehung sollte keine Sensation sein. Alle Bedürfnisse der Welt nach Beweisen ließ er unbefriedigt. Seine Osterfreude und sein einziger Ostermorgenwunsch war, daß einige Frauen an sein neues Leben glaubten. Und er gab auch seinen Evangelisten ein, daß sie von den Begegnungen Jesu mit den Frauen ausführlich erzählten, dagegen von einer anderen Begegnung, die kirchengeschichtlich und dogmatisch viel bedeutsamer erscheint, nicht.

Der ganze Ostervormittag und auch der beginnende Nachmittag blieb ohne jedes weitere Ereignis, so daß sich schon einige Jünger entschlossen, Jerusalem zu verlassen und in die Heimat zurückzukehren. Ehe sich aber die ganze Schar verlief, muß der Auferstandene dem Petrus erschienen sein. Wir wissen dies aus einer gelegentlichen Mitteilung des Evangelisten Lukas. Wie dieses Ereignis im einzelnen verlief, davon berichtet keiner der Evangelisten. Wir können nur bei Lukas noch spüren, welche Wirkung diese Erscheinung hatte: Die elf Apostel samt denen, die noch mit ihnen zusammen waren, glaubten jetzt. Das Zeugnis der Frauen hatte ihnen nichts gegolten, obwohl es doch wahr gewesen ist. Das Zeugnis des Petrus aber galt ihnen in ihrer Gesamtheit. Vielleicht hat auch Thomas am Osternachmittag geglaubt. Die heiligen Evangelisten erzählen aber ausführlich von den Erlebnissen der Frauen, das Erlebnis Petri lassen sie unerzählt, und nur Lukas erwähnt es. War es in den christlichen Gemeinden so bekannt, daß es nicht niedergeschrieben zu werden brauchte? Vielleicht ist es so, daß zwar das Erlebnis der Frauen, nicht aber das des Mannes in menschlichen Worten erzählbar war. Auch Paulus schweigt schier ganz von den Jahren seines Umgangs mit Christus.

Ehe aber Jesus dem Petrus erschienen war, hatten sich zwei von den Jüngern Jesu aufgemacht, um noch vor der Dunkelheit nach dem Emmausdörflein zu kommen, das dritthalb Stunden von Jerusalem entfernt war. Und sie redeten miteinander über alles, was sich zugetragen hatte. Da nahte sich ihnen Jesus und ging mit ihnen. Ihre Augen aber waren gehalten, damit sie ihn nicht erkannten. Und Jesus sprach zu ihnen: »Was sind das für Reden, die ihr miteinander führt? Ihr seid traurig?« Da antwortete ihm der eine, der Kleophas hieß: »Bist du der einzige Fremde in Jerusalem, daß du nicht weißt, was dort in den letzten Tagen geschehen ist?« Und Jesus sprach: »Was denn?« Sie antworteten: »Das mit Jesus von Nazareth, der ein Prophet war, mächtig in Tat und Wort vor Gott und allem Volke, und wie ihn unsere Hohenpriester und Vorsteher dem Tode überliefert und gekreuzigt haben! Wir aber hofften, daß er der Erlöser Israels sei. Und nun ist heute nach dem allen der dritte Tag, da dies geschehen ist. Auch haben uns einige Weiber von den Unsrigen in Erstaunen gesetzt, die vor Sonnenaufgang am Grabe waren und seinen Leichnam nicht fanden und kamen und sagten, sie hätten eine Erscheinung von Engeln gehabt, die gesagt, daß er lebe. Und einige von den Unsrigen gingen zum Grabe und fanden es so, wie die Weiber gesagt hatten; ihn selbst aber fanden sie nicht.« Da sprach Jesus zu ihnen: »O ihr Unverständigen von langsamer Fassungskraft, um alles zu glauben, was die Propheten gesprochen haben! Mußte nicht Christus dies leiden und so in seine Herrlichkeit eingehen?« Und er fing an von Moses und allen Propheten und legte ihnen aus, was in der ganzen Schrift von ihm geschrieben steht.

So kamen sie nahe zu dem Dörflein, wohin sie gehen wollten. Er aber tat, als wollte er weitergehen. Da drängten sie ihn und sprachen: »Bleib bei uns, denn es will Abend werden, und der Tag hat sich geneigt.« Und er ging mit ihnen hinein. Als er bei ihnen zu Tische saß, nahm er Brot, segnete es und gab es ihnen. Da wurden ihre Augen aufgetan, und sie erkannten ihn. Er aber verschwand vor ihren Augen. Da sprachen sie zueinander: »Brannte nicht unser Herz in uns, während er auf dem Wege redete und uns die Schrift aufschloß?« Und sie machten sich zur selben Stunde auf und gingen nach Jerusalem zurück. Dort fanden sie die Elf und die mit ihnen waren, noch beieinander. Diese riefen ihnen sogleich entgegen: »Der Herr ist wahrhaft auferstanden und dem Simon erschienen.« Da erzählten auch die beiden, was sich auf dem Wege zugetragen und wie sie Jesus am Brotbrechen erkannt hätten.

Der Glaube ist wie ein Stern am Nachthimmel, über den die Erdenwolken ziehen; bald leuchtet er hell auf, bald verschwindet er wieder hinter einer Wolke. Er selbst bleibt unberührt von den Wolken, aber die Menschen werden von ihrem Schatten berührt. Und um des Wolkenschattens willen sagen die Menschen: »Es ist kein Stern am Himmel« – und es sind doch Tausende am Himmel! So sagen sie wohl auch: »Wir glauben nicht«, wenn der Glaube durch irgendwelche Erdengedanken verhüllt ist. Und oft kann dies: »Wir glauben« und »Wir glauben nicht« so geschwind miteinander wechseln, wie Sternhimmel und Wolkenhimmel miteinander wechseln. Es sollten darum die Menschen nicht sagen: »Ich bin ungläubig«, und noch viel weniger: »Der oder jener ist ungläubig«, sondern nur: »Es sind Wolken am Himmel.« Denn schon im nächsten Augenblicke kann der Stern funkelnd die Wolken durchbrechen.

Während die Jünger von Emmaus immer noch von ihrem Erlebnis erzählten, stand Jesus mitten im Gemach, und als er gesehen wurde, sprach er: »Der Friede sei mit euch; ich bin es, fürchtet euch nicht!« Denn sie erschraken und meinten, einen Geist zu sehen. Und er sprach: »Warum seid ihr erschrocken, und warum steigen solche Gedanken in euren Herzen auf? Sehet meine Hände und Füße, ich bin es selbst. Tastet und sehet, denn ein Geist hat nicht Fleisch und Bein, wie ihr an mir sehet.« Und er zeigte ihnen die Hände und die Füße.

Jetzt sagt der Evangelist: »Da sie aber noch nicht glaubten vor *Freuden.*« O herrlich wahres Wort! Es gibt Zustände des menschlichen Herzens, die man nicht anders schildern kann. Viele Menschen glauben zum Beispiel nicht, daß sie wahrhaft von ihren Sünden erlöst sind, indem sie sagen: »Das wäre ja zu schön!«

Da sie also nicht glaubten vor Freuden und ganz in Verwunderung waren, sprach er: »Habt ihr etwas zu essen?« Er wollte ihnen deutlich zeigen, daß er kein bloßes Gespenst sei, sondern wie ein wirklicher Mensch Speise und Trank zu sich nehmen könne.

Die Jünger legten ihm ein Stück gebratenen Fisch und einen Honigkuchen vor, und er aß, und wohl um zu zeigen, daß die Speise nicht etwa verzaubert sei, teilte er das übrige unter sie aus.

Das war der vollendetste Erfahrungsbeweis, der damals für die Wirklichkeit der Auferstehung Jesu geliefert werden konnte. Durch ihn wurde die Überzeugung von der Tatsächlichkeit der Auferstehung Jesu nicht mehr Glaubensüberzeugung, sondern menschliches Wissen und als solches wieder jeglichem Schicksal menschlichen Wissens ausgeliefert, nämlich, daß es bezweifelt und umgestoßen wird in späteren Zeiten, denen die früheren Beweismethoden nicht mehr genügen. Das Wissen muß, wenn es bestehen bleiben soll, zum Glauben erhoben werden. Es muß eingegliedert werden in die goldene Kette der göttlichen Offenbarungen, die allein nicht vergehen, auch wenn Erde und Himmel vergehen. Solches tat nun Jesus, indem er anfing zu reden: »Dies sind die Worte, die ich zu euch gesprochen habe, da ich noch bei euch war: Es muß alles erfüllt werden, was im Gesetze des Moses, in den Propheten und in den Psalmen von mir geschrieben steht.« Und er schloß ihnen den Sinn auf, daß sie die Schrift verständen.

Schon am anderen Morgen zeigte es sich, daß der Erfahrungsbeweis, der an diesem ersten Osterabend alle überzeugt hatte, keineswegs genügte, um die Tatsache der Auferstehung zu einem dauernd seligen Wissen zu machen. Thomas, einer von den Zwölfen, der Zwilling genannt, war nicht zugegen gewesen, als Jesus kam. Darum sprachen die anderen Jünger zu ihm: »Wir haben den Herrn gesehen.« Er aber sagte: »Wenn ich nicht an seinen Händen das Mal der Nägel sehe und meinen Finger nicht an den Ort der Nägel und meine Hand nicht in seine Seite lege, so glaube ich nicht.« Er forderte also einen noch genaueren Erfahrungsbeweis als die Jünger am Abend zuvor. So wäre es weitergegangen von Jahr zu Jahr, von Jahrhundert zu Jahrhundert, und die Menschen wären nie zu dem dauernd seligen Wissen gekommen, das nur der Glaube geben kann.

Nach acht Tagen waren die Jünger Jesu wieder beisammen, und Thomas mit ihnen. Da kam Jesus bei verschlossenen Türen, stand in ihrer Mitte und sprach: »Friede sei mit euch!« Dann sagte er zu Thomas: »Reiche deinen Finger her, siehe meine Hände! Und reiche deine Hand her und lege sie in meine Seite! Und sei nicht ungläubig, sondern gläubig!« Thomas antwortete ihm und sprach: »Mein Herr und mein Gott!« Und Jesus sagte: »Weil du mich gesehen hast, Thomas, hast du geglaubt; selig, die nicht sehen und doch glauben!«

Nun war auch Thomas für den Glauben ohne Sehen und Tasten gewonnen, und es begann ein Leben wunderbarer Art, das Leben in der Nähe des unsichtbaren Herrn. Auf allen Wegen und in jeglichem Gemach konnte Jesus sein, unsichtbar oder sichtbar, wie es ihm gefiel. Dieses gläubige Wissen um die Nähe des Meisters wurde Kennzeichen und Eigenart des christlichen Lebens. Wo dieses gläubige Wissen nicht mehr war und nicht mehr ist, da ist das Christentum nur noch Erinnerung, aber nicht mehr Leben. Wo dieses gläubige Wissen aber noch ist, da hat das Christentum eine ungeheure Gewalt auf die Menschen. Es verklärt die Welt; es hebt die Menschen hinaus aus der Wirklichkeit der Welt in die Wirklichkeit Gottes. Andere Gesetze gelten; Kräfte werden lebendig, die der alten Erde unbekannt waren;

anders wird Haß und Liebe. Die Menschen von der alten Erde nennen es einen Traum, aber selig, wer in diesem Traum lebt, denn nur in diesem seligen Traum erkennt er, daß dieser nur ewige Wirklichkeit ist, jedes andere Leben aber nur ein Schein, eine Wirklichkeit, die im Nu verlöscht, um die ebenso rasch vergehende Wirklichkeit des nächsten Augenblicks aufflackern zu lassen.

Wir lebten im Breslauer Priesterseminar wie die Jünger in ihrem Gemach zu Jerusalem, immer in der Nähe des Auferstandenen. Wohl rief keiner auf: »Der Herr ist da!« Aber nur, weil solches Rufen nicht notwendig war, da ja alle glaubten, daß der Herr nahe sei. Glaubt mir aber, ich kann es nicht mit Worten sagen, wie es eigentlich war; weiß nur, daß es ein Leben war, das ganz die Art des Auferstandenen an sich hatte. Es war; aber wenn ich hinsehen wollte, um es genau zu schildern, wäre es wieder vor meinen Augen verschwunden, um dann von neuem aufzutauchen und mich mit immer neuer Kraft zu erfüllen. Es ist eine unendliche Stille und eine selige Unbeweisbarkeit im Ostertag des Christenlebens. Es ist das »Resurrexit tertia die« so still und heimlich wie das »Incarnatus est de Spiritu sancto ex Maria virgine«, und ich mag nicht mehr den Bogen so scharf auf meine Saiten setzen, wenn es heißt: »Et resurrexit tertia die.« Es ist die Auferstehung im Christenleben immer so still, wie die Evangelien den ersten Ostertag schildern. »Et resurrexit tertia die secundum scripturas!«

»DER HIMMEL IST OFFEN«

Vierzig Tage lang dauerte der wunderbare Zustand, in dem die Apostel und Jünger immer wieder den auferstandenen Herrn sahen. In den meisten Fällen war die Gestalt Jesu während der ersten Augenblicke der Begegnung oder Erscheinung unkenntlich. Dann verdeutlichte sie sich aber, so daß alle wußten und bekannten: Es ist der Herr! Ratlos steht der wissenschaftlich-methodisch forschende Historiker vor diesen Erscheinungen. Sie sind gar nicht danach angetan, sich von ihm in die Annalen der gesicherten historischen Tatsachen einreihen zu lassen. Wir wollen sie auch nicht dazu zwingen. Denn Jesus wollte nicht den Historikern erscheinen, sondern seinen Jüngern, und es genügte ihm, sich so zu zeigen, daß seine Jünger von seiner lebendigen Gegenwart überzeugt waren und ihren Glauben in die ganze Welt hinaustragen konnten. So geriet die Auferstehung Jesu nicht unter die Gegenstände, die man wissen muß, sondern blieb ein Geheimnis des Glaubens. Der Gläubige gewinnt selige Sicherheit; wer aber nicht glauben, sondern nur wissen will, gerät von einer Unsicherheit in die andere.

In den Begegnungen jener vierzig Tage zeigt sich eine geheimnisvolle Führung vom Historischen zum Ewigen, vom Sichtbaren zum Unsichtbaren, von den Beschränktheiten des irdischen Lebens Jesu zu den Unbeschränktheiten des ewigen Lebens Jesu. Er, der seine Tätigkeit mit eigenartiger Bestimmtheit auf das Land der Juden eingeschränkt und seinen Sendlingen verboten hatte, in das Land der Heiden zu gehen, sendet jetzt seine Jünger aus in alle Welt, zu allen Völkern. Er, der schon die Wetterzeichen sah und vom nahen Ende der Zeiten sprach, redet jetzt von »aller Zeit bis ans Ende der Welt« und gibt seinen Hirtenstab dem Petrus, nicht damit er die Schafe eintreibe in den einen Schafstall, wie es am Abend geschieht, sondern damit er sie weide. Vorüber ist alle Abendstimmung. Morgenstimmung ist!

Als ich noch wie ein wilder Jäger den Paradiesesgarten der vier Evangelien durchpirschte und, die wunderbaren Früchte des ewigen Lebens kaum recht achtend, immer nur auf Widersprüche und vermeintliche Irrtümer Jagd machte, fiel es mir stark auf, daß der Auferstandene mit besonderer Eindringlichkeit seine Jünger mahnen ließ, nach Galiläa zu gehen – dort würden sie ihn sehen, wie er ihnen gesagt habe –, daß aber die Jünger in Jerusalem blieben und ihn schon in Jerusalem sahen. Es wunderte mich überhaupt, daß er durchaus nach Galiläa gehen wollte und zuerst wohl gar nicht vorhatte, die Heilige Stadt noch einmal zu betreten. Ich beging den Fehler, daß ich in dem Auferstandenen viel zu sehr den Gott und fast gar nicht mehr den Menschen sah, während er doch auch nach der Auferstehung voller Mensch geblieben ist. Da ich jetzt dies recht bedenke, glaube ich alles besser zu verstehen. Er hatte über die Heilige

Stadt sein Wehe gesprochen; sie hatte ihn aus ihren Toren hinausgedrängt und auf Golgatha getötet. Böses, Böses hatte er in ihr erlitten. Jetzt wollte er heim, wie ein Kind heim will, das in der fremden, großen Stadt etwas Schlimmes erlitten hat. Wie ein Kind? Ach, auch wie ein Mann! So wie ich auch in meinen Mannesjahren, wenn ich draußen in der Welt Leid und Kreuz erfahren habe, immer heim will nach Neusorge.

Jerusalem hatte nach dem ganzen Verlauf der israelitischen Geschichte und nach den Hoffnungen und Verheißungen der Propheten Beruf und Aussicht, Ausgangspunkt und Mittelpunkt des Gottesreiches auf Erden zu werden. Noch jahrzehntelang scheint die christliche Gemeinde von Jerusalem, die sich die »Gemeinde der Heiligen« nennen ließ, solche Hoffnungen gehegt zu haben. Die Gläubigen der jungen Kirche fühlten sich ihr verpflichtet und sammelten für sie reichliche Almosen. Bis sich das Wehe des Herrn über Jerusalem erfüllte! Dieses »Fort von Jerusalem!«, das die junge Kirche erlebte, klingt schon aus den ersten Worten des Auferstandenen.

Wenn nur die Apostel gleich auf das Zeugnis der Frauen vertraut hätten! Aber es dauerte acht Tage, ehe sie alle, auch Thomas, an die wahrhaftige Auferstehung des Herrn glaubten. Da war es das erste Mal in der Geschichte der christlichen Kirche, daß Unglaube und mangelnder Glaube die Erfüllung der Verheißungen Christi hinauszögerten. Erst als auch Thomas glaubte, konnte das erste Wort des Auferstandenen vom Wiedersehen in der Heimat erfüllt werden.

Niemand wird das wunderbare Wesen des Auferstandenen in jenen Tagen ganz erfassen und mit Menschenworten umschreiben können. Es war wie ein Werden; es war wie ein Frühling. Niemand kann sagen, wo das erste Schneeglöcklein oder die erste Buschwindrose emporbrechen wird. Niemand kann sagen, an welches Fenster der erste Frühlingswind stoßen wird.

Schon in der Nacht nach dem ersten Ostertage hatte Jesus den noch in Jerusalem versammelten Jüngern gesagt: »Friede sei mit euch! Wie mich der Vater gesandt hat, so sende ich euch!« Und es war, als ob er nicht nur die Aussendung von Galiläa aus, sondern auch die Herabkunft des Heiligen Geistes am Pfingstfest nicht erwarten könnte. Er hauchte die Jünger an und sprach:

»Empfanget den Heiligen Geist. Wem ihr die Sünden nachlassen werdet, dem sind sie nachgelassen; und wem ihr sie vorbehalten werdet, dem sind sie vorbehalten.«

Da erfüllte sich das Wort, das einst der Engel gesprochen: »Er wird sein Volk erlösen von seinen Sünden.« In Menschenhand wird die Gewalt über die Sünde gegeben. Menschenmund sollte fortan mit dem Odem des Heiligen Geistes die Sünde ungeschehen machen können.

Das war das Drängendste, das der Auferstandene zu wirken hatte. Wie ein Bote seine drängendste Botschaft alsogleich ausrichtet, wenn er den Mann trifft, dem die Botschaft gilt – er wartet nicht erst ab, bis er sich mit dem Manne an einem vorbestimmten Orte befindet; so mußte der Auferstandene diese Botschaft schon in Jerusalem, nicht erst in Galiläa, seinen Jüngern bringen. Es war das Drängendste. Alles andere hatte Zeit. Selbst die Übertragung des Hirtenamtes an Petrus. Selbst die Sendung in alle Welt zur Lehre und zur Taufe aller Völker.

Oh, wer schon ein einziges Mal die Gewalt der Sünde gespürt hat, der weiß wohl, daß es das Drängendste war. Mag alles andere sein und werden, wie es will, wenn ich nur weiß, daß eines Menschen Mund mit dem Odem des Heiligen Geistes meine Sünde fortsprechen kann! Mit diesem Drängendsten von all dem großen Werden, das nun beginnen sollte, konnte der Auferstandene nicht einmal warten, bis auch Thomas gläubig geworden war.

Als aber Thomas gläubig geworden war, verließen die Apostel und Jünger Jerusalem und gingen nach Galiläa. Sie wußten aber weder Ort noch Zeit, wußten weder wo noch wann was geschehen sollte. Sie waren in den Tag und in die Woche hineingestellt; alles andere mußten sie dem Herrn überlassen. Es waren beieinander Simon Petrus, Thomas der »Zwilling«, Nathanael von Kana in Galiläa, die Zebedäussöhne wie noch zwei Jünger Jesu.

Da sprach Petrus: »Ich gehe fischen!«

Petrus ist mir immer lieb gewesen. In großen Tagen denke ich an die Fülle der Gewalten, die ihm der Herr gegeben. In kleinen Tagen, an denen mir alles Große fehlt und der Herr mit seinem Troste fern ist, so daß ich gar nicht weiß, was ich anfangen soll, spüre ich etwas von diesem Worte: »Ich gehe fischen.« Und ich laß dann alles Grübeln und Spekulieren, lasse Gott seine Gnaden schicken, wann er will, und gehe an meine nächste Arbeit, ginge auch fischen, wenn ich nicht in Breslau, sondern am See Tiberias, und nicht Professor, sondern gelernter Fischer wäre – gehe also an meinen Bücherschrank oder an mein Tintenfaß oder, wenn die rechte Stunde ist, auf den Katheder; dann entwickelt sich schon alles Weitere, wenn auch nicht gerade sehr schnell und befriedigend.

Die anderen sprachen zu Petrus: »Wir wollen auch mit dir fischen gehen.« Mit dem Amte der Sündenvergebung wußte also keiner von ihnen etwas anzufangen. Sonst hätten sie ja gleich genug zu tun bekommen.

Sie gingen also hinaus und stiegen in das Schiff; aber diese Nacht fingen sie nichts. Ob sie daran dachten, daß sie einst nach einem ebenso erfolglosen Nachtzuge auf Geheiß ihres Meisters noch einmal am hellen Morgen in See stachen und, wo sich sonst nie ein Fisch ins Netz verirrte, auf einmal einen überreichlichen Fang taten?

Als es Morgen geworden war, sahen sie einen Mann am Ufer stehen, erkannten aber nicht, daß es Jesus war. Der rief ihnen zu: »Kinder, habt ihr was zu essen?« Sie antworteten: »Nein!« Er aber sprach zu ihnen: »Werfet das Netz zur Rechten des Schiffes aus, dann werdet ihr etwas finden.« Da warfen sie es zur Rechten aus und konnten es nicht mehr ziehen wegen der Menge Fische, die sich darin fingen. Jetzt sprach Johannes zu Petrus: »Es ist der Herr!« Und Petrus – gleich gürtete er sich das Unterkleid um, denn er war bei der Arbeit nach Fischersitte nackt, sprang in den See, dem Herrn entgegen. Die anderen Jünger aber kamen auf dem Schiffe, denn sie waren nicht mehr weit vom Lande, nur etwa zweihundert Ellen; und sie zogen das Netz mit den Fischen. Als sie nun an das Land stiegen, sahen sie ein Kohlenfeuer angelegt, einen Fisch darauf und Brot dabei. Jesus sprach zu ihnen: »Bringet her von den Fischen, die ihr jetzt gefangen habt!« Simon Petrus ging hinein und zog das Netz an Land, und obwohl das Netz mit hundertdreiundfünfzig großen Fischen angefüllt war, zerriß es nicht. Da nun alle an Land waren, sprach Jesus zu ihnen: »Kommt und haltet Mahl!«

Und sie lagerten sich. Es wagte aber keiner zu fragen: »Wer bist du?« Denn sie wußten alle, daß es der Herr war. Da kam Jesus nahe, nahm das Brot und gab es ihnen, und ebenso auch den Fisch. Dies war das drittemal, daß sich Jesus seinen Jüngern offenbarte, nachdem er von den Toten auferstanden war.

Als sie nun Mahl gehalten hatten, sprach Jesus zu Simon Petrus: »Simon, Sohn des Jonas, liebst du mich mehr als diese?« Petrus war gleich vom Schiff ins Wasser gesprungen, um sich dem erkannten Herrn zu nähern, während die anderen langsam das Schiff ans Land ruderten. Er hätte die Frage, wie sie gestellt war, ohne Lüge bejahen können. Aber er sagte nur: »Ja, Herr, du weißt, daß ich dich liebe!« Da sprach Jesus: »Weide meine Lämmer!«

Ich weiß nun nicht, ob Petrus diesen Auftrag wegen der Liebe oder wegen der grundtiefen Bescheidenheit bekam, die ihm verbot, seine Jesusliebe für größer zu halten als die der anderen Jünger.

Da sprach Jesus zum zweiten Male: »Simon, Sohn des Jonas, liebst du mich?«

Jetzt hätte Petrus, wie er so war, seine Liebe feierlich beteuern und beschwören können. Aber er hatte bittere Erfahrungen gemacht mit seinen Beteuerungen und Schwüren und sagte wiederum bloß: »Ja, Herr, du weißt, daß ich dich liebe!« Und wiederum sprach Jesus: »Weide meine Lämmer!« Es war also doch der Liebe wegen, daß Jesus ihm die Herde anvertraute.

Aber zum dritten Male sprach Jesus zu ihm: »Simon, Sohn des Jonas, liebst du mich?« Da wurde Petrus traurig, da Jesus zum dritten Male fragte: »Liebst du mich?« Denn die Liebe will nicht viele Male gefragt werden. Und er sprach: »Herr, du weißt alles; du weißt, daß ich dich liebe.« Jesus sprach zu ihm: »Weide meine Schafe!«

Schimmernd wie altes Kirchengold sah ich im Sonnenstrahl manchmal die Körner, die der Sämann auf den braunen Acker streute; sah sie nur aufschimmern, da sie fielen; dann sah ich sie nicht mehr; sie lagen in den Furchen und deckten sich mit Acker zu, und es war, als sei nichts geschehen. Erst manche Woche später zeigte sich's, daß etwas geschehen war. Es wäre auch geschehen, wenn ich das Schimmern nicht gesehen hätte. Ich ging wohl später über das Feld und sah die Kirche aufkeimen und wachsen. Da dachte ich an die Worte des Auferstandenen, die damals aufschimmerten, so daß sie der Evangelist sah und seinen Jüngern erzählte. Und diese schrieben sie noch hinzu zu seinem Evangelium, da sie sahen, daß sie Samenkörner waren und nun aufgingen auf dem Felde. Es wäre aber auch geschehen, wenn niemand das Schimmern gesehen hätte.

Es ist wohl immer so: Eine Zeitlang geht der Mensch nach seinem eigenen Willen. Wenn aber der Wille Gottes über ihn kommt, dann geht er nicht mehr nach seinem eigenen Willen. Petrus, der am Abend zuvor gesagt hatte: »Ich gehe fischen«, sagte es nunmehr wohl niemals wieder.

»Wahrlich«, sprach der Auferstandene zu ihm, »wahrlich ich sage dir: Da du jünger warst, gürtetest du dich selbst und wandeltest, wohin du wolltest; wenn du aber alt geworden bist, wirst du deine Hände ausstrecken, und ein anderer wird dich führen, wohin du nicht willst.«

Der Evangelist sagt: »Dies aber sprach er, um ihm anzudeuten, durch welchen Tod Petrus Gott verherrlichen sollte.« Denn als dies niedergeschrieben wurde, war Petrus schon am Kreuz gemartert worden. Es war aber seit jenem Worte das ganze Leben Petri ein Geführtwerden. Und so war auch das Leben seiner Nachfolger bis auf den heutigen Tag.

Und Jesus sprach zu Petrus: »Folge mir nach.« Gleich war des Petrus erster Schritt hinter Jesus her. Aber er wandte sich noch einmal um, wohl um zu sehen, ob auch seine Freunde kämen. Und er sah, daß auch Johannes folgte. Da sprach er zu Jesus: »Herr, was soll aber dieser?« Jesus erwiderte: »Ich will, daß er so bleibe, bis ich komme. Was geht es dich an? Du folge mir nach!«

Die Worte des Auferstandenen waren wie seine Gestalt, erst undeutlich, dann aber sich verdeutlichend immer mehr, von Tag zu Tag, von Jahr zu Jahr, von Jahrhundert zu Jahrhundert.

Wegen jener Worte ging das Gerücht unter den Brüdern, daß Johannes nicht sterben werde. Der aber, der dies zu seinem Evangelium hinzugeschrieben hat, sagt gleich: »Jesus sprach nicht zu ihm: Er wird nicht sterben; sondern: Ich will, daß er so bleibe, bis ich komme; was geht es dich an?«

Was geht es mich an? Tausend Fragen hätte ich an Jesus stellen mögen, ehe ich mich seiner priesterlichen Nachfolge verschrieb – ehe ich die Hände ausstreckte und mich führen ließ, wohin mein Wille zu gehen widerstrebte.

»Was geht es dich an? Du folge mir nach!«

Petrus und Johannes waren gerade jene beiden Apostel, die in ihren Briefen in besonderer Weise von einer Nachfolge Jesu reden, die wir in unserem christlichen Leben zu wenig bedenken. Wir denken immer an eine Nachfolge in Leid und Kreuz. Die beiden Apostel sind aber eines weiteren Weges gewahr geworden. Sie schreiben davon, daß die Nachfolge geht bis zur wahrhaftigen Teilnahme an der göttlichen Natur. Oh, wir bedecken diese Stellen mit einem Schleier, damit sie uns nicht blenden. So stark ist ihr Strahlen! Aber wir dürfen nicht vergessen und verschweigen, was wir an heiligster Hoffnung unter diesem Schleier tragen. Denn der Weg bis zu diesem Ziele ist die wahre Nachfolge Jesu.

Johannes kann *bleiben,* weil er vielleicht schon am Ziele ist; Petrus soll *folgen,* bis er am Ziele ist. Johannes stand schon unter dem Kreuze, Petrus sollte erst ans Kreuz geschlagen werden. Beide aber wissen und schreiben, daß dies das Letzte ist: die Teilhaftigkeit an der göttlichen Natur.

O Christ, senke nicht deine Augen und wende dich nicht wehrend ab; halte deinen Schritt nicht ein, wenn du berufen bist, diesen letzten Schritt zu tun. Es ist keine wahre Demut, die diesen höchsten Mut nicht in sich schließt. Wir müssen Jesu nachfolgen bis zum Vater, nicht nur vorwärtsschreitend mit unserem Schritt, sondern vorwärtsschreitend mit unserem Wesen. Unser Wesen muß dem Vater nahekommen, nicht nur unser Fuß.

Wenn einer im heiligen Tempel vorwärtsschreiten durfte durch die Vorhöfe ins Heiligtum und durch das Heiligtum ins Allerheiligste, dann wußten alle, daß er Priester war. Denn dies ist Priestersein: Zutritt zum Allerheiligsten haben. Alle sind Priester, die durch Jesus zum Vater kommen.

Es ist aber inmitten des allgemeinen Priestertums der Christen ein besonderes Priestertum, das die Ämter und Gewalten Jesu verwaltet. Deutlich und sichtbar tritt es aus dem allgemeinen Priestertum hervor, schier wie die Gestalt des Auferstandenen aus der Unkenntlichkeit zur Kenntlichkeit hervortritt. Und man erkennt es, wie die Apostel Jesus erkannt haben: am heiligen Brotbrechen, an den sieben Zeichen, die wir Sakramente nennen. Die anderen Christen bleiben, was sie durch die Taufe geworden sind: ein heiliges Priestertum. Diesen aber sagt der Herr noch einmal: »Folge mir nach!« Und sie strecken ihre Hände aus und lassen sich gürten – und lassen sich führen, nicht wohin sie wollen, sondern wohin ein anderer sie führen will.

Und es war wie einst am See Tiberias. Und Christus sprach in der Gestalt des Bischofs: »Von nun an werde ich euch nicht mehr Diener nennen, sondern meine Freunde, weil ihr erkannt habt, was ich in eurer Mitte vollbracht habe. Alleluja! Empfanget den Heiligen Geist in euch, den Tröster! Er ist es, den der Vater euch senden wird. Alleluja! Ihr seid meine Freunde, wenn ihr tut, was ich euch befehle. Empfanget den Heiligen Geist in euch, den Tröster! Ehre sei dem Vater und dem Sohne und dem Heiligen Geiste! Er ist es, den der Vater euch senden wird. Alleluja!«

Es war in der Kreuzkirche in Breslau. Wie ein Berg steigt sie an auf vielen Stufen, die zur Höhe führen. Aber was tut der Ort, wo Jesus allerorten ist? Was tut die Erdgestalt, da der Berg zu Tal und das Tal zum Berge wird? Was tun Zeit und Raum, da wir im Unzeitlichen und Unräumlichen leben?

Einst hatte Jesus auf einem hohen Berge gestanden und der Versucher vor ihm. Und der Versucher hatte ihm all die Lande ringsum gezeigt und hatte ihm gesagt: »Dies alles will ich dir geben, wenn du vor mir niederkniest und mich anbetest!« Und Jesus hatte ihm geantwortet: »Es steht geschrieben: Du sollst den Herrn, deinen Gott, allein anbeten und ihm dienen.« Und jetzt stand Jesus wieder auf dem hohen Berge. Der Versucher aber war überwunden. Die elf Apostel und vielleicht auch die fünfhundert Brüder, von denen Paulus im Briefe an die Korinther schreibt, umgaben Jesus und beteten ihn an. Hatte Jesus schon in Jerusalem gesagt: »Wie mich der Vater gesandt hat, so sende ich euch« – hier von dem Berge aus sandte er sie in göttlicher Vollgewalt.

Wie ihn der Vater gesandt mit aller Gewalt im Himmel und auf Erden, so sandte er sie – und sandte er uns. Und er sprach nicht: »Etwa so«, oder: »Ungefähr so, wie mich der Vater gesandt, so sende ich euch«, sondern ohne Abstrich und ohne Einschränkung, nicht wie ein Gleichnis, sondern wie eine Gleichung sprach er: »Wie mich der Vater gesandt hat, so sende ich euch«, lauter Christus, gewachsen an dem einen Ährenhalm, der nun die Körner verstreut in alle Welt.

Und er gab ihnen mit seiner Sendung auch seinen Namen: »Gehet hin in alle Welt und bringet das Evangelium allen Geschöpfen. Wer da glaubt und sich taufen läßt, der wird selig werden; wer aber nicht glaubt, der wird verdammt werden. Es werden aber denen, die da glauben, diese Wunder folgen: In *meinem Namen* werden sie Teufel austreiben, in neuen Sprachen reden, Schlangen aufheben, und wenn sie etwas Tödliches trinken, wird es ihnen nicht schaden; Kranken werden sie die Hände auflegen, und sie werden gesund werden.«

Es stand ein Tannenbaum auf Bergeshöh, einst als Körnlein vom Engel des Windes dahin getragen. Das Körnlein war in die Erde gesunken, aber es war wieder auferstanden in einem neuen Leben. Ein Bäumchen wuchs zur Weihnachtszeit. Ein hoher Tannenbaum wurde es auf der Bergeshöh. Und es kam die Zeit, daß sich die Schuppen der Tannzapfen öffneten. Hei, der nächste Wind, der Heilige Geist der Natur, kam über die Körner und trug sie weit übers Tal in alles Land ringsum. Und es wuchsen Tannen überall, und kein Wanderer sah einen Unterschied zwischen ihnen und dem Tannenbaum auf Bergeshöh. O weiter, weiter Wald mit deinen tausend Tannen! O heilige Aussendung von Bergeshöhe her!

Warum nennt ihr noch den einen Petrus, den anderen Jakobus, den dritten Johannes? Gebt ihr auch jedem Tannenbaum in euren Bergen einen Sondernamen? Ein jeder Christ in seiner besonderen Welt ist der Christus dieser besonderen Welt, das Christusleben, vom heiligen Hauch hierher getragen. O glaubet doch, glaubet doch! Wer dies nicht glaubt, ich weiß nicht, ob ihm sein Glaube zu irgend etwas nutz ist.

Es gibt Blumen, die vergehen, wenn die Aussendung ist. Es kommt ein Hauch und trägt die befiederten Körner über das ganze Feld. Dann vergehen die Blumen. Sie senken sich nieder zur Erde und vergehen. Eine aber erhebt sich zum Himmel und geht von dannen, sagt aber ihrem neuen Leben, daß es warten solle, bis der heilige Hauch komme und es erfülle und über die ganze Erde trage.

Wie der Evangelist Lukas berichtet, waren die Apostel in Jerusalem und Jesus in ihrer Mitte. Und Jesus sprach zu den Jüngern: »Also steht es geschrieben, und also mußte Christus leiden und am dritten Tage von den Toten auferstehen, auf daß in seinem Namen Buße und Vergebung der Sünden gepredigt werde unter allen Völkern, von Jerusalem angefangen. Ihr aber seid Zeugen davon. Und ich sende die Verheißung meines Vaters auf euch herab. Bleibet in der Stadt, bis daß ihr ausgerüstet seid mit der Kraft aus der Höhe!« Er führte sie aber gen Bethanien hinaus; da hob er seine Hände auf und segnete sie. Und es geschah, während er sie segnete, schied er von ihnen und fuhr auf in den Himmel. Und sie beteten ihn an und kehrten nach Jerusalem mit großer Freude zurück.

Ein Abschied in Freuden? Es müßte die menschliche Natur erst von Grund auf umgestaltet werden, wenn sie das Scheiden süß und freudenreich finden sollte. Wußten die Jünger, daß die Himmelfahrt Jesu den freundlichen Wandel des allergütigsten und liebwertesten Meisters auf dieser Erde für immer beenden sollte, so wie wir es jetzt rückschauend erkennen? Jesus hatte schon öfter segnend Abschied genommen und war dann vor ihren Augen entschwunden. Aber er war immer wiedergekommen. Rechneten sie auch jetzt damit, daß es nur ein Abschied auf wenige Tage sei, nach denen der Herr wiederkommen würde? Sie hatten ihm lange nachgeschaut, bis ihn eine Wolke ihren Blicken verbarg. Sie mußten denken: »Jetzt steigt er empor, um uns die Verheißung des Vaters zu senden.« Hat diese Hoffnung ihr Freudenkrüglein über die Herzen der Männer ausgegossen, so daß sie nicht mit Weh, sondern mit vieler Freude nach Jerusalem zurückkehrten, allein, ohne Jesus, ihren Meister, ihren Wandergefährten, ihren Tischgenossen?

Wohl, wohl! Als sie ihm nachschauten, wie er in den Himmel fuhr, siehe, da standen bei ihnen zwei Männer in weißem Gewande, die zu ihnen sprachen: »Ihr Männer von Galiläa, was steht ihr da und schaut gen Himmel? Dieser Jesus, der von euch weg in den Himmel aufgenommen worden ist, wird ebenso wiederkommen, wie ihr ihn hingehen sahet in den Himmel.«

Aber ach, zum Tröstenlassen genügt wohl das Wort: »Er wird wiederkommen«, aber nicht zu so großem Freuen. Es muß noch etwas anderes gewesen sein. Ich sprach einmal davon mit dem Steinmetz, der auf der Höhe der Roterlehne zwischen Neusorge und Ebersdorf eine Steinsäule mit dem Bilde der Himmelfahrt gesetzt hatte. Es war in den kurzen, himmelfahrtsonnigen Ferien nach der Priesterweihe, ehe ich das Anstellungsdekret für die Dreifaltigkeitskirche in Lauban bekam. Der Steinmetz sagte mir, es sei die Rede, daß, als sich bei der Himmelfahrt Jesu die Tore des Himmels öffneten, ein Strom von Himmelsluft auf die Erde gekommen sei; darum hätten sich die Apostel freuen müssen, und es sei ihnen gar nicht möglich gewesen, das Weh des Voneinandergehens zu spüren. Und dann murmelte er, wie es seine Art war, tief in sich versunken: »Der Himmel ist offen, der Himmel ist offen!« Und auch er war in großen Freuden.

Und ich ging in die Welt und predigte den Menschen: »Der Himmel ist offen!« Das Aufgeschlossensein des Himmels über der Erde liegt wie eine große Freude über allem christlichen Wesen. Die Daseinsart auf dieser Erde hat sich geändert, nicht so, daß man dieser Veränderung mit den Mitteln gelehrter Forschung beikommen könnte, auch nicht so, daß man sie mit dem Nachdenken erfassen könnte; sie läßt sich gar nicht erfassen, sondern sie erfaßt selber unser Denken und unser Wollen und unser ganzes Gemüt.

Und als zum Pfingstfest der heilige Hauch vom Himmel gekommen war, wohl derselbe, von dem der alte Steinmetz gesprochen, zur selben Zeit, da der erste Sommerwind die befiederten Körner der Frühlingsblumen über Rain und Straße trägt, da überschritten die Apostel die Grenzen des Heiligen Landes und trugen das Evangelium vom Leben Jesu in die ganze Welt. Und einer trug es auch über den Sudetenkamm nach Schlesien, und einer setzte davon ein Reislein in mein Herz, und ich mußte davon erzählen.

Joseph Wittig

ROMAN MIT GOTT

Tagebuchblätter der Anfechtung

Pappband, 272 Seiten, ISBN 3-87067-406-7

In seinem letzten größeren Werk spricht Joseph Wittig als ein zeitgenössischer Hiob. Von seiner Kirche verstoßen, hungernd und frierend, an Leib und Seele tödlich bedroht, harrt er bis zum letzten Augenblick in der geliebten schlesischen Heimat aus, um dann doch mit Weib und Kindern hinausgetrieben zu werden.
Dieses Buch ist mehr als eine Autobiographie, es ist ein Vermächtnis, ein bewegendes Zeugnis persönlichen Glaubens und sogleich ein Dokument der Zeit- und Kirchengeschichte.

Dorothy L. Sayers

Zum König geboren

Herausgegeben von Manfred Siebald

Pappband, 464 Seiten, ISBN 3-87067-395-8

Eine Autorin, die zu den meistgelesenen der Gegenwart gehört, gestaltet hier das größte Drama der Weltgeschichte in der Sprache unserer Zeit.
Der Leser erlebt mit, wie Jesus hingerichtet wird von einem Volk, dem wir in beängstigender Weise gleichen, in einer Gesellschaft, die der unsrigen nur allzu ähnlich ist. Dorothy L. Sayers macht aus dem Evangelium keine Kindergeschichte, sondern erzählt meisterhaft das aufstachelnde, entsetzende, erregende und begeisternde Leben Jesu von seiner Geburt, seinem Leben und Leiden, seinem Tod und seiner Auferstehung.